RECUERDOS

DE UN VIAGE POR ESPAÑA.

TOMO I

Gitana.

RECUERDOS

DE UN VIAGE POR ESPAÑA.

POR

DON FRANCISCO DE PAULA MELLADO.

PRIMERA Y SEGUNDA PARTE.

CASTILLA, LEON, OVIEDO, PROVINCIAS VASCONGADAS, ASTURIAS.

Vigía España

EDICIONES DE ARTE Y COSTUMBRES

VIEJA ESPAÑA
Ediciones de Arte y Costumbres, S. A.
Menorca, 47. Madrid (España)

ISBN: 84-85944-47-X (Obra completa)
ISBN: 84-85944-48-8 (Tomo I)
Depósito legal: M. 36.445-1985

IMPRENTA FARESO. Paseo de la Dirección, 5. 28039 Madrid

INTRODUCCION.

La primavera del año 1846, me hallaba yo atacado de una de esas enfermedades sin nombre, tanto mas peligrosas, cuanto que comun–

mente reconocen por orígen alguna causa moral. En vano los discípulos de Esculapio, representantes de ambos encontrados sistemas, hoy en voga, habian empleado los recursos del arte para devolverme la salud; mi mal resistia á todas las medicinas.

Una languidez estremada y una profunda tristeza, me consumian lentamente sin que los esfuerzos que yo mismo hacia, conociendo el peligro, fuesen suficientes para que la naturaleza recobrara su vigor. En esta situacion, los médicos me aconsejaron lo que aconsejan siempre á los enfermos que no pueden curar: que hiciera un viage para distraerme.

Infinitas veces me habia ocurrido la misma idea, considerando este como el único recurso en el estado en que me hallaba; pero la abandoné por parecerme irrealizable, á causa de la estremada debilidad á que el mal me habia reducido. Sin embargo, acogí bien el proyecto, y á fuerza de meditarlo, llegó á parecermé no solo bueno, sino fácil de poner en práctica.

Satisfecho con mi resolucion, no pensé ya mas que en los preparativos que necesitaba hacer, y en el pnnto donde debia dirigirme.

Algunos dias antes de ponerme en camino, encontré en la Puerta del Sol á un jóven amigo mio, llamado Mauricio, á quien hacia mucho tiempo no veia; nos saludamos con el cordial afecto de dos personas que se quieren bien, y despues de hablar de otras cosas indiferentes, me preguntó si se me ocurria algo para París, á donde marchaba dentro de breve plazo. «No he visto, dijo Mauricio, la capital del mundo civilizado, como la llaman las gentes de buen tono, y quiero examinar por mí mismo todas esas maravillas que preconiza la fama; por otra parte nuestra sociedad está hoy organizada de modo, que hace un papel ridículo el que no puede referir alguna anécdota ocurrida en el teatro de la Grande ópera ó en los Campos Eliseos.

—No desapruebo tu pensamiento, le contesté; el hombre que puede, debe verlo todo, y París tiene mucho que ver. Tambien yo voy á emprender un viage...

—¿A Italia? ¿á Suiza? me preguntó; porque á Francia, supongo que no irás habiendo estado ya varias veces, ¿Vas á ver esos paises que tan admirablemente ha poetizado Alejandro Dumas en sus *Impresiones*?

—No, amigo mio, mi viage es mucho mas prosaico; voy á viajar por España.

—¡Por España!

—Qué, ¿te admira?

—¡Pues no quieres que me admire!

¿Cuál es tu objeto?

—En primer lugar, restablecer mi salud, y luego conocer mi pais, y recoger apuntes para publicarlos algun dia, si me encuentro con fuerzas para ello.

—No los leerá nadie. ¿Qué español quieres que lea los apuntes de un viage por España? En cuanto á los estrangeros, ya sabes como se ocupan de nosotros. Yo creo que harias mejor un viage por cualquiera otra parte, con la ventaja de que asi podrias disparatar impunemente, porque de luengas tierras...

—No te canses, Mauricio, en argumentar porque no desisto de mi plan; voy á recorrer nuestras poblaciones principales, voy á visitar nuestros mas notables monumentos, voy á asistir á las alegres reuniones de nuestros paisanos, á oir de su boca las antiguas tradiciones y poéticas consejas, á presenciar sus bulliciosas fiestas, á estudiar sus costumbres.... pues qué ¿es España menos abundante en lugares célebres, en recuerdos históricos, en escarpadas montañas, en valles deliciosos, en ruinas antiguas, en edificios notables, que la Italia y la Suiza? La industriosa Cataluña, la feraz Andalucía, la fértil Valencia, la agreste Vizcaya, ¿merecen fijar menos la atencion que Bélgica ó la Toscana, Sicilia ó el Piamonte? Y si de las comarcas desciendes á las localidades, la sin igual Granada, la artística Mérida, la imperial Toledo, y casi todas nuestras poblaciones ¿no encierran inagotables tesoros, manantial fecundo de inspiraciones para el artista, de estudio para el arqueólogo, de admiracion para el profano?

—Te veo entusiasmado, y lo que es mas, decidido; si he de decir verdad, me alegro porque desde que Pons escribió sus escelentes cartas, el monopolio de los viages por España lo han ejercido casi esclusivamente los franceses, y á fé que han abusado del privilegio para darnos un género detestable. No te olvides, si llegas á escribir el viage de un buen correctivo á Roger de Bouboir, Teofilo Guotier, Alejandro Dumas, y otros cuantos que han disparatado mas al hablar de nosotros, que si hablasen de la luna.

—Verdad es que los franceses nos han tratado muy mal; pero desgraciadamente hay españoles que lo han hecho peor.

—¿Y cuándo es la marcha?

—No he fijado aun el dia, pero muy pronto.

—¿Vas solo?

—Solo.

—¡Y estando malo!..... Me ocurre una idea: ¿quieres que te acompañe? Abandono el viage á París.

—Con mucho gusto; no me hubiera yo atrevido á pedirte tanto.

—Por supuesto no cuentes con que te sirva de nada, porque ya sabes mi inutilidad; pero te haré compañía y esto siempre es algo. ¿Aceptas?

—Repito que es mas de lo que yo podia apetecer, y creo al contrario de lo que dices, que me serás muy útil. Con tu genio alegre, tienes un carácter observador, y quién sabe hasta qué punto podrá desarrollarse en tí en el trascurso del viage, el órgano de la *investigabilidad*, como diria el doctor Gall, una vez lanzado por esos mundos de Dios en busca de aventuras!

—Búrlate lo que quieras, pero ya verás como no te pesa que sea tu Sancho Panza.

—Ni á tí tampoco, vive Dios, que yo sea tu don Quijote.

—Convenido: fijemos dia para la marcha.

—El mártes, si te parece.

—¡El mártes!.... Es mal dia; ya sabes aquel refran español....

—¿Lo dices de veras?

—Como lo oyes; por mi gusto saldriamos otro dia.... el miércoles por ejemplo. Bien conozco que es una simpleza, pero no lo puedo remediar. Desde la muerte de Paulina.... Es una aventura que ya te contaré.

—Cuéntala ahora.

—Es larga y no para este sitio; lugar tendremos por el camino.

—Me conformo y no olvidaré la promesa; queda señalado el miércoles para emprender nuestra espedicion.

—¿Y dónde vamos?

—No lo sé.... á todas partes.

—Asi me place. Se me olvidaba una cosa; ¿piensas dar grabados en tu obra?

—Hasta ahora no he pensado mas que en si podré escribirla, ¿Por qué lo preguntas?

—Porque ya sabes que yo dibujo muy mal, pero dibujo, y si pensaras dar grabados, llevaria el lápiz y la cartera para copiar algunas vistas.

—Llévalo, que en eso nada se pierde, y ya ves como tenia yo razon que me servirias mas de lo que tú mismo crees.

En seguida nos despedimos despues de haber convenido en algunas particularidades relativas al viage.

CAPITULO PRIMERO.

PAULINA.

Era un dia de mayo á las cuatro de la mañana, cuando salimos de Madrid por la puerta de Bilbao. A la ondulosa y rojiza luz del alba, veiamos alzarse á nuestro frente las montañas de Guadarrama, cubiertas todavía de nieve sus cumbres, y en nuestro alrededor dibujábanse confusamente multitud de casas de pobre aspecto esparcidas sin órden por todos lados, sobresaliendo á la izquierda la cúpula de la capilla del campo santo, como si quisiese recordarnos lo efímero de nuestra existencia, y á la derecha la iglesia de Chamberí, construida de nueva planta, sin duda para servir de contraste con las muchas que en estos tiempos se han demolido. Con la misma prontitud que el sol adelantaba iluminando inmensas llanuras y campos eriales, sin un árbol, sin una flor, sin una planta, nosotros dejábamos atrás, la villa coronada, porque nuestros caballos corrian con la desenfrenada precipitacion de un pueblo que por primera vez rompe sus cadenas para conquistar la soñada libertad, y como el pueblo tambien, gastaban ellos sus fuerzas y su brio para sucumbir de cansancio y de fatiga, á corta distancia quizás del punto de partida.

Aunque el dia se anunciaba claro y sereno, la mañana estaba fria; echamos los cristales y antes de llegar al portazgo de Charmartin, Mauricio dormia profundamente; por mi parte hice lo mismo, y aconsejo á todo viajero que ande este camino, que nos imite porque nada perderá en ello.

Cuando desperté, el sol calentaba bastante; estábamos bajando una pequeña cuesta, y en lo alto de otra que debiamos subir en seguida, se veia un pueblo; era San Sebastian de los Reyes; de modo que habiamos dejado ya atrás á Fuencarral y Alcovendas: miré el reló y acababan de dar las siete y media; llamé á Mauricio, mandamos parar á la salida del pueblo, nos bajamos y nos pusimos á almorzar á la sombra de unos árboles que hay junto á una fuente á la derecha del camino.

—¡Delicioso paisage! esclamó mi amigo, ¿quieres que traiga la cartera y tome una vista?

—¿Estás loco? Pues si á la modesta fuente y raquítica alameda de San Sebastian de los Reyes, le dispensas los honores de la inmortalidad ¿qué reservas para las hermosas perspectivas que se han de ofrecer á tu vista en el trascurso del viage?

—¿Con que esto no vale nada?

—Absolutamente.

—Me conformo; pero á condicion de que has de poner en tus apuntes que hemos almorzado en una fuente..... no muy artística á la verdad, pero de agua cristalina y pura, que no deja de ser circunstancia notable cuando se trata de fuentes.... Y á propósito de apuntes. Habrás tomado muchos mientras yo dormia.

—Ni uno siquiera; he dormido como tú.

—¡Hombre de Dios! ¡y para eso te gastas tu dinero y abandonas la córte!

—¡Y en describir á Fuencarral y Alcovendas querias que gastase mi tiempo!

—Son dos pueblos de España.....

—Pero dos pueblos que nada ofrecen notable, y si hubiésemos de hacer mencion de todos los que veremos, se necesitarian muchos volúmenes. Eso es bueno para los diccionarios geográficos. Nosotros no vamos á describir el pais topográficamente; vamos á recorrerlo y á hablar de aquello que nos llame mas la atencion.

—Pues mira, entonces habla de esta sublime tortilla que está ocupando por el momento toda la mia; verdad es que no es pais: pero los huevos, las patatas y hasta el aceite con que se ha confeccionado son del pais. Yo la considero una tortilla eminentemente nacional como nuestro viage, y digna de honorífica mencion.

En efecto; Mauricio hacia por completo los honores á nuestra cesta de provisiones, y yo no me descuidaba. Quizás se hubiera prolongado una hora mas nuestro coloquio y nuestro almuerzo, si el mayoral no nos advirtiese que era tarde y la jornada larga pues queriamos llegar de dia á Buitrago.

Cuando estuvimos de nuevo en el coche, «Me parece ocasion, dije á Mauricio, de que me refieras la aventura de Paulina que me tienes ofrecida. Hemos dormido y almorzado bien, el camino es árido, y en nada mejor podemos emplear el tiempo.

—Es una aventura que siempre me entristece; pero te lo he ofrecido y voy á complacerte.

«Tú sabes las infinitas desgracias que abrumaron á la familia de Paulina; apenas tenia esta dos años cuando fusilaron á su padre, que era uno de los que formaban parte de la malograda espedicion de Torrijos; la madre, señora escelente, era fatalista como lo son todos los desdichados. Se habia criado en un convento de Granada y conservaba restos de una educacion no muy conforme con las tendencias del siglo: asi fué que atribuyó la muerte de su esposo, á que éste, que sin duda tenia distintas ideas, no habia querido llevar un escapulario de la vírgen del Cármen que ella le daba cuando emigró á Gibraltar: talisman que en su concepto le hubiera librado de todo peligro. Paulina, como era consiguiente, participó de las preocupaciones de su madre, y tambien se hizo fatalista; creia en la influencia de los moscones segun su color, y en los dias climatéricos; no se hubiera sentado por cuanto hay en el mundo en una mesa que hubiera doce personas, por no ser el número trece, y se ponia pálida y temblorosa cuando se derramaba un salero; en una palabra, acogia sin exámen todos los errores vulgares, si bien siempre se resistia á confesarlo, porque tenia bastante talento para conocer que hacia mal.

«Muerta su madre, vino á vivir con la tia Gertrudis, y como Paulina y yo éramos los únicos parientes que esta tenia, formó el proyecto de dejarnos por sus herederos á condicion de que habiamos de casarnos cuando yo cumpliese veinte y cinco años. Por mi parte la propuesta no podia ser mas lisonjera, porque amaba á Paulina como un loco, y si mi amor propio no me engaña creo que me correspondia. Ambos viviamos juntos con la buena tia, y asi pasé dos años los mas felices de mi vida. Muchas veces quise combatir las ideas fatalistas de mi prima; pero la casualidad lo enredaba de modo, que casi siempre sus predicciones salian ciertas. No sé si por efecto de esta combinacion ó por la influencia que siempre ejerce en nosotros la persona á quien amamos, el hecho es que al cabo de algun tiempo lejos de haber logrado convencer á Paulina, me hice yo tambien fatalista, y sin darme á mí mismo cuenta de la razon, concluí por participar de sus temores y esperanzas, fundados unos y otras en las circunstancias mas triviales.

«La pasion favorita de Paulina eran las flores, y cuidaba con el mayor esmero entre otras macetas, un rosal que habia traido de casa de su madre, al cual parecia estar unida su existencia, pues mirándolo siempre estaba alegre cuando las flores aparecian frescas, y triste cuando se marchitaban.

«Una mañana del mes de mayo, salimos con la tia Gertrudis á tomar leche de vacas, espedicion que repetiamos todos los dias en el verano; íbamos los tres en conversacion muy distraidos, cuando al pasar por junto al jardin Botánico, se nos presentó delante una gitana muy decentemente vestida.

—Mi reina, dijo dirigiéndose á la tia; ¿quiere su merced que le diga la buena ventura?

—Yo no tengo nada que saber en este mundo, ni me interesa el porvenir, contestó esta; á sesenta y cuatro años fácil es adivinar lo que á una le aguarda.

—Pues entonces, con permiso de su merced se la diré á esta hermosa señorita.

—Déjenos vd. de buena ventura, interrumpí yo, que vamos de prisa y no creemos en semejantes simplezas.

«Paulina se habia puesto pálida como una difunta.

—Señor caballero, no desprecie vd. la ciencia, dijo la gitana, y tenga entendido que hasta ahora ninguno de mis pronósticos ha fallado.

—Deja que me diga la buena ventura, Mauricio, añadió Paulina... Nos reiremos de sus predicciones.

—Si yo supiese que te habias de reir no me importaria nada, repliqué, pero...

—Pues es claro; ¿me crees tan inocente que dé crédito á lo que pueda decirme esta buena muger?

—Tiene razon la señorita, continuó la gitana algo picada: mis palabras no pueden hacer fé.... sino cuando el tiempo las confirme.

—El tiempo no las confirmará nunca, repliqué yo de mal humor.

—No te incomodes, dijo la tia, que las cosas no merecen la pena.

—El caballero es muy incrédulo, prosiguió la gitana y....

—Y vd. muy impertinente, añadí yo.

—No hay impertinencia, señor, en ofrecer un servicio.

«En seguida, y sin darnos tiempo para replicar, se apoderó de la mano de Paulina, que se la abandonó sin resistencia, y despues de examinarla con mucha atencion, dijo con aire profético:

«Si vuestro padre, bravo y honrado militar, no hubiese muerto en un cadalso y «vuestra madre de pena, seriais completamente feliz, porque amais á quien os ama. To«do me indica ventura en vuestra mano, y si no fuera por esta raya trasversal, solo fe«licidades os anunciaria; pero hay personas para quien la dicha está siempre en espe«ranzas; árboles que se secan antes de dar fruto. El tercer aniversario del nacimiento «que cae en martes, es siempre fatal. Dadme á besar vuestra mano, y ojalá pueda ven«cer la buena estrella, á la mala que me anuncia este signo.»

«Concluida la última palabra echó á andar sin apenas despedirse y sin darme tiempo para poner en su mano un duro que habia sacado del bolsillo. «Yo trabajo por aficion» me dijo rehusándolo, y me pareció haber sorprendido en su rostro una sonrisa infernal.

«Este incidente turbó la tranquilidad de nuestro paseo, que concluyó sin que ninguno de los tres hubiésemos hablado una palabra. Volvimos á casa y alli nos esperaba un nuevo contratiempo; la criada se habia descuidado, y un gato, sin saber porqué ni de qué modo, habia estropeado el rosal favorito de Paulina. Esta lejos de reprender y enfadarse, como la tia y yo lo hicimos, con la criada, se puso á componer el rosal y pasó todo el dia muy triste; por la noche se acostó temprano diciendo que estaba indispuesta, y al dia siguiente no pudo levantarse porque tenia calentura; llamamos al médico de casa y despues otro, y por último todos los mas afamados de Madrid, sin que los medios empleados por uno fuesen mas eficaces que los que habian usado los otros: todos unánimemente declararon que no habia remedio para la pobre Paulina, porque estaba tísica en último grado. Dispénsame, amigo mio, los detalles de su larga y penosa enfermedad, durante la cual, no consintió hablar una sola palabra y hasta el agua la pedia por señas. A los siete meses espiró en mis brazos un martes 15 de noviembre á las siete de la mañana, precisamente el dia que cumplia 19 años y á la misma hora que habia nacido. Por una coincidencia rara, el rosal de quien nadie nos habiamos acordado durante el mal de Paulina, lo hallamos seco y tronzado el mismo dia de su muerte, á pesar de asegurarnos la criada que lo habia cuidado con el mayor esmero. La prediccion de la gitana se habia cumplido. ¿Tenia yo razon en no querer emprender el viage en martes?»

Mauricio lloraba como un niño y yo traté de consolarlo, persuadiéndole que todas las coincidencias de que habia hecho mérito, podian ser y serian en efecto casuales. La gitana, le dije, sin duda sabia la historia de los padres de Paulina, cosa que nada estraño tiene siendo tan pública; su pronóstico fué una venganza por lo mal que la habiais tratado; pronóstico que hubiera hecho reir á otra que no fuese tu prima; el mal de esta no pudo ser consecuencia del pronóstico, y á lo sumo, este contribuyó á desarrollarlo; el rosal estropeado y marchito, descuidado por la criada, que no atreviéndose á confesar su falta, abusó de vuestra credulidad y vuestra pena para ponerse en buen lugar; la muerte de Paulina en martes y en el dia de su natalicio, no puede considerarse mas que como casualidad, ó á lo sumo, como un efecto de su imaginacion, producido por la escena de la Sibila. En una palabra, Mauricio, yo creo que hay mucha verdad en el fondo de cuanto me acabas de referir, pero un error notable en los detalles.

Durante estas reflexiones, la agitacion de mi amigo se habia calmado visiblemente; conociendo yo lo fácil que era á impresionarse, no descuidé tan buena ocasion para combatir su fatal tendencia, y si por el pronto no lo conseguí del todo, como mas adelante veremos, le hice al menos dudar de lo que hasta entonces habia creido como cosa infalible, y esto ya es mucho para desarraigar cierta clase de preocupaciones.

2

Una hora antes de anochecer llegamos á Buitrago, pueblo que ha hecho célebre el insigne poeta don Iñigo Lopez de Mendoza, primer marqués de Santillana. Mientras nos disponian la comida, salimos á recorrer la villa, que conserva aun restos de sus antiguas murallas, lo cual denota que fué plaza de alguna importancia en nuestras guerras de la edad media, y si no estoy equivocado, la conquistó á los moros el rey don Alonso VI de Castilla, hácia el año 1083. Lo mas notable de Buitrago, asi como de la mayor parte de los pueblos de España, son sus iglesias: la de Santa María del Castillo, llamada asi porque se edificó dentro del recinto de este, es de arquitectura gótica con tres naves; pero el retablo mayor y adornos son de mal gusto: en cambio la del hospital, fundacion del ya citado marqués de Santillana, es bellísima en su forma y en sus detalles. Tiene algunas pinturas de mérito, entre otras, los retratos del marqués y su esposa, casi de cuerpo entero, en aptitud de orar, uno á cada lado del presbiterio. Cerca del hospital está la casa de ayuntamiento, y en frente, dentro de la fortaleza y junto al rio Lozoya que baña sus muros, se elevan al aire los robustos murallones del palacio señorial que ha pertenecido mucho tiempo á los duques del Infantado y es hoy propiedad del de Osuna por incorporacion de ambos títulos.

Convencidos de que nada mas nos quedaba que ver en la antigua *Litabro*, volvimos á la posada, donde, sea dicho de paso, nos dieron de comer pésimamente. Como estábamos cansados nos acostamos en seguida y dormimos hasta las doce de la noche, hora en que nos despertó el mayoral, segun órden que le habiamos dado al efecto.

CAPITULO SEGUNDO.

EL ELEFANTE.

Instalados de nuevo en el coche, anudamos el sueño que acabábamos de interrumpir en la cama, y empezamos á subir lentamente las cuestas que sirven de avanzada por esta parte al puerto de Somosierra. Cuando llegamos á la cumbre era esa hora de crepúsculo matutino, en que ni es de noche ni de dia; hora en que la luz comienza á luchar con las tinieblas y que tanto se presta á la contemplacion profunda de la naturaleza. Determinamos esperar la salida del sol junto al mismo pilar, signo divisorio de ambas Castillas, en el que Mauricio escribió con lapiz nuestros nombres. Lo que nuestros ojos descubrian desde aquel punto, era un espacio inmenso aunque confuso por la dudosa claridad del alba. Poco á poco la luz adelantaba; al profundo y austero silencio, íbanse sucediendo lejanos ecos que indicaban la vuelta á la vida de los dormidos valles, y de tiempo en tiempo las argentinas vibraciones de las campanas de las villas desparramadas en el espacio que abarcábamos confusamente, hacia latir nuestros corazones con tanta suavidad y dulzura, como si aquellos sonidos, aunque debilitados por la distancia, despertasen en nuestras almas la sublime idea de la omnipotencia del Creador.

Hay sin duda alguna en el corazon humano una transicion entre la pena y el gozo, semejante á la que media entre la noche y el dia; un sentimiento ambiguo, un doloroso placer, si cabe decirlo asi, un éxtasis en fin, de pesar y de dulzura, hijo de las impresiones admirables de la naturaleza ó de los grandes acontecimientos de la vida.

Nosotros nos hallábamos en esta situacion escepcional; tristes y preocupados mientras la opaca luz del crepúsculo, la aparicion del astro del dia coronando los últimos eslabones de la cordillera Carpetana, nos llenó de regocijo. En breves instantes, torrentes de luz inundaban los valles, y se ofrecieron á nuestra vista multitud de paisages á cual mas encantador.

—Solo el espectáculo que acabamos de presenciar, dijo Mauricio, vale la pena de hacer un viage. Mucho han ensalzado los poetas la salida del sol; pero yo creo que si alguno la hubiese contemplado como nosotros, en la cima de estas montañas, acaso hubiera hallado mezquinas sus ficciones comparadas con la realidad.

—Es un espectáculo grandioso, en efecto, le contesté.

—¡Oh! continuó Mauricio, estoy muy contento de haber tenido la feliz idea de acompañarte. Mi viage á París hubiera sido un viage de rutina que apenas me hubiese dejado un leve recuerdo; el que hago contigo, al contrario, no lo olvidaré en la vida.

Diciendo esto, nuestro carruage descendia precipitadamente á la llanura; atravesamos sin detenernos el pueblo de Cerezo de Abajo, situado en un llano con frondosas arboledas, y al pasar un pequeño puente que oprime las aguas del Valdelaguna, nos llamó la atencion un hombre ya anciano que bebia en su orilla; pero tan lastimosamente andrajoso y tan curtido del sol, que escitó nuestra curiosidad.

—Si yo viera á ese hombre en la falda de Sierra-Morena, esclamó Mauricio, como lo veo en la de Somosierra, aunque tuviese en la mano el cayado y no un trabuco, por Dios te aseguro que me daria un miedo espantoso ¿No ves que cara?...

En efecto su fisonomía no era la mas á propósito para tranquilizar á nadie; tenia los cabellos largos y desordenados, las cejas negras y pobladas, los ojos vivos y espantosos, y la barba tan larga y descuidada que casi le cubria el rostro.

—Aunque es cierto, contesté á Mauricio, que tenemos una idea de los bandidos muy semejante á la figura de ese hombre, lo es tambien que hay ladrones de muy buena facha, y de seguro mucho mejor vestidos que este infeliz.

—Has de saber, continuó mi amigo, que no me pesaria del todo que salieran á robarnos.

—¿De veras?

—Como lo oyes. Lo que nos podrian quitar no vale la pena, y esto daria asunto á tí para escribir y á mí para un magnífico dibujo. ¿Y quién sabe si se reproduciria en nosotros la escena de los bandidos de Salvator Rosa?

—Por mi vida, Mauricio, le dije, que me haces reir con tus poéticas ilusiones.

Mientras este diálogo, el hombre de la barba larga, se habia dirigido á todo correr hácia nuestro carruage, y cuando se hubo arrimado cuanto le fué posible á la portezuela, esclamó con voz de trueno:

—¡Doce mil duros!

Soltó una carcajada estravagante y desapareció como un relámpago por entre las quebraduras del terreno. Mauricio quedó inmovil y yo saqué la cabeza para verle alejarse.

Pasada la primera impresion de sorpresa, preguntamos al mayoral, y este nos refirió con la mayor indiferencia, que era un loco llamado Bruno Alba, vecino del Paular, que pasaba su vida errante por aquellos campos, sin ofender á nadie, ni hacer mas que lo que habiamos visto; habiendo venido á este estremo, de resultas de haber vendido por consejo de su muger, un billete de la lotería moderna que habia comprado en un viage que hizo á Madrid, cuyo billete tuvo un premio de doce mil duros.

Un profundo silencio reinó por largo rato; la anécdota del loco habia afectado á Mauricio y tambien á mí me ocupaba la imaginacion. Probablemente referida una historia tan sencilla, sin haber visto nosotros al protagonista, no nos hubiese impresionado; pero despues de verlo no era fácil que se borrára su fisonomía de la memoria. Asi sucede siempre; el suceso mas insignificante contado en el mismo sitio en que ha tenido lugar, ó en presencia de los personages que han tomado parte en él, adquiere unas proporciones colosales, porque se presenta á nuestra vista la realidad en toda su estension.

Habiamos pasado por el pueblo de Castillejo, situado á la orilla de un riachuelo, y del que nada mas puede decirse, sino que hubo antiguamente en él un castillo, de donde sin duda le viene el nombre que conserva, y serian poco mas de las doce cuando llegamos á Boceguillas. Dista esta aldea ocho leguas de Buitrago, y como nuestro proyecto era dormir en Aranda, nos faltaban solo siete leguas de camino; es decir, que habiamos andado ya mas de la mitad y lo mas dificil de la jornada. Propuse á Mauricio que parásemos á tomar un bocado, y este aceptó con mucho gusto, si bien nos anunció el mayoral que no era punto á propósito para ello, porque la posada, que es bastante mala, está poco provista.

—Para comer bien, no se necesita mas que apetito, dijo mi amigo; ademas por malo que sea el parador, gallinas y truchas no faltarán, porque gallinas hay en todas partes y truchas sobran por aqui.

—¡Truchas dijiste, Mauricio! esclamé yo en tono trágico.

—Truchas dije. ¿Qué te admira?

—Dios me libre de probarlas; pueden estar aderezadas con la misma salsa que la que dieron hace tres siglos al cardenal Jimenez de Cisneros.

—Ahora recuerdo, esclamó Mauricio, que algunos historiadores aseguran que lo envenenaron aqui con una trucha, en un viage que hizo de Torrelaguna su patria, á Aranda.

—Hay datos fundados para creer que fué cierto, continué, y aunque de casi todos los hombres grandes se ha dicho lo mismo, el cardenal tenia muchos enemigos.

—Por fortuna, nosotros no estamos en el mismo caso, dijo Mauricio, y creo que podemos comer lo que nos den, sin cuidado, porque como no somos regentes del reino, ni ministros, ni senadores, ni aun diputados siquiera, nada tenemos que temer por esta parte.

Estábamos ya en la posada, y despues de apearnos, pedimos que nos diesen de comer; pero nos dijeron que no tenian nada dispuesto y que necesitaban á lo menos una hora para prepararlo. Fuerza era resignarse: preguntamos qué habia de particular que ver en el pueblo para ocupar en algo el tiempo, y un *nada, señores*, pronunciado con voz dulce y tono cortés, nos hizo fijar la atencion en el que habia dejado escapar estas palabras: era un anciano de sesenta años á lo menos, que estaba sentado en un banco á la puerta del meson, padre de la posadera, segun luego supimos.

—Mil gracias, buen amigo, le dije yo haciéndole un saludo.

—El pueblo este no ofrece particularidad ninguna que pueda escitar la curiosidad del viagero, prosiguió; nuestros lugares de Castilla no son como las aldeas de Suiza.

—¿Las ha visitado vd. por ventura? preguntó Mauricio.

—Jamás he salido de Boceguillas; pero he tenido mucha aficion á leer, y sé algo de lo que pasa por otras partes. Mi gusto hubiera sido partir de este villorrio á correr tierras; pero qué quiere vd; el hombre, sobre todo si es pobre, no puede hacer siempre su gusto.

—Boceguillas, sin embargo, es un lugar célebre en nuestra historia, le dije, con ánimo de hacerle entrar en conversacion.

—¿Lo dice vd. por el envenenamiento del cardenal Cisneros? preguntó el anciano.

—Precisamente por eso, le repliqué.

—Triste celebridad, señor, añadió, la que se adquiere con tales hechos. Verdad es que el pueblo no tuvo ninguna parte.

—Sin duda, proseguí, vd. habrá oido á sus antepasados referir este suceso; yo quisiera saber cómo lo pinta la tradicion ya que tan obscuro se presenta en la historia. Probablemente en el fondo el suceso será el mismo, pero variarán los detalles, y como no tenemos nada mejor que hacer, si no sirviese á vd. de molestia, ocupariamos en oirle agradablemente el tiempo.

—Yo no me molesto en complacer á vds., dijo el anciano; referiré lo que aqui se cuenta, y su buen juicio suplirá las faltas de mi relato. En seguida dió principio á su narracion del siguiente modo:

«Sin duda saben vds. mejor que yo, que el cardenal don Fray Francisco Jimenez de Cisneros fué un gran político que gobernó tres veces el reino, habiendo llegado á la cumbre del poder y de la fortuna desde la humilde choza de una aldea. Yo he leido repetidas veces su vida y no hallo exagerada la espresion de don Prudencio Sandoval que le llama «uno de los varones mas insignes que España ha tenido;»

pero esto no es del caso y lo que cumple á nuestro objeto es saber que el cardenal salió de Madrid el 2 de agosto de 1517 al encuentro de Cárlos I que venia de Alemania á heredar el trono de sus abuelos los reyes Católicos. Antes de llegar á Aranda quiso Cisneros visitar á Torrelaguna su patria, donde permaneció hasta el dia 9 que

El cardenal Jimenez de Cisneros. (1)

se trasladó á Boceguillas. Tres horas antes de llegar á este pueblo el cardenal, le habian precedido dos hombres de mala catadura ocultos en anchas capas negras y ginetes en dos soberbias mulas, los cuales se dirigieron al único parador que habia; entregaron sus cabalgaduras á los mozos de cuadra, se instalaron en el cuarto que les habian destinado y pidieron dos botellas de buen vino.

(1) Este retrato es copia de un bajo relieve de la Universidad de Madrid.

«Cuando fueron servidos, cerraron la puerta, se sentaron junto á una mesa uno frente á otro, y descubrieron sus rostros, que hasta entonces habian tenido ocultos con las enormes alas de sus sombreros chambergos.

—Bernardino, dijo uno de ellos, despues de haber apurado el vaso que acababa de llenar; si esta vez no logramos nuestro intento, merecemos que nos cuelgen por bobos.

—Bien dices que por bobos, replicó el otro; ya van tres veces que el *elefante* (1) se nos escapa de las uñas: pero ahora....

—Ahora no hay remedio, sino es que fallan tambien los polvos de ese maldito judío que me los ha hecho pagar á peso de oro.

«Diciendo esto puso un papel sobre la ennegrecida mesa.

—Mas fé tengo yo, contestó Bernardino, en estos que me ha proporcionado el doctor Parra.

—Yo sé bien que el judío no me ha engañado.

—La misma seguridad tengo yo del doctor; esto quiere decir, Pablo Coronel, que nuestras medidas están bien tomadas y que no fallará el golpe.

—¡Líbrenos Dios de lo contrario! esclamó Pablo Coronel; pero todo esto pudo haberse escusado si hubieras tú tenido mas maña.

—¿Hablas del libelo infamatorio que escribí contra el elefante?

—No por cierto; aquello fué una venganza muy tonta.

—Entonces te refieres á la que tomé cuerpo á cuerpo y brazo á brazo.

—Di mas bien de la que quisistes tomar.

—No á fé mia: aunque no murió de ella fué una venganza en regla. Figúrate que tan pronto como llegué á Alcalá donde él estaba gravemente enfermo....

—Ya me lo has contado veinte veces, Bernardino... Bebe y calla, dijo Coronel con ironía.

—No, que me has de oir esta para que no vuelvas á motejarme de torpe. Estábamos solos los dos en su aposento; él en la cama quejándose de sus dolores y yo dando paseos de un estremo á otro; cuantas tentativas hice para irritarlo habian sido inútiles, hasta que por fin tanto insistí, que logré apurarle la paciencia y que prorumpiese en dicterios, pues ya sabes su genio atroz; entonces me arrojé sobre él como un leon y apretándole la cabeza con la almohada lo dejé por muerto.

—¡Sin reparar que era tu hermano! dijo Pablo Coronel con una sonrisa de desprecio.

—Verdad que es mi hermano; pero le odio con mis cinco sentidos; me arrojó ignominiosamente de su palacio de Toledo, me ha perseguido por criminal...

—¡Porqué quisistes asesinarlo!.. Bebe Bernardino, bebe, y Coronel le alargaba el vaso con desden.

—¡Oh! me las pagará, Pablo, yo te lo aseguro.

(1) Llamaban asi al cardenal Cisneros, porque tenia los colmillos muy levantados, y á tal punto se habia generalizado este apodo entre sus enemigos, que llegó á vulgarizarse hasta en los pueblos mas remotos de la península.

—Ese es mi deseo, prosiguió Coronel; pero es necesario que formemos nuestro plan, porque ya no puede tardar.

—El plan es muy sencillo; en haciéndole comer algo que esté impregnado de estos polvos, hemos concluido.

—Esa es la dificultad ¿cómo echamos los polvos en su comida? Fiarnos de la posadera no puede ser; presentarnos donde nos vea él ó alguno de sus criados, menos, porque nos conocen...

—Me ocurre una idea, dijo Bernardino; á mi hermano le gustan mucho las truchas; aqui nadie sabe que va á llegar, pidamos todas las que tengan, que ya es de noche y no pueden reponerlas, y asi le obligamos á que coma el sobrante nuestro.

—No te entiendo, dijo Coronel.

—Si las truchas vienen aqui, bobo, aqui las aderezaremos, replicó Bernardino.

—Eso puede descubrirse; mejor es echar los polvos en el aceite.

—¿Como?

—Ya lo verás.

«En seguida llamaron al posadero; preguntaron si habia truchas, y les dijeron que tres muy hermosas. Las mandaron freir al punto, y mientras se hacia esta operacion, Bernardino distrajo á la posadera, y su compañero echó en el aceite los polvos. Sirviéronles la cena y ellos tuvieron buen cuidado de destrozar dos truchas y arrojar por la ventana la carne para figurar que las habian comido; la otra restante que era la mas grande, la dejaron intacta, seguros de que la guardaria el mesonero, y que no teniendo otras, la presentaria al cardenal tan pronto como llegara. Su diabólico plan tuvo cumplido efecto. Apenas acabada la cena, pagaron la cuenta, pidieron las caballerías, y partieron dando por motivo que tenian que llegar antes del dia á Aranda. No habia pasado media hora, cuando entró en la posada Cisneros; ibá sin comitiva, pero no obstante el meson se alborotó como era consiguiente; se le preparó el mejor cuarto, y se aprovecharon todas las viandas para presentarle una cena lo mas decente posible. La trucha, figuraba en primer término, porque la aficion del cardenal á este plato, era proverbial en toda Castilla. Cisneros cenó solo la trucha entera, y en seguida se acostó tranquilamente.

«A los pocos minutos entraron en el meson, dos frailes franciscos, y despues de preguntar el uno de ellos, que parecia superior, con visible ansiedad por el cardenal, se dirigió á su estancia todo azorado.

—¡Señor! ¡señor! le dijo casi sin aliento ¿Habeis cenado alguna trucha?

—Si, una.

—¡Infeliz de vos!

—¿Por qué, padre Marquina? ¿Qué motivo hay para tales esclamaciones?

—Hace pocos instantes, señor, que viniendo á vuestro encuentro por el camino de Madrid, con otro religioso que me acompaña, hallamos un hombre que iba como de este pueblo ginete en una gran mula y oculto con un sombrero de anchas alas y una capa negra. Al emparejar con nosotros se paró y nos dijo: «Padres si van á ver al «cardenal, dénse prisa á ver si pueden llegar antes que cene, y díganle que no «pruebe de una gran trucha que le presentarán, porque contiene un veneno lento, «pero muy eficaz; y si llegan despues de cenar, que disponga su alma, pues es muy «probable que no pueda resistir la fuerza del veneno.»

«El cardenal, se incorporó en el lecho al oir estas palabras; llevó la mano al corazon, y permaneció algunos instantes silencioso y pensativo. Despues, dejándose caer lentamente «Padre, dijo el franciscano, si algo de esto hay, antes de ahora estoy «envenenado, porqué en Madrid recibí unas cartas de Bélgica, y me pareció que «me entraba el veneno por los ojos, y desde entonces comencé á enfermar de un «modo notable» (1).

«Desde esta noche fatal, Cisneros no tuvo un dia bueno y á poco tiempo empezó á echar materia hasta por los oidos: tres meses mas tarde pronunció en Roa estas palabras: *In te Domine esperavi,* que fueron las últimas de su vida.

«Tal es el modo, señores, como á mí me han referido este suceso, dijo el anciano. Por mas que repugne creer que un hermano atente contra la vida de su hermano, no solo la tradicion sino la historia, nos asegura que Bernardino lo hizo tres veces con el cardenal, sin que su odio á lo que entiendo esté bastante justificado.»

Hacia ya un gran rato que nos habian avisado que estaba dispuesta la comida; nos sentamos á la mesa, y la hicimos los honores por completo sin tomar en cuenta la calidad de los manjares, porque el apetito suple á todo. Acto continuo y sin detenernos, montamos en el coche, despues de despedirnos cariñosamente del buen viejo que nos habia acompañado todo el tiempo, y cuya instruccion poco comun nos tenia sorprendidos. El por su parte, nos rogó que si á la vuelta de nuestro viage, cuyo objeto le habiámos indicado, pasábamos por Boceguillas, nos detuviésemos siquiera una noche para referirle algo de lo que hubiésemos visto, y asi se lo prometimos con la mejor voluntad.

CAPITULO TERCERO.

ARANDA Y CORUÑA.

Desde Boceguillas á Aranda, nada nos ocurrió que merezca referirse. Este último pueblo, cuya fundacion se atribuye á los romanos, suponiendo que es la antigua *Confluenta*, que el geógrafo Tolomeo designa entre las ciudades de los Arevacos, se halla situado á la márgen derecha del Duero en un terrazo elevado para que no puedan nunca ofenderle las avenidas del rio. Circúndanlo por todas partes vegas fértiles de pan llevar y viñedo, y ademas del Duero le riegan por Oriente y Occidente otros

(1) Todo este pasage lo refieren testualmente algunos historiadores.

rios de menor caudal, el Bañuelas y el Arandilla que vienen allí á confluir con el primero, uno de la parte de arriba y otro de la de abajo, casi á igual distancia de un sólido puente de piedra que dá ingreso á la villa. Fué poblacion de mucha importancia, aun despues de entronizada la poderosa dinastía austriaca; pero en el dia, está en un estado verdaderamente lastimoso, no obstante su privilegiada posicion y la ventaja de atravesar por ella la carretera de Francia. Como prueba de su antiguo esplendor, diremos que en Aranda, residieron diferentes veces los reyes Católicos y el cardenal Cisneros, gobernador del reino. Felipe II, siéndolo tambien por ausencia de su padre, cuando unidas las coronas de Aragon y de Castilla, y engrandecidas ambas con los heredamientos de la casa de Austria y con el descubrimiento de un nuevo mundo, se estendia el imperio español por cuanto el sol alumbra, estableció por tiempo de dos años su córte en Aranda, con los tribunales supremos del reino. Allí se hallaba tambien Felipe IV, cuando le sobrevino una enfermedad, que puso en riesgo su vida: am, la primera muger de Felipe V, cuando en abril de 1707, recibió la nueva de la victoria de Almansa, que decidió la guerra de sucesion, asegurando á su esposo y á la dinastía de los Borbones la corona de España; y de allí, en fin, partió en este mismo siglo, el emperador Napoleon para Madrid, el 28 de noviembre de 1808. Tales son los hechos históricos mas notables, relativos á la poblacion que vamos á visitar.

Serian las cinco de la tarde, cuando paramos á la puerta de la posada en la plaza que llaman del Palacio, y al punto nos vimos acometidos por una turba de mendigos de asqueroso y repugnante aspecto que nos asediaron importunándonos con sus estudiados clamores, sin permitirnos dar un paso; esta escena que se repite con todos los viageros de cualquiera clase ó condicion que sean, unida á la mala vista y esterior ruinoso de las mas de las casas, y á sus calles tortuosas y mal empedradas, hacen que al pronto se forme de Aranda una idea mas desventajosa todavía de lo que es en realidad.

Mauricio quedó al cuidado del equipage, mientras yo busqué un mozo que avisase mi llegada á un antiguo amigo llamado don Felix Arias, que hace tiempo reside en esta villa con su familia, y á quien tenia precision de ver para arreglar algunos asuntos de interés; por esta circunstancia y por el deseo de visitar las ruinas de *Clunia* que distan cinco leguas, habia dispuesto que nos detuviésemos dos ó tres dias en Aranda.

Poco se hizo esperar Arias, y como era consiguiente, nos llevó á hospedar á su casa, donde por cierto estuvimos con mas comodidades, que lo que era de presumir, atendido al esterior de la poblacion. Al siguiente dia por la mañana, nos acompañó á visitarla, empezando por la iglesia parroquial de Santa María, que es lo mejor que hay que ver en ella, en punto á bellas artes. Es un templo de singular mérito, de estilo gótico florido, y de la época de los reyes Católicos, compuesto de tres naves bien compartidas, un crucero, capilla mayor y coro alto; todo de elegantes formas y arregladas proporciones. Está construido desde los cimientos á las claves, de granito amarillento, bastante duro para resistir sin descomponerse, la accion de la atmósfera y las injurias del tiempo; la fachada de Oriente donde se halla la puerta de uso general, está cargada de calados, frisos, medallones y filigranas, labradas con todo el primor de la mejor arquitectura gótica, coronándola unas torrecillas piramidales, con cresteria y balaustres del mismo estilo y de brillante efecto. En este frente están colocadas las armas reales, y juntamente los escudos de la villa y del obispo Fonseca, sin duda por la parte con que cada uno contribuyó á los gastos de la fábrica.

Desde la parroquia de Santa María, fuimos á la otra iglesia parroquial tambien, llamada de San Juan Bautista. Es mas antigua, y de género gótico como la primera, pero no de su mérito y capacidad. En ella se celebró un concilio en el año 1474, presidido por el arzobispo de Toledo, don Alonso Carrillo.

Hubo en Aranda otros dos buenos templos, pertenecientes á dos conventos de religiosos franciscanos y dominicos, pero ambos desaparecieron con la guerra de la independencia, lo mismo que una casa-palacio edificada por el señor Calderon, obispo de Osma, que su sucesor el señor Eleta habia destinado para establecimiento de niños espósitos, cuyo pensamiento no llegó á realizarse por las revueltas de los tiempos: en el dia solo existen las paredes esteriores con sus balcones y torres formando la fachada de la parte del Norte de la plaza, que llaman del Palacio, por donde atraviesa la carretera. Perdió tambien la villa de Aranda en la guerra de la independencia un arrabal entero, habitado por mas de doscientas familias, que estaba situado en la otra parte del rio, á la entrada del puente, por el camino de Madrid. El comandante francés que guarnecia el fuerte de Santo Domingo, redujo á cenizas el citado arrabal, para impedir en el caso de ser atacado por las tropas españolas, que tuviesen estas donde guarecerse. Con tan bárbaro proceder, sumió en la indigencia á un sin número de personas, que aun hoy lloran los efectos de aquel acto de vandalismo.

—Han visto vds., nos dijo don Felix, de cuya bondad oiamos estos pormenores, lo único que hay que ver en Aranda. Solo me resta enseñarles, no como objeto artístico, sino como curiosidad industrial, alguna de las muchas bodegas que tenemos aqui, pues la riqueza de este pueblo, la constituye en su mayor parte el vino.

Llegamos á la Plaza mayor, cuya figura es irregular, muy semejante á la de un ataud, sin mas particularidad que un ancho soportal en la fachada del Norte que sirve de paseo en todos tiempos y de punto de reunion perenne para los ociosos. Don Felix nos entró en una de las casas mas principales de esta misma plaza y nos enseñaron la bodega, en que aparte de una gran porcion de cubas desde ciento á trescientas arrobas de cabida, nada mas ví que escitase mi curiosidad; pero el dueño, con todo el entusiasmo de un propietario, despues de darnos cuenta circunstanciada de la edad del vino encerrado en cada cuba, sin perdonar la mas pequeña, nos dijo que el mérito de las bodegas, consiste en que están cavadas en terreno compuesto de una greda arenosa tan dura, que evita las filtraciones del agua y hace que no se necesiten bóvedas ni arcos para su sostenimiento. La cosa á la verdad, no merecia la pena del tiempo que perdimos; pero considerando que los cosecheros de Aranda cifran la vanidad en su vino y en sus bodegas, nos manifestamos sorprendidos y casi admirados de lo que en el fondo nada tiene de particular, y asi logramos que todo el mundo quedase satisfecho.

Al otro dia á las cinco de la mañana, caminábamos á caballo por la orilla derecha del Arandilla con direccion á Clunia, atravesando vegas fértiles plantadas en gran parte de viñas, y circundadas de colinas dedicadas á pasto y monte. A las tres horas ó algo mas de camino, llegamos al pueblo que dá nombre al rio, desde el cual mirando hácia el Este en una meseta elevada, que enseñorea todo aquel valle, con la melancólica ternura que inspiran los recuerdos de antigua grandeza postrada y abatida por la dura mano del tiempo, ó por las devastaciones de los hombres, pudimos esclamar como el proscrito de Troya: *vidi campos ubi Clunia fuit*; porque se descubre el sitio donde descolló esa Clunia de quien hacen tan honorífica mencion los historiadores romanos, que mereció todas las altas distinciones, y gozar de las prerogativas que esta soberbia nacion otorgaba á pocas pero señaladas ciudades.

Seguimos sin detenernos hasta media legua mas adelante, que se llega á Coruña del Conde, ó *Crûña*, como la llaman sus naturales, por corrupcion de Clunia, cuyas ruinas le caen cercanas. Tiene su asiento este pueblo á la márgen derecha del Arandilla al pie de una colina rebajada, que prolongándose un poco intesta con la base del cerro donde estuvo la poblacion romana. Descuella sobre el estremo Occidental de la enunciada colina, dominando la villa, un antiguo castillo á medio arruinar, de mucha solidez y consistencia, obra militar importante de la edad media en que se fundó. Tiene sus torres y cubos, muralla, foso y barbacana, todo de cal y canto, con revestimiento de canteria, cuyas obras no ha destruido el tiempo, sino el abandono y el poco respeto con que han sido tratadas por los habitantes. El caserio de *Coruña*, su iglesia parroquial, que es espaciosa, las casas consistoriales, el castillo y los antiguos muros, fueron todos construidos con materiales sacados de los escombros de Clunia, como se infiere por la multitud de piedras labradas, por las inscripciones y dedicaciones que se leen en las paredes de dichos edificios, y por los fragmentos de columnas, cornisas y frisos que se hallan en los mismos, ó bien sueltos y esparcidos por las calles y por el campo. Fué Coruña villa murada, pero de sus obras de fortificacion, no quedan mas que algunos cimientos, y uno que otro trozo ruinoso, ya confundido é interpolado con el caserio y corrales contiguos. Consérvase aun entre Oriente y Mediodía, una de sus puertas, en tan mal estado que causa recelo atravesarla; en ella hay una inscripcion que quisimos copiar; pero muy luego abandonamos el proyecto, convencidos de que solo esta tarea pudiera ocuparnos algunos dias, pues no se encuentra una sola casa en la villa que no ofrezca algo de curioso en este género.

Don Felix nos propuso detenernos á almorzar, antes de dirigirnos á las ruinas de Clunia, proposicion que aceptamos con gusto, á pesar de la natural impaciencia que teniamos por ver el sitio donde estuvo la ciudad romana; pero nuestros estómagos reclamaban algun refuerzo, despues de cuatro horas de camino á caballo.

—Almorzaremos, dijo don Felix, en casa de un amigo á quien ayer hice prevenir al efecto, y en verdad que tendria gusto en que oyeran vds. de su boca una aventura singular que le pasó hace algunos años, y que se puede decir que ha fijado la suerte de toda su vida.

—Le rogaremos que nos la cuente, dijo Mauricio, con su natural impaciencia.

—No basta rogarle, añadió mi amigo, porque suelen ser inútiles los ruegos.

—¿Y es cosa importante? pregunté yo.

—Importante para él solo, replicó Arias, pero curiosa para todo el mundo.

—¿Y porque resiste referirla?

—Porqué el asunto principal de ella, no da una idea muy ventajosa de su capacidad, y le cuesta rubor confesarlo.

—¿Pero vd. la sabe?

—Se la he oido á él mismo.

—En ese caso es igual; vd. nos la referirá.

—No, no admito la igualdad, replicó mi amigo; toda aventura pierde mucho referida por otro que no sea el héroe; le sucede lo que á los cuadros, que nunca las copias aunque ejecutadas por mano maestra, tienen el mérito que el original.

—Pero si él no quiere referirla, dijo Mauricio, entonces...

—Si no quiere referirla, la referiré yo, contestó Arias, pero antes probaremos.

Habiamos llegado á casa del amigo de don Felix, llamado don Antonio, el cual como nos esperaba, salió á la puerta á recibirnos en cuanto sintió las pisadas de los caballos. Era hombre como de treinta años, de interesante figura, vestido muy decentemente á estilo del pais, pero de escasas palabras y de modales algo toscos. Nos hizo entrar á la sala adornada á estilo antiguo de lugar, y alli mismo estaba puesta la mesa para el almuerzo, que fué mas abundante en manjares, que fino en el servicio. A los postres, la conversacion lánguida en un principio, se animó poco á poco, y Arias aprovechó la ocasion de haberse retirado ya los criados, para rogar á nuestro huésped que nos refiriese la aventura de que en el camino habia hecho mérito. Don Antonio se resistió por mucho tiempo terriblemente, pero al cabo hubo de ceder á nuestras reiteradas y casi importunas instancias, dando principio al relato en estos términos.

«Hace cosa de diez años, señores, que era yo un pobre huérfano, sin mas recursos que un mísero jornal que ganaba trabajando la tierra ó guardando ganados. Un dia de otoño me hallaba en unas viñas, que habrán vds. encontrado á la vera del camino, como á media legua de distancia del pueblo, cuando ví que se dirigia hácia aqui un coche de lujosa facha, con un soberbio tiro de mulas; esto no me chocó porque estamos acostumbrados á ver venir con frecuencia viageros á visitar nuestras ruinas; pero al emparejar conmigo el carruage, un hombre que iba dentro, ya de bastante edad, mandó parar y sacó la cabeza por la ventanilla, para preguntarme si se dirigian bien á Coruña; díjele que sí, y entonces me rogó que les sirviese de guia. Contesté que no lo necesitaban, porque el camino no podia equivocarse, en razon á que no hay otro y á que estaban ya muy cerca del lugar. El hombre insistió tanto prometiéndome una buena recompensa, que hube de acceder, y monté en la delantera con el mayoral. Llegamos al pueblo al momento y se bajaron del coche, el hombre de quien ya he hablado y una señorita, como de veinte años, algo descolorida, pero hermosa como un sol. Me dijeron que querian descansar antes de ir á las ruinas, y me mandaron buscarles una casa cómoda donde hospedarse. Yo los traje á esta misma en que estamos, que ocupaba entonces una buena muger llamada Marcela, viuda, sin hijos y medianamente acomodada; despues que los dejé instalados, quise marcharme; pero el hombre me rogó que permaneciese con ellos para servirlos mientras estuviesen aqui, prometiéndome siempre buena paga, y empezó por darme un doblon de cuatro duros, circunstancia que me decidió, pues formé muy buena idea de su generosidad. Al siguiente dia visitaron las ruinas; pero al volver no hablaron nada de marcha como yo imaginaba, sino que por el contrario, permanecieron una semana sin dar muestras de emprender de nuevo el viage. Por mi parte tampoco lo deseaba, y creo que ninguno del pueblo, porque á mí me daban de comer bien, y gastaban ellos solos mas que todos los vecinos juntos, repartiendo cada dia muchas limosnas á los necesitados. Lo único que á todos nos chocaba, era el no haber podido averiguar quienes eran estas personas que parecian tan principales: las gentes de las aldeas son muy curiosas y no hubo medio que no empleasen los vecinos unánimemente, para averiguar siquiera el nombre de los dos personages misteriosos, y la clase de parentesco que entre ellos mediaba; pero inútilmente, porque su reserva era tal, que cuando se dirigian uno á otro la palabra, él llamaba á la jóven *señorita*, y ella á él *señor*, y nada mas. En lo que el pueblo entero convenia, es en que la jóven estaba muy triste, porque alguna vez la habiamos visto enjugarse una lágrima á hurtadillas, y porque siempre tenia sus hermosos ojos azules fijos en tierra, y dejaba escapar suspiros reprimidos como si no quisiese que el viejo lo notara. Tambien nos parecian estrangeros, pues aunque hablaban bien el castellano, lo hacian con cierto acento particular. Yo pregunté al mayoral y al mozo de mulas que venian con el coche; pero me dijeron que aunque eran criados de los viageros, solo hacia dos dias que entraron á su servicio en Madrid, y no tenian mas noticias que nosotros; esto podia ser verdad ó pretesto, pero en último resultado, nuestra curiosidad quedaba en pie.

«Jamás salian de casa ni permitian que entrase nadie en ella, escepto yo y sus criados, sin duda por miedo á ser vistos de algun viagero; el anciano tuvo dos conferencias con el cura y el alcalde, pero debieron ser de naturaleza tan reservada, que ambos á dos, que ya han muerto, se han ido al otro mundo con el secreto.

«Asi las cosas, me llamó un dia el viejo y me hizo entrar en un cuarto cuya puerta cerró despues.

—Me pareces un escelente muchacho, Antonio, me dijo.

—Para servir á vd., señor, contesté yo algo cortado.

—¿Cuánto ganas de jornal?

—Cinco reales, y gracias que lo haya, le contesté.

—Eso no vale nada. ¿Quieres ser rico?

—¡Vaya! dije yo; eso lo quiere todo el mundo.

—¿Tienes parientes?

—Ni uno.

—¿Sabes escribir?

—Bastante regular, señor, para un pobre campesino.

—Bien está. ¿Te contentarias con poseer tres mil ducados de renta?

«Yo debí hacer un gesto, sin duda muy grotesco, porque le ví sonreirse, cosa que no acostumbraba, y en seguida dije:

—Me parece que vd. se burla, señor; en todo el pueblo no hay quien tenga esa renta mas que don José Ridueña, y sacaria mas si labrara la tierra por su cuenta; pero como vive en Burgos, todo lo tiene arrendado. En verdad que segun decia el administrador hace poco, trata de venderla.

—Yo se la he comprado, dijo mi hombre con indiferencia; aqui está la escritura y el nombre en blanco: te la cedo con una condicion.

—¿Cual condicion? dije yo maquinalmente.

—Que te has de casar al instante con esa jóven que me acompaña.

—¿Nada mas?

—Nada mas.

—Pues hecho: vaya, pues si es mas bonita que una vírgen... Pero eso no puede ser, señor, vd. se chancea. ¿Como ha de querer una señorita tan guapa y tan fina, por marido á un pobre gañan?

—Eso no es cuenta tuya, dijo el viejo; si te acomoda el trato, yo te prometo que te casarás con ella.

—Lo que es acomodarme, yo lo creo.... pero si no puede ser, si ella es....

—Dale, conque no puede ser, replicó el viejo de mal humor; ¿no te digo que te casarás y tendrás la hacienda? ¿Te acomoda sí ó no?

—Yo diré á vd., lo que es acomodarme, si me acomoda, pero...

—Basta de réplicas; sí ó no, pronto.

—Si vd. habla de veras, digo que sí y mil veces sí, vaya...

—Está bien; yo no me chanceo nunca. Esta noche á las ocho, te echarán las bendiciones.

—¡Esta noche!.. ¡Y la hacienda tambien es para mí esta noche!

—Todo á un tiempo.

«Confieso á vds. señores, que es imposible describir mi situacion en aquellos momentos; yo reia, bailaba y andaba de un lado para otro, sin saber lo que me hacia, porque me figuraba estar soñando. En uno de aquellos arranques, me dirigí hácia la puerta con ánimo de salir á contar á todo el pueblo lo que me pasaba; pero el viejo me detuvo diciendo, que me necesitaba para arreglar los negocios, y se las compuso de modo, que en todo el dia me separé de su lado. En cuanto á mi futura esposa, solo se presentó á la hora de comer, triste y callada como siempre, y en seguida se encerró en su cuarto. A las cinco de la tarde, vino el escribano con el contrato matrimonial, que yo firmé temblando como un reo, y lo mismo hizo la jóven; se llenó el blanco de la escritura de compra de la hacienda con mi nombre y apellido, y yo pude convencerme de que se trataba de una cosa formal y en toda regla. A las ocho de la noche vino el cura y nos echó la bendicion, y entonces fué cuando supe que mi muger se llamaba Clotilde, marquesa de X***; perdonen vds. si reservo su título por respeto á la que delante de Dios y del mundo es mi legítima esposa.

«Cuando se retiró el cura, mi muger se metió en su cuarto como de costumbre, y el viejo con una cara mucho mas risueña y alegre que nunca, me invitó á que bebiésemos juntos un vaso de un esquisito vino de que ellos traian provision. «Ya somos todos unos, me dijo, y es preciso que dejes de hacer el papel de criado: brindemos en prueba de igualdad, á la salud de tu muger... y de tu futura descendencia,» añadió, con cierta ironía que yo no comprendí entonces.

«Nos sirvieron el vino, y á instancias del viejo yo apuré, no recuerdo si dos ó tres vasos; sea que el vino estuviese compuesto, ó que la falta de costumbre de usarlo influyera, el hecho es, que á los pocos minutos, me quedé dormido en la misma silla que estaba sentado. Cuando desperté, eran las doce del siguiente dia, y me hallaba tendido en la cama del viejo, sin desnudar. Poco á poco fuí ordenando las ideas y me vino á la memoria lo ocurrido la víspera; me bajé de la cama, quise andar, pero apenas podia moverme segun estaba de flojo y abatido; por fin, con mucho trabajo logré llegar hasta la cocina, y pueden vds. calcular mi sorpresa al saber por la tia Marcela, que mi esposa, el viejo que la acompañaba y los criados, todos habian marchado del pueblo á las nueve de la noche anterior: á la pobre muger no le habian dicho nada de mi boda, y por consiguiente no estrañó el que yo me quedara. Al instante comprendí que habia sido objeto de una burla, y concebí el proyecto de vengarme; monté en un caballo y partí para Aranda; dí señas de los forasteros, y todo lo que supe, fué, que habian mudado caballos á las once y cuarto de la noche anterior y que se dirigian en posta hácia Francia. Seguirlos con la delantera que llevaban era temeridad, ademas, de que en aquel momento me faltaban los medios para ello; volví al pueblo desesperado, y el cura y el alcalde me aconsejaron que no me cansase en buscarlos, porque nada conseguiria; el escribano por su parte, me dijo que el viejo habia sacado testimonio del acta de casamiento, que la escritura de la hacienda estaba en toda regla, no faltando sino que yo tomase posesion de ella; y que los forasteros habian venido al pueblo provistos hasta de las licencias del diocesano para dispensa de amonestaciones y demas formalidades, lo cual prueba por una parte, que eran personas de poder, y por la otra que traian el proyecto formado de hacer lo que hicieron, y á mí me escogieron por su víctima, aunque recompensándome con una fortuna inesperada.

—¿Pero qué objeto podian tener para obrar de ese modo? dijo Mauricio.

—Eso es lo que yo ignoro como vd,, caballero, contestó don Antonio.

—Acaso se querria por este medio, añadió don Felix, ocultar una falta y legitimar un heredero.

—¿Y no ha vuelto vd. á saber nada despues?

—Nada absolutamente; por espacio de dos años me dediqué á hacer averiguaciones, pero sin fruto. Tengo una idea vaga de que el padre, porque el viejo era padre de la jóven, no es español, aunque ha residido muchos años en nuestro pais; y por las señas que he dado, algunas personas me han dicho que conocieron á los dos en Madrid, y que él estaba agregado á una embajada estrangera.»

—Seria inglesa , interrumpí yo , porque la aventura es muy propia de un inglés.

—No sé, señores, porque todas mis noticias han sido demasiado vagas.

Conociendo que don Antonio sabia mas, pero no queria decirlo, no insistimos. Dímosle gracias por su condescendencia y su almuerzo, y sin detenernos, porque era tarde, montamos á caballo, y partimos á buen paso en direccion á la antigua ciudad romana.

CAPITULO CUARTO.

RUINAS DE CLUNIA.

A poco de haber salido de Coruña, emprendimos la subida del cerro, por uno de sus puntos accesibles del lado de Sud Oeste, en donde no están todavía borrados los vestigios de un ancho camino, que subia en vueltas suaves hasta la cima. Forma el cerro, que hoy se llama de *Castro*, por la fortaleza que en él habia, la figura de una pirámide regular, cuya cúspide no es aguda sino plana, ó una meseta circular de unos 3,000 pies de diámetro, 23,000 de circuito y 500 de elevacion, segun la medida hecha con toda esactitud por el canónigo Loperraez. Sobre la meseta, tuvo su asiento la famosa Clunia, en situacion dominante, alegre y sana, y tan fuerte por su posicion, que aun para el arte moderno de guerrear, seria inconquistable si se la fortificase medianamente. Antes de dar una sucinta noticia de los venerables restos de esta poblacion, diremos algo de su existencia y primitivo esplendor, prerogativas que la ensalzaron y alta consideracion que ha tenido.

La oscuridad de los tiempos esconde enteramente su orígen; sábese que á la entrada de los romanos en España, era no solo ciudad, sino ciudad importante, como lo prueba el que batia moneda y estaba murada. Plinio, Estrabon, Pomponio Mela, y Tolomeo, la colocan en la region de los *Arevacos*, y Antonino en su itinerario, en la via militar que se alargaba por la susodicha region, desde *Cæsar-augusta á Asturica*. En la propia region habia otra ciudad llamada *Uxama*, (Osma) y colindante á esta la siempre célebre de Numancia, cuyos vestigios se descubren junto á la aldea de Garay, poco distante de Soria. Se comunicaban las tres ciudades referidas por medio de la via ya indicada, que encaminándose desde aqui hácia el Duero, se dirigia á

Pintia (Valladolid), pasaba por *Asturica*, (Astorga) y concluia en los últimos términos de Galicia.

Habiendo venido *Clunia* como los demas pueblos de España, á poder de los romanos, logró con el auxilio de sus aliados, los *vascos*, sacudir la dominacion estrangera el año 55 antes de Jesucristo, y se declaró ciudad libre (1). En vano el pretor Q. Metelo, habiendo reunido fuerzas bastantes, intentó someterla por armas: sus moradores se defendieron con tal denuedo, que obligaron al caudillo romano á abandonar la empresa y volver á Roma. Instruido el senado de los riesgos y dificultades que ofrecia la sumision de *Clunia*, despachó á Afranio en calidad de legado, para que entablase negociaciones con los sublevados, las cuales tuvieron por término el que le abriesen las puertas sin el menor obstáculo.

No consta que desde entonces volviera á alzarse Clunia, ni suena entre los pueblos que se insurreccionaban contra la república. Galba, cuando se rebeló contra Neron, se acogió á sus muros, y en la fidelidad de los ciudadanos halló proteccion y seguridad, hasta que el curso de los sucesos lo llevó al solio. Desde el principio fué Clunia cabeza de *convento Jurídico* ó tribunal superior de justicia, y el emperador Tiberio, le concedió la prerogativa de acuñar moneda, de la que usó con profusion, si se ha de juzgar por la multitud de ellas que han hallado y hallan cada dia los labradores comarcanos. Gozó ademas de la noble prerogativa de colonia romana, y se gobernó, como muestra de especial favor, por *quatrunviros* en vez de que las ciudades mas ricas de la república solo lo eran por *triunviros*.

Tenia en su recinto un templo suntuoso consagrado á Júpiter, teatro, baños, y palacios en que habitaban familias nobilisimas. Nada se ha podido averiguar sobre la época, ni el motivo porqué fué enteramente arruinada una colonia tan insigne; pero combinando fechas y haciendo conjeturas, por ciertas señales que presentaban las ruinas, puede colegirse que pereció por las llamas, cuando se verificó la irrupcion de los septentrionales, habiendo sido tan general el estrago y tan duradero el dominio de los destructores, que ni una miserable aldea pudieron levantar los aterrados habitantes con las piedras destrozadas de sus soberbios palacios, para testificar á las generaciones venideras, el sitio que ocupaban, y la tradicion de su grandeza.

En medio del llano del Castro hay hoy una capilla, y frente á ella una casa habitada por un labrador que la cuida; únicos edificios y único habitante que ocupa el recinto agitado en otros tiempos por un pueblo inmenso. Es imposible contemplar las líneas de basamentos de magníficas columnatas, los trozos de paredes que aun se levantan sobre la superficie, los delicados fragmentos de escultura y arquitectura que se encuentran por el suelo, sin trasportarse en espíritu á la ciudad opulenta que alli un tiempo alzaba su erguida frente, oir la grita y el clamoreo de la plebe, y presenciar los suntuosos espectáculos del circo y el teatro; pero esta ilusion, que no hay nadie que no esperimente en aquel sitio, se disipa bien pronto á la vista del

(1) Tito Livio, Plinio.

campo silencioso y mustio que enrededor se descubre, y de la quietud y calma imperturbable que en todo él reina.

Ni la casa, ni la ermita de que se ha hecho mérito, son antiguas; entre ambos edificios cierra un patio cuadrado, y en él hay un algibe romano, cuyas piedras de sus paredes interiores, están llenas de inscripciones, segun nos aseguró mi amigo, á quien debimos noticias muy curiosas sobre las ruinas que visitábamos. La ermita se titula de nuestra señora del Castro, denominacion que ya dijimos tiene todo el cerro, derivada de *Castrum*, que significa fortaleza. La casa hoy destinada para vivienda del sacristan, nos dijo don Felix que sirvió en otro tiempo de hospedería de romeros, al cuidado de ciertos monges, que despues la abandonaron. Nada tiene de particular, sino el haber sido toda ella, asi como la capilla, construida de piedras sillares, que fueron de los edificios de Clunia. Es sin embargo de importancia para los curiosos, esta casa de albergue; y el sacristan labrador, á falta de otro mas entendido, suele hacer de *cicerone*, si no con mucho despejo, al menos con buena voluntad.

—Si los franceses, dije yo á don Felix, tuvieran en su pais este tesoro, ya lo habrian convertido en otro Herculano ó Pompeya; y á fé que podia hacerse á poca costa.

—Nuestra proverbial desidia, no se desmiente aqui como en ninguna parte, contestó Arias: sepa vd. que no son solo antigüedades romanas las que se recogerian en estas ruinas, sino tambien griegas, fenicias y celtibéricas, como ya se han sacado. Y sin embargo, tal es el abandono, que muy pronto no quedarán ni señales de la antigua colonia. Apoderados los labradores del terreno para la siembra de cereales, el arado borra cada dia los restos de los edificios que permanecieron en pie despues de la catástrofe, y tal es la prisa y el empeño de destruir, que dentro de breves años, habrá desaparecido lo poco que se conserva. A fines del siglo pasado existian todavía arcos, columnas, y una de las puertas de la poblacion; hoy nada queda; y gracias que podamos satisfacer nuestra curiosidad con esos restos de paderon, y esos cimientos á flor de tierra.

A pesar de los destrozos que ocasionan las operaciones de la labranza, y los pies del ganado, todavía vimos infinitos pedazos de frisos, cornisas y arquitrabes, otros de vasos de tierra labrados con primor, útiles domésticos de diferentes materias, y cal, yeso y despojos del caserio, cuyo ripio que forma la capa superior del terreno, hace que sea poco productivo. Las murallas, segun se puede reconocer por alguno que otro trozo de sus cimientos, ceñian perfectamente la planicie alta de la montaña, sirviéndole de corona; pero no estaban fundadas sobre la línea superior ó plano alto, sino como á diez pies de descenso, apoyada la espalda contra la tierra y abrazando toda la circunferencia á manera de una faja. Como sus cimientos estaban sobre lados escarpados, apoyados en pies de piedra dura, era imposible acercar á ella máquinas de guerra, que ni aun arrimadas podian abrir brecha practicable. El sistema radical de los romanos era el de inmortalizarlo todo, asi sus héroes como sus obras, sus empresas como sus hazañas. No desaprovecharon por tanto la proporcion que les ofrecia Clunia cimentada en peña viva, para abrir en ella baños, cisternas, silos y un magnífico teatro; de todo lo cual se ven algunos restos en la linea de las murallas, y en la parte interior se han descubierto cloacas, bodegas y demas fábricas subterráneas que seria muy curioso é interesante poner á la vista.

Ademas del algibe que está en el patio anterior á la ermita, hay en el átrio ó soportal por donde tiene la entrada, dos capiteles de columnas colosales que corresponden al órden toscano en toda su integridad; otros dos de igual tamaño, ó tal vez los zócalos de estos dos, nos dijo Arias que se habian hecho pedazos hace pocos años para emplearlos en la construccion de una casa. En el pavimento de la capilla y en la solera de su puerta, se encuentran piezas de mármol de diferentes colores, que se conoce muy bien que fueron labrados para otro sitio, y con distinto objeto. Una de estas piezas de mármol blanco, tiene grabada la figura de un hombre á caballo, dentro del círculo formado por una laureola, y debajo una inscripcion que no pudimos leer por haberse gastado la piedra, colocada como de intento en el sitio que mas roza el calzado de los concurrentes.

Lo que va espresado es todo cuanto queda fuera de tierra de la celebrada colonia cluniana; sabido es que las colecciones numismáticas de don Antonio Agustin, Ambrosio de Morales, Vayer, Velazquez, Florez y otras, se enriquecieron con las medallas de oro, plata y gran bronce halladas en estas ruinas. La Biblioteca nacional, la de París, y casi todas las de Europa las poseen tambien; apenas hay una persona regular en los pueblos de la comarca, que no conserve alguna, y con todo corren miles de ellas por monedas de vellon en el comercio al pormenor, en la provincia de Burgos. En Clunia se han hallado tambien un número asombroso de escelentes camafeos, vasos, ánforas, anillos, diges, armas, y otras mil piezas fundidas de metal, de galanas y caprichosas formas. Todos estos hallazgos no son productos de trabajos especiales de ningun género; solo los labradores se encuentran tales objetos al cultivar la tierra.

Para completo de nuestra espedicion, despues de recorrer el cerro de Castro nos dirigimos á Peñalva (*Petra-Alba*) villa de corto vecindario, situada á la otra parte del asiento de dicho cerro. En esta poblacion, se encuentra por todas partes, asi en las casas como en las calles y cercados, lápidas, columnas, y trozos de piedras labradas, de que los vecinos, como dueños del terreno de Castro, se han apoderado aun con poca ó ninguna necesidad.

Vueltos otra vez á lo alto emprendimos la marcha, bajando por la banda opuesta á la que habiamos subido, con ánimo de regresar á Aranda por distinto camino, para ver la gran via militar de que se ha hecho mérito mas arriba, y en efecto, hicimos el descenso del cerro por el mismo parage donde arrancaba un trozo de carretera á empalmar con dicha via, distante menos de un cuarto de legua. Llegados á ella y siguiéndola cerca de una hora, tuvimos ocasion de admirar la increible solidez de su construccion, y el buen estado que á trechos conserva, al traves de tantos siglos, tantos trastornos y vicisitudes, espuesta al abandono y la incuria. Su ancho es como el de las carreteras modernas: el canal ó caja honda, y diestramente matizada con capas de piedra sueltas, colocadas y apretadas entre sí de tal modo, que quedaba como si se hubiesen encajado una por una. Las mas gruesas forman las capas inferiores, las cubren otras mas menudas perfectamente encamadas y encima de todas forma el piso una capa de guijo y arena. Fué esta via la mas transitada y famosa que tuvo España en tiempo de los romanos, pues sobre comunicar directamente con ciudades de mucha consideracion, comprendia en sus dependencias casi todas las principales provincias, y se ramificaba en diferentes direcciones á todos los estremos del reino. Dejada por fin la via militar cuando el sol se habia ocultado ya en el horizonte, apretamos el paso y llegamos á Aranda á mas de las diez de la noche, donde nos esperaba la familia de don Felix, un poco inquieta ya por nuestra tardanza.

CAPITULO QUINTO.

BURGOS Y SU CATEDRAL.

Por mas que algunos escritores, partidarios de la antigüedad de los pueblos, se empeñen en atribuir la fundacion de Burgos, á un famoso rey *Brigo*, cuyo nombre hallamos siempre mezclado con las fábulas de todas las fundaciones de nuestra España, es lo cierto que la existencia histórica de la ciudad que nos ocupa, no puede fijarse mas allá del año de 882 á 84, en que don Alfonso III de Leon, encargó esta obra al conde don Diego Rodriguez, que algunos historiadores del siglo XIII apellidan patronímicamente *Porcellos*. Don Diego, siguiendo las órdenes de su soberano, reunió varias aldeas ó barracas, que existian ya con el nombre genérico de *burgos* (1), cuyos límites todavía se distinguen, y de esta reunion resultó la ciudad, construyéndose en la altura un castillo para defenderla de los moros. Despues, cuando el famoso Fernan-Gonzalez, sucesor de Porcellos en segundo ó tercer grado, pues la historia no lo aclara, se hizo independiente del rey de Leon y fundó y dejo á su hijo y á su posteridad aquel condado de Castilla, que vino á ser un reino tan preponderante en menos de un siglo; el castillo se convirtió en alcázar y la ciudad en córte, creciendo en importancia y poderío, hasta fines del siglo XVI y principios del XVII que empieza su decadencia. Líbrenos Dios de la tentacion de trazar aqui, ni aun sucintamente, la historía de Burgos, porque ademas de estar escrita ya repetidas veces por plumas mejor cortadas, segun decirse suele, ocuparíamos un espacio inmenso, y lo que es peor todavía, puede ser que no lográsemos esplicarnos con bastante claridad para hacernos entender; tal es la confusion que reina en los diversos autores que hemos consultado.

(1) Aldeas.

Defecto á la verdad tan general como disculpable, relativamente á la edad media, porque siendo muchos los estados en que España se dividia, y estando ocupada parte por los moros y parte por los cristianos, y todos en guerra unos con otros, imposible es no incurrir en errores graves, faltando como faltan en muchas ocasiones, datos en qué apoyarse, y habiendo de reducirse las mas veces á juzgar los hechos por los resultados, sin conocer las causas que los produjeron.

Lo que á nuestro propósito cumple, es que el lector sepa que salimos de Aranda al despuntar el alba del siguiente dia de nuestra espedicion á Clunia, y llegamos á Burgos cuando el sol reflejaba sus últimos rayos en los pintados cristales y bellísimas torres de su magnífica catedral. Este monumento que principió el santo rey don Fernando por los años 1221, fué obra de varios reinados, y no quedó completo hasta 1442 en que se concluyeron las dos torres de la fachada principal. Siguiendo la costumbre de todos los viageros que llegan á Burgos, fué el primero que nosotros visitamos tambien, sin esperar para hacerlo el dia siguiente de nuestro arribo; á lo cual suscribí por mi parte de mala voluntad, y solo por complacer á Mauricio, pues siendo uno de los defectos capitales de la catedral de Burgos su escasez de luces, claro está que la última hora de la tarde, es la menos á propósito para examinarla. Unas mugeres se apoderaron de nosotros á la entrada de la puerta, para servirnos de guia, y á las mismas compramos un cuaderno impreso hace tres ó cuatro años, que contiene la descripcion bastante detallada de todo el edificio, con algunas láminas si no de sobresaliente mérito, de mediana esactitud. Toda la iglesia pertenece al género llamado gótico en la época del renacimiento, y es de tanta estension, que pueden celebrarse los oficios divinos con la mayor pompa, en las ocho capillas á la vez. Consta de tres naves sobre columnas redondas, lisas, y tiene 260 pies de largo y 206 de ancho, sin contar las capillas: el coro es bellísimo, adornado de estátuas y relieves del mejor gusto; pero no luce por estar encerrado, asi como la capilla mayor, con muros hasta la clave y verjas de bronce en el crucero, de modo que no se goza de la vista de la nave principal. Este defecto es comun igualmente al esterior del edificio, por hallarse situado en parage angosto, entre callejuelas y casuchas que lo afean y ocultan. Algunas de las capillas encierran mausoleos grandiosos, ejecutados en mármol. La llamada del Condestable, que es la mejor, y pertenece hoy á los duques de Frias, como sucesores de los condes de Haro, tiene en su centro dos magníficos sepulcros, con las estátuas de don Pedro Hernandez de Velasco, condestable de Castilla, y doña Mencia Lopez de Mendoza su esposa. El claustro que comunica á la iglesia, es igualmente magnífico en adornos de estátuas, relieves y sepulcros. En una de sus salas nos enseñaron colgada en la pared, casi junto al techo, un arca ó baul de rústica construccion, que nos dijeron ser en la que llevaba el Cid un altar portátil para celebrar misa en los campamentos cuando sus espediciones contra la morisma. Este baul ha sido siempre objeto de mucha curiosidad y motivo tambien para mil patrañas. Ademas de la version que acabamos de citar en cuanto á su uso, el vulgo dice que se hallan dentro de él papeles interesantes á la iglesia de Burgos;

otros suponen que está la espada del Cid rota por en medio: los hay que dicen haber dentro del cofre ropas antiguas; otros cuentan, que contiene arena de la que el Cid guardó en este y otro baul para engañar á cierto comerciante judío, á quien pidió gran suma de dinero para atender á los gastos del sitio de Valencia, dejándole en rehenes estas arcas que el mercader juzgó llenas de oro y alhajas. En algun tiempo, segun el padre Beganza, hubo pergaminos muy antiguos en el tal cofre, y entre ellos uno de donaciones del rey don Sancho el II, hechas á la antigua catedral de Oca; pero en el dia, es lo cierto que se halla completamente desocupado.

Ya íbamos á retirarnos por la puerta de la fachada inferior del templo, cuando observamos media docena de personas del pueblo paradas detras del coro, y mirando con suma atencion al reloj, que está en uno de los costados á mas que mediana altura.

—¿Qué miran esas gentes? preguntó con curiosidad Mauricio.

—El *Papa-moscas*, dijo con indiferencia una de las mugeres que nos acompañaban.

—¿No has oido tú hablar nunca, añadí, del *Papa -moscas* de Burgos?

—Sí por cierto; pero creí que era una de tantas vulgaridades como corren en boca del pueblo.

—Esas vulgaridades tienen todas por lo comun un orígen y casi un fundamento, le contesté, y por lo que hace al Papa-moscas, mira y te convencerás de que existe de bulto, ya que no de carne y hueso; por cierto que á su existencia vá unida una tradicion, que no pienso dejar de contarte, pero como preliminar de mi historia, será bueno que sepas que hasta hace muy poco tiempo, ese muñeco que ahora ves inmóvil asomado á una ventana junto al reloj, ha tenido movimiento y se puede decir que voz. Las puertas de la ventana, permanecian cerradas hasta cinco minutos antes de dar las horas; lo mismo era hacer el reloj la señal, las hojas se abrian, y al empezar á sonar la campana, el muñeco se asomaba tantas veces y daba tantos gritos, haciendo un gesto estraño, cuantas campanadas tocaba el reloj. Esto producia una afluencia constante de gentes y no pocas irreverencias, por cuyo motivo la autoridad creyó conveniente condenar al Papa-moscas á perpetua quietud, resolucion acertadisima bajo el punto de vista religioso, pero que ha privado á la catedral de Burgos de uno de sus principales atractivos, y á los forasteros de un espectáculo singular, pues no recuerdo haber visto en mis muchos viages, ni aun siquiera haber leido, que exista cosa parecida en ninguna otra parte.

—¿Y se sabe quién hizo ese autómata? preguntó Mauricio.

—Es obra del diablo, contestó una de las mugeres con singular aplomo y como quien no duda un ápice de lo que dice.

—¡Del diablo! esclamé yo.

—Si señor, replicó la muger. Ese muñeco lo hizo Satanás, segun cuentan las gentes, para divertir á la concubina de un gran señor que tenia hecho pacto con él; pero San Isidoro, arzobispo de Sevilla, enterado de las maniobras del diablo, se las arregló de modo, que logró que el alma del caballero, que se la habia vendido, fuése al cielo y el Papa-moscas viniese aqui.

—Eso que cuentas, Benita, dijo la otra muger que nos habia acompañado, es una verdadera conseja. Yo le he oido asegurar á mi madre muchas veces, con referencia á un canónigo con quien se confesaba, que el Papa-moscas fué antes una criatura humana, de carne y hueso como nosotros, á quien Dios castigó porque venia á la iglesia, no á cumplir con los deberes de cristiano, sino á hacer gestos desde ese confesonario á una reina que hubo que se llamó doña Blanca.

—Todo puede ser, añadí yo, porque para la voluntad de Dios no hay nada imposible; pero ambas cosas me parecen inverosímiles; allá vá mi cuento á propósito del Papa-moscas; apréndanlo vds. bien y tendrán ese mas que referir á los viageros, advirtiendo que por mi parte no salgo garante de la verdad.

«Enrique III, ese rey caballeresco que vendió en una ocasion su gaban para comer, y cuya breve vida fué una verdadera é interesante novela, reparó un dia en una linda jóven que de continuo venia á la catedral y pasaba horas enteras contemplando las reliquias del Cid y el sepulcro de Fernan-Gonzalez: desde este dia, el rey no faltaba tampoco de incógnito en los mismos sitios y á las mismas horas que lo hacia la jóven, y esto se repitió por mucho tiempo, sin que entre ambos mediase mas que el lenguaje de los ojos, ese lenguaje elocuente, que penetra en el corazon y es el verdadero del amor. El rey miraba á la jóven, la jóven miraba al rey, se ponia colorada, bajaba la vista al suelo y salia de la iglesia silenciosa y pausadamente; el rey la seguia hasta la puerta de igual modo, y á la mañana siguiente ambos se encontraban de nuevo en el acostumbrado sitio, y la escena pasaba ni mas ni menos como la víspera. Una vez la jóven al retirarse, dejó caer, por casualidad ó de intento, un pañuelo que llevaba en la mano; cogiólo el rey, guardólo en el pecho y dió á la doncella el que él llevaba para su uso, de finísima batista, acompañando la dádiva con palabras tales cual pudiera pronunciarlas el mas amante caballero. Sonrojóse la jóven y partió de la iglesia, ocultando al parecer las lágrimas que corrian por sus megillas; pero desde este dia Enrique no la vió mas.

«Un año era trascurrido, cuando el rey cazando se estravió en un bosque, y solo, sin acompañamiento, vióse acometido por seis hambrientos lobos, de los cuales tres sucumbieron á su daga; pero hubiera sido víctima de los restantes por faltarle ya fuerzas para defenderse, si un disparo de arcabuz, acompañado de un grito estraño que sonó á su espalda, no hubiese puesto en fuga á las fieras. Volvióse Enrique para dar gracias á su libertador, y se halló sorprendido por una figura particular que inmóvil y sin poder articular una palabra, le miraba con los ojos fijos. Sus músculos estaban horriblemente contraidos y de tiempo en tiempo, un lamento agudo se escapaba de su pecho. El rey quedó absorto á la vista de tan singular aparicion; sin embargo, un sentimiento indefinible le hacia latir el corazon, pareciéndole reconocer en aquellas desfiguradas facciones, una persona amada de quien nunca se habia olvidado.... Era en efecto la jóven de la iglesia. Fuera de sí de alegría Enrique, se lan-

Interior de la catedral de Burgos.

za hácia su libertadora; pero ¡ah! al verlo llegar la doncella, le tendió los brazos, le sonrió como los ángeles sonrien á los bienaventurados, y cayó sin fuerzas pronunciando estas palabras: «Amé la memoria del Cid y de Fernan-Gonzalez, porque mi corazon ama todo lo que es noble y generoso; por eso te amé á tí tambien; pero mi

deber me impedia consagrarte este amor que hubiera sido la felicidad de mi vida. Acepta el sacrificio que....»

«Y en seguida espiró sin acabar la frase teniendo en la mano izquierda el pañuelo que la dió el rey.

«Un año despues el Papa-moscas ocupaba el sitio en que se le vé ahora; Enrique lo mandó construir en memoria de la que amó toda su vida, y por eso hacia un gesto y daba un grito el autómata al sonar la hora, para asemejarse al que el rey habia oido á la jóven cuando ahuyentó los lobos. Enrique hubiera querido oir repetir tambien al Papa-moscas las palabras de amor que le dijo la doncella antes de morir; pero el artista moro que lo construyó, no pudo conseguir hacérselas pronunciar, no obstante que para ello empleó todo su ingenio.»

—¿Ves, Benita, como fué un moro y no el diablo, quien hizo el Papa-moscas? dijo una de las mugeres á su compañera.

—Moro ó diablo ¿qué mas dá? Al cabo los moros no son cristianos, contestó la otra.

Habia anochecido del todo y fué preciso retirarnos de la catedral, lo cual hicimos despues de dar la correspondiente propina á nuestras guias, que ellas aceptaronsin el menor escrúpulo, no obstante que recuerdo haber leido en un viagero francés la especie de que en la catedral de Burgos no quieren los encargados de enseñarla recibir gratificaciones, por miedo que aparezca la sombra del Cid á reconvenirlos; especie peregrina, que á ser cierta fuera la única verdad que el libro del tal viagero contuviese.

CAPITULO SESTO.

EL CID CAMPEADOR.

Antes de recorrer la ciudad de Burgos, parécenos del caso ocuparnos de uno de sus mas ilustres hijos, entre los muchos ilustres de que es patria. Hablamos de don Rodrigo Diaz de Vivar, apellidado *el Cid Campeador*, de ese héroe tan popular en España, cuya existencia se han atrevido á negar algunos escritores envidiosos de nuestras glorias. Detenernos á probar aqui que el Cid ha existido, fuera dar importancia á una opinion absurda y desacreditada. Cierto que su vida es un tejido de fábulas mas ó menos verosímiles; que la poesía obscurece la historia, hasta el punto de no poderse distinguir lo verdadero de lo falso; pero esto nada dice contra su existencia. Al contrario, muchas y muy singulares debieron ser sus hazañas, grandes y atrevidas fueron sin duda sus empresas, cuando han llegado hasta nosotros consignadas no solo en la historia, sino en los romances, en las tradiciones, y hasta en los cantares del pueblo.

Admitida, como admitímos sin la menor reserva, la existencia del Cid, vamos á contar su vida como la crónica y el romancero la refieren, dejando al buen juicio del lector que descarte lo que en el relato halle de violento ó increible.

«Nació nuestro héroe en la ciudad de Burgos el año 1026, segun consta de una inscripcion que hay en el solar donde existió su casa, de la que luego nos ocuparemos, y fué su padre Diego Lainez, descendiente de Lain Calvo, uno de los jueces elegidos por el pueblo para gobernar á Castilla, cuando Ordoño II de Leon dispuso que dieran muerte á los condes sus soberanos. El otro juez, suegro de Lain, se llamaba Nuño Rasura, y de este se supone que desciende Fernando II, rey de Castilla, hijo de Sancho el Mayor. La madre de Rodrigo se llamó Teresa Rodriguez, y fué hija de don Rodrigo Alvarez, conde y gobernador de Asturias. Cuando era el Cid todavía un rapaz, cuentan que su padre tuvo una disputa con el conde de Gormaz ó Lozano, y que este dió á don Diego una bofetada, causándole tal pena semejante afrenta al pobre viejo, que no podia comer, beber ni dormir. Acongojado Rodrigo por la afliccion de su padre y sabedor del motivo que la ocasionaba, un dia se acercó á él y le dijo:

—En mal hora, mi buen padre, anublaron tu rostro, pues el hijo que Dios te ha dado se halla dispuesto á vengar tu injuria. No cuides de mi niñez, que si son pocos los años es mucho el corazon, y en los casos de honra este vale por todo.

«El anciano prorumpió en lágrimas al oir el razonamiento de su hijo, y abrazándole primero y bendiciéndole despues, dióle licencia para que al punto tomase venganza, con lo cual partió el jóven en busca de su enemigo tan presuroso como contento, y cuando llegó á presencia del conde díjole de este modo:

—Gormaz, yo soy el hijo de Diego Lainez, que viene á pedirte cuenta de la injuria que le hicistes: mala fechoría y poco noble es por cierto herir en el rostro á un pobre viejo que no puede defenderse: tamaña afrenta solo con sangre se puede lavar, y la tuya ó la mia, vive Dios, han de correr con abundancia en el campo.

«Observando Rodrigo que el conde le habia dirigido una mirada de desprecio, tal vez al ver sus pocos años, prosiguió:

—Conozco asaz, conde Lozano, de donde procede la desdeñosa mirada que me echais, y sé que sois mañero lidiador; pero yo confio venceros en singular combate, no solo porque vengar á un padre es justicia, sino porque el corazon me dice, que la fama ha de cantar en lo venidero, que un niño os dió la muerte.

«Tantas y tan grandes fueron las provocativas amenazas de Rodrigo, que el conde no pudo contener su enojo, y aceptó lleno de ira el reto que el rapaz le proponia. Salieron en efecto al campo, se batieron, y Rodrigo, ó mas diestro ó mas afortunado, mató al conde, y viéndole en tierra bajó del caballo, cortóle la cabeza y con este presente, marchó satisfecho y lleno de orgullo á casa de su padre.

Dióle la muerte y vengóse,
La cabeza le cortó
Y con ella ante su padre
Contento se afinojó. (1)

«Sentado á la mesa se hallaba á la sazon Diego Lainez, sin querer probar los sazonados manjares que delante le ponian; solo meditaba en su afrenta, y llorando y afligido, á tal punto le rindió el pesar, que cayó en profundo sueño; pero aun asi mil visiones agitaban su pecho, cuando de repente la puerta de la estancia se abre, y aparece Rodrigo conduciendo de los cabellos la cabeza de su contrario.

—¡Despertad! ¡padre, gritó, comed! que aqui os traigo la yerba que ha de abriros el apetito.... enjugad vuestras lágrimas que ya estais vengado.

«El buen viejo abre los ojos azorado, y al contemplar el trofeo de que era portador Rodrigo, fuera de sí de alegría se lanza á su cuello y dióle un fuerte abrazo.

—Siéntate á yantar conmigo, buen rapaz, le dijo luego, y ocupa en la mesa el lugar que yo ahora ocupo, que quien tal cabeza trae, cabeza de mi casa debe ser.

(1) Romancero del Cid.

«Algun tiempo despues de la escena que acabamos de referir, hallándose en Leon el rey don Fernando, se le presentó Jimena Gomez, hija del conde Gormaz, y echándose á sus pies cubierto el rostro de lágrimas, le habló en estos términos:

—¡Justicia! rey Fernando, ¡justicia! Mirad el luto que arrastro por la muerte de mi padre, á quien cortó la cabeza Rui Diaz de Vivar: doléos de mi llanto, apiadáos de una infeliz huérfana, pues el rey que no hace justicia no debe de reinar, ni comer pan á manteles, ni cabalgar briosos trotones, ni con la reina tratar.

«Levantóla el rey con mucha galantería, y sin darse por ofendido por lo que acababa de oir, la contestó:

—Hablad, hermosa dama, hablad y decid vos misma el castigo que quereis se imponga al matador de vuestro padre.

—Pido, señor, pues vos lo permitis, que ese caballero me dé la mano de esposo ó de lo contrario que sufra al punto la muerte.

—Estraño castigo á fé mia, dijo el rey; mas os elejí por juez y vuestra voluntad será cumplida; entrad en ese aposento y esperad que yo os llame.

«En seguida mandó Fernando buscar á Rodrigo, y en presencia de toda su córte hízole saber la sentencia. Inútil es decir que el doncel prefirió tomar por esposa á la noble y bella huérfana á perder la vida: oida su resolucion, el mismo rey abrió la puerta del cuarto en que Jimena se ocultaba, y cogiéndola de la mano la presentó á su futuro esposo diciendo:

—Ya que huérfana la dejásteis, os la entrego para que cuideis de su persona como de cosa propia, y con tal condicion os perdono la hazaña de haber muerto uno de mis mas leales vasallos.

«Celebráronse las bodas con mucha pompa despues de concluido el luto de Jimena, y al volver Rodrigo con su esposa el dia de la ceremonia á casa de su madre, pues Diego Lainez habia fallecido, poco tiempo despues de quedar vengado, poniendo sus manos entre las de la recien casada dijo;

—Ya que tal cuita os causé, señora, sin querer, y que por ella tengo la dicha de poseeros, juro por Dios y su santa Madre no entrar con vos en lecho, sin haber ganado antes cinco batallas campales.

«Ganólas en efecto y la promesa quedó cumplida, viniendo á ser desde entonces terror y espanto de los infieles, quienes le dieron el nombre de *Cid*, que quiere decir *señor*.

«Satisfecho el rey de sus proezas, de tal modo lo tenia constantemente ocupado en la guerra, que doña Jimena, se vió obligada á quejarse á Fernando, porque no dejaba á su marido un momento de descanso para acudir á los negocios domésticos, y lo hizo en una sentida carta, que no podemos menos que estractar aqui; decia de este modo;

«A vos, señor, el aventurado y magno conquistador, vuestra sierva Jimena os «escribe, y perdonad la guisa en que lo hace, pues si mal talante os manifiesta, es «porque disimulallo no puede. ¿Por qué, señor, á un garzon domeñado y falagüeño, «lo enseñais á ser tigre feroz? Ni de noche ni de dia le soltais una vez para mí. Si «en alguna ocasion me lo dais, tan teñido en sangre viene que causa espanto mirallo: «duérmese en mis brazos, pero la terrible pesadilla le acosa en la mitad de su sueño «y forcejea y cuida estar lidiando contra moros. Amanece, vase y quedo sola y des- «consolada hasta Dios sabe cuando. En cinta finco, señor, en nueve meses estoy en- «trada; mandadme á mi Rodrigo, y no permitid que se malogren prendas que pro- «ceden del cautivador de cinco reyes.»

El rey contestó á la carta de Jimena en los términos siguientes:

Despues de facer la cruz
Con cuatro puntos y un rasgo (1).

«A vos me dirijo, la noble doña Jimena, la del envidiado esposo: me decis que «por los mis provechos no cuido de los daños que os aquejan, por lo que estais de «mí hartamente querellosa. Yo vos perdono la sandez en fe de galantería y acata- «miento debido á dama tan principal. Si yo vos quitara el marido para mis ena- «moramientos, mal empleada fuera pardiez la ausencia; pero si le confio mis gentes «y le mando pelear contra moros, no creo faceros mucho agravio. No le escribiré que «vaya á veros porque en oyendo el atambor, será preciso que os deje, y aumentarase «vuestra cuita; pero aumento en esta carta una promesa para vuestro contentamiento: «prometo á lo que pariedes buen aguinaldo; si fijo, caballo, espada, y dos mil mara- «vedís; si fija, doila en dote cuarenta marcos de plata, y quedo rogando á la Vírgen «vos alumbre en los peligros del parto que vos amenaza.»

«Dió á luz doña Jimena una niña sin el consuelo de tener á su esposo al lado; pero es fama que el rey la hizo singulares donativos.

«Muerto Fernando, dejó repartida la monarquía entre sus cinco hijos: Castilla tocó á Sancho, que era el primogénito; Alfonso heredó á Leon y Asturias; á Garcia dió las provincias septentrionales de Portugal, á Urraca la ciudad de Zamora y á Elvira la de Toro. No tardaron en sentirse las consecuencias inherentes á tales reparticiones; los hermanos empezaron á mirarse con celosa envidia, y concluyeron por declararse guerra abierta, aspirando cada cual al dominio de los estados de los otros. Sancho, despues de apoderarse del reino de Leon y Asturias, que gobernaba su hermano Alfonso, halló pretesto para hostilizar á doña Urraca, y puso cerco á Zamora; pero el Cid se negó á pelear contra la princesa, á quien cuentan que en sus mocedades tuvo mucho amor. Sancho fué muerto traidoramente en este sitio por Bellido Dolfos, segun mas adelante diremos, y de este hecho, toma orígen la célebre historia relativa al reto y fatales consecuencias de los hijos de Arias Gonzalo.

«Muerto Sancho sin hijos, recayó la corona en su hermano Alfonso, que á la sazon se hallaba fugitivo en Toledo, bajo el amparo del rey moro. El nuevo monarca

(1) Romancero del Cid.

se dirigió á Zamora donde estaba reunida la nobleza para rendirle pleito-homenage, segun costumbre de aquellos tiempos; pero antes de hacerlo le pusieron por condicion, que habia de jurar no haber tenido parte en la muerte de su hermano, como vagos rumores querian suponer. Prometió Alfonso hacer este juramento, y se dirigieron á Burgos, donde debia verificarse. El dia convenido se presentó el rey en la iglesia de Santa Gadea acompañado de doce caballeros, que debian atestiguar su inocencia, y al verlos entrar por la puerta adelantóse el Cid con el libro de los Evangelios abierto, mandó poner sobre él la mano al monarca, y con voz grave y sonora dijo lo siguiente:

—Rey Alfonso, jurad por Dios y los santos del cielo que no teneis parte en la muerte de don Sancho; jurad que esa muerte no os plugo, ni menos dísteis lugar á ella.... y mal fin tengais, si la verdad no dijéreis, y acabado seais por mano de villano, y no de fidalgo, infanzon ó caballero.

—Amen, respondió Alfonso, demudado el color y lanzando una mirada amenazadora sobre Rodrigo: ni fice tal maldad, ni de ella fui causa.

«En seguida juraron tambien los doce caballeros, y finada la ceremonia, adelantándose el Cid hácia el rey, continuó:

—Dadme á besar vuestra mano, y si antes no lo hice fué porque no me plugó; mas agora vos la beso y es de mi agrado hacerlo, y no pienso agraviaros en esta fabla, pues el recuerdo de don Sancho mi rey, me destroza el corazon todavía.

«Un juramento tan estrecho y una elocuencia tan arrogante en presencia del monarca, no podia menos de herir el amor propio de éste, y en efecto, Alfonso desde entonces miró con particular ojeriza á Rodrigo, aumentándose esta con las hablillas de los cortesanos.

«No tardó mucho en presentarse ocasion al rey de tomar venganza del Cid, pues habiendo éste hecho una entrada por los estados del rey de Toledo, con intento de buscar botin, se quejó el moro, y fué desterrado el campeon, quien al partir se llevó en pos de sí á los fieles parciales resueltos á seguirle donde quiera que fuese.

Todos son hombres mancebos,
Ninguno hay viejo ni cano.
Todos llevan lanza en puño
Con el hierro acicalado
Y llevan sendas adargas
Con borlas de colorado (1).

«Con objeto de proporcionarse dinero, pues sus bienes habian sido confiscados, cuentan que el Cid llenó dos cofres de arena, y los empeñó en casa de unos judíos como si lo estuviesen de oro y alhajas, poniendo por condicion que no habian de

(1) Romancero del Cid.

abrirlos hasta cierto tiempo, con lo cual los judíos se conformaron y creyeron á Rodrigo bajo su palabra; tal era la confianza que su honradez inspiraba. Parecerá estraño por lo mismo que usara de tal superchería un hombre del temple del Cid, pero aun dado caso que la anécdota sea cierta, debe tenerse en cuenta, que en aquellos tiempos engañar á un judío no era accion deshonrosa, y sobre todo que nuestro héroe pensaba pagar, como lo hizo, antes del plazo señalado, y recompensar con usura á los prestamistas.

«Provisto de fondos dejó á su esposa y sus hijas bajo la custodia del abad de San Pedro de Cardeña, y emprendió nuevas correrías contra los moros, ganándoles poblaciones importantes, y entre otras Medina, Daroca y Teruel, y obligando á pagar tributo al rey moro de Zaragoza. En nuestro siglo de civilizacion y progresos, un general que se viese tratado por su rey de la manera que lo fué el Cid, de seguro iria á ofrecer su espada á un gobierno estrangero, ó se pondria á la cabeza de los descontentos que quisieran seguirle para combatir á su soberano; pero en la época del Cid, menos ilustrada pero mas caballerosa, las cosas pasaban de otra manera; todas las conquistas y todo el botin que hizo Rodrigo en sus nuevas campañas, lo puso á los pies de Alfonso, quien sea por esta prueba de lealtad, ó porque necesitase de su auxilio, le llamó al fin á su lado, donde continuó una serie de hazañas, que terminaron con la conquista de Valencia.

La pérdida de esta ciudad causó tanta sensacion á los infieles, que acudió desde Africa en auxilio de los moros del pais, el rey Bucar con un numeroso ejército, y tambien fué derrotado dos veces por el Cid; pero estos fueron sus últimos triunfos. Acometido de una enfermedad grave en el mismo Valencia, sucumbió al ímpetu de ella el dia de Pentecostés del año 1099; pero todavía despues de morir consiguió triunfar de los moros, si hemos de dar crédito á algunos historiadores. He aqui como refieren esta anécdota.

«Sintiendo que se acercaba su fin, precisamente cuando el rey Bucar se disponia á tentar por tercera vez el último esfuerzo contra la ciudad, conoció el Cid que la resistencia seria inútil, y ordenó á los castellanos que despues de su fallecimiento se retirasen en buen órden á Castilla, custodiando su cuerpo, que debia enterrarse en el monasterio de Cardeña, y acompañando á su esposa y todo lo demas digno de ponerse en salvo. Cumplióse puntualmente su voluntad, pero advertidos los moros por una traicion, cerraron el paso á los cristianos en términos que estos hubieran sucumbido al número, si de improviso no se hubiesen puesto en precipitada fuga los contrarios gritando «el Cid!... el Cid! traicion!»

«Era el Cid en efecto sobre su caballo Babieca, con su tizona, su casco y su armadura; pero el Cid inanimado, sin aliento, sin fuerza en el brazo; era su cadáver. Los caballeros que lo escoltaban conociendo el peligro se valieron de este ardid, que les salió maravillosamente, porque los infieles creyeron que el Cid no habia muerto, y que habia sido un engaño para atraerlos á la pelea, con lo que se alejaron á la desvandada, dejando el paso libre al fúnebre convoy. Cuando supieron el error, los castellanos habian logrado ya su objeto.» Concluiremos copiando algunos versos del Romancero, que repetidas veces hemos citado, relativos á su muerte.

La que á nadie no perdona
A reyes ni á ricos-homes
A mi fincando en Valencia,
Llegó á mi puerta y llamóme;
Y fallándome dispuesto
A su voluntad conforme,
Fago asi mi testamento
Y mi voluntad al postre.

. . . .

Y para facer exequias
Se junten mis infanzones,
Los de mi pan y mi mesa,
Los buenos conqueridores.

. . . .

Item mando que no alquilen
Plañideras que me lloren;
Bastan las de mi Jimena
Sin que otras lágrimas compre.

El año 1272, mandó don Alonso el Sabio labrar un sepulcro al Cid, compuesto de dos piedras muy grandes, y en él ha permanecido al lado de la epístola en el monasterio de Cardeña, hasta su traslacion á Burgos hace pocos años.

Prosigamos ahora la relacion de nuestro viage.

CAPITULO SETIMO.

TODAVIA EN BURGOS.

El siguiente dia de nuestra llegada á la antigua capital de Castilla, lo empleamos todo en ver las curiosidades que encierra. Desde la posada nos dirigimos á la Plaza Mayor, que es de figura bastante regular con una estátua de Carlos III, de bronce, colocada en el centro sobre un pedestal, y circumbalada por una verjita de hierro. Frente á la estatua, está la moderna casa de ayuntamiento, obra de fines del siglo pasado, de muy buen gusto; en lo interior solo tiene de notable la sala capitular en que hay algunos retratos de mérito y el oratorio donde están depositados los huesos del Cid y de doña Jimena, su muger, que fueron trasladados á la ciudad en 19 de junio de 1842, desde el monasterio de Cardeña en que antes se hallaban:

Burgos.

están encerrados estos restos en una caja de madera perfectamente trabajada, y en sus costados se leen las dos siguientes octavas.

Noble, leal, soldado y caballero,
Señor, te apellidó la gente mora,
Y tu nombre de Cid, llevó tu acero
A los muros de Córdoba y Zamora:
Las márgenes del Turia placentero
Reflejaron tu enseña vencedora,
Y al par de tu Jimena en este asiento,
Hoy tu pueblo te erige un monumento,

Hunde la muerte con su ruda planta
De los tronos y reyes la altiveza,
Que á tamaño poder, á fuerza tanta
No hay blasones, ni orgullo ni grandeza:
Empero del olvido se levanta
Pura, sublime en su mayor alteza,
De los ínclitos héroes la memoria
A embellecer las hojas de la historia.

En una de las pequeñas calles que desde la plaza conducen al paseo llamado del Espolon, está el famoso arco ó puerta de Santa María, dando frente al puente

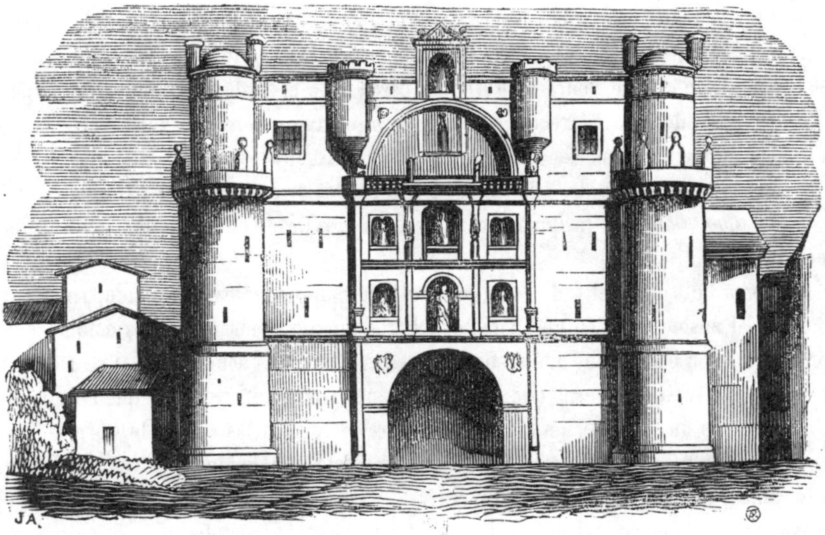

del mismo nombre sobre el rio Arlanzon. Este monumento levantado á la memoria de los fundadores de la monarquía castellana, en tiempo del emperador Cárlos V, y como prueba de adhesion de la ciudad de Burgos despues de las guerras de las Co–

munidades, esta flanqueado por siete torreones almenados de selecta piedra de Ontoria, y dividido en tres zonas. El arco de tránsito, dos columnas grotescas que le sostienen, y en las enjutas un pan de orlas con bustos de relieve figurando guerreros, son los adornos que entran á decorar la primera. En la segunda se ven seis estátuas dentro de sus correspondientes nichos compartidos por estirpes, las cuales representan, contando desde el lado izquierdo inferior, á Nuño Rasura, juez de Castilla; el conde Diego Porcellos, repoblador de la ciudad, y Lain Calvo, que tambien fué juez; por encima de estas tres siguen en el mismo órden las imágenes de Fernan-Gonzalez, conde soberano de Castilla, la de Cárlos I (V de Alemania), colocada sobre un pedestal mas eminente que los otros, y Rodrigo de Vivar, el Cid, á la izquierda del emperador. En el tímpano del arco semicircular, realzado en el centro de la segunda zona, existe una imágen del ángel custodio, tutelar y compatrono de la ciudad. Corona el edificio un atrio de gusto romano, en que se vé una vírgen sentada con el niño sobre las rodillas. Al estremo del anden que forman la línea divisoria de entre las zonas primera y segunda, se encuentran dos heraldos armados de mazas con el blason de la ciudad por delante, y en el centro de la barandilla las columnas del *Plus Ultra*.

Mauricio estaba impaciente por ver el sitio donde existió la casa del Cid, y en efecto nos dirigimos á él; hay un pequeño monumento que consiste en una basa de mampostería que recibe una pilastra hecha de piedra de Ontoria rematando en un escudo heráldico sin taberquin ni corona. En el neto de la pilastra se lee esta inscripcion.

«En este sitio estuvo la casa, y nació el año de 1026, Rodrigo Diaz de Vivar, «llamado el Cid Campeador. Murió en Valencia en 1099 y fué trasladado su cuerpo «al monasterio de San Pedro de Cardeña, cerca de esta ciudad. La que para perpe-«tua memoria de tan esclarecido solar de un hijo suyo y héroe burgalés, erigió so-«bre las antiguas ruinas este monumento el año de 1784.»

A los lados se ven dos obeliscos, el uno con las armas y sello del Cid, y el otro con el *Caput Castellæ*, insignia particular de Burgos desde el tiempo de don Enrique el Bastardo.

Cerca del solar del Cid, está el arco de Fernan-Gonzalez, levantado, segun dicen, en el mismo sitio en que nació este héroe famoso. Consiste en dos columnas de órden dórico á cada lado, que sostienen un cornisamento, sobre el cual se eleva en el centro un segundo cuerpo que concluye en un frontoncito y tres pequeños obeliscos. Contiene una inscripcion latina y varios relieves, con las armas de Burgos.

La vista de este arco me recordó una anécdota que habia oido referir algunos años antes, cuando lo visité por primera vez. Es el caso, que cada dia se notaba en él mayor estrago á causa del desnivel que habian sufrido las paredes, y su ruina parecia inevitable, hasta el punto que el año de 1832 se decidió el ayuntamiento á echarlo abajo numerando las piedras para reconstruirlo en la misma forma que de antiguo tenia. Ya se iba á proceder á la operacion y ya se habian presupuestado sendos miles de reales por los arquitectos, cuando un simple maestro de obras conocido con el nombre de *Venturilla*, se presentó y dijo que se obligaba á enderezarlo sin echarlo abajo, siempre que le diesen la madera necesaria para los andamios y cuarenta duros por su trabajo. Despues de muchas consultas y creyéndolo burla la mayor parte, como la proposicion no era costosa, fué admitida, y el bueno del hombre, consiguió, merced á un torno, poleas y maromas que tiraban de la parte contraria á la que se doblaba el arco, ponerle completamente al nivel, acuñando en seguida los sillares en la forma en que hoy se encuentran. El ayuntamiento le recompensó con mayor cantidad de la que habia pedido, y desde entonces nadie le volvió á llamar en Burgos sino don Ventura.

Antes de subir al castillo, entramos en la iglesia de San Martin, que es de las mas antiguas, y no tiene otra particularidad mas que la de estar cincelada en ella la vara de medir de Burgos ; tambien visitamos la parroquia de Santa Agueda, llamada antes de Santa Gadea, donde es fama que Rodrigo de Vivar tomó juramento al rey don Alonso VI de no haber tenido parte en la muerte de su hermano don Sancho el II, asesinado por Bellido Dolfos en el cerco de Zamora. La tradicion supone formulado el juramento del rey sobre el cerrojo de la puerta principal de la iglesia, con cuyo motivo llegaron á ser tantos los cuentos absurdos y tal la supersticion del pueblo, que el obispo don fray Pascual de la Fuente, se vió precisado á mandar deshacer el cerrojo y tomar serias providencias para combatir las disparatadas fábulas y ridículas patrañas de que habia sido objeto. Esta medida atajó el mal, pero no lo curó radicalmente, y la prueba es que todavía una pobre muger que nos pidió limosna á la puerta del templo, nos aseguró con la mayor formalidad, que todos los dias á media noche se oyen en sus bóvedas unos ruidos espantosos y que mas de una vez se han visto en el cancél , las sombras del Cid y del rey, en la misma aptitud que tenian cuando el famoso juramento. Tal es la fuerza de la preocupacion cuando una vez se apodera de las gentes sencillas, dispuestas siempre á patrocinar cuanto á su imaginacion se presenta revestido con el irresistible atractivo de lo maravilloso. Por lo demas la iglesia de Santa Agueda, solo es recomendable por su antiguedad y por un bellísimo sepulcro que encierra de la época del renacimiento.

Subimos al castillo situado en lo alto de un cerro al Norte de la ciudad, del que solo se conservan algunos paredones, acompañados de varios cuarteles, empalizadas, artillería y demas aparatos de hostilidad, la mayor parte dispuesto en tiempo de la última guerra civil, desde cuya época lo guarnece alguna tropa á las órdenes de un gobernador militar. Esta fortaleza debió ser, atendidas las noticias que de ella se conservan, de mucha importancia en lo antiguo, pues ademas de que era morada régia para los soberanos de Castilla, su situacion topográfica y la altura que entonces tenia, le daban gran valor para la defensa, segun el modo de guerrear de los pasados siglos. Hoy, como hemos dicho, no hay mas que ruinas ; inútilmente buscará el viagero la estancia en que permaneció prisionero por espacio de trece meses el rey de Navarra don García, bajo la autoridad del conde Fernan-Gonzalez ; en vano el sitio en que don Alonso X hizo morir al infante don Enrique y á su yerno don Simon Ruiz de Haro; ni donde sufrieron la misma pena el infante don Juan, por órden de su hermano don Sancho el Bravo; don Felipe de Castro, vasallo de don Enrique II, y Juan Fernandez Tobar, por mandado de don Pedro el Cruel; ni la cárcel en que estuvieron encerrados el conde de Benavente, don Fadrique, y el rey de Nápoles don Jaime, por disposicion del rey don Enrique III; ni la que luego mas tarde contuvo á don Juan de Figueroa y don Juan de Luna, gefes de los comuneros, por mandado del condestable de Castilla. La historia refiere estos hechos, como refiere la conquista que hizo de este baluarte el rey de Portugal en 1474, creyéndose con derecho á la corona de España que habia obtenido doña Isabel la Catolica, y la manera como lo ganó don Fernando, esposo de esta reina, jurando conservarlo para sí constantemente; la historia cuenta tambien, y algunos habitantes de Burgos recuerdan, la toma de este castillo por Napoleon en 1808, y la manera como fué volado en 1813 por la guarnicion francesa, á costa de sus vidas, desde cuya época data su total ruina; pero solo la historia los consigna. Decimos mal; existe un testigo vivo de los sucesos que acabamos de enumerar; testigo mudo, de quien es imposible obtener la confirmacion de ellos. Es un pozo ó algibe cuyo alveo se cree al nivel del pavimento de la Plaza Mayor, que es la parte mas baja de la poblacion. Este pozo que ha resistido á todas las vicisitudes por que ha pasado la fortaleza, surte de aguas á las tropas que guarnecen el castillo, y permite examinar su inmenso fondo por medio de una escalera espiral, que forma cubo gemelo, sin ofrecer el menor peligro á la persona que desciende. Mauricio quiso bajar, pero yo me opuse porque era tarde, y la verdad tambien porque nunca le he tenido aficion á esta clase de espediciones arriesgadas.

Desde la altura del castillo pudimos examinar el antiquísimo cinturon de muralla que el conde Diego Porcellos empezó á edificar en 884, y se estiende desde la puerta ó arco de Santa María, buscando el Norte de la ciudad, por el camino que conduce al paseo de los Cubos. La pared es de sólida mampostería, y á pesar de los siglos, sufriria en caso necesario el bombardeo mas tenaz, sin esponer la seguridad de los burgaleses al asalto del enemigo. Entre dos cubos ó torreones que hay al entrar en el espresado paseo, llama la atencion una lápida empotrada en la pared á bastante altura con una inscripcion de caractéres góticos y las armas de Castilla y de Leon, en tres escuditos resguardados de la lluvia por una especie de lambel, que sirve como de coronacion á la tarjeta.

Un manuscrito del siglo XV refiere que doña Lambra, muger de Rui Velazquez, en tiempo de los condes de Castilla, se arrojó, llevada por un esceso de cólera, desde el último cubo, que inmediato á la puerta de la torre del Invencible, actualmente tapiada, conserva hasta hoy el nombre de la suicida. A este acontecimiento hay unida una tradicion que no queremos dejar de referir.

«Cuentan que doña Lambra casó con Rui Velazquez, señor de Villaren, el año 974, siendo soberano de Castilla el conde Garci-Fernandez, y estando perdida de amor por Gonzalo, el mas jóven de los siete infantes de Lara; de esos siete hermanos gemelos, cuya vida de tantos modos contada, ha llegado hasta nosotros, envuelta en la obscuridad del misterio y revestida con todas las galas de la poesía. Gonzalo no amaba á doña Lambra de quien era sobrino, y esta se vengó del desprecio, haciendo creer á Velazquez que el mancebo atentaba contra su honor. Los caballeros de aquellos tiempos eran tan celosos como valientes, y el señor de Villaren, que tenia otros motivos para odiar la familia de Gonzalo, no desperdició tan bella ocasion para saciar cumplidamente su ódio. Indujo al rey á que enviase á Gonzalo Bustos, señor de Salas de Lara y padre de los infantes, con una embajada á Córdoba al moro Almanzor, de cuyas resultas Bustos quedó cautivo por muchos años, y solo debió su vida, y mas adelante su libertad, á la hermana de Almanzor con quien tuvo secretos amores. Al mismo tiempo los siete infantes de Lara fueron víctimas de una traicion infame. Invitólos su tio Rui Velazquez, de cuya enemistad nada sospechaban, á dar una acometida á los moros, y ellos accedieron gustosos, porque eran valientes y denodados; pero al atravesar las asperezas que rodean los campos de Arabiana, hácia las faldas del Moncayo, cerráronles el paso de improviso un ejército de infieles y fueron víctimas de su valor sucumbiendo al número, no sin vender caras sus vidas. El esposo de doña Lambra tuvo la bárbara complacencia de acudir al sitio del combate para ver los cadáveres de sus sobrinos, á quienes mandó cortar las cabezas, y las envió cual trofeo á Córdoba al rey Almanzor; éste no menos feroz que Velazquez, convidó á comer al desgraciado Bustos, y le presentó en la mesa como manjar las siete cabezas de sus hijos. Doña Lambra, que sin duda no sospechaba que su marido llevase á tal estremo su venganza, y arrepentida quizas de haber dado pábulo á ella, cuando supo este suceso, se suicidó arrojándose, como hemos dicho, desde lo alto de la muralla.

«De los amores de Gonzalo Bustos con la hermana de Almanzor, resultó un hijo, conocido en la historia con el nombre de *Mudarra Gonzalez* ó el *Moro Espósito*; éste mas adelante tomó venganza matando en duelo á Rui Velazquez , y hecho cristiano, fué armado caballero y reconocido por su padre y por la esposa de éste, doña Sancha. Mudarra Gonzalez heredó por consiguiente el señorío de Salas de Lara, fué tronco del esclarecido linage de los Manrique de Lara, y murió en la batalla de Sepúlveda en defensa de su Dios y de su patria.»

Los sucesos que acabamos de referir tan ligeramente, de mil modos comentados, ocupan muchas páginas de la historia, y han dado asunto á los poetas de todos los tiempos y paises, para comedias, romances, novelas, y todo género de escritos.

Vueltos á la ciudad, emprendimos el camino de la Cartuja de Miraflores, pasando por el paseo del Espolon, á un estremo del cual, junto al puente de San Pablo, está el nuevo teatro sin concluir. Un escritor moderno ha dicho con mucha oportunidad que nuestras obras se parecen á las de los romanos, porque estas nunca se destruyen, y las nuestras nunca se acaban. Y asi es la verdad; apenas habrá pais en el mundo donde se hallen mas cosas á medio hacer, no solo en lo relativo á edificios, caminos, puentes, canales y obras públicas, sino lo mismo en punto á leyes, administracion, enseñanza, etc. La mania de los españoles del siglo XIX es emprenderlo todo; su defecto capital no terminar nada.

La cartuja de Miraflores está situada á unos tres cuartos de legua al Este de Burgos. Aficionado con vehemencia el rey don Enrique III al egercicio de la caza, echaba de menos un parque para la montería, al uso de los magnates de su siglo, y como le era tan fácil satisfacer este deseo, se hizo bien pronto con dilatados terrenos que destinó para aquel objeto levantando dentro de ellos, un suntuoso palacio que llaman de Miraflores, en el mismo sitio que ocupa el monasterio de la Cartuja, y en cuyas inmediaciones existió hasta hace muy poco tiempo un pueblecito llamado *Revilla*. Fundó esta cartuja el rey don Juan II, y le cedió los terrénos y el palacio de su padre, que al punto se habilitó para iglesia y convento; pero un incendio lo consumió el año 1452, y sobre sus ruinas se edificó el que hoy existe, principiado por el mismo rey don Juan, y concluido por su hija doña Isabel la Católica. El edificio como monumento artístico nada tiene de notable, y solo es digno de verse el sepulcro del fundador, el de su esposa doña Isabel de Portugal y el de su hijo don Alonso. Hubo muy buenas pinturas que fueron presa de la rapiña de los franceses en la guerra de la independencia, escepto dos ó tres que pudieron salvarse, entre cuyos escasos fragmentos se halla una tabla del mayor precio, pues contiene un retrato de la magnánima Isabel I reputado generalmente por original.

Salimos de la Cartuja, el corazon oprimido á la vista de tanta soledad y abandono, para dirigirnos al real monasterio de las Huelgas, llamado vulgarmente asi por haberse erigido á un cuarto de legua de Burgos, en la márgen del rio Arlanzon y el mismo sitio en donde tenian los reyes de Castilla un palacio de recreo en una deliciosa vega que el pueblo dió en designar con el nombre de las Huelgas del Rey. Fundó este monasterio con el título de Santa María la Real, el rey don Alonso VIII á fines del siglo XII, y es el único en su clase y nombradía en toda la cristiandad, por las estraordinarias prerogativas de su abadesa, que llegó á ser señora de mas de 60 poblaciones con mero y mixto imperio y conocimiento privativo en lo civil y criminal, nombrando alcaldes ordinarios, escribanos, alguaciles y demas funcionarios municipales, y estableciendo en Huelgas alcalde mayor, y juez ordinario, que en grado de apelacion lo era de las villas y lugares de que era superiora. Este derecho de nombramiento lo ejercia tambien en el Hospital del Rey y estendia su jurisdiccion, hasta poner un merino en la llana de Burgos, el cual administraba justicia en su nombre, y los que lo eran de la ciudad, no podian entrar con vara alta en aquel recinto, debiendo abatirla ó deponerla á la puerta si alguna vez habian de penetrar en él. Esto en cuanto á lo civil; respecto á lo eclesiástico son tantas las prerogativas que ha disfrutado, que su enumeracion seria interminable; baste saber que el papa Urbano VIII en la bula de 22 de mayo de 1629, llama espresamente al convento y abadesa *nuliuos diócesis*, privilegioque algunos han puesto enduda y que dió motivo para probar al ilustrisimo Fuentes en su discurso teológico compuesto en

1662, con grande erudicion y sólida doctrina, que no es repugnante al sexo esta jurisdiccion espiritual, omnímoda, privativa y casi episcopal.

Las rentas del monasterio eran tan cuantiosas como sus privilegios, y los oficios divinos se celebraban con la misma magnificencia que en una catedral, pues tenia veinte y un capellanes, dos confesores de la órden, y un sacerdote con empleo de sacristan mayor, nombrados por la abadesa. Inútil es decir que con las revueltas de los tiempos todo ha desaparecido, las rentas y los privilegios, y que el monasterio de las Huelgas, no es hoy una sombra de lo que fué.

En cuanto al edificio, parécenos que no corresponde á la singular categoría de su comunidad. Sin embargo merece examinarse detenidamente, pues solo de sepulcros de personas reales hay treinta, entre ellos los de los fundadores que están en el coro de las monjas aislados en el centro y rodeados de una barandilla, que el dia 16 de julio, triunfo de la Santa Cruz, se adorna de flores y lirios en conmemoracion de la célebre batalla de las Navas de Tolosa, que tanto renombre dió á Alonso VIII. Restos venerables de aquel triunfo eran algunas alhajas que hasta la invasion francesa atesoraba el monasterio, siendo la pérdida mas sensible el cofrecito donde el Miramamolin llevaba recogido un ejemplar del Coran. Por fortuna pudo preservarse de la rapiña el estandarte ganado en la misma batalla, el cual se conserva y es una prueba palpable de la opulencia y poderío de los sarracenos, al par que del inimitable talento de sus artistas para los tegidos de plata y oro. Vulgarmente se cree que otros cuatro pendones que hay custodiados en el convento han pertenecido como aquel á las tropas musulmanas; pero basta fijar un poco la atencion en las figuras qne contienen para conocer su procedencia.

Estando tan próximo, pasamos á ver el Hospital del Rey, fundado por el mismo don Alonso VIII, para albergue de peregrinos y asistencia de enfermos. Antes se gobernaba por un cabildo de comendadores de Calatrava, bajo la jurisdiccion, como hemos dicho, de la abadesa de las Huelgas, y sus rentas eran inmensas. Hoy no puede sostener mas que diez y seis enfermos, y depende del real patrimonio. El mérito principal del edificio consiste en su gran capacidad.

Visto lo principal que hay que ver en Burgos, habiamos pensado marchar el dia siguiente; pero nos detuvimos á instancias de los demas compañeros de posada para ver una funcion que debia verificarse llamada la *fiesta de los ciegos*, y la verdad, no me pesó, porque no recuerdo haber pasado en mi vida un rato mas divertido. La tal fiesta, que despues hemos visto repetida en algunos otros pueblos de Castilla, data nada menos que del año de 1144, en que se celebró por primera vez en Leon, el 24 de junio, con motivo del casamiento de don García, rey de Navarra, con la infanta doña Urraca, y consiste en encerrar en la plaza veinte ciegos armados de su correspondiente zurriago de baqueta, y soltar luego otros tantos cerdos amarrados de dos en dos para que no puedan correr demasiado. Los ciegos emprenden á palos con los cerdos, que como no dejan de gruñir siempre, pueden sus contrarios seguirlos fácilmente guiados por el oido; pero esto dá lugar á que unos ciegos á otros se sacudan sendos latigazos, parte por error y parte tambien por tomar venganza de los que reciben; entre tanto los cerdos no teniendo donde guarecerse lo hacen entre las piernas de sus enemigos, á quienes con frecuencia dejan caer al suelo, encarnizándose la lucha de

tal modo que la autoridad tiene que intervenir repetidas veces mandando separar á los contrincantes y empezar de nuevo la pelea. Esto se repite hasta que el cansancio postra á los animales y á los hombres ; entonces los ciegos llevan alguno de los cerdos en premio de su trabajo, y generalmente concluye la fiesta con árboles de pólvora ó novillos embolados. Lo que acabamos de decir basta apenas para que se forme una idea de esta singular diversion; renunciamos á todos los detalles porque la fiesta de los ciegos no puede describirse , es necesario verla para apreciar sus repetidos lances y continuas peripecias.

A la mañana siguiente salimos de Burgos para continuar nuestro viage.

CAPITULO OCTAVO.

LA HIJA DEL HERRERO.

Nuestro primer pensamiento habria sido dirigirnos desde Burgos á las provincias Vascongadas; pero variamos de plan porque estando todavía muy poco adelantada la estacion del calor, nos pareció mejor aprovechar el buen tiempo, para recorrer toda la Castilla, y dejar para el verano la visita á esas bellísimas provincias, por ser la época en que la afluencia de viageros, y lo suave de su temperatura les prestan una animacion y un encanto indecibles.

Como consecuencia de este proyecto acordamos trasladarnos á Valladolid, punto céntrico de Castilla, desde donde hay comunicacion directa con todas las poblaciones de alguna importancia que queriamos ver. Veinte y dos leguas separan á Burgos de la antigua *Pintia*, y el camino es carretero y de los mejores de la península. Como no pensábamos detenernos, porque nada notable ofrece esta travesía, nos decidimos á hacerla en una silla de postas, y salimos de Burgos á las cuatro de la mañana, para llegar temprano al término de nuestro viage.

—¿Conoces tú este camino? me dijo Mauricio cuando entramos en el coche.

—Si, le contesté; lo anduve el año de 40, y por cierto no con mucha comodidad. ¿Por qué lo preguntas?

—Para que me digas si hay algo bueno que ver en él.

—Poca cosa; la mayor parte de los pueblos son aldeas insignificantes, solo Torquemada y Dueñas, que están ya á mas de mitad de jornada, ofrecen alguna particularidad.

—Pues en ese caso me voy á dormir heróicamente, replicó Mauricio, embozándose en la capa y reclinándose en el rincon del carruage.

Mi amigo Mauricio es uno de esos hombres que tienen la rara felicidad de disponer del sueño á su arbitrio, lo mismo de dia que de noche; para él el dormir es una operacion que depende de su voluntad, y tan sencilla, como beberse un vaso de agua; verdad es tambien que con la misma facilidad que se duerme, despierta. Yo por el contrario soy de un sueño dificil, y como llevábamos ya algunos dias de descanso, no pude imitar á mi amigo, que con la velocidad del rayo habia unido el hecho al dicho. Quise ocupar el tiempo leyendo, pues ya era de dia claro, pero por un descuido, que rara vez me acontece cuando voy de camino, no llevaba ningun libro á mano; Mauricio los habia metido todos en la maleta. No sabiendo qué hacer entablé conversacion con el mayoral de la silla llamado Juan Alvarez.

—¿Es vd. del pais, Juan, le pregunté?

—Si señor ; soy de Torquemada, me dijo; un pueblo que hallaremos mas adelante.

—Ya sé dónde está. ¿Tiene vd. familia?

—No señor; quede huérfano de padre y madre cuando la guerra de los franceses en 1808.

—Su pueblo de vd. padeció mucho en esa guerra.

—Muchísimo, señor; me acuerdo como de lo que he hecho hoy, como que ya tenia 17 años...

—¿Murieron sus padres de vd. en la defensa del pueblo?

—Yo le diré á vd.; eso es como se quiera entender. Cuando se supo que venian los franceses, la mayor parte de los vecinos tomaron las armas, y preparándose para la defensa, atajaron el puente con cadenas y carros, y ocuparon las casas de la entrada y la torre de la iglesia, desde donde empezaron á disparar tiros en cuanto divisaron al enemigo; pero con tal desacierto y tan poca maña, que tengo para mí que no le hicieron mas daño que si hubieran tirado con pólvora sola. Los franceses despreciando el fuego, que bien conocian ellos partia de gente visoña, vinieron á la carrera á tomar el pueblo, y por supuesto le tomaron al instante. Entonces era de ver la confusion que se movió; los unos corrian, los otros daban voces, las mugeres y los chiquillos lloraban, y las viejas rezaban á todos los santos del cielo; pero sin que ni santos ni lágrimas, ni gritos, bastáran á templar la rabia del vencedor. Era el anochecer del 6 de julio, y hacia un calor insoportable, cuando de pronto vemos que se ilumina la poblacion por todas partes con un humo que amenazaba ahogarnos ; los franceses acababan de hacer la heroicidad de pegarla fuego por los cuatro costados. Yo habia estado con mi padre hasta lo último en la torre de la iglesia: viendo que la resistencia era inútil, tratamos de escapar y nos descolgamos por la tapia del corral de la casa del sacristan, que estaba contigua á la torre; al mismo tiempo que caiamos á la calle, venian dos soldados de á caballo con los sables desenvainados, y se dieron á perseguirnos á escape; yo como mas ligero pude librar el cuerpo saltando otra tapia de un corralon; pero á mi pobre padre le dieron una cuchillada en el hombro; sin embargo tuvo fuerzas para llegar hasta mi casa, que estaba cerca, siempre perseguido por los soldados. Al verlo acercarse mi madre en tan lastimoso estado, salió á su encuentro presurosa, y para evitar que le diesen un nuevo golpe con que le amenazaban, se puso de rodillas á implorar perdon; la contestacion fué abrirla el cráneo de parte á parte de un sablazo y dejarla en el sitio; el compañero del soldado que hizo esta hazaña, atravesó al mismo tiempo el pecho á mi padre con su sable. Cuando yo pude llegar á mi casa solo dos cadáveres hallé á la puerta.

—¡Eso es horrible! murmuró Mauricio.

—¡Calla! dije yo, ¿pues no estabas durmiendo?

—Pensé dormir, pero me habeis despertado con la conversacion ; prosiga vd., Juan.

—¿Y qué mas quiere vd. que diga? añadió Alvarez sacando el pañuelo para secarse las lágrimas que corrian por sus megillas con el recuerdo del trágico fin de los autores de sus dias. Quedé huérfano y he pasado la vida llena de afanes. Para vengar la muerte de mis padres me hice voluntario en la division de Cuesta y serví toda la campaña; pero como no sabia leer ni escribir no pude adelantar nada. Cuando tomé la licencia entré de criado en la casa de postas de Burgos, y asi vivo hace ya cerca de treinta años, unas veces triste y otras alegre, sirviendo al que me paga y esperando resignado el término de mi carrera.

—Siento, prosiguió Mauricio, que su historia de vd. sea tan corta, porque ya me iba interesando.

—Si á vd. le gustan las historias, replicó Juan, yo le puedo contar algunas, y todas verdaderas.

—¿Que si me gustan?... Sepa vd., amigo mio, dijo Mauricio incorporándose, que solo para oir historias, anécdotas, y aunque sean cuentos, hemos emprendido este viage mi compañero y yo. Con que ya puede vd. empezar á referir, que en ello nos dará contento.

—Déjale, añadí yo, que nos diga algo de la guerra de los franceses, ya que se ha tocado esta materia en que el señor parece bien enterado, como testigo ocular.

—Todo puede conciliarse, señores, dijo Juan con cierto aire de importancia, y poco he de poder, ó he de dar gusto á los dos; pero ya estamos en la parada, seguiremos platicando despues de mudar el tiro; la obligacion es antes que todo.

Yo tambien quiero aprovechar este hueco, para referir á mis lectores, aunque sumariamente, algunos de los acontecimientos que tuvieron lugar en los pueblos que vamos recorriendo, cuando la famosa guerra de la independencia.

Segun un historiador de los mas notables de nuestra patria (1), noticioso el mariscal Bessieres que mandaba en Burgos por Napoleon, de que se habia insurreccionado Valladolid, y con temor de ver cortadas las comunicaciones, ordenó al general Merle, que habia enviado camino de Santander con una division, que retrocediese y viniera al encuentro del general Lassalle que marchaba sobre Valladolid; llegaron los invasores á Torquemada, cuyo pueblo tomaron sin trabajo, y trataron con todo el rigor de la guerra. Los de Palencia, á ejemplo de todas las ciudades de alguna importancia de la península, habian proyectado tambien defenderse; pero intimidados con lo ocurrido en Torquemada, se retiraron á tierra de Leon, y el obispo pudo aplacar la furia de los franceses con un obsequioso recibimiento. En Dueñas se engrosó la division de Lassalle con la de Merle, de vuelta de Reinosa, y alli acordaron el modo de atacar á don Gregorio de la Cuesta, que mandaba las fuerzas de Valladolid, y que por su reputacion de general veterano, infundia algun respeto al enemigo. Temprano en la mañana del 12 de julio, se trabó la refriega, que no fué

(1) El conde de Toreno

ni larga ni empeñada, pues á los primeros disparos, los caballos que estaban en campo raso y al descubierto, empezaron á inquietarse, sin que fueran los ginetes dueños de contenerlos. Perturbaron con su desasosiego á los infantes, y los desordenaron. Al punto dióse la señal de retirada, la que se verificó con tal desórden, que fué la pérdida inmensa por nuestra parte, y casi insignificante la de los franceses. Temerosos estos de alguna emboscada, cañonearon á Cabezon sin entrar en el pueblo hasta á medio dia, que penetraron en las casas, las saquearon, y abrasaron en las eras los efectos y ajuar que no pudieron llevar consigo. Fué el botin abundante, porque como era domingo, casi todos los habitantes de Valladolid habian ido alli como á fiesta y romería, imaginándose, á fuer de inespertos, segura y fácil la victoria. Despues de este simulacro de batalla, los franceses ocuparon á Valladolid aquella misma tarde sin resistencia y sin causar daño; pero no permanecieron mas que hasta el 16, en cuyo dia abandonaron la ciudad, queriendo apagar la insurreccion de Santander. Con esta ligera noticia podrá comprenderse mejor la siguiente anécdota que nos refirió Juan Alvarez.

—«Pues como iba diciendo, prosiguió el mayoral despues de tomar asiento de nuevo en la delantera cuando se concluyó de enganchar el tiro, voy á contar á vds. una historia tambien de franceses, con la que me parece que han de quedar contentos entrambos. Es el caso que el dia de la derrota de Cabezon, en la que tambien yo me hallé, porque habia ido á sentar plaza, segun dije, en la division del general Cuesta, como todos, cuando oyeron el toque de retirada se agruparon al puente, unos á otros se atropellaban, y hubo muchas desgracias; entre los infinitos que se ahogaron, le tocó la china á un herrero de Dueñas, hombre de bien á carta cabal, y buen español como ninguno. Era Nicolás Sola, que asi se llamaba el herrero, viudo, y tenia dos hijos, uno varon de 15 á 16 años, á quien hizo tomar las armas y que le siguiera, y una niña algo mayor, que cuentan que era bonita como unas perlas. A la niña se la trajo á Cabezon á casa de una tia suya, para que estuviera mas resguardada. Ya saben vds. que todos los vecinos de Cabezon huyeron aquel dia por esos campos de Dios, y que el pueblo quedó arruinado; pero cuando se retiró el enemigo, cada uno volvió á su hogar, y entonces era de oir los lamentos por las pérdidas sufridas. Uno de los que salieron libres fué el hijo de Sola, que habiendo quedado sin padre, trató de buscar á su hermana para ampararla en lo posible; pero Tomasa no estaba en Cabezon, ni nadie habia vuelto á saber de ella, desde el momento de la jarana; era evidente que habia muerto achicharrada en las llamas de la casa de su tia, porque de otro modo se hubiera encontrado su cadáver. El pobre hermano lleno de congoja, volvió á Dueñas, y trató de ganar la vida con la fragua, que aunque daba poco de sí, y mucho menos entonces, siempre sacaba de ella para comer, y algo es algo, sobre todo cuando se encuentra uno en tal situacion.....»

Al llegar aqui, Juan quedó callado, y se puso á sacar con la mayor cachaza los chismes de fumar; Mauricio hizo un gesto de impaciencia,

—¿Y es esa toda la historia que tenia vd. que contarnos? le dijo al fin casi de mal humor; porque si no ofrece mas lances, la cosa no merecia la pena.

—El señorito gasta poca calma, replicó Juan dirigiéndome una mirada como de inteligencia, y volviéndose luego á mi amigo añadió con mucha socarronería: lo que vd. ha oido no es mas que la introduccion...... ó el prólogo, como llaman ahora al acto primero de las comedias en Burgos; falta lo mejor y es como sigue:

«Hace muy poco tiempo que estaba un dia Nicolás Sola (este Nicolás de que hablo, es el hijo del que se ahogó en Cabezon, que se llama lo mismo que su padre); estaba, como digo un dia trabajando en su fragua, cuando se presenta el alguacil del pueblo á la puerta y le dice que lo siga á casa del alcalde.

—¿Sabes para qué me quiere el señor alcalde, *Malcose*?

Malcose es el apodo que tiene el alguacil; en los pueblos ya se sabe que cada uno tiene el suyo, sobre todo si son funcionarios públicos. Al tio Robles le llaman Malcose porque cuando era chico lo puso su padre de aprendiz de sastre y se dió tan mala maña, que por mas que hicieron no se pudo conseguir que aprendiera el oficio.

—Vamos á la historia, Juan, que todo eso no viene á cuento, dijo Mauricio.

—Si viene, señorito, porque si uno no esplica las palabras, no le puede entender la gente.

Malcose contestó á Nicolás que no sabia para lo que el alcalde lo queria, pero que debia ser cosa urgente y grave, porque le habia mandado que lo llevase al instante de grado ó por fuerza. Al oir esto la muger de Sola, que estaba con él en la fragua, se echó á llorar con tal desconsuelo, como si ya se hubiera quedado viuda; los chicos, porque tiene dos, imitaron á la madre, los vecinos acudieron, y todo el mundo quedó sorprendido de que se tratara de llevar preso á un hombre que pasaba con razon por el mas honrado del pueblo.

—Pues si eso es asi, dijo Nicolás, voy á mudarme de ropa y te sigo.

—No puede ser, contestó el alguacil; me han dicho que te lleve al instante y en punto á cumplir con mi obligacion, nadie me gana. Para los actos de servicio Pedro Robles no conoce ni amigos ni parientes.

—Sea como tú lo dices, Pedro, prosiguió Nicolás con la mayor resignacion, y dejando el martillo sobre el yunque salió del taller acompañado de Robles y seguido de su muger, de sus hijos y de una porcion de curiosos y comadres que se habian agrupado á la puerta y cuyo número aumentó considerablemente en las calles del tránsito.

Llegados á casa del alcalde, únicamente entraron Sola y el alguacil, quedando los demás á la puerta. No se supo entonces lo que pasó entre el preso y la autoridad; pero á la media hora se vió salir á Sola acompañado de dos guardias civiles y tomar el camino de Valladolid, sin poder hacer mas que despedirse por señas de sus parientes y amigos. Figúrense vds. las conjeturas que se formarian sobre tan estraño suceso; unos suponian al herrero acusado de conspirador; otros pensaban si se hallaria complicado en la causa de unos ladrones cogidos hacia poco, por haberles fabricado llaves é instrumentos para ejecutar su infame oficio; no faltó quien dijo que Nicolás era un mo–

nedero falso; en fin, todos querian esplicar á su manera el suceso y aumentaban mas las dudas con las respuestas evasivas del alcalde, que á los que le preguntaban no contestaba otra cosa sino que obraba en virtud de órden superior.

Dejemos al pueblo de Dueñas comentar á su modo la prision de Nicolás Sola, y traslademonos á Valladolid. Cuando llegó á esta ciudad con los guardias civiles, lo llevaron á casa del gefe político; un portero entró recado de que conducian un preso; y el gefe, como era natural, contestó que lo metieran en la cárcel. Los guardias obedecieron, y Sola fué encerrado en un calabozo. En seguida volvieron al gobierno político y entregaron un oficio que les habia dado el alcalde de Dueñas.

En cuanto el gefe lo leyó, mandó entrar á su despacho Nicolás Sola; pero le dijeron que era el preso de quien poco antes le habian hablado y que estaba en la cárcel. Al oir esto el gefe político se puso furioso; reconvino á los guardias civiles, al portero y á todo el mundo, y mandó que inmediatamente fueran á buscarlo y lo tratasen con el mayor miramiento. La órden se cumplió al instante, y el pobre herrero volvió al gobierno político; pero no ya como un delincuente sino agasajado y considerado como un gran señor; solo su trage mugriento y lleno de tizne, y su cara y manos manchadas de negro, hacian contraste con las atenciones de que era objeto.

—Disimule vd., buen amigo, le dijo el gefe cuando quedaron solos, el mal rato que le han dado por un error lamentable. Un asunto de mucho interés de que le informaré en seguida, es la causa de que lo haya mandado venir; pero sin duda el oficio que se pasó al alcalde de su pueblo de vd. con este objeto no estaba bien claro y ha creido cumplir mejor la órden enviándole á vd. como un criminal.

—El oficio que me leyó el señor alcalde, añadió Nicolás respetuosamente, no decia mas sino que me presentase aqui al momento. Yo estaba dispuesto á obedecer, porque siempre obedezco á quien manda; pero como todo el pueblo se habia agrupado á mi alrededor, temiendo sin duda el alcalde que mis amigos hicieran alguna barbaridad, dispuso que viniese escoltado, y en esta parte no tengo de que quejarme porque los guardias civiles me han tratado muy bien, y me han servido mas bien de compañía que de escolta.

—Me alegro infinito, replicó el gefe.

—Solo cuando llegué aqui me estrañó que me llevasen á la cárcel, porque pongo á Dios por testigo de que no he cometido ningun delito, y si alguno me ha calumniado....

—No hay nada de eso y es bien distinto el objeto con que le llamo á vd. Necesito que me conteste con toda verdad á lo que voy á preguntarle: ¿Tiene vd. algun pariente que resida fuera de España?

—No señor; no tengo mas parientes que mi muger, mis dos hijos y una tia muy vieja, hermana de mi madre que reside en Cabezon.

—¿No se llama vd. Nicolás Sola?

—Si señor.

—¿Es vd. natural de Dueñas?

—Si señor.

—¿Hay algun otro del mismo nombre en el pueblo?

—No señor.

—Su padre de vd. ¿no murió en Cabezon cuando el ataque de los franceses en 1808?

—Si señor, se ahogó en el rio.

—¿No tenia vd. mas parientes entonces?

—Si señor; una hermana que murió en el pueblo en casa de esa tia de quien he hablado antes.

—¿Está vd. seguro que murió?

—Asi lo hemos creido todos, pues desde aquel dia nadie la ha vuelto á ver.

—¿Se halló su cadaver?

—Sin duda lo devoraron las llamas porque no se encontró.

—¿Y no pudo suceder que su hermana de vd. no muriera si no que se estraviara en la confusion?...

—Hubiera vuelto á casa.

—¿Y si no pudo? ¿Y si algun suceso se lo impidió?

—Con que vive mi hermana! gritó Nicolás fuera de sí de alegría.

—Yo no he dicho tanto; pudo no morir entonces y haber muerto despues.

Sola no replicó y dejó caer la cabeza sobre el pecho en ademan triste.

—Por noticias que he recibido puedo asegurar que ha vivido hasta hace poco tiempo.

—¡Sin acordarse de su hermano!.... Sin escribirle una letra! No puede ser, señor gefe político, dijo Nicolás con los ojos llenos de lágrimas. Eso es una atrocidad que yo no puedo creer.

—Su hermana de vd. no le ha olvidado, al menos á la hora de su muerte, y si ha cometido una ingratitud, tambien ha tratado de enmendarla dejando á vd. todos sus bienes, que son cuantiosos.

—¡No escribirme siquiera para que supiese que vivia! murmuraba Sola entre dientes sin hacerse cargo apenas de lo que el gefe político le estaba diciendo.

—Es necesario, continuó éste que se prepare vd. á aceptar su nueva posicion. Aqui tengo un paquete cerrado que me encarga el ministro entregue á vd., y tambien me previene que le invite á pasar á Madrid para que reciba vd. en la embajada de Francia, una vez identificada la persona, la copia del testamento de su hermana que ha muerto en París, donde tendrá vd. que ir á tomar posesion de sus riquezas. Si vd. necesita de auxilios para el viage, tambien me advierten que se los facilite.

—No necesito de nada, á Dios gracias, señor; vengan esos papeles, me enteraré de ellos y veremos lo que he de hacer, porque ahora estoy tan aturdido que no sé lo que me pasa.

—Tómese vd. el tiempo que quiera.

—Ante todo, con su permiso voy á volver á Dueñas á tranquilizar á mi pobre Maria y á ponerme alguna ropa mas decente, porque esta es la del trabajo, que ni siquiera me dejaron mudar.

—Para eso no necesita vd. incomodarse ; yo despacharé un propio, y me parece mejor que permanezca vd. en Valladolid y que venga aqui su familia.

Sola siguió el consejo del gefe político; escribió á su muger, se despachó un propio á Dueñas, y despues se fué á la posada y se encerró en un cuarto para dedicarse solo al exámen de los papeles que le habian entregado y á las reflexiones á que daba lugar el estraño suceso que acabo de referir.

Entre los papeles habia una carta de Tomasa, en la que despues de pedirle mil perdones á su hermano por su silencio, le decia que estraviada por el campo el dia de la refriega de Cabezon, la libertó un oficial francés de las garras de unos cuantos soldados ébrios que atentaban contra su honor; que agradecida lo siguió hasta Valladolid, donde permaneció oculta, vestida de hombre; que asi recorrió casi toda España siempre acompañada de su libertador, por quien concibió una pasion vehemente; que éste de vuelta á Francia le dió la mano de esposo; pero que ella no tuvo valor para confesarle quien era su familia por temor de que se avergonzara ; que habiendo muerto su marido y dejándola por heredera de cuantiosos bienes , se disponia á venir á España, cuando un incidente ocurrido en el camino de hierro de no sé donde, en cuyo convoy iba ella á despedirse de una amiga, (y vean vds. como yo hago bien en detestar los caminos de hierro) la habia puesto al borde del sepulcro y que en sus últimos momentos dictaba la referida carta y el testamento , legando su fortuna á su hermano, á quien rogaba la encomendase á Dios.

Sola marchó á Madrid con su familia á los dos dias, y desde alli se dirigió á Francia sin que despues haya vuelto á saber nadie de su paradero.»¿Vé vd., señorito, como la historia tenia algo de interesante? añadió Juan dirigiéndose á Mauricio.

—Y mucho, replicó éste; y luego vd. la ha contado de una manera verdaderamente dramática.

—Gramática no sé, porque mis padres no me enseñaron nada; pero corriendo mundo he aprendido lo bastante para dar gusto á la gente.

Al terminar la conversacion llegamos á Dueñas, donde paramos á comer. Es poblacion muy antigua, y tanto, que se cree fué fundada por los celtas ; en tiempo de los romanos se llamó Eldamo; fué destruida cuando los sarracenos, y reedificada por don Alonso III de Leon en 904. Al atravesar la calle Mayor nos enseñó Juan la antigua herrería de Sola, de la que solo existen cuatro tapias ruinosas destinadas á corral para cerdos. Dueñas cuenta mas de 4,000 habitantes y tiene un castillo muy deteriorado en lo alto de un cerro, desde donde se descubre una dilatada vega en la que confluyen los rios Pisuerga y Carrion con el Arlanza y el Arlanzon. Es patria de la infanta doña Isabel, hija de los reyes Católicos y esposa de don Alonso de Portugal. A la salida á mano derecha está el magnífico puente colgante llamado de la Union, concluido en 1845, que es lo mejor sin duda que hay que ver en todo este camino.

Concluido el almuerzo, que no fué ni bueno ni abundante, montamos de nuevo en

Jovencita de las cercanias de Valladolid. — Calesero.

la silla, y de nuevo Juan continuó refiriendo aventuras de la guerra, con lo que consiguió distraernos á tal punto, que Mauricio no se durmió en todo el camino. Gracias á la buena armonía establecida entre el mayoral y los viageros, á los cigarros de mi petaca y á las dobles agujetas dadas á los postillones, antes de las cinco de la tarde entrábamos por las puertas de la capital de Castilla la Vieja.

CAPITULO NOVENO.

VILLA POR VILLA VALLADOLID EN CASTILLA.

Aunque no viene de ahora sino de muy antiguo el refran que sirve de epígrafe á este capítulo, y aunque no es Valladolid en el dia ni una sombra de lo que fué, conserva restos preciosos de su opulencia, y recuerdos dignos de ocupar un puesto preferente en nuestra obra. Los historiadores, que rara vez están de acuerdo sobre ningun punto capital, y mucho menos en materia de fundaciones de los pueblos, difieren, como es consiguiente, respecto á Valladolid. Algunos quieren suponer que esta ciudad fué fundada por los vaceos 714 años antes de Jesucristo; los que sostienen esta opinion, añaden, que la ampliaron los romanos, quienes la pusieron el nombre de *Pincia ó Pintia*, del senador Pincio, y que es por consiguiente la misma poblacion que con igual nombre designa Tolomeo en su tabla segunda de Europa. Otros autores pretenden que la fundó un moro llamado Ulit ú Olid, y hallándose situada en un estenso valle, tomó el nombre de *Valle-de-Olid*, mas adelante adulterado con el de Valladolid. No pocos creen que como el punto que ocupa esta ciudad tenia al E. los pueblos Arevacos, al S. los Carpetanos, al O. los Celerinos y al N. los Astures, de suerte que venia á ser un terreno céntrico, al que acudian los referidos pueblos para sentenciar sus litigios, le denominaron campo ó valle de Lid, y mas tarde Valladolid. Pero todas estas opiniones están fundadas en conjeturas y nada mas; lo que resulta en hechos históricos es que Ordoño II de Leon conquistó á los moros esta ciudad por primera vez en 920, perdiéndose luego y volviéndose á ganar por Alonso VI en 1084; que este rey la dió por juro de heredad al poderoso conde don Pedro Anzures ó Peranzules, quien la engrandeció y continuó la obra de reedificacion que por órden del monarca habia empezado don Rodrigo Gonzalez Giron, de donde toma orígen el blason de armas que tiene, y consiste en tres girones pajizos en campo de gules, y en el timbre una corona con ocho castillos; que Anzures disfrutó tranquilamente á Valladolid hasta su muerte, que pasó á su nieto Armengol, y que falleciendo éste sin herederos se incorporó de nuevo á la corona, viniendo á ser luego córte de los reyes de Castilla. Don Juan II la añadió el título de *Noble* en 1442, y en este mismo año se instituyó el real tribunal de la Chancillería, existiendo ya desde el de 1346 la Universidad. Felipe II, queriendo sin duda indemnizar al pueblo que lo vió nacer del perjuicio que le habia ocasionado trasladando la córte á Madrid en 1561, dos años antes de su muerte, es decir, en 1596, la concedió el título de *ciudad*. En 1595 habia obtenido del papa Clemente VIII una bula, fecha 25 de noviembre, por la cual se erigió en cabeza de obispado, y su colegiata, fundada en 1118, en catedral. Esto, unido á los muchos concilios y córtes que se han celebrado, prueba que desde muy antiguo fué pueblo de importancia. Pero lo que á Valladolid ha dado mas renombre en la historia, es sin duda ninguna la muerte de Cristóbal Colon, descubridor de América, los famosos autos de fé del reinado de Felipe II, el célebre alcalde Ronquillo y la ejecucion del privado don Alvaro de Luna. Hechos son todos que merecen ocupar algunas páginas, y aunque no con la amplitud que quisiera, algo diré de cada uno, siguiendo el órden en que los he apuntado.

La muerte de Cristóbal Colon ó Colombo, como le llaman algunos escritores, acaecida en mayo de 1506, no tuvo mas particularidad, que la circunstancia de pasar casi desapercibida, cosa á la verdad que apenas se comprende, tratándose de un hombre que tales servicios prestó á España, y que tuvo la gloria de descubrir un nuevo mundo. Pero si nada es posible decir de su muerte, no sería justo dejar pasar la ocasion de dar alguna noticia de su familia y de los hechos mas notables de su vida, aventurera y llena de sinsabores.

Cristóbal Colon, natural de Génova, como todos sabemos, fué hijo de Domingo Colon y de Susana Fontañarossa; tuvo dos hermanos, Bartolomé y Jacobo, llamado en España Diego, y una hermana casada con un salchichero, de nombre Jacobo Ravarello. El padre vivió todavía dos años despues del descubrimiento de su hijo; era fabricante de telas de lana, y se conserva su firma puesta en un testamento como testigo, el año 1494. Cristóbal Colon se casó en Lisboa con doña Felipa Perestrello y tuvo un hijo, Diego Colon, que nació en la isla de Porto Santo hácia los años de 1470 á 1474; otro hijo, don Fernando, nació al almirante de doña Beatriz Henriquez, señora noble de Córdoba, que parece haber ejercido gran influencia en este hombre estraordinario, principalmente el año 1488.

Diego Colon fué un hijo respetuoso y honrado, y representó un papel importante en los sucesos políticos de aquella época. En 1508 casó con doña María de Toledo, y los historiadores convienen en que esta alianza con la casa de Alba, le fué mas útil para sus adelantos que los servicios de su padre. Don Fernando, dedicado desde jóven á los estudios científicos, abrazó al fin la carrera eclesiástica, y murió á los 53 años de edad, legando su rica biblioteca, que constaba de 12,000 volúmenes, á la ciudad de Sevilla.

En la correspondencia dirigida á sus hermanos y á sus hijos, Colon dió pruebas contínuas de tener un alma elevada y un corazon afectuoso; por lo demas toda la vida del almirante se reasume en el círculo de sus cuatro viages.

El primero lo emprendió el viernes 3 de agosto de 1492, saliendo del puerto de

Palos de Moguer con su escuadra, que se componia de tres pequeñas naves; la *Santa Maria*, montada por Colon, y la *Pinta* y la *Niña* al mando de los dos hermanos Alonso y Vicente Yanes Pinzon. El viernes 12 de octubre á las dos de la mañana descubrió la isla de San Salvador, una de las Lucayas, y en seguida las de Cuba y Santo Domingo, volviendo á España en marzo de 1493.

El segundo viage lo hizo Colon con Juan de Cosa y Alonso Ojeda; partió el 25 de setiembre de 1493 y volvió el 11 de junio de 1496. Salieron diez y siete navíos de Cádiz, y partió de Haiti para emprender el descubrimiento de la Jamaica (Santa Gloria ó isla de Tabago), y de la costa meridional de Cuba, el 24 de abril de 1494, volviendo á la Isabela por Haiti el 29 de setiembre del mismo año.

El tercer viage lo emprendió en 30 de mayo de 1498, y volvió el 25 de noviembre de 1500; fué con tres navíos, y descubrió en 1.º de agosto de 1498 el continente, recorriendo la costa de la América Meridional hasta Caracas.

Para el cuarto y ultimo viage salió del puerto de Cádiz con cuatro navíos el 11 de mayo de 1502, y volvió el 7 de noviembre de 1504, habiendo descubierto la costa desde Honduras hasta el Puerto de los Mosquitos, á la estremidad oriental del istmo de Panamá.

Es notable que Colon tenia ya sesenta y seis años, cuando emprendió esta última espedicion. El año siguiente empezó á sentir la proximidad de la muerte, é hizo su testamento el 25 de agosto de 1505 firmado por su mano. El 19 de mayo de 1506 añadió algunas disposiciones que tambien firmó, y al siguiente dia dejó de existir. Habia pedido que pusiesen en su tumba las cádenas, con que en otro tiempo le habia cargado Bobadilla. Este grande hombre que tanta tierra habia descubierto, deseaba en una de sus últimas cartas un *rincon de tierra*, para morir tranquilo, y el historiador Pedro Mártir de Anghiera que habitaba por entonces en Valladolid, ni siquiera hace mencion de su muerte, y se estiende grandemente en otros sucesos de menos importancia. ¡Qué leccion encierran semejantes desengaños!.... Su cuerpo se depositó en el monasterio de las Cuevas de Itálica, despues se llevó á la isla de Santo Domingo, y últimamente á la Habana, donde reposan sus cenizas.

Los autos de fé de que arriba queda hecho mérito, fueron dos, y tuvieron lugar ambos el año de 1559, con asistencia de las personas reales, y si hemos de dar crédito al historiador de la inquisicion, Llorente, con un aparato inusitado. En los años 1557 y 1558 se habian hecho muchísimas prisiones de personas ilustres por su nacimiento ó por su saber, con cuyo motivo y los indicios encontrados en sus procesos de un proyecto vastísimo de propagar las opiniones luteranas, creyeron Felipe II y el inquisidor general Valdes, que convenia usar con los reos un rigor superior al ordinario para producir escarmientos que infundiesen terror á todos los iniciados de aquellas opiniones y no reclusos aun en cárceles secretas por falta de noticias en el Santo Oficio. El papa Paulo IV dió, á peticion del rey, las licencias que se le pidieron, y seguida la causa de la manera que tenia por costumbre proceder aquel tribunal, resultaron condenadas 64 personas.

El primer auto de fé tuvo lugar el domingo de la Santísima Trinidad 21 de mayo, presidido por los príncipes, concurrido por los consejeros de todos los consejos que seguian la córte, muchos grandes de España, mayor número de titulados condes, vizcondes, marqueses, barones y damas de todas clases, y fuera de asiento un concurso innumerable de gente. Los tablados, cadalsos, asientos, púlpitos, graderías y altares estaban dispuestos en el *Campo Grande*, especie de esplanada magnífica, que en la actualidad es un bonito paseo. Salieron al auto esta vez para ser conducidas de alli á la muerte catorce personas, los huesos y la estátua de otra ya difunta; pues sabido es que la inquisicion no perdonaba ni á los muertos, y diez y seis vivas para ser reconciliadas con penitencia. Tengo á la vista varios libros impresos en distintos idiomas que hablan de este suceso y la copia de un manuscrito, en que se describe con tal minuciosidad, que hasta se esplican los trages con que asistieron el príncipe don Cárlos, primogénito de Felipe II y la princesa gobernadora doña Juana; pues el rey se hallaba á la sazon en Flandes; pero semejantes detalles son agenos de este sitio. La procesion salió del palacio del Santo Oficio á las diez de la mañana en el órden siguiente: 1.º La escolta de carboneros (1): 2.º los frailes dominicos, que au-

xiliaban siempre á los decapitados por la inquisicion: 3.º el estandarte de la fé se-

(1) Los carboneros tenian privilegio de asistir á este acto, porque suministraban el carbon y la leña gratis para quemar los reos.

guido de los familiares, que eran todos grandes de España y personas visibles: 4.º y último, los reos cercados de religiosos y guardias, y vestidos con el sambenito y la coroza, segun la pena que debian sufrir. El auto empezó como de costumbre por una misa solemne; al llegar al Evangelio, el inquisidor mayor exigió á los príncipes, en calidad de presidentes, el juramento de defender la religion católica, perseguir la heregía y auxiliar al Santo Oficio; predicóse luego un sermon contra las doctrinas luteranas, y despues se verificaron las ejecuciones. La historia ha conservado los nombres de las víctimas, que no cito aqui por falta de espacio; los que habian confesado espontáneamente ó en el tormento abjurando sus errores, disfrutaron el insigne favor de que les diesen garrote antes de arrojarlos á la hoguera; los no confesos ó contumaces fueron quemados vivos, y á algunos se les cortó antes la mano derecha en un tajo. La pluma se resiste á describir tamaños horrores, y solo porque se ven consignados de una manera tan auténtica puede dárseles crédito en la época presente.

El segundo auto de fé se verificó el 8 de octubre, todavía con mas solemnidad, á causa de presidirlo el rey, vuelto recientemente de los Paises-Bajos. Cuentan que

las causas de los que salieron al patíbulo, que fueron trece vivos para quemar, uno en efigie y diez y seis para reconciliar con penitencia, estaban ya concluidas en mayo; pero se retrasaron las ejecuciones pensando que seria agradable al piadoso Felipe II este espectáculo que hoy se consideraria como un acto atroz de insigne barbarie. A él asistieron el rey, su hijo, su hermana, su sobrino el duque de Parma, tres embajadores de Francia, el arzobispo de Sevilla, los obispos de Palencia y Zamora, varios electos no consagrados, el condestable y el almirante de Castilla, el duque de Nájera, el de Arcos, el marqués de Denia, el de Astorga, el conde de Ureña, el de Benavente, el de Buendía, el último gran maestre de la órden militar de Montesa, don Pedro Luis de Borja, hermano de San Francisco de Borja, el gran prior de Castilla y de Leon de la órden de San Juan de Jerusalen, don Antonio Toledo, hermano de los duques de Alba, otros grandes de España que no están nombrados en el testimonio, muchos titulados, la condesa de Rivadabia, y otras señoras grandes de España y tituladas, todos los consejos, tribunales, autoridades, dependientes del palacio, empleados civiles y militares, y un inmenso concurso. De propósito he citado estos personages, para que se juzgue de la especie de solemnidad que se daba á semejantes actos, á los que si unos concurrian por curiosidad, muchos iban en la persuasion de que hacian una obra meritoria y agradable á los ojos de Dios. Tanto pueden el fanatismo y la preocupacion, cualquiera que sea la forma con que se revistan!....

La tradicion cuenta que Rodrigo Ronquillo, alcalde de Valladolid, se fué derechito al infierno en cuerpo y alma, sin que pueda caber duda, porque la cosa pasó á vista y presencia de una comunidad entera. A pesar de haber muerto quieto y tranquilo en su cama con todos los sacramentos, el dia que lo fueron á enterrar en una capilla del convento de San Francisco, vinieron dos diablos, y sin cuidarse de los exhortos de los frailes, cargaron con el cuerpo del pobre alcalde y se lo llevaron por el techo, dejando un agujero ahumado, que algunas viejas de la ciudad aseguran existia todavía en sus mocedades. Hoy, por supuesto, no hay agujero ni convento. La causa histórica, de donde esta tradicion toma su orígen, consiste en que el 23 de marzo de 1526 el dicho Ronquillo, alcalde de córte por Cárlos V, dió garrote al famoso obispo don Pedro Acuña, gefe de los comuneros, quien huyendo, despues de la batalla de Villalar, fué preso por un alférez llamado Perote en Villamediano y encerrado en la fortaleza de Simancas. Alli el obispo, que se fingia enfermo, asesinó para escáparse al alcaide Diego Noguerol, y Ronquillo, que era á lo que parece hombre tremendo, le dió garrote sin mas miramientos. Al rey no debió parecerle del todo mal la determinacion de su alcalde, segun se deduce de las siguientes líneas que le escribió:

«Yo os lo tengo en servicio, y puesto que eso es fecho, en lo que resta que es «enviar por la absolucion, yo mandaré proveer que con diligencia se procure y «traiga.»

Once meses tardó en venir el breve del papa desde que se hizo la demanda; pero vino al fin dirigido á don Pedro Sarmiento, obispo de Palencia, por no haberlo todavía entonces en Valladolid, y Ronquillo recibió la absolucion, yendo en penitencia desde el convento de San Francisco á la catedral el 8 de setiembre de 1527. El pueblo por lo visto no quedó satisfecho con esto, y lo hizo volar despues de muerto en las garras del diablo, persuadido sin duda de que quien habia dado garrote á un obispo no podia tener perdon de Dios aunque lo absolviese el papa.

Para cumplir la oferta de dedicar algunas líneas á cada uno de los acontecimientos que han hecho célebre en la historia la ciudad que nos ocupa, deberia hablar ahora del trágico fin de don Alvaro de Luna, pero una inesperada aventura que nos ocurrió á mi amigo Mauricio y á mí, me obliga á llevar al lector á otra pate, prometiéndole sin embargo para despues contarle la historia del privado de don Juan II en capítulo especial.

CAPITULO DÉCIMO.

EL CABALLERO DE OLMEDO.

Al parar nuestra silla de posta en la fonda de Valladolid, habia varias personas á la puerta, como acontece siempre en tales casos. Mauricio se apeó primero, y cuando yo lo iba á hacer, quedé sorprendido viendo que uno de aquellos curiosos se habia colgado del cuello de mi amigo, y lo abrazaba con toda la vehemencia y toda la efusion de un castellano viejo.

—¡Qué alto y qué buen chico estás! Mauricio, le decia.... hecho un hombre enteramente!....

—Ya ves, como que tengo veinte y seis años, replicaba mi amigo. Tú tambien estás bueno. ¿Y la Antonia? ¿Y los niños?

—Famosos todos; ahora los verás....

—¿Cómo ahora? ¿Están aquí?

—No por cierto; están en Medina, pero supongo que te vendrás en seguida.

—No puede ser, viajo en compañía de este amigo....

Mauricio me señalaba á mí que ya me habia bajado del carruage.

—Se vendrá con nosotros; tus amigos son nuestros....

—Pero traemos una jornada en el cuerpo, y es preciso descansar.

—En hora buena; no nos iremos ahora, pero nos iremos mañana.

—Eso es mas razonable, replicó Mauricio, y entramos en el parador.

Los mozos habian apeado el equipage, y lo conducian á la habitacion que nos destinaron en la fonda, á la cual nos siguió impertérrito el desconocido. Este, segun pude averiguar pasados los primeros momentos de efusion, era nada menos que un cuñado de Mauricio, que vivia con su familia en Medina del Campo. Mi amigo le habia escrito dándole noticia de nuestro viage á Valladolid, y el hombre se habia ido á esperarnos resuelto á llevarnos á su casa á todo trance, pues hacia ya doce años, desde que se vino á Madrid á estudiar, que Mauricio no habia visto á su hermana. La pretension me pareció justa, y convinimos en trasladarnos á Medina al siguiente dia por la mañana, como en efecto lo hicimos. Dejo á la consideracion de los lectores las muestras de regocijo de ambos hermanos y el acompañamiento de caricias de tres sobrinos, hermosos como ángeles, asi como las atenciones deque seriamos objeto en una casa de mas que medianas comodidades, y entre una familia modelo de virtudes y digna del mayor aprecio, aun sin la recomendable circunstancia de ser la familia de mi amigo. Si alguno quiere hallar todavía restos de nuestras antiguas costumbres patriarcales, si quiere gozar de aquella tranquilidad de espíritu y de conciencia, que formaba la dicha de nuestros antepasados, y que por desgracia ha huido de nuestra sociedad egoista y positiva, que vaya á Medina á casa de la hermana de Mauricio, donde encontrará reunidas todas las felicidades y todos los encantos de la vida; no de esa vida de goces mundanos y efímeros, sino de la que eleva el alma á su orígen divino, de la que abre el corazon á todas las sensaciones dulces, y lo predispone á la práctica de las acciones loables. Ocho dias que pasamos con la familia de mi amigo han dejado en mi memoria un eterno recuerdo.

La villa de Medina del Campo ofrece muy poco alimento á la curiosidad del viagero; el hospital general, el magnífico edificio de las carnicerías, las lagunas de agua salada, el castillo de la Mota, y los restos del antiguo canal ó acequia, son cosas que se ven al instante; sin embargo, hay unida á esta acequia una tradicion, que voy á contar en seguida, porque presumo no desagradará del todo á mis lectores, y mucho menos á mis lectoras.

Por los años de 1493, despues de la conquista de Granada, los Reyes Católicos se retiraron á Medina del Campo á disfrutar de la tranquilidad y descanso, que necesitaban tras tanto tiempo de guerras, en que sus armas vencedoras acabaron por plantar el estandarte de la cruz en los arabescos torreones de la Alhambra. Entre los apuestos guerreros que brillaban entonces en la córte, habia uno á quien se designaba tan solamente con el nombre del *Caballero de Olmedo*, sin duda por ser natural de este pueblo. Era galan, valiente y de hermosa figura, de modo que asi los hombres como las mugeres tenian á don Juan de Maldonado por el tipo mas completo de los bizarros caballeros de Castilla, en la época á que nos referimos.

Inútil es hablar de sus conquistas de amor, pues no habia dama que no se creyese feliz con merecer sus obsequios; pero como el amor es caprichoso y el corazon no se manda, don Juan hizo lo que hacemos todos en iguales casos; se prendó apasionadamente de una viuda, que aunque jóven, bella y rica, era acaso la única muger que no se hallaba dispuesta á corresponderle, y se enamoró de ella quizás por esto mismo. En vano quiso ablandar su corazon con ruegos y finezas, la viuda cada vez se mostraba mas insensible, y su inesperada repulsa y constante desden solo servia para avivar la llama del despreciado galan.

—Sois la muger mas ingrata del mundo, la dijo un dia despues de inútiles ruegos.

—Tal vez tengais razon, le contestó ella con frialdad.

—Pero ¿no sabeis que os amo como un loco, que no quiero apartarme de vuestro lado, que á nadie he amado como á vos, que mi libertad y mi vida os pertenecen?

—Todo eso lo sé porque me lo habeis dicho; replicó la dama, pero ¿qué quereis que yo le haga? ¿Está en mi mano acaso el corresponderos?

—¿Pues en manos de quien está, señora? ¿No sois dueña de vuestras acciones?... ¿Hay algun rival oculto?.... ¡Oh! decídmelo, decídmelo al punto, y su vida ó la mia decidirá la contienda.

—¿Estais loco, don Juan? eso es un frenesí que el tiempo borrará. Seguid el consejo que os dí el otro dia; viajad, vereis otros paises, vereis otras mugeres.... ¡hay tantas en el mundo que valen mas que yo!...

—¿Quereis alejarme de vuestro lado?... Os estorbo.... Soy odioso á vuestros ojos...

—Yo no he dicho semejante cosa.... os aconsejo lo que os conviene, y nada mas.

—Permitidme, señora, que no siga el consejo.

—Haced lo que gusteis.

—¿ Pero no puedo esperar que me ameis nunca?

—¡ Jamás! dijo ella con energía.

—¿ Y por qué? Decidme por qué al menos?

—Yo no lo sé, don Juan.... porque es imposible que sea vuestra.... tan imposible como el que las aguas del rio Adaja pasen por Medina.

El caballero que se habia arrodillado á los pies de la viuda, se levantó de repente al oir estas palabras, y sus ojos brillaban de alegría, como si un pensamiento feliz lo iluminara.

—¿Y si las aguas del Adaja pasaran por Medina dentro de un año, seríais mia entonces, señora? dijo con voz pausada y tranquila.

Ella se sonrió como si aquella pregunta del caballero acabase de cerciorarla de que realmente estaba loco.

—¿Qué haríais, señora, prosiguió con vehemencia, seríais mia si las aguas del Adaja pasasen por Medina?

—Eso no es posible, replicó la viuda.

—Aunque no lo sea, contestad, señora, ¿me daríais vuestra mano?

—Bien, si, os la daría, dijo la dama con visible deseo de poner fin por este medio á una conferencia, que ya se la iba haciendo insoportable.

—Mirad lo que prometeis, señora: cuento con vuestra palabra...

—Jamás he faltado á ella.

—Pues en ese caso, adios.

Y en seguida desapareció presurosamente. La viuda quedó convencida de que realmente don Juan habia perdido el juicio, y casi le tuvo lástima.

. . . .

Once meses habian trascurrido ya sin que se hubiese vuelto á ver en Medina al caballero de Olmedo, cuando de repente se presentó una tarde en casa de doña Ana, que asi se llamaba la viuda.

—Señora, la dijo, vá á cumplir un año que me ofrecísteis ser mi esposa el dia que las aguas del Adaja pasasen por aqui..

—Pero don Juan, interrumpió la dama sonriendo, ¿no os habeis curado aun de vuestra locura?

—Es muy cierto, señora, que estoy loco; pero es de amor por vos.

—Yo os lo agradezco mucho, pero....

—No vayais á pronunciar el anatema, esclamó con viveza don Juan. Me habeis dicho que el dia que las aguas del Adaja pasasen por Medina seríais mia ¿No es verdad?

—Cierto que asi lo dije.

—Pues bien; ese dia ha llegado ya.

—No os comprendo, don Juan, repuso la dama algo confusa.

—Venid, señora, á esta ventana y me comprendereis perfectamente.

La viuda se dirigió maquinalmente á la ventana. y abriéndola el caballero le rogó que fijase la vista en una hondonada entre el castillo y el pueblo.

—Pero yo no veo las aguas del Adaja pasar por Medina, dijo la dama.

—Tened un poco de paciencia, replicó don Juan.

Y sacando un pito de plata tocó tres veces, y doña Ana oyó sonar á lo lejos la misma señal repetida de distancia en distancia hasta perderse en el espacio. Despues esperaron como una media hora sin que interrumpiese el silencio que ambos guardaban mas que la respiracion un tanto agitada del caballero. Pasado este tiempo:

—¡Mirad! gritó don Juan señalando á la hondonada.

—Yo no veo, mi querido mago, dijo la viuda con singular coquetería, mas que gente que se agolpa en tropel.

—¿Y ahora? preguntó él fijando sus ojos radiantes de alegría en el bello rostro de la dama.

Doña Ana le tendió la mano y mirándolo fijamente,

—Habeis vencido, don Juan, le dijo por toda respuesta.

En efecto, las aguas del rio Adaja corrian al pie de la colina, en cuya cumbre se eleva el castillo construido en 1440, segun se cree por Fernando Carreño, á quien las crónicas llaman el Obrero Mayor.

Cuando don Juan habia oido decir á la viuda que era tan imposible que correspondiese á su amor como el que pasasen las aguas del rio por el pueblo, y que si esto llegaba á suceder seria suya, concibió uno de esos proyectos gigantescos que solo un amante es capaz de llevar á cabo. El rio Adaja nace en la sierra de Avila cerca de Villatoro, pasa por Avila, Arévalo y Valdestillas y entra en el Duero por Aniago, despues de 27 leguas de curso. El caballero dispuso que se abriese una zanja en la parte occidental del rio junto al puente de Palacios, que dista dos leguas de Medina, continuándola por un valle hasta venir á confluir con el rio Zapadiel que riega otro estenso valle y baña los muros de la poblacion. Conforme á este plan reunió mucha gente de Olmedo y lugares comarcanos, y les hizo trabajar siempre de noche y con tal teson, que once meses bastaron para que dejase de existir el inconveniente que doña Ana creia insuperable. Tarde conoció esta su ligereza; pero comprometida de tal modo á dar su mano al caballero, le dijo aquel mismo dia que estaba pronta á casarse cuando dispusiese. Don Juan ansioso de recoger el fruto de sus afanes fijó la próxima fiesta de San Pedro, y aceptado el plazo por la dama, partió él para Olmedo á arreglar sus asuntos y disponer los preparativos de las bodas, que debian ser tan espléndidas y brillantes como las cualidades de ambos contrayentes requerian.

Cuando doña Ana se vió sola mandó llamar á Fernando. Fernando era un hermoso page de diez y ocho años que sabia tocar el laud como el mas hábil trovador de la córte, y que tenia, como todos los pages de aquel tiempo, cabellos rubios, ojos azules y megillas de color de rosa.

—Fernando, le dijo la viuda, despues que el page se hubo sentado á su lado cariñosamente: ¿sabes que me voy á casar?

El pagecillo dió un salto como si le mordiera una víbora.

—¿Con quién? preguntó el page.

—Con don Juan de Maldonado.

—¡Con el caballero de Olmedo, señora!....

—Con el caballero de Olmedo, page.

—Eso es imposible.... quereis engañarme... Hace un año que lo despedísteis por impertinente, y aun recuerdo que al noticiármelo os regocijábais de haberos librado de su persecucion. ¿Cómo quereis que crea yo hoy que le vais á dar la mano de esposa?

—Me ha comprometido á ello de una manera singular.

—No os comprendo, señora.

—Le dije que no seria suya mientras las aguas del Adaja no pasasen por Medina y...

—Y el imbécil, replicó el page de mal humor, se habrá gastado sus doblas en abrir un cauce al rio!...

—Asi es en efecto; hace poco que las he visto correr por el valle desde esa ventana, y don Juan me ha recordado mi promesa.

—Me parece, bella señora, que sois un poco crédula, porque hace tiempo que se habla en la villa de esos trabajos hechos como por magia, y se aseguraba que era una sorpresa preparada por la reina Isabel para dotar á Medina de un canal de riego y aumentar su defensa en caso necesario.

—No, page, es obra del caballero de Olmedo, solo para obtener mi mano, y yo se la voy á dar.

—¿Con que es decir, que tenemos que separarnos para siempre? dijo el page fijando sus ojos casi humedecidos de lágrimas en los de la viuda.

—No hay remedio ; si faltase á mi palabra se sabria en la córte, y....

—Pero cuando se quiere, señora, se encuentran recursos.

—Veamos uno, Fernando, replicó ella.

—Huir.... ¿es preciso que vivamos en Medina del Campo?

—¿Y no fuera mejor deshacernos de una vez del importuno, como nos deshicimos de....

El page hizo un gesto de espanto, como si se le apareciese una sombra ensangrentada, y con acento humilde,

—Callad, señora, por Dios, dijo sin dejar á la viuda acabar la frase.

—Mira, Fernando, prosiguió doña Ana con horrible calma; yo daré á don Juan una cita para la víspera de su santo en la noche; tú le esperas emboscado en la callejuela á donde cae la puerta falsa del jardin, con media docena de hombres bien armados....

—Entiendo, señora, pero eso puede comprometernos. Ademas, yo no sé si tendré valor...

—En hora buena, dijo la dama casi con indiferencia. Me casaré con don Juan, y asunto concluido.

—¡Oh! eso nunca, esclamó con vehemencia el page. Citad á ese hombre, y yo me encargo del resto.

Doña Ana escribió una carta al caballero, llamándolo la noche de San Juan á su jardin, y escusado es decir con cuanta ánsia nuestro amante esperaria la deseada noche. Llegó esta en efecto, y don Juan se dirigió á la hora convenida al sitio designado, seguido de su escudero, y con el corazon palpitando de gozo, como quien va á disfrutar de una dicha apetecida. Pero hé aqui que un fuerte golpe que le dieron en el hombro izquierdo, le hizo descender de la elevada esfera de las ilusiones, al prosáico mundo de las cuchilladas á traicion. Con la velocidad del rayo tiró de la espada, y rollado el ferreruelo en el brazo, se puso de espaldas á la tapia ; su escudero hizo lo mismo, y se trabó una lucha sangrienta y terrible. Al cabo de media hora de combate, dos de los agresores y el escudero de don Juan yacian muertos en el suelo, los demas habian huido, y solo uno persistia en pelear contra el caballero, que acribillado de heridas se defendia bravamente, guarecido en el quicio de la puerta falsa del jardín de doña Ana, al estremo que logró desarmar á su contrario. A la luz de la luna, que aparecia por intérvalos entre nubarrones, habia podido observar que era muy jóven, y le habia interesado su fisonomía y su valor. Cuando la espada cayó al suelo,

—Os perdono la vida, le dijo, pero decidme ¿quién sois? ¿dónde habeis nacido? ¿porqué atentais contra mí?

—Me llamo Fernando, replicó el otro, no tengo apellido, porque jamás conocí á mi padre; nací en Olmedo, y despues vine aqui con mi madre, que se llama Marta, y es el ama de llaves de doña Ana; yo soy su page....

Antes que el jóven hubiera acabado la frase, el caballero, cuya sangre corria en abundancia por las heridas, cayó al suelo, y solo se le oyó pronunciar estas palabras:

—¡Marta!.... que venga Marta!....

El page obedeciendo á un secreto impulso, abrió la puerta del jardin y dió un silbido, señal convenida para que acudiesen criados con luces; vinieron estos en efecto, y Marta con ellos; pero ya era tarde. Don Juan habia dejado de existir. Al reconocerlo Marta dió un grito de espanto.

—¡Infeliz! esclamó dirigiendo una mirada terrible á su hijo... Ese hombre era tu padre!!...

El page huyó, sin que desde entonces se haya vuelto á saber su paradero; doña Ana entró en un convento, y al caballero lo sepultaron en el mismo jardin de la viuda, poniendo sobre la losa de su tumba estos malos versos:

«Aqui murió quien de cortesía usó;
«Quien pudiendo matar no mató.»

Como desde entonces la poblacion, que era muy grande, pues algunos historiadores suponen que llegó á tener 14,000 vecinos, ha decrecido al estremo de no contar hoy ni aun mil, la casa de doña Ana ha desaparecido del todo, y ni aun se conservan restos del sepulcro de don Juan, cuya losa con la inscripcion que he citado, me dijeron que ha existido hasta hace muy poco tiempo.

El rio Adaja no corrió mas que tres dias por Medina del Campo; suponen que el diablo obstruyó la zanja con unos pellejos llenos de viento, no se sabe porqué causa. El hecho es, que la acequia ó canal, llamado actualmente *la Cava*, está completamente cegado.

La trágica muerte de don Juan, se hizo tan popular en Castilla, que dió asunto para infinidad de cantares y de romances. Uno de ellos, que inserta el romancero español, concluye de este modo:

Desde entonces le cantaron
Las zagalas al pandero,
Los mancebos por las calles
Las damas al instrumento
Esta noche le mataron al caballero
La gala de Medina, la flor de Castilla.

Tal es la tradicion del caballero de Olmedo, segun se refiere en Medina del Campo, y en algunos otros pueblos de Castilla.

La nodriza del niño menor de la hermana de Mauricio, nos contó tambien una historia estupenda de aparecidos, á propósito de los siete procuradores de las ciudades comuneras, que fueron degollados en la plaza de Medina el año 1522, despues de pasearlos en asnos; pero tan inverosimil, que me creo dispensado de copiarla, porque es una verdadera conseja para entretener chiquillos. Este hecho histórico, y la muerte de la reina Isabel la Católica, que aconteció en 1504, son los dos de mas bulto ocurridos en el pueblo que nos ocupa, si se esceptuan las córtes y concilio; celebrados, y el haber sido varias veces morada de algunos reyes.

Nuestro regreso á Valladolid lo verificamos á caballo, con objeto de visitar á Tordesillas y Simancas; la primera de estas poblaciones es célebre por la larga residencia que hizo en ella hasta su muerte, acaecida en 4 de abril de 1555, doña Juana, llamada la Loca, hija de los reyes Católicos, esposa de Felipe I el Hermoso, y madre del emperador Cárlos V; por haberse ajustado allí las diferencias entre el rey don Juan II y su hijo, el príncipe don Enrique, en 1449, sobre la posesion de la ciudad de Toledo, y por el capítulo general de las órdenes de Santiago y Calatrava, que celebraron los reyes Católicos el 2 de julio de 1494. Tordesillas fué villa murada en otro tiempo, y aun existen restos de su fortificacion en algunas partes, y al E. se ven las ruinas de un castillo; por lo demas, su belleza es toda de situacion pues está edificada en una altura, desde donde se descubre una dilatada campiña, No tiene edificios notables, y solo un puente antiguo sobre el Duero, al estremo de. cual hay una puerta ó arco de piedra, que dá ingreso á la villa por la parte que mira al camino de Madrid; merece examinarse, pues es sin disputa uno de los mejores de Castilla, por su firmeza y bella arquitectura. En el estremo superior de la puerta citada, hay un castillete capaz de contener dos ó tres cañones.

Cuentan en esta villa un suceso al cual se atribuye el orígen de la tradicion de la *Hija del sol* muy generalizada en tierra de Salamanca, y es como sigue:

En albricias de la famosa victoria de Villalar, que puso término á la guerra de las comunidades, celebróse en Tordesillas gran procesion para dar gracias al Dios de los ejércitos por el triunfo de las armas imperiales, y asistió á ella la reina doña Juana. Dirigíase la comitiva desde la antigua iglesia de Santa María á la ermita del Santísimo Cristo de las Batallas, que aun existe, cuando al llegar la reina al puente, una jóven hermosa, con el pelo suelto, y derramando abundantes lágrimas por sus ojos, se arrojó á sus pies gritando, «Arturo!.... Dadme á mi Arturo!!...» La reina la levantó bondadosamente y no tardó en convencerse de que aquella infeliz estaba loca, pero loca de amor como la misma doña Juana, y por un motivo análogo, pues el Arturo de quien hablaba era su prometido esposo, que complicado en la causa de los comuneros y preso en el castillo de la Mota de Medina, iba á ser decapitado con los procuradores de Guadalajara y Segovia. Mandó la reina que llevasen á la infeliz demente á su cámara, y cuando hubo penetrado la causa de su dolor, escribió á su hijo pidiéndole el perdon de Arturo, que Cárlos V le concedió al punto, mandando poner al preso á disposicion de la reina madre. Presentóse Arturo en Tordesillas; pero esto no bastó para que su amante recobrase la razon; sin embargo, doña Juana quiso que al punto se casaran, y ella misma fué la madrina de boda. Luisa habia perdido el juicio la noche del dia que supo la desgracia de Arturo, en cuya noche hubo una aurora boreal, y su manía consistia en esperar eternamente la aparicion del sol, siguiendo siempre este planeta con la vista, hasta que se perdia en el horizonte; entonces caia en una especie de letargo, del cual no volvia hasta el amanecer del dia siguiente. Asi pasó algun tiempo, hasta que en un viage que hizo con Arturo, hallándose en cinta, sintió en medio del camino los dolores de la maternidad, y dió á luz una hermosa niña, precisamente en el momento de aparecer el astro del dia. Esta niña dieron en llamarla la *Hija del sol*, por la hora en que nació, y porque de resultas de su nacimiento, recobró la madre la razon, y de ella cuentan, como dije, en Peñaranda de Bracamonte y otros pueblos de Castilla, mil cosas estupendas, tales como que curaba solo con la vista á los enfermos, y otras por el estilo.

La villa de Simancas es célebre por mas de un concepto, pero principalmente por conservarse en ella el archivo general del reino. Acerca de su nombre se refiere una anécdota bastante curiosa. Durante el oprobioso reinado de Mauregato de Leon, siete doncellas de las ciento que este menguado monarca daba á los moros en tributo, encerradas en el castillo de la villa, concibieron la heróica resolucion de mutilarse para defender por este medio su honestidad, y lo verificaron cortándose la mano izquierda, logrando asi libertarse de los desmanes de los bárbaros. Desde entonces comenzó á llamarse Siete-Mancas, y hoy corrompido el vocablo se dice Simancas, y en latin *Septimancæ*.

Sea de ello lo que fuere, lo cierto es que las armas de la villa confirman en algun modo este suceso, porque se componen de un castillo de plata en campo azul, con su torre en medio, fundado sobre un peñasco cercado de agua, teniendo el escudo por orla siete manos en campo de sangre, y una estrella dorada sobre la cima de la torre ó castillo. Nebrija asegura que Simancas es la antigua Senteica de los celtíberos, llamada despues por los romanos Itercacia; corrobora esta opinion la circunstancia de hallarse entre muros, fortalezas y ruinas de edificios árabes y de los reyes de Castilla, cimientos y trozos de arquitectura romana, y la de constar que fué la octava mansion del camino militar que iba de Zaragoza á Mérida por Cebrones. Al S. de la villa se ven todavía algunos vestigios del palacio en que se crió don Fernando, hermano de Cárlos V, en quien mas adelante renunció el imperio de Alemania, y al N. los de la primera casa de noviciado de la compañía de Jesus, que despues se trasladó á Villagarcia de Campos.

En las inmediaciones de Simancas, fué donde el rey de Leon don Ramiro II dió el 6 de agosto de 934, segun unos, ó 939 segun otros, aquella famosa batalla en que derrotó á los sarracenos, causándolos horrible mortandad.

Habiamos salido Mauricio y yo de Tordesillas á las diez de la mañana, y llegamos á Simancas antes de la una sofocados de calor, pues hacia uno de aquellos dias de junio en que el sol se deja caer ya á plomo anunciando la proximidad del estio; sin embargo, no quisimos descansar; dejamos los caballos en la posada y nos dirigimos en seguida al castillo. Durante el siglo XV perteneció esta fortaleza á los almirantes de Castilla, cuyas armas todas se conservan en las bóvedas de la capilla; pero por este tiempo los reyes Católicos la incorporaron á la corona, dando á sus dueños en remuneracion cierta cantidad de maravedises de juro. Hasta los tiempos de su nieto Cárlos V permaneció como prision de estado, mas éste mandó habilitarla para archivo general de la corona, y se depositaron alli los papeles antiguos del gobierno que andaban diseminados por Segovia, Medina del Campo, Valladolid, Salamanca y otros puntos. Felipe II, émulo de las glorias de su padre, ensanchó el archivo por las trazas de Juan de Herrera; encargando la ejecucion á un tal Salamanca, y sus discípulos Mora y Maznecos; en tiempo de Felipe III continuaron los trabajos, y aun despues se han hecho varias obras, pero no se sabe á punto fijo las épocas.

CASTILLO DE SIMANCAS.

El gefe ó encargado principal del establecimiento, nos recibió con amabilidad suma, y tuvo la complacencia de acompañarnos para que visitásemos todo el edificio, en cuya operacion empleamos mas de tres horas. Bien quisiera hacer aqui una descripcion detallada de cuanto vimos, y no me faltan materiales para ello, pues recogí apuntes minuciosos y exactos; pero habria de traspasar los límites convenientes, alterando el plan que me he propuesto; baste saber que la mayor parte de las salas tienen estantería de fábrica en el macizo de la pared; que los papeles se hallan perfectamente resguardados y clasificados, á pesar del trastorno que sufrieron cuando la guerra de la independencia, y que por el buen órden, por la limpieza y por su construccion, es uno de los establecimientos que mas honran nuestro pais. Lástima que no sea suficiente para continuar encerrando en él los papeles del gobierno, sin emprender una obra de ampliacion, que probablemente no se emprenderá nunca.

A mas de las cuatro de la tarde salimos del castillo de Simancas, y sin detenernos á otra cosa que á tomar un bocado en la posada, partimos para Valladolid donde llegamos al punto de anochecer, rendidos de cansancio.

CAPITULO ONCE.

DON ALVARO DE LUNA (1).

Corria el año de 1419, cuando reunidas córtes en Madrid, el 7 de marzo, declararon mayor de edad, y tomó las riendas del gobierno don Juan II, rey de Castilla, entonces menor de catorce años. Este monarca, hijo de Enrique III, habia quedado sin padre á la edad de veinte y dos meses, viviendo por tanto bajo la tutela de la reina madre doña Catalina, quien suponen que con intento de prorogar la minoría para conservar el poder, lo crió en un estado de opresion y dependencia tal, que influyó en sus cualidades morales, infundiéndole un ánimo servil y una indolencia suma, que de todo punto le inhabilitaron para el mando.

Durante la minoría del rey, habia presentado en la córte el arzobispo de Toledo, don Pedro de Luna, á un jóven sobrino suyo, pequeño de cuerpo, pero de apuesta figura, tan galan, espresivo y discreto, que al punto logró fijar la atencion de todos. Este jóven era don Alvaro de Luna, hijo de un caballero aragonés del mismo nombre, y de una muger de oscuro nacimiento y de vida poco honesta. Habia quedado huérfano don Alvaro á la edad de seis años, y solo contaba veinte cuando apareció en la córte el año 1408. Aprovechándose el arzobispo del favor que gozaba por su carácter y dignidad, y del partido que su sobrino supo ganarse por sus personales prendas, logró que el rey, niño todavía, le nombrase su page. Poco tiempo bastó para que don Juan se le aficionase con tan estraordinario cariño, que ya no podia estar sin él y enfermaba si se le privaba de su compañía; fácil es esplicar esta preferencia por quien tanto sobresalia entre sus compañeros, y tanto se aventajaba á todos los cortesanos en dotes amables, y en todas las prendas que constituian un perfecto caballero. Desde entonces se formó aquel lazo estrecho que tuvo unidos al rey y al vasallo todo el curso de su vida; aquella intimidad que de dos seres dis-

(1) Para la redaccion de este capítulo se han tenido presentes la *Historia de España*, por el P. Mariana; la Crónica de don Juan II; un escelente artículo publicado en el *Semanario Pintoresco*, por don A. Gil de Zárate en 1838, y otras varias obras y manuscritos que tratan de la materia.

tintos no formaba mas que uno solo; union tal, que el uno parecia el alma del otro, y asi se vió que cuando esta alma faltó, no pudo sobrevivir el ser débil, que solo por ella alentaba.

Los medros de don Alvaro en palacio fueron rápidos, y en breve se pudo vislumbrar tanto su futura grandeza como la envidia y las asechanzas de que hasta su muerte habia de estar rodeado. Aun antes de tener ningun título en la córte, tratábase con esplendor y aparato; y mero doncel todavía sacaba ya su hueste de hasta 300 hombres de armas, siguiendo su pendon mancebos de las mas ilustres familias del reino. Mas no tuvo parte alguna en la gobernacion del estado durante la larga minoría del rey, ni aun despues de haber llegado éste á la mayor edad, hasta que ocurrió el suceso que vamos á referir.

Los infantes de Aragon, don Juan y don Enrique, primos del rey, tenian inmensos bienes y dignidades en Castilla; pero como la ambicion del hombre nunca está satisfecha, aspiraban á mas poder y á ser los árbitros esclusivos del reino. Al principio estaban divididos, y cada uno tenia su parcialidad que llenaba la córte de disturbios, y dió orígen á las discordias civiles que por tantos años trabajaron el reino, y que puede decirse no concluyeron del todo hasta el advenimiento al trono de los reyes católicos. Aprovechándose el infante don Enrique de la ausencia de su primo, don Juan, que habia ido á casarse con una princesa de Navarra, se apoderó una noche del alcázar, estando la córte en Tordesillas, penetró hasta el dormitorio del rey, y se lo llevó como prisionero á Talavera ó Avila, pues sobre este punto hallamos divergencia en los autores. Don Juan suscribió á cuanto le plugo á su primo exigirle, y separaron de su lado á todas las personas que le rodeaban, menos don Alvaro que debió esta escepcion al cariño que el rey le tenia y á su poca importancia política entonces. Trataron de ganarle con seductoras promesas, mas él permaneció fiel y solo pensó en sacar de tan oprobiosa esclavitud á su soberano. Consiguiólo al fin, pues, aprovechando una ocasion, en que don Enrique estaba menos vigilante, con pretesto de una cacería, llevó á cabo la fuga del rey, y lo condujo al castillo de Montalvan, donde muy pronto acudió el infante con su gente. Duró el cerco ocho dias, en los cuales fué tal el apuro de los sitiados, que una perdiz introducida furtivamente por la lealtad de un aldeano, fué un regalo de inestimable valor para el poderoso rey de Castilla. Por fin la firmeza que en aquella ocasion desplegó el rey, la actividad de don Alvaro, los socorros que por todas partes acudian, y la llegada del infante don Juan, hicieron desistir á don Enrique de su temerario empeño, y libre el rey pudo volver á la gobernacion de sus estados.

El eminente servicio que don Alvaro acababa de prestar, tuvo merecida recompensa; hízolo el rey señor de las villas de Ayllon y Santisteban, de las que luego fué conde; pero una dignidad mas alta, la primera de Castilla, le estaba reservada para elevarle de repente á la cumbre del poder.

Uno de los parciales de don Enrique, y el que mas le ayudó en su anterior atentado, fué el condestable don Rui Lopez Dávalos, caballero por otra parte de recomendables prendas, honrado y generalmente bien quisto. No pudieron sin embargo estas cualidades librarle de la persecucion, y á pretesto de tratos secretos con el rey moro de Granada, se le formó causa, y aunque nada se le pudo probar, fué despojado de sus estados, de sus inmensas riquezas, de todos sus honores y confinado á Valencia, donde murió pobre y sin mas recursos que los que debió á la generosidad de un antiguo criado.

En el repartimiento de sus despojos, tocó á don Alvaro la dignidad de condestable, y desde aquel momento empezó á ser el árbitro de los destinos de Castilla; pero con su elevacion comenzó tambien aquella lucha de mas de treinta años, que mantuvo con los próceres del reino, y en la que unas veces vencedor y otras vencido pudo humillar á sus orgullosos rivales, pero al fin dió al mundo con su sangrienta catástrofe un terrible ejemplo de cuán vanos y efímeros, son los dones de la fortuna y la privanza de los reyes.

Larga y enojosa seria la relacion de estas fatales revueltas, que menguaron lastimosamente el poder de Castilla, y ajaron el decoro de la corona. Las fuerzas que debian emplearse en destruir el poder musulman en España, se volvieron contra la misma patria, y rasgando su seno hicieron en ella dolorosas heridas. Solo una vez el honor nacional suspendió la discordia civil, reunió á los próceres del reino alrededor de su monarca, y el rey don Juan se movió con poderoso ejército contra los moros. La famosa batalla de la Higuera, dada el 29 de junio de 1431, y llamada asi por una higuera que habia en el campo, de cuyas resultas los infieles fueron rechazados hasta la falda del monte Elvira, ciñó á la frente de don Alvaro el laurel mas puro y brillante de cuantos alcanzára en su vida, probando al mundo que reunia las dotes de gran capitan á todas las demas prendas que le adornaban, y que menos combatido de enemigos domésticos, ó menos receloso de perder su alto valimiento y poderío, hubiera quizás podido adelantar la época de la rendicion de Granada, y arrebatar su gloria á los reyes católicos.

Ya antes de esta espedicion contra los moros habia esperimentado la fortuna de don Alvaro un sensible revés, presagio de otros muchos que le esperaban. Unidos los dos infantes que antes estaban separados en opuestos bandos, combinaron sus esfuerzos para derrocar al valido. Ardió la córte en intrigas, y estaban ya las cosas á punto de romper, cuando se acordó dejar la decision de la contienda á una junta compuesta de cuatro compromisarios por cada una de las dos parcialidades. El fallo de esta junta fué contrario al condestable, pues decidió que hubiese de salir de la córte, y permanecer año y medio desterrado de ella. Mas esta sentencia, al parecer tan contraria, se convirtió para él en triunfo. Retirado en la villa de Ayllon, fuéronle á visitar las personas mas notables del reino, y en breve se hizo tan numerosa y lucida la concurrencia, multiplicándose á tal punto los festejos, que no parecia sino que la córte habia desamparado el lado del rey, para trasladarse á donde estaba don Alvaro. Entretanto el monarca, que no podia pasar sin verle, suspiraba por su regreso; las parcialidades de los que aspiraban á sucederle en el mando, promovian diariamente nuevos escándalos, y no bien habian pasado algunos meses, cuando todos aconsejaron á don Juan que le volviese á llamar: no deseaba otra cosa el débil monarca, á quien no habian visto con rostro alegre durante la ausencia de su favorito; y vencedor don Alvaro de todos sus enemigos, por solo el ascendiente de su genio y de su fortuna, ostentó en su primera entrevista con el rey, un aparato y magnificencia de que no habia ejemplo.

Pero sus émulos y rivales no podian perdonarle esta victoria; y como su privanza y poderío aumentaban cada dia, llegó al mas alto grado el encono y la odiosidad, y promoviéronse nuevos desabrimientos que solo tuvieron tregua cuando los infantes, llamados por su hermano el rey de Aragon para acompañarle en sus espediciones á Italia, dejaron respirar á la infeliz Castilla, que alteraban con su ambicion insaciable. Volvieron, sin embargo, y volvieron con ellos los bandos y los disturbios, y á pesar de que el infante don Juan era ya rey de Navarra, mas atento á dominar en Castilla que á gobernar su reino, ora uniéndose á la córte, ora combatiéndola, fué el foco principal de las revueltas, que se complicaron todavía, tomando en ellas parte el rey de Aragon, que movió guerra al de Castilla, si bien con poca gloria suya, pues en ella llevó la peor parte, á lo que contribuyeron en gran manera el valor y pericia de don Alvaro.

Sin embargo, el privado á pesar de su grande influencia y superior talento, no siempre lograba sostenerse firme contra tan poderosos enemigos; pero estos reveses de fortuna eran vaivenes pasageros que le procuraban al fin mas estabilidad y firmeza en su puesto. Logró por último vencerlos completamente. Las parcialidades y bandos de la córte rompieron, como no podia menos de suceder, en una guerra civil. Los campos de Olmedo vieron combatir por un lado al rey y don Alvaro, y por otro á los príncipes aragoneses. Fuéle á estos la suerte funesta; vencidos y derrotados, tuvieron que huir; don Juan á su reino de Navarra y don Enrique á Aragon, donde murió á consecuencia de una herida que recibió en la mano.

La victoria de Olmedo elevó á don Alvaro á la cumbre del poder, y con ella sus rivales quedaron anonadados. Entre las mercedes que obtuvo fué la mas importante el maestrazgo de Santiago, que habia resultado vacante por la muerte de don Enrique, añadiéndose esta nueva dignidad con sus cuantiosas rentas á los numerosos títulos y tesoros que ya poseia. Desde entonces su ambicion, su codicia y su orgullo no tuvieron coto; y en el desvanecimiento que produjo en él tan desmesurada grandeza, cometió faltas que al fin acarrearon su ruina.

La reina doña María, primera esposa de don Juan, habia sido siempre enemiga de don Alvaro. Quiso aquel contraer segundas nupcias, y aun cuando su inclinacion era hácia la hija del rey de Francia, logró el favorito casarle á su despecho con doña Isabel, infanta de Portugal, creyendo que una reina, hechura suya, le sostendria en su privanza por agradecimiento. Mas salióle tan errado este cálculo, que doña Isabel se declaró en breve su mas mortal enemiga; y como era jóven y hermosa, pudo mas su hechizo sobre su esposo, ya entrado en años, que la antigua aficion hácia el valido, aficion que el tiempo habia empezado á debilitar, y trocándose poco á poco en disgusto, no necesitaba mas que un lijero impulso para convertirse en odio declarado.

Con efecto, el rey no veia ya en don Alvaro aquel jóven seductor, aquel caballero tan brillante por sus sobresalientes prendas, tan superior á todos sus rivales, cual se mostraba en los primeros años. Era ya el condestable viejo, de carácter áspero y altanero, tan exigente con su rey, que hasta queria dirigir las acciones mas ocultas de su vida privada, teniéndole, por decirlo asi, en prision perpétua, pues por todas partes y á todas horas se lo encontraba, y donde quiera se veia circundado de sus partidarios. A la disposicion desfavorable de don Juan, alimentada por la reina, por el príncipe heredero, por los contrarios de don Alvaro, y principalmente por un criado de éste, á quien habia levantado de la nada hasta hacerle contador mayor del rey, mezclóse tambien otro motivo, que fué la desmedida ambicion del monarca, quien concibió deseos de apoderarse de las inmensas riquezas que don Alvaro poseia.

No se ocultó al maestre la traicion de su ingrato criado, ni la trama que se le urdia; mas su honor le impedia huir, y su poder y el mucho amor que el rey le habia tenido sostenian su esperanza. Pero se engañó don Juan estaba ya resuelto á perderle: quiso matarle en Valladolid, en una comida que tuvo en el convento de San Benito; lo intentó tambien en Cigales en una partida de caza, y en Burgos, á donde fueron en la cuaresma de 1453, se intentó varias veces prenderle ó matarle; pero don Alvaro avisado de todo, lo pudo evitar sin romper abiertamente con el rey. Desconfiado, sin embargo, en vista del giro que tomaban los negocios de la córte, obligó á don Juan por medio de su ascendiente, antes del viage á Burgos, á que le firmase en Simancas un salvo conducto que le hizo jurar sobre la hostia consagrada para poner á cubierto su persona que ya juzgaba en peligro. Con ánimo tambien de ver si quitada la causa principal del mal, el rey volvia á su antiguo amor, el Viernes Santo hizo precipitar desde la torre de su casa al ingrato Alonso Perez de Vivero, que murió en el acto, arrojando con él una de las barandillas del terrado que al intento se habia dejado desclavada para que la caida pareciese casual. Pero esto no hizo mas que aumentar el enojo del rey y el deseo en sus enemigos de acabar cuanto antes con un hombre tan poderoso y temible. Conociendo don Alvaro el mal estado de sus asuntos, se rodeó de una numerosa guardia y tomó otras disposiciones; entre ellas, la de hacer trasladar á su fortaleza de Portillo dos arcas llenas de oro que tenia guardadas en el convento de San Benito de Valladolid, encomendando su custodia al alcaide de dicha fortaleza, Alfonso Gonzalez de Leon y un hijo del mismo, que luego le fueron infieles. El rey, viendo que de todos los lazos que le tendia se escapaba don Alvaro, le llamó, intimándole que saliese de su córte; pero él lo dilató so pretesto que el monarca no quedase solo sin tener quien le aconsejara, y entonces éste se decidió á prenderle á todo trance. Púsose de acuerdo al efecto con el alcaide del castillo de Burgos, que lo era don Iñigo de Zúñiga, y avisado el conde de Plasencia, hermano de éste para que acudiera con gente de armas, no pudo ir; pero envió á su hijo don Alvaro de Zúñiga, y en la noche del miércoles despues de pascua, 4 de abril de 1453, fué rodeada la casa de don Pedro de Cartagena, donde el condestable posaba, quien á pesar de tener muy pocos hombres, hizo una tenaz resistencia que duró hasta bastante entrado el dia 5. Bien hubiera podido don Alvaro escaparse, y aun salió de su posada por un postigo escusado, y despues de haber andado algun trecho, se volvió, pareciéndole vergonzoso huir, lo cual causó su desgraciado fin, porque el rey que se hallaba al frente de alguna gente armada y con su pendon real, viendo que la casa de don Alvaro resistia tanto tiempo, envió á requerirle para que se entregase, y despues de varios mensages y de haberle don Juan dado palabra de que seria respetada su vida y la de los que con él estaban, determinó entregarse. Antes arregló sus papeles, distribuyó grandes cantidades á sus criados y servidores, comió con mucha tranquilidad, montó á caballo armado de todas armas, y salia de su posada para presentarse al soberano, cuando con engaños lo volvieron á hacer entrar, y al momento fué desarmado y su casa ocupada por el rey, quien no solo retiró su palabra de respetarle la vida, sino que dió por nulo el seguro que le habia espedido en Simancas. Preso el condestable, don Juan partió á ocupar sus tierras, se dirigió á Portillo en busca del tesoro que le fué entregado, aunque ya muy disminuido; siguió á Maqueda y demas posesiones hasta llegar á Escalona, en que la esposa, hijo y parciales de don Alvaro le resistieron con valor. Veinte dias hacia ya que el rey tenia cercada la villa, y viendo lo difícil y costoso que seria tomarla y la mucha necesidad que padecian sus soldados, porque el año era muy escaso de pan, reunió consejo de sus caballeros, y todos unánimes opinaron que se le diese muerte al condestable. El arzobispo de Toledo fué el único que por razon de su estado no quiso votar. Confirmada la sentencia por el rey, se dió el encargo de notificarla y hacerla ejecutar á Diego Lopez de Estúñiga, el cual salió al momento para Portillo, donde se hallaba preso don Alvaro. Al llegar alli le dijo, que el rey le mandaba conducirlo á Valladolid; pero en el camino le reveló su fatal destino el P. Fr. Alfonso Espina, con quien se confesó el condestable, y pasó toda la noche arreglando sus asuntos y preparando su alma. He aqui como refiere la crónica sus últimos momentos.

«Y á otro dia muy en amanecido, oyó misa muy devotamente y recibió el cuer-«po de nuestro Señor, y demandó que le diesen alguna cosa con que bebiese, y tra-«jéronle un plato de guindas, de las cuales comió muy pocas, y bebió una taza de «vino puro. Y despues que esto fué hecho cabalgó en una mula, y Diego de Estúñiga «y muchos caballeros que le acompañaban, é iban los pregoneros pregonando en al-«tas voces: *Esta es la justicia que manda hacer el rey nuestro señor á este cruel «tirano y usurpador de la corona real en pena de sus maldades, mandándole de-«gollar por ello.* Y asi lo llevaron por la calle de Francos y por la costanilla hasta «que llegaron á la plaza, donde estaba hecho un cadalso alto de madera y todavía «los frailes iban juntos con él, esforzándole que muriese con Dios, y desque llegó al «cadalso, hiciéronle descabalgar, y despues que subió encima, vido un tapete ten-

«dido y una cruz delante y ciertas antorchas encendidas y un garabato de hierro hin-
«cado en un madero, y luego hincó las rodillas y adoró la cruz, y despues levantóse
«en pie y paseóse dos veces por el cadalso, y alli el maestre dió á un page suyo llama-

«do Morales, á quien habia dado la mula al tiempo que descabalgó, una sortija de
«sellar que en la mano llevaba y un sombrero, y le dijo: *Toma el postrimero bien*
«*que de mí puedes recibir*, el cual lo recibió con mucho llanto. Y en la plaza
«y en las ventanas habia infinitas gentes que habian venido de todos los lugares de
«aquella comarca á ver aquel acto, los cuales desque vieron al maestre asi andar pa-
«seando comenzaron de hacer muy gran llanto; y todavía los frailes estaban juntos
«con él, diciéndole, que no se acordase de su gran estado y señorío y muriese como
«buen cristiano. El les respondió que asi lo hacia, y que fuesen ciertos que en la fé
«parecia á los santos mártires. Y hablando en estas cosas alzó los ojos y vido á Bar-
«rasa, caballerizo del principe, y llamóle y díjole: *Ven acá, Barrasa, tú estás*
«*aqui mirando la muerte que me dan; yo te ruego que digas al príncipe mi señor,*
«*que dé mejor galardon á sus criados, que el rey mi señor me mandó dar á mí.*
«E ya el verdugo sacaba un cordel para atarle las manos, el maestre le preguntó:
«*¿Qué quieres hacer?* el verdugo le dijo: *Quiero, señor, ataros las manos con este*
«*cordel*; el maestre le dijo: *No hagas asi*, y diciendo esto quitóse una cintilla de
«los pechos, y diósela y díjole: *Atame con esta, y yo te ruego que mires*
«*si traes buen puñal afilado, porque prestamente me despaches*; Otrosi, le dijo:
«*Dime, aquel garabato que está en aquel madero, ¿para qué está alli puesto?* el

«verdugo le dijo que era para que despues que fuese degollado, pusiesen alli su «cabeza; el maestre dijo: *Despues que yo fuere degollado, hagan del cuerpo y de la «cabeza lo que quieran.* Y esto hecho comenzó á desabrocharse el collar del jubon, «y aderezarse la ropa que traia, que era larga, de chamelote azul, forrada en raposos «ferreros, y como el maestre fué tendido en el estrado, luego llegó á él el verdugo, «y demandóle perdon, y dióle paz, y pasó el puñal por su garganta, y cortóle la «cabeza, y púsola en el garabato, y estuvo la cabeza alli nueve dias, y el cuerpo «tres dias; y puso un bacin de plata á la cabecera, donde el maestre estaba dego-«llado, para que alli echasen el dinero los que quisiesen dar limosna para con que «lo enterrasen, y en aquel bacin fué echado asaz dinero, y pasados los tres dias vi-«nieron todos los frailes de la Misericordia, y tomaron su cuerpo en unas andas, y «llevaronle á enterrar en una ermita, que dicen San Andrés, donde se suelen enterrar «todos los malhechores, y donde á pocos dias fué sacado de alli, y llevado á enterrar «al monasterio de San Francisco, que es dentro en la villa. Y pasado asaz tiempo, fué «traido el cuerpo con su cabeza, á una muy suntuosa capilla que él habia mandado «hacer en la iglesia mayor de Toledo; y asi hubo fin toda la gloria del maestre y «condestable don Alvaro de Luna.»

Un historiador dice, que deseando conocer don Alvaro su destino futuro, consultó á un astrólogo, cuando se hallaba en el apogeo de su privanza, quien le predijo que moriria en cadalso; pero no pudiendo ni remotamente sospechar entonces su desastroso fin, creyó que el adivino querria decir que moriria en un pueblo llamado asi, de la provincia de Toledo, del cual era señor, y de resultas jamás quiso ir á él. El historiador á quien nos referimos, que es el P. Mariana, cuenta esta anécdota sin darle entero crédito.

Don Alvaro casó dos veces, la primera con doña Elvira, hija de Martin Fernandez Portocarrero, de quien no tuvo sucesion, y la segunda con doña Juana Pimentel, hija del conde de Benavente, en la cual tuvo un hijo en 1435, que se llamó don Juan, y fué despues conde de San Esteban de Gormaz; y una hija, doña María, que casó con don Iñigo Lopez de Mendoza, duque del Infantado; ademas tuvo dos hijos bastardos, don Pedro, señor de Fuentidueña, y otra hija, que fué muger de Juan de Luna, su pariente, gobernador que era de Soria.

Murió el condestable el 5 de julio de 1453, año célebre en los fastos de la cristiandad, por la pérdida de Constantinopla, y al siguiente de 1454, trece meses despues que el favorito, falleció el rey don Juan. Algunos escritores suponen que durante este período jamás se le vió alegre, y parecia poseido de terribles remordimientos. Sea de esto lo que quiera, parece fuera de duda que el monarca castellano se manifestó mas de una vez arrepentido de su proceder, con un hombre que cualquiera que fuesen sus faltas, no cabe duda de que prestó eminentes servicios en los treinta años que dirigió las riendas del estado.

CAPITULO DOCE.

LA MISTERIOSA VIZCAINA.

El siguiente dia de nuestro regreso á Valladolid lo empleamos todo en ver cuanto tiene de notable esta poblacion, empezando por la catedral, proyectada por el célebre arquitecto Juan de Herrera, á espensas de Felipe II, y continuada por el fatal Churriguera; este suntuoso edificio, que segun espresion de su constructor debia ser *un todo sin igual*, está sin concluir como la mayor parte de las cosas buenas de España, y lo que es peor todavía, medio arruinado. Sobre la fachada principal debia tener dos torres, una á cada lado, de las cuales solo la de la derecha se acabó; pero pareciéndole mal quizás verse sin su compañera, se vino abajo con singular estruendo, aunque sin causar grave daño, el dia 31 de mayo del año de gracia 1841 á las cinco de la tarde. Esto no quita para que la fachada de la iglesia sea magnífica; consta de dos cuerpos de órden dórico con cuatro columnas pareadas; en los intercolumnios se ven las estátuas de San Pedro y San Pablo en el primer cuerpo, y en el segundo están sobre pedestales las de los cuatro doctores. La puerta principal tiene 14 pies de ancho y doble de alto; encima se representa el misterio de la Asuncion de Nuestra Señora, titular de la iglesia, en piedra blanca.

Entramos en el templo, y ni un alma vino, como en Burgos, á ofrecernos sus servicios para visitarlo; los habitantes de Valladolid se cuidan tan poco de su catedral, que jamás hablan de ella. Despues de recorrerla sin hallar por nuestra parte tampoco otra cosa que admirar mas que sus bellas proporciones, fijamos la atencion en la sillería de coro, pero no podiamos verla de cerca porque estaba cerrado el crucero. Entonces nos dirigimos á la sacristía, y tuvimos la buena suerte de dar con un capellan que con la mayor cortesanía y finura nos enseñó y esplicó cuanto de curioso hay que ver. La sillería de que se ha hecho mérito, perteneció al convento de dominicos de San Pablo; es toda de boj, ébano, cedro y nogal, y se parece mucho á la del Escorial, como trazada por el mismo autor. Nuestro guia nos enseñó tambien como notable, y lo es en efecto, la custodia de plata que se saca en la procesion del Corpus, trabajada por Juan de Arfe Villafañe, en el año 1590; tiene dos varas de alta y pesa cerca de seis arrobas, siendo por esta circunstancia estraño á la verdad que se librara de la rapiña de que fuimos víctimas en la memorable guerra de la independencia, por enemigos y aliados, que en esta parte nada tienen que echarse en cara. En una capilla que hay en el lado del evangelio se conserva el sepulcro de don Pedro Ansurez, de tan mediano mérito arquitectónico, como literario lo tiene la inscripcion que en él se lee.

Al despedirnos de nuestro amable conductor, nos encargó que fuésemos á ver la portada del exconvento de dominicos de San Pablo; luego tuve ocasion de convencerme de que esta portada es el punto de vanidad artística para los de Valladolid, pues no fué el capellan de la catedral solo quien nos recomendó su visita. Fuimos pues á ver la famosa fachada, pero como no conociamos la poblacion nos vimos precisados á preguntar, y al primero que lo hicimos nos dijo que no sabia; mas no fué esto lo raro sino que repetimos la pregunta por tres ó cuatro veces, y siempre obtuvimos la misma respuesta. Ya íbamos creyendo que el bueno del capellan, á pesar de su carácter y formalidad, se habia burlado de nosotros, cuando el último interpelado, que nos habia dicho lo que todos, esclamó de pronto como á quien le ocurre una idea luminosa, con el acento mas español del mundo,

—¡Ah!!! Vds. querrán decir el presidio peninsular.

—No señor, replicó Mauricio; lo que buscamos es el antiguo convento de San Pablo.

—Pues bien, dijo nuestro hombre; ese convento de dominicos ó de San Pablo, como vd. le llama, es hoy el presidio peninsular.

Esto nos esplicó el misterio; dimos las gracias, tomamos bien las señas, y á poco nos hallamos frente á frente con la misteriosa portada, obra del siglo XV, hecha á espensas del cardenal Torquemada, confesor de los reyes católicos, mucho despues que el monasterio, pues éste lo fundó la reina doña María, esposa de don Sancho el Bravo, el año 1286. El erudito Pons al hablar en sus viages de esta portada, dice «que es preciso verla para creer que hubo hombres con paciencia de acabar tales empresas,» y asi es lo cierto, porque solo contemplar un rato sus afiligranadas labores, y caprichosos adornos cansa la vista y fatiga la imaginacion.

Asi como el convento de San Pablo se ha convertido en presidio, el de San Benito es una respetable fortaleza con sus fosos bien defendidos, murallas y puentes levadizos. El mundo es una verdadera tela de Penelope; hace algunos siglos las fortalezas que se conquistaban á los moros, se convertian en templos; hoy los templos se convierten en fortalezas. Entonces se peleaba en nombre de la cruz y por el triunfo de la religion cristiana contra estraños enemigos; hoy se pelea en nombre de un principio político por el triunfo de un partido contra los propios hermanos. Nosotros llamamos á aquellos siglos bárbaros y al nuestro ilustrado; seria curioso ver, si se levantaran de la tumba, qué calificacion nos daban á nosotros y á nuestro siglo los héroes de la edad media.

Entre las notabilidades de Valladolid pueden contarse los colegios á donde acuden los escoceses é irlandeses á aprender la religion cristiana, para seguir la carrera del sacerdocio, el convento de misioneros de Filipinas y el colegio mayor de Santa Cruz, fundado en 1492 por el cardenal don Pedro Gonzalez de Mendoza y destinado en la actualidad para servir de museo y biblioteca; contiene esta sobre 14,000 volúmenes, y entre sus curiosidades una copia del libro de Becerro de Behetrías, con letras de adorno, sacadas por el pendolista don Torcuato Torío de la Riva, el año de 1780, y un mediano monetario. El museo tiene muy buenas pinturas y esculturas; entre las primeras sobresalen los cuadros llevados del convento de monjas de Fuensaldaña, obra del célebre Pedro Rubens.

Con la visita del museo dimos fin á la jornada de la mañana, renunciando á ver por dentro el palacio real, fundado por Felipe III, que vale bien poco, y algunas otras cosas de igual mérito; la tarde la dedicamos á los paseos, que no es lo peor que tiene Valladolid, en particular el del *Campo grande* y el del *Espolon*, al canal y á la famosa fábrica de harinas. El primero se estiende nada mas que 13 leguas por la parte S. hasta Alar del Rey, y con solo este trozo contribuye ya á la riqueza y prosperidad de una gran parte de Castilla, que sin este manantial de bienes, se veria acaso en la mayor miseria por no poder dar salida á sus abundantes cose-

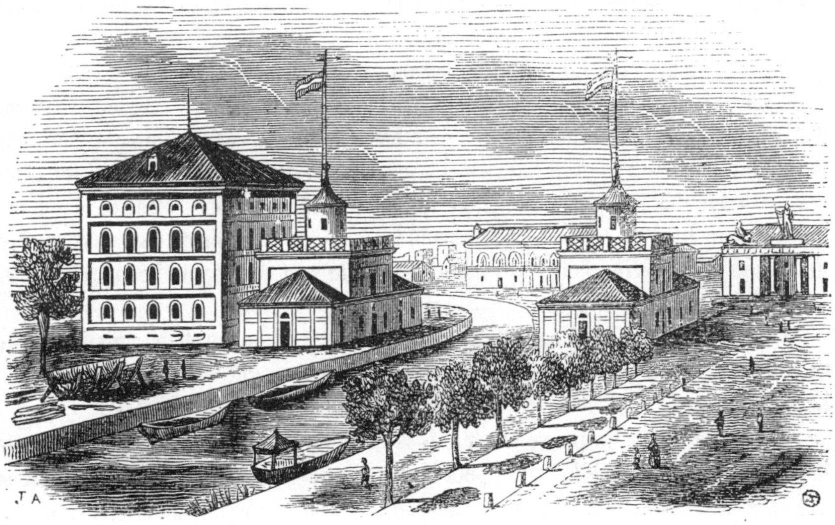

VISTA DEL CANAL Y DEL MOLINO.

chas. La fábrica de harinas ó molino, es una de las cosas que mas sorprenden y que dan una idea de cuanto alcanza la industria del hombre. Sin necesidad de un brazo y sin interrupcion ninguna, se muele el trigo, se cierne la harina, separándose los salvados, y se enfarda, quedando tan llenos y oprimidos los costales, que sin mas que coserlos se trasladan al almacen ó al barco. Un compañero de posada que nos habia acompañado á la fábrica, nos propuso, y aceptamos con gusto, ir en su carruage al castillo de Fuensaldaña, que dista poco mas de una legua al N. de Valladolid, y está junto al pueblo del mismo nombre. Su planta es un paralelógramo guarnecido en sus ángulos, y dos atalayas en el centro de cada uno de sus dos lados mayores. Esto y sus pintorescas almenas graciosamente recortadas, horadadas y suspendidas sobre los matacanes, que tanto se han usado en la edad media, le dan un aspecto mágico. Todo el castillo es de sillería y de una elevacion respetable, si bien no tan grande como los de muchos magnates que hasta fines del siglo pasado han existido en las Castillas; en cambio se conserva en escelente estado, cosa maravillosa é inaudita en nuestros tiempos; es verdad que tiene un uso algo prosáico, pues solo sirve para encerrar granos. Circúndalo, menos por la parte que mira al pueblo, una muralla guarnecida igualmente de almenas y pequeños cubos, y de tal espesor que hay por detrás de ella un andito muy cómodo para los soldados que defendian estos puntos. La subida á lo interior de la gran torre está practicada en una caponera que se estiende al centro de la plazuela, y elevada unos 25 pies hasta su entrada al salon mas bajo. De estos hay dos mas que ocupan casi todo el hueco del castillo, uno sobre otro, con hermosas bóvedas y escaleras bastante cómodas y de firme é ingeniosa construccion. La entrada, que es una puerta de arco agudo, mira hácia el pueblo, y sobre ella se conserva un escudo labrado en piedra con las armas de sus condes, de apellido *Vivero*, que son tres matas de ortigas en campo de oro sobre unas rocas de mar encima de unas ondas.

Por su forma y carácter parece construido muy entrado el siglo XV; y hay motivos para creer que lo hizo el famoso Alonso Perez de Vivero, secretario y contador del rey don Juan II, y el mismo de quien hemos dicho en el capítulo anterior, que lo hizo arrojar don Alvaro de Luna desde un terrado de su casa en Burgos, el viernes santo del año 1453. Nieto fué de este don Alonso Perez de Vivero, en línea femenina, don Juan de Maldonado, llamado tambien en la crónica de Vivero, cuyo desastroso fin referimos en el capítulo décimo de esta obra bajo el nombre del caballero de Olmedo.

Felipe II dió el título de conde de Fuensaldaña á don Juan de Vivero, vizconde de Altamira, y hoy pertenece el castillo á los señores marqueses de Alcañices y de los Balbases.

Apesar de lo mucho que se prestan estos hechos y el castillo mismo á las galas de la poesía, no pudimos hallar en el pueblo ninguno que nos refiriese la mas pequeña aventura novelesca. Solo el guarda almacen nos dijo que el año anterior habia rodado por la escalera, un hombre que subia cargado con un costal de trigo, de cuyas resultas se rompió la cabeza y quedó muerto en el acto. Esto le pareció muy sensible, pero tambien muy plebeyo á mi amigo Mauricio, que al divisar el castillo de lejos se habia prometido cosas estupendas. Yo para consolarle del chasco, le referí á la vuelta las siguientes estrofas que conservaba en la memoria de una composicion que Zorrilla le ha dedicado, y es quizás lo único poético que existe del castillo de Fuensaldaña.

De la pompa feudal resto desnudo
Sin tapices, sin armas, sin alfombra,
Hoy no cobija su recinto mudo
Mas que silencio, soledad y sombra.
Tal vez groseros cuentos populares
Bajo el nombre de crónica conserva,
Y en sus bóvedas, torres y pilares
Brota á pedazos la pajiza yerba.

Los pájaros habitan la techumbre
Y la tapiza la afanosa araña
Y eso guarda la tosca pesadumbre
Del viejo torreon de Fuensaldaña.

Volvimos de nuestra espedicion bastante entrada la noche, y nos dirigimos á la plaza mayor, que por cierto es hermosa, de figura regular, con espaciosos soportales sostenidos por columnas cilíndricas de una sola pieza de piedra cardeñosa. En la fachada N. está la bellísima casa consistorial, reedificada en 1561 por Francisco Salamanca; pero la de S. llamada Acera de San Francisco, es la verdaderamente afamada, porque en ella se halla establecido lo principal del comercio, y sirve de paseo en los dias malos de invierno, y en todos tiempos por la noche. Nosotros pagamos el tributo á la costumbre dando algunas vueltas; pero como estábamos cansados y meditábamos salir al dia siguiente de Valladolid á continuar nuestras incursiones por Castilla la Vieja, nos retiramos temprano, y no nos pesó en verdad, porque pasamos el tiempo mejor de lo que creíamos.

Habia en la fonda una criada vizcaina de mas que regular figura, jóven de menos de treinta años, y de modales distinguidos; tan reservada que no obstante ser la encargada de nuestro servicio, jamás pudimos lograr que entrase en conversacion; á todas nuestras preguntas contestaba siempre de una manera evasiva; pero fina y delicada, de modo que avivaba nuestra curiosidad é interes.

—Esta muger, me decia Mauricio muchas veces, me recuerda las princesas disfrazadas de nuestras comedias antiguas; para mí no cabe duda en que es una persona decente.

—Tambien me lo parece, contestaba yo, pero no te fies, porque es de un pais donde todas las mugeres son lo mismo.

—No importa; hay un no sé qué de estraordinario en ella, que me entusiasma: si estuviéramos un mes seguido en Valladolid me enamoraba como un loco.

—Lo creo; pero otro mes bastaria para curarte de la locura.

—En eso podrás tener razon, mas lo que te digo es que la Vicenta......¿Y sabes que tampoco creo yo que se llame Vicenta?....

—¿No te has curado aun de la manía de juzgar á las personas por el nombre?.... Además, que si como sospechamos es una condesa ó duquesa que está aqui de incógnito, nada mas natural que haya tomado el nombre de alguna de sus camareras.

De este modo discurríamos mi amigo y yo acerca de la jóven vizcaina, cuando un suceso inesperado vino á aumentar nuestra curiosidad y casi á justificar nuestras sospechas.

Al llegar á la posada de vuelta de la plaza, la hallamos revuelta y como si hubiese ocurrido alguna cosa grave; la patrona, los camareros, las criadas, el portero, todos estaban en una pieza contigua á la portería, donde hacian labor las doncellas, y todos hablaban á la vez de tal modo, que ni unos á otros se entendian, ni nosotros podiamos entenderlos. Por fin, al cabo de un rato y despues de reiteradas preguntas, pudimos averiguar que la causa de aquel trastorno, era que habia parecido el marido de Vicenta. El lector se hará cargo de nuestra sorpresa con semejante noticia, y adivinará fácilmente los comentarios de Mauricio. Vicenta, la *misteriosa vizcaina* como la llamaba mi amigo, era casada, y no solo tenia marido, sino que por lo visto habia estado perdido, y acababa de parecer. ¿Quién es su marido?...¿Por qué se perdió?.... ¿Por qué parece ahora?. He aqui lo que nadie nos esplicaba; pero lo que al fin averiguamos y vamos á referir, suponiendo al lector interesado en saberlo ahora, como nosotros lo estábamos entonces.

Hace algunos años que vivia en Bilbao un comerciante de mas que mediano caudal, jóven y de regular figura; no tenia parientes de ninguna clase y era soltero, sin que se le conociese inclinacion hácia ninguna de las señoritas cuyas casas frecuentaba, con harto dolor de las madres, que con razon lo juzgaban un buen partido para sus hijas. Un dia se cundió por la ciudad la noticia de que don Fermin L***, asi se llamaba el comerciante, se habia casado; pero no con ninguna de las jóvenes que mas ó menos directamente aspiraban á su mano, sino con la hija de su ama de gobierno, muchacha muy bonita y muy honrada, pero sin bienes de fortuna. Los primeros dias unos criticaron á don Fermin la estravagancia, y otros aplaudieron la idea de haber hecho feliz á una muger digna de serlo; al mes ya nadie se acordaba y la señora de L*** era admitida en todas las sociedades como su marido, sin que nadie se ocupase de su orígen, que ella supo tambien hacer olvidar con su trato fino y cariñoso, con su modestia, y sobre todo con sus bellas cualidades.

Dos años habian trascurrido, durante los cuales un hijo vino á aumentar la dicha de ambos esposos, sin que la menor nube la oscureciera; pero la dicha es un bien pasagero en este mundo, y tan raro, que son muy pocos los que lo poseen. De repente don Fermin, antes tan cariñoso, tan amable, tan atento con su muger, se hizo brusco, taciturno y desconfiado; no la dejaba salir sola, no la permitia ir á ninguna sociedad y apenas la dirigia la palabra; la pobre esposa no pudiendo adivinar la causa de semejante cambio, se esforzaba en vano á parecer alegre y satisfecha, y redoblaba sus cuidados y sus caricias, sin conseguir otra cosa que aumentar el mal humor de su marido, porque don Fermin, preciso es decirlo ya, estaba celoso, y tanto mas se esforzaba su muger en agradarle, tanto mas odiosa le parecia.

La causa de los celos del comerciante era un primo suyo, único pariente que acababa de llegar de América, rico de fortuna y de prendas personales: los primeros dias lo tuvo en su casa, mas despues don Eusebio, que asi se llamaba el primo, quiso estar con mas libertad y alquiló una habitacion en el piso segundo; pero visitaba todos los dias á sus parientes. Don Fermin creyó notar cierta preferencia por parte de don Eusebio hácia su muger, y le pareció tambien que de propósito elegia las horas en que él no estaba para hacer sus visitas. Una vez lanzado en esta pendiente, no hay nadie que se contenga; los celos es una pasion funesta que ciega aun mas que el amor mismo y que convierte en estúpido al hombre demas talento. Don Fermin tuvo que hacer un corto viage y cayó en el ridículo de encargar á un criado que vigilase á su esposa.

El criado cuando volvió su amo le juró por lo mas sagrado, que habia visto á don Eusebio bajar á media noche de su cuarto, é introducirse en las habitaciones de la señora misteriosamente. No quiso nuestro comerciante, sin embargo, dar entero crédito al espía y resolvió enterarse por sí; al efecto empleó el tan comun y trivial recurso de fingir un nuevo viage, y quedarse escondido en un cuarto. Llegó la noche, y don Eusebio, cuando todos estuvieron recogidos, penetró sigilosamente en casa de su primo hasta el interior de las habitaciones, cuyas puertas le franqueó una criada infiel. Ya no era posible que L*** dudase de su deshonra; quiso entrar en la alcoba de la pérfida esposa; pero las puertas habian vuelto á cerrarse despues de dar paso al traidor, y no convenia mover un escándalo. Esperó cuatro horas mortales; al cabo de este tiempo vió salir á don Eusebio, y sin poder contener uno de esos arrebatos, en que el hombre no es dueño de sí mismo, disparó sobre él dos pistolas con tan fatal acierto, que una bala le atravesó el corazon y otra el cráneo, dejándole muerto sin que profiriese una sola palabra. En seguida se precipitó en la habitacion de su muger, y por entonces no se supo lo que medió entre ambos esposos; solo al cabo de una hora se vió salir á don Fermin llorando como un niño, y entregarse en manos de la justicia sin proferir la mejor queja. Entablóse el proceso, y como el comerciante era el único pariente del don Eusebio, se le hizo cargo de haberle privado de la vida por apoderarse de sus riquezas, á cuyo cargo daba cierta gravedad, la circunstancia de haber perdido don Fermin una suma muy considerable por la quiebra de uno de sus asociados, al estremo que se creia su casa tambien en peligro de bancarrota. Pero su muger se presentó al juez de instruccion, y confesó el adulterio con tales circunstancias, que al cabo de algun tiempo los tribunales declararon libre de culpa y pena á L*** como precipitado á cometer el crímen por la conducta de su esposa. A esta no la volvió á ver nadie, desde el dia que se presentó al juez, en términos, que llegó á creerse que se habia arrojado al Nervion, porque algunos observaron que se dirigia con paso vacilante por la orilla del rio.

Don Fermin salió de la cárcel sin haber contestado á ninguna de cuantas preguntas se le hicieron, y se encerró en su casa, donde solo atendia á la educacion de su hijo, viviendo como un anacoreta, sin ver á nadie, sin comer apenas y sin hablar mas que aquellas palabras puramente precisas. Todos en la ciudad le compadecian, escepto alguna que otra vieja, que solia decir de cuando en cuando, que le estaba bien empleado lo sucedido, por haberse casado con una muger del pueblo, habiendo tantas señoritas en Bilbao que lo hubieran hecho feliz.

La clase de vida que hacia don Fermin, produjo el efecto que era consiguiente. A los pocos meses enfermó de gravedad, y bien pronto se vió á las puertas del sepulcro. Conociendo que se acercaba su fin, hizo que llamasen al juez de primera instancia, con quien tuvo una larga conferencia, y luego al confesor. Cuando el juez salió de la alcoba, despachó un propio á Portugalete, donde vivia retirada la infeliz madre de la esposa de don Fermin, con órden de hacerla venir inmediatamente á Bilbao. La pobre anciana se presentó temblando á la autoridad, quien le mandó que revelase el sitio donde se hallaba oculta su hija, pues su marido, que estaba agonizando, la llamaba á su lado, despues de declarar que era completamente inocente. La buena muger dijo entonces que su hija estaba en Valladolid, sirviendo en una fonda, y al punto salieron en una silla de postas á buscarla.

Ya habrá adivinado el lector que la muger de don Fermin era Vicenta, la misteriosa vizcaina, y que el alboroto de nuestra posada fué efecto de la llegada del mensagero en su busca. Ahora falta esplicarle algunas circunstancias, que yo no supe hasta algun tiempo despues, cuando fuí á Bilbao.

La muger de don Fermin fué siempre un modelo de virtud; el desgraciado don Eusebio, de quien se prendó, fué de una doncella de su prima, y á esta muchacha era á quien hacia las misteriosas visitas de noche. Cuando L*** disparó las pistolas sobre su pariente, y entró en el cuarto de su esposa; Marta, que asi se llamaba la doncella, se echó á sus pies y le confesó todo; entonces don Fermin quedó anonadado, y se entregó en manos de la justicia. Su muger, conociendo el peligro y las fatales consecuencias que podria tener el proceso, con una abnegacion de que habrá pocos ejemplos, se ofreció en holocausto por salvarlo, y él, despues de mucha resistencia, cedió á las súplicas hechas á nombre de su hijo, y aceptó el generoso sacrificio, no creyendo en verdad que lo llevase su muger á tanto estremo; pero temerosa esta de que le faltase valor para soportar el desprecio de la sociedad, por su supuesto crímen, ó de que su marido, cediendo á los impulsos de su corazon, vendiese su secreto y comprometiera su seguridad, se ausentó sin que nadie mas que su madre conociese sus designios.

Ya hemos visto que don Fermin declaró todo, y la mandó á buscar en un momento supremo; pero la Providencia, que premia la abnegacion, como todas las virtudes, no quiso que don Fermin muriese, y como el orígen de su mal era el recuerdo de las pasadas faltas, con la presencia de su muger volvió á renacer la calma, y se curó radicalmente. La justicia no creyó necesario obrar contra un hombre de bien, intachable en su reputacion, que en el mismo delito habia llevado el castigo, y como don Eusebio no tenia parientes que reclamasen, la causa quedó en tal estado, sin que á nadie le ocurriera que debia removerse. Desde entonces nuestros dos esposos han vivido y viven aun felices, sin recordar lo pasado mas que como una leccion para lo presente.

Tal es la historia de la misteriosa vizcaina, como á nosotros nos la refirieron, sin que hayamos alterado mas que los nombres y el lugar de la escena, por respeto á las personas, que como hemos dicho, viven y son muy conocidas.

Jovencita de Segovia.

CAPITULO TRECE.

EL DIABLO Y EL ACUEDUCTO.

Desde Valladolid á Olmedo hay ocho leguas de un buen camino construido recientemente, y Mauricio y yo las anduvimos en la diligencia de Madrid en breve espacio. Nuestro plan era visitar esta villa y partir desde ella á Segovia, á cuyo efecto habíamos mandado el dia antes de nuestra salida de Valladolid un carruage que ajustamos, por cierto nada barato, para que nos condujese. El plan no podia estar mejor formado; pero como dice el adagio, el hombre pone y Dios dispone; aunque yo tengo para mí que en materia de caminos en España, y sobre todo de caminos de travesía, no es Dios sino el diablo, quien dispone siempre. Al pasar por Mojados, pueblecillo insignificante de la carretera entre Valladolid y Olmedo, nos vimos á nuestro futuro carruage muy tranquilo en medio de la plaza; es decir que en veinte y cuatro horas, habia hecho una jornada de cuatro á cinco leguas, y eso yendo de vacío. Pregunté al calesero la causa del retraso y me dijo que se habia descompuesto una rueda y la estaba arreglando el carretero, lo cual no me tranquilizó gran cosa, pues me dió una triste idea de lo que podríamos prometernos para despues, al ver que sin carga y en un camino hermosísimo habia sucedido tal percance. Por el pronto esto nos obligó á permanecer en Olmedo todo aquel dia, pues hasta las cinco de la tarde no pareció *Sandía*, que asi se llamaba de apodo el calesero, con su vetusto vehículo y sus tres éticas mulas. Nosotros estábamos en Olmedo desde las nueve de la mañana y nos habia sobrado tiempo para aburrirnos porque es poblacion que nada tiene que ver. En algun tiempo debió ser muy grande como lo indica la circunstancia de tener seis parroquias, y haber tenido cinco conventos de monjas y dos de frailes, todo para un vecindario que no llega á 2,200 habitantes. Sus murallas, que la hacian tan fuerte en el siglo XV, están por tierra y tan ruinosas que parece que acaban de batirlas en brecha por todos cuatro costados. Despues de visitar las iglesias, donde vimos alguna que otra curiosidad artística, nos refugiamos á la posada, porque hacia un calor insoportable y solo por la tarde dimos un paseo en la campiña que riegan los ríos Eresma y Adaja ; este campo es célebre por las dos famosas batallas dadas en 1445 y 1467, cuando los disturbios civiles de los reinados de don Juan II y don Enrique IV.

Al amanecer del dia siguiente partimos de Olmedo con pocas ganas de volver, y empezamos á andar, con una lentitud digna de los tiempos en que escribió Cervantes, las once leguas mortales que nos separaban de Segovia.

—Si tú que eres hombre de ingenio, me decia Mauricio de mal humor, no inventas algun medio para que este hombre avive el paso, yo voy á llegar con canas á Segovia.

—El único medio, le dije, era ver si hallábamos en alguno de los pueblecillos del camino relevo para las mulas, esta mañana se lo propuse á Sandía, pero le faltó poco para dejarnos plantados; tal fué la irritacion que le produjo la idea de separase del *ganao*, como dice él.

—¿Es decir que vamos á emplear el dia en andar once leguas? continuó Mauricio.

—Y gracias si las andamos aunque sea tomando algo de la noche, porque has de contar que en Santa María de Nieva tenemos que detenernos á comer y dar pienso y descanso á las caballerías, operacion en que no te rebajará Sandía ni un minuto de las tres horas estipuladas y luego......

—Y luego.... nada ; porque ya me habré yo muerto de viejo, interrumpió mi amigo.... Tres horas en Santa María de Nieva!....

—Veremos las fábricas de paños tan celebradas por su calidad ya que no por su finura, añadí yo.

—¡Gran recurso!... y ademas, que aun suponiendo que en Santa María de Nieva pasemos las tres horas lo mas divertidos del mundo, cosa que dudo mucho ¿como pasaremos las seis ó siete que nos faltan para llegar allá?

—¿Y tú me preguntas eso pudiendo disponer del sueño, como Júpiter de los rayos?

—Este movimiento infame no me deja dormir.

—Hoy estás intratable, Mauricio. Desde que salimos de Valladolid, tienes un humor endiablado y casi me haces sospechar que habia algo de verdad en lo que me decias de la vizcaina.

—Habia mucho porque es menester que sepas que la amaba ya con vehemencia.

—Lo creo, pero tengo esperanzas de que has de amar lo mismo á otras ciento antes de que se acabe nuestro viage.... No vayas de mal humor que eso es un contrasentido en el camino. Saquemos partido de todo, aunque sea detestable.

—Convengo en tu plan y estoy dispuesto tambien á que saquemos partido, ¿pero de qué?.... Lo peor de todo consiste en que lo que nos rodea es tan clásicamente malo que no tiene el mérito de la novedad, como no sea que volquemos y nos rompamos algun brazo ó alguna costilla, lo cual tampoco seria ni raro ni bueno.

—Hablemos con el calesero.

—Es un imbécil ¿no ves que cara tiene? Este no se parece en nada á Juan el que nos llevó de Burgos.

—Pues contemos cuentos, ó pongámonos á leer ó á rezar, que supongo yo que seria como emplearian el tiempo los antiguos viandantes españoles.

—Estoy por lo primero, pero has de empezar tú.

—Me conformo, á condicion de que no has de tener mal humor, ni te has de acordar de la Vicenta.

—Eso es querer penetrar en terreno vedado; lo primero te lo ofrezco, pero lo segundo no, porque quiero ser dueño de mis pensamientos. Empieza cuando quieras que ya te escucho.

—Voy á complacerte, y por Dios que no lo merecias, porque usas un tono hoy que pareces un corregidor del antiguo régimen.... Supongo que habrás oido hablar mil veces del famoso acueducto de Segovia.

—He oido decir que hay en esta ciudad un puente por el que, al contrario de los demas, el agua pasa por arriba y el vino por debajo.

—Ese es el acueducto. ¿Sabes su historia?

—No.

—¿Y su leyenda?

—Tampoco.

—Pues voy á contarte ambas.

—Empieza por la leyenda, que será mas divertida.

—Empezaré si tú quieres, pero te advierto, que como en todas estas cosas, el diablo representa un gran papel.

—Tanto mejor; yo me muero por las cosas del diablo.

—Pues atencion.... Mañana cuando visitemos el acueducto....

—Si para mañana hemos llegado á Segovia....

—No me interrumpas: mañana, digo, cuando lo visitemos verás en la plaza de San Sebastian donde forma ángulo, que le falta á uno de los pilares una piedra igual á las demas de que está construida la obra. Sin duda te parecerá á tí cosa muy fácil, como le ha parecido á otros, el llenar aquel vacío con su piedra correspondiente; pero nada menos que eso; infinitas veces se ha intentado, y si la piedra se ha puesto hoy, al dia siguiente ha desaparecido sin saber quien ni por donde se la llevan; ademas observando atentamente el hueco, se ve que está obscuro y casi cavernoso; y hay personas de tan fino olfato, que aseguran que exhala un olorcillo á azufre nada tranquilizador. La esplicacion de todo esto es que el famoso acueducto lo fabricó el diablo, y como era en España, lo dejó por concluir para que ni en esto dejara de cumplirse el destino á que estamos condenados de tener todo á medio hacer. Por qué construyó el diablo una obra tan util y por qué no la acabó, es lo que voy á referir ahora.

Vivia hace muchos años en Segovia un pobre cura, viejo y achacoso, que tenia para que le sirviera una sobrina jóven y buena cristiana, como puede serlo quien se ha educado con tan respetable preceptor: era caritativa, timorata, y discreta, á tal punto que formaba por decirlo asi las delicias del eclesiástico que en ella tenia puesto todo su cariño como la sola parienta que le restaba en este mundo. Lo único que el cura sentia y por lo que hubiera deseado ascender siquiera á sacristan de la catedral, si su edad y achaques no fueran ya un obstáculo, era que su estado de pobreza no le permitia costear una sirviente que ayudase á su sobrina en las faenas de la casa; no porque esta dejase nada por hacer, sino porque en el tiempo en que ocurrió esta verídica historia, no habia en Segovia agua y era preciso irla á buscar á larga distancia, de modo que la pobre María, que asi se llamaba la sobrina del cura, tenia que emplear el dia en las labores domésticas y parte de la noche en portear el agua con dos especies de cubetos ú ollas de barro que le servian para este uso.

Por grande que sea la virtud y la resignacion, el trabajo cansa, y si es continuado y superior á nuestras fuerzas, fatiga; asi es que la pobre María, una noche cuando iba camino de la fuente en busca del agua, se sintió tan rendida que no pudo contener esta esclamacion, escapada de sus lábios involuntariamente;

—Daria mi alma al diablo, dijo segun cuenta la tradicion, por no tener que venir todos los dias por agua!....

—Yo lo acepto, respondió ál punto una voz á su oido.

Volvió la cara precipitadamente y se vió junto á sí un caballero algun tanto es-

travagante en su trage, de siniestra cara y mirar sombrío, pero sin deformidad ninguna que le hiciese repugnante. Esto tranquilizó algo á la jóven que espantada por lo que acababa de decir, creyó al escuchar la voz, que tenia á su lado un mónstruo ó cosa parecida.

—¿Con que si yo te llevo diariamente el agua que necesites para la casa me darás tu alma?

María no habia oido nunca tan dulce voz, ni habia visto tan insinuantes modales, y como era otra la idea que tenia formada del diablo, creyó que seria algun caballero de la ciudad quien la ofrecia este servicio, y con toda ingenuidad contestó que lo admitia.

—Está bien, dijo el desconocido, que no era otro sino el mismísimo diablo; mañana me pertenecerás, y en seguida desapareció, dejando llenos de agua los cubetos sin mas que haberlos tocado con la mano.

María quedó pensativa y recelosa. Si realmente este mancebo es el diablo, decia para sí durante el camino, estoy sin remedio condenada, en justo castigo de mi pereza.

El cura sorprendido de verla regresar tan pronto, la preguntó la causa, con lo cual María no pudo contenerse y anegada en llanto le refirió cuanto acababa de ocurrir.

—Mal has hecho, muy mal, en implorar á Lucifer, le dijo el buen sacerdote; solo Dios puede remediar nuestras desgracias y á él debemos acudir en ellas; pero ya que lo hiciste veamos ahora el modo de componerlo. Eres buena muchacha y Dios no consentirá que te condenes por una imprudencia.

En seguida se puso la sobrepelliz y la estola, tomó el hisopo y la calderilla llena de agua bendita, y con la energía de un hombre fuerte en la resolucion que acababa de formar, y tranquilo en su conciencia: «Llama al diablo, le dijo á la sobrina, que venga ese condenado y veremos quien de los dos es el que sale triunfante.»

María obedeció temblando, y el diablo no se hizo esperar. El buen cura, que lo aguardaba detrás de la puerta, en cuanto lo vió entrar, se presentó cerrando con violencia para que no pudiera escaparse, y echándole un rocio de agua bendita que hizo estremecer á Satanás. «Conmigo te entenderás ahora gran bribon, le dijo, no con esta infeliz niña, que no sabe lo que se hace ¿Quién te ha dado autoridad sobre ella?»

—Ella misma, respondió el diablo, algo confuso con este inesperado contratiempo.

—Es menor de edad, y no puede disponer de su persona, por consiguiente el trato no es válido.

—Tiene edad para disponer de su alma, replicó el diablo con altanería.

El cura levantó el hisopo, amenazándole con otra rociada.

—Ademas, continuó el espíritu infernal en tono sumiso, por fuerza ha de suceder una de dos cosas, ó me dá su alma, ó niega el trato, en cuyo caso miente, y como la mentira es un pecado capital, será mia de derecho.

El cura se mordió los lábios al oir el dilema, mas como no se hallaba dispuesto á ceder sin combatir, tienes razon en eso, replicó tranquilo: aqui no se trata de negar, sino de que nos entendamos razonablemente.

—Pues baja ese hisopo con que me amenazas.

—Convenido; haz tú tus proposiciones.

—Bien podria, dijo el diablo, mantener el trato como lo estipulamos hace poco, porque la justicia está de mi parte; pero para que veas que quiero complacerte, en vez de hacer venir el agua para tí solamente, haré que venga para toda la ciudad.

—No me parece mal la idea, contestó el cura. ¿Y cuánto tiempo correrá el agua?

—Por espacio de cincuenta años, que es lo mas que tú puedes vivir.

—No me basta, quiero que corra mientras el mundo exista.

—Concedido tambien, y eso que tengo que trabajar mucho mas de lo que habia calculado.

—Haz tú lo que quieras, con tal que la ciudad de Segovia tenga en adelante agua á discrecion.

—¿Y entonces dispongo del alma de tu sobrina?

—A tu arbitrio, si me cumples el trato.

—¡Ay! tio de mi vida, esclamó la muchacha tirándole de la sobrepelliz; ¿con que voy á ir al infierno derechita, porque tengan agua los segovianos?

—Calla, tonta, no irás, no tengas cuidado, le dijo el cura por lo bajo. Vé á mi cuarto, y retrasa una hora el relój.

La jóven obedeció al instante, aunque no muy serena.

—Acepto, continuó el diablo: dentro de tres dias la ciudad de Segovia tendrá el agua que quiera, y yo vendré por tu sobrina.

—Estamos conformes, solamente que en vez de tres dias para hacer esta obra, no te concedo mas tiempo que hasta la hora de salir el sol mañana.

—Es muy tarde y no me comprometo...

—¡Mañana ó nunca! esclamó el cura cargando su hisopo, y amenazándole con él de nuevo.

—No te enfades, veremos si es posible complacerte. ¿Qué hora es?

El cura abrió su cuarto, y le enseñó el reloj que ya habia retrasado la sobrina.

—¡Las doce! murmuró el diablo. El sol sale á las cuatro y cuarenta y seis minutos, dos horas para cortar las piedras en la cantera y traerlas, una para colocarlas; una para dirigir las aguas.... Tengo tiempo y todavía me quedan algunos minutos de sobra para cepillarme y quitar el polvo. Convenido, añadió dirigiéndose al cura. Hasta la vista... y en seguida desapareció.

El sol empezaba á reflejar en el horizonte, y los habitantes de Segovia se dirigian al mercado, que entonces como ahora era en la plaza del Azoguejo, cuando quedaron sorprendidos con la vista del milagroso acueducto, que estoy seguro te ha de sorprender á tí tambien cuando lo veas, apesar de que no te coge tan de improviso como á los segovianos.

Entre los curiosos espectadores de aquel portento, se hallaban el cura y su sobrina, que debo decirte para tu tranquilidad que no se condenó, porque engañado el diablo en la hora, como sabes, le sorprendió el sol cuando aun le faltaba poner la última piedra, que es la que nadie ha podido colocar luego, segun te dije al principio, y como no cumplió el trato, no pudo reclamar la recompensa. Esto era precisamente lo que el buen cura se propuso y le salió á pedir de boca, con la ayuda de Dios y de su ingenio. ¿Qué te parece mi cuento?

—Magnífico, dijo Mauricio, lo que me pesa es que se haya concluido, porque esos diálogos del diablo y el cura, ese amenazarle con el hisopo y el engaño de la hora, me iban entusiasmando. Hay en tu leyenda cosas que no tienen precio...

—En efecto, no lo tienen bajo el punto de vista poético, porque prueban fecundidad de imaginacion, y riqueza de ingenio. La piedra falta en efecto en el lugar indicado, y sin duda no se repone porque realmente no es necesaria; la falta debe ser antigua, y esto ha bastado para inventar un cuento, que probablemente tiene la misma antigüedad, ó poco menos que el acueducto; porque notarás que todas estas narraciones datan de dos ó tres siglos atrás lo menos. En la época en que vivimos, los cuentos que se inventan son de otra especie, y si la poesía no entra en ellos por mucho, fuerza es convenir en que la aritmética figura por todo.

—En eso tienes razon, replicó Mauricio. Ahora cuéntame la historia del acueducto á ver si me interesa tanto.

—Mejor fuera le contesté, que segun lo estipulado, tú me contases á tu vez un cuento.

—No sé ninguno, ni tengo hoy la cabeza para eso.

—Pues entonces me parece prudente que guardemos silencio para no calentártela mas.

—No, el oir no me incomoda, al contrario me agrada. Sé complaciente por hoy, que yo lo seré otro dia,

—Por hoy y por siempre que tú quieras. El acueducto de Segovia es como te he dicho, una de las obras mas maravillosas de la antigüedad, que han respetado los ejércitos devastadores que en diferentes épocas invadieron la Península, y que por su localidad y solidez ha resistido á los estragos del tiempo y al ímpetu de los huracanes, tempestades y terremotos. Algunos escritores le atribuyen mas de dos mil años de existencia pero....

—Perdona que te interrumpa, dijo Mauricio, para satisfacer una duda. Si en efecto el acueducto cuenta esa fecha, observo que la leyenda no está muy en armonía con la historia, porque hace dos mil años no existia aun el cristianismo y por consiguiente no podia haber curas.

—No me has dejado concluir: algunos escritores le atribuyen, es cierto, mas de dos mil años, pero otros, y son los mas autorizados, suponen que se hizo en tiempo del emperador Trajano, que nació el año 52 de nuestra era y murió el de 117.

—Todavía no estamos de acuerdo, añadió Mauricio, porque en la época de Trajano no habia curas en España, y aunque los hubiese no podian tener relojes, por la sencilla razon de que no se inventaron hasta algunos siglos despues.

—La observacion es justa pero ¿quién repara en los anacronismos de las leyendas? Los cuentos son cuentos y las historias historias.

—Eso es verdad, y tambien que hay muchas historias que parecen cuentos, y muchos cuentos que parecen historias. Prosigue.

—No hay español ni estrangero que no se admire y asombre al contemplar aquellos pilares tan elevados, aquellas piedras tan grandes y tan estrechamente unidas, aquel color cárdeno y sombrío, que está anunciando su ancianidad, la grande estension que corre, y la abundancia de agua que conduce. Su materia es de piedra berroqueña, picada en pilares cuadrilongos. Tiene su principio en las fuentes que dan nacimiento al pequeño arroyo llamado Riofrío; pero los trabajos de la arquitectura solo comienzan desde el Caseron, que es un terreno muy fuerte y muy antiguo, situado al principio del camino que sale de la ciudad, para el real sitio de San Ildefonso: por cierto que no lejos del Caseron está la plaza de toros medio arruinada, de figura circular como todas, y con la idea que se tiene de las antigüedades de Segovia, á primera vista parece los restos de un circo romano. Los arcos del acueducto empiezan con muy poca elevacion desde la Caseta, frente al edificio del que fué convento de San Gabriel; y sostienen una gruesa pared de mampostería, sobre la que está colocada la canal que sigue por toda la obra arqueada, hasta llegar á la plazuela de San Sebastian; continúa luego por el Seminario Conciliar, y de aqui, ya cubierta y bajo del piso de las calles, lleva el agua al alcázar. Desde dicho punto de la Caseta hasta el primer ángulo, tiene 25 pies de elevacion, y 216 de longitud, y desde aqui al segundo ángulo, frente á la iglesia de la Concepcion, 28 pies de elevacion, y 553 de longitud. Corre luego la obra de E. á O., y llegando al tercer ángulo, junto al que fué convento de PP. Franciscos, tiene 44 pies de elevacion en el pilar doble, y 973 de longitud. En esta parte del acueducto están los arcos que se reedificaron á los principios del reinado de doña Isabel la Católica, por un fraile del convento de Peral, llamado Pedro de Meza; los arcos reedificados fueron treinta y cinco, y la obra se hizo con tal perfeccion, que hoy apenas se distinguen de los antiguos. Es verdaderamente un esfuerzo del arte la obra de este ángulo, pues el pilar que lo forma hace una curva, con la que varía la direccion del acueducto de S. á N., con una pequeñísima inclinacion al O. Tiene 22 pies de frente, y 44 de elevacion. Aqui es donde principian los dos admirables órdenes de arcos, presentando la obra toda su grandeza, y sigue hasta la muralla, por donde entra el acueducto en la ciudad. En el primer órden hay 43 arcos, y el primero está destruido hace muchos años; en el segundo hay 47, y la elevacion es proporcionada al declive ó inclinacion que toma el cerro, para descender á la plaza del Azoguejo, y el que vuelve á tomar desde aqui para subir á la muralla. En el arco por donde se entra á la calle de San Antolin, tienen los pilares 91 pies de elevacion, y en dicha plaza del Azoguejo, que es el sitio de la mayor altura, 102: desde San Francisco hasta la muralla, donde se ha conservado enteramente la obra antigua, hay 386 pies de longitud, y la total estension del acueducto es de 2,920, con 114 arcos en el primer órden, y 47 en el segundo El grueso de los pilares es de 11 pies por los costados y 8 de frente, y sus cimientos están á la profundidad de 14 pies. Para que el agua tuviese movimiento mas acelerado, dieron sus artífices á toda la obra un declive de un pie por cada ciento de longitud, de manera que desde el punto de la Caseta hasta el último arco hay 29 pies de declinacion, y asi es que camina el agua con bastante rapidez. Los lechos de las piedras entre sí tienen tan exacta union, que parece incomprensible cómo pudieron juntarse unas á otras tan estrechamente, no teniendo trabazon de hierro, argamasa ni cal ó arena que formen mezcla, y es cierto que ninguna obra de semejante antigüedad se ha conservado tan bien, llenando el objeto á que fué destinada.

Ya has oido, añadí dirigiéndome á Mauricio, la historia, ó mejor dicho, la descripcion del acueducto de Segovia; pero mi amigo no oia nada, porque estaba durmiendo profundamente. Para auxiliar mi narracion, habia yo sacado unos apuntes que llevaba en la cartera y que tomé en una romería que hice estando de temporada en la Granja. Ocupado con los papeles no habia fijado la atencion en Mauricio, y este mientras tanto se quedó dormido. Casi estuve por enfadarme y me preparaba á despertarlo en castigo del desacato, cuando repentinamente se paró el carruage y oí echar ternos á nuestro buen Sandía. Mauricio despertó con el ruido y la falta de movimiento; preguntamos algo inquietos la causa de la detencion y supimos con dolor que se habia roto un tirante, y como solo llevaba el calesero de prevencion para estos casos un pedazo de soga de esparto que no podia resistir el tiro, estando nosotros montados, tuvimos que echar pié á tierra y resignarnos á andar media legua que faltaba hasta Santa María de Nieva; y esto á las doce del dia y con un calor de 30 grados!...

CAPITULO CATORCE.

SEGOVIA Y SU ALCAZAR.

Ya eran mas de la nueve de la noche, cuando divisamos de lejos las luces que ardian en las habitaciones de la ciudad de Segovia, con el mismo placer que el navegante descubre el faro del puerto, despues de una larga y penosa travesía. Nos alojamos en un meson de la plaza, que Sandia nos aseguró era el mejor, y aunque indudablemente nuestro calesero dijo en esto la verdad, declaro aqui, que la tal posada es una de las peores, entre las muchísimas detestables de que abunda nuestra España. Mala habitacion, pésima cena, infames camas, y luego tal abundancia de asquerosos huéspedes en ellas, que tuvimos que adoptar el partido de pasar la noche sentados en una silla, apesar del cansancio consiguiente al dia tan incómodo que habíamos llevado. Por fin amaneció, no tan pronto como hubiéramos querido, y dimos con nuestros cuerpos en la calle, cuando mas de las cuatro quintas partes de los segovianos, estaban aun entregados á las delicias de Morfeo.

Al bajar la escalera, nos encontramos con la dueña del meson, que salia de uno, que supongo seria su cuarto, á medio vestir y á medio despertar, y con aire de importancia, como quien está satisfecho de su obra, manifestando al mismo tiempo cierta estrañeza de vernos de pie, nos preguntó:

—¿Cómo tan temprano? ¿Van vds. á marchar ya?

—No señora, le contesté, vamos á dar un paseo por la ciudad.

—Pues para eso, replicó, tiempo tenian vds. sin necesidad de madrugar tanto.

—Es que no hemos madrugado, dijo Mauricio.

—¡Que no han madrugado vds!... pues si no han dado aun las cuatro!....

—No hemos madrugado, prosiguió mi amigo, por la sencilla razon de que no hemos dormido.

—Jesus María!... con unas camas tan ricas, y unas sábanas de vivero sin estrenar, que dan envidia....

—Pase por las sábanas de vivero, señora, la dije yo, pero los huéspedes...

—¡Si no hay mas huéspedes que vds!... Como no sea que el mozo de mulas haya hecho ruido... y eso que se lo encargué, pero estos mozos son....

—No señora, no se trata del mozo, interrumpió Mauricio con viveza, sino de que las camas están inundadas de...

—Dejemos ya eso, añadí yo para cortar la conversacion, y que nos indique esta señora, que no dejará de saberlo, lo mas notable que hay que ver en Segovia.

—Miren vds., lo que mas tiene que ver en Segovia para mi gusto, es un dia de mercado; y viene perfectamente, porque mañana es jueves, y lo hay; se pone esta plaza de vendedores!... y muy barato.... La semana pasada compré yo una pieza de lienzo en...

Mauricio habia echado á correr, y yo le seguí antes que la buena posadera acabara la frase, sin poder contener la risa al verlo tan enfadado.

—Si das en tomar asi estas cosas, le dije cuando nos reunimos, volvámonos á Madrid, que á tiempo estamos, porque te advierto que lo ocurrido hasta ahora no es nada en comparacion de lo que nos acontecerá, si llevamos á término nuestro plan.

Mi amigo me prometió la enmienda, y nos hallábamos en medio de la plaza, contemplando la fachada de las casas consistoriales, que es muy linda, con diez columnas dóricas, un balcon corrido sobre la cornisa, y dos torres cuadradas en los estremos, todo de buen efecto, cuando un hombre ya entrado en años, de pequeña estatura, rostro alegre y peluca rubia, se plantó delante de nosotros, y fijó sus ojos vivos y chiquitillos en Mauricio, como quien quiere reconocer á un antiguo camarada.

—Si; decia entre dientes el recien llegado; el córte de cara, y el pelo, y... ¿Es vd. el hijo de don Prudencio Salazar?... esclamó por fin.

—El mismo soy, contestó mi amigo.

—¡Y no me conoce vd! ¿No se acuerda ya de Ferrer, el que en el memorable Dos de mayo de 1808 libró la vida á su padre, cuando lo iban á fusilar los franceses en el patio del Buen Retiro en Madrid?

—De nada de eso me acuerdo, porque el año 1808 no habia yo nacido todavía; pero se acuerda mi padre, á quien lo he oido referir muchas veces, y sé por él que le hizo vd. uno de esos servicios que no es posible nunca recompensar. Tambien me parece ahora que recuerdo haber visto á vd. en casa alguna vez.

—Una sola, cuando las funciones reales con motivo de la boda del difunto monarca, padre de nuestra augusta soberana, con la princesa entonces, y hoy reina viuda, doña María Cristina de Borbon. No he salido de Segovia mas que esa sola vez en 35 años, si se esceptúa alguna que otra espedicion que he hecho á la Granja á ver correr las fuentes; pero como dista dos leguas nada mas, volvemos en el mismo dia.

—Pues ya que he tenido la fortuna de encontrar á vd., prosiguió Mauricio, dígame si en algo puedo serle útil.

—Al contrario, y muy al contrario, replicó mi hombre; yo, que estoy como quien dice, en mi casa, soy quien puedo prestar á vds. algun pequeño servicio, y desde luego me pongo á sus órdenes.

No nos hicimos rogar mucho, porque necesitábamos en Segovia un guia al menos, ya que no un protector, y el que Dios nos deparaba, parecia lo mas á propósito del mundo, salvo el defecto de ser un tanto hablador.

Enterado el bueno de Ferrer de que estábamos en la posada, nos proporcionó una casa para alojarnos, porque la suya no lo permitia, donde estuvimos tal cual, y se dispuso á acompañarnos á todas partes, pues su destino en la casa de la moneda no le ocupaba gran cosa, por estar entonces parada la fabricacion. Ante todo le rogamos que nos condujese á la plaza del Mercado, para que Mauricio viera el acueducto en toda su magnitud.

—Esta plaza, nos dijo cuando estuvimos en ella, no es célebre solo por el acueducto, ¿ven vds. esa cruz de piedra? pues ahí fué ahorcado el alguacil Hernan Lopez Melon, cuando la famosa guerra de las comunidades, en que tanta parte tomó esta ciudad. Era el martes de Pascua de Pentecostés, 20 de mayo de 1520; me acuerdo como si lo estuviera viendo... Es decir, como si lo acabara de leer, porque ya supondrán vds. que yo no pude verlo. Pues como decia, se habian juntado en la iglesia de Corpus Cristi, que despues veremos, y por cierto que tambien de ella tengo que contarles una historia.....

—Este hombre vale un mundo, me dijo Mauricio al oido.

—Calla y no le interrumpas, repliqué, que hártas digresiones hace él.

—Se habian juntado á elegir los procuradores del comun. Empezó la jarana por quejarse uno de que el corregidor don Juan de Acuña no habia puesto nunca los pies en la ciudad, y del desgobierno y tropelías cometidas contra los ciudadanos, clamando por justicia, y en fin, echando uno de esos discursos que ahora llamamos *bota-fuegos*. El pueblo aplaudió frenéticamente, porque el pueblo aplaude siempre estas cosas aunque no las entienda, y habiéndole replicado al orador tribuno, Hernan Lopez Melon, con alguna acritud, me le echaron una soga al cuello, y lo trajeron arrastrando hasta esa cruz, donde como dije á vds., lo ahorcaron. Pero no fué esto solo, sino que al volver la muchedumbre dando voces despues de la hazaña, encontraron á otro corchete llamado Roque Portal, y le dijeron: «Portalejo, tu compañero Melon te encomienda, que queda alli en la horca, y dice que te espera en ella.» El corchete respondió con brios: «Mantenga Dios al rey, mi señor, y á su justicia, que algun dia os arrepentireis.» Y como le viesen con papel y pluma, que parecia querer escribir los nombres de algunos de los amotinados, tambien lo llevaron á la horca. Esto prueba que los revolucionarios eran lo mismo en el siglo XVI que son en el XIX.

—Por lo visto, vd. no es muy partidario de las revoluciones, le dije yo.

—No señor; ni estoy tampoco por esas teorías modernas, si he de decir la verdad.

—Ya me habia á mí parecido lo mismo, repliqué.

—Que quiere vd. cada uno en lo que se ha criado. Pero volvamos á nuestra historia, que todavía falta. Los procuradores de la ciudad que tornaban de celebrar Cortes en la Coruña, supieron el suceso aquel mismo dia en Santa María de Nieva, y dudaron que harian; Juan Vazquez se decidió á irse al Espinar, y fué el que acertó, pues su compañero Rodrigo de Tordesillas, que no quiso seguir el consejo y se vino á Segovia, fué arrastrado tambien al dia siguiente con la mayor inhumanidad. Cuando pasó la turba por delante del convento de San Francisco, salió la comunidad entera con el Santísimo descubierto para ver si podian detenerla. Llevaba la sagrada hostia Diego de Arévalo, hermano del infeliz Tordesillas, y todo lo que pudieron lograr los religiosos fué que le permitieran confesarse; pero observando el populacho que le quitaban la soga del cuello, porque estaba ya medio ahogado y no podia hablar, lo arrancaron con violencia y se lo llevaron sin dejarlo concluir. Los clérigos de Santa Olalla intentaron tambien detenerlos con el Santísimo Sacramento; pero inútilmente, y no fueron mas felices en los esfuerzos que hicieron algunos ciudadanos acometiendo á las turbas espada en mano. Eran en muy corto número y ya saben vds. aquella coplilla que dice:

Vinieron los sarracenos
y nos molieron á palos;
que Dios protege á los buenos
cuando son mas que los malos.

Desde entonces la ciudad quedó independiente del gobierno del rey, ó sea *pro-*

nunciada, segun diriamos ahora. El famoso alcalde Ronquillo vino con encargo de reducirla al órden, pero tuvo que retroceder sin conseguir nada hasta despues de la derrota de los comuneros en Villalar.

—Segun veo, le dije, está vd. muy enterado en la historia de Segovia.

—He leido alguna cosa, me contestó con cierta importancia y tambien he escrito algo....

—Que supongo nos enseñará vd., interrumpió Mauricio con aire burlon..... y si fuese digno de la prensa....

—Dios me libre de incurrir en semejante locura. No quiero eclipsar la gloria de Colmenares, ni he tenido nunca la ridícula pretension de figurar en letras de molde.

—Mal hecho, proseguí yo; en el dia todo el mundo escribe, y por lo que veo, vd. lo ha de hacer algo mejor que otros muchos.

—Dejemos eso á un lado y entremos en esa iglesia, que es la del Corpus Cristi de que hablé á vds. Artísticamente hablando ofrece poco que ver; pero el orígen de su fundacion se atribuye á un milagro del Santísimo Sacramento ocurrido, segun se lee en varios escritos, mientras don Fernando estaba en la conquista de Antequera. Un sacristan de no sé qué iglesia, hombre de mala conducta, se hallaba en cierta ocasion escaso de dinero y acudió á un judío para que se lo prestase, segun se acostumbraba entonces hacer, no solo por los sacristanes, sino hasta por los reyes, pues los judíos eran los únicos que ejercian este tráfico en España, de donde ha venido como vds. saben el nombre de *judíos* que hoy damos á los usureros. Pidióle el prestamista prenda en garantía, y como no tuviese el sacristan mas que su palabra y su sotana, ambas dos de escaso valer, imaginó salir del apuro ofreciendo al israelita en rehenes una hostia consagrada. Aceptó éste al punto y se verificó la entrega por ambos contratantes en una calle que verán vds. luego que sale á la cuesta de San Bartolomé, y se llama aun en el dia la calle del Mal Consejo. Convocó el judío á los de su religion en una sinagoga y echaron la hostia en una caldera de agua hirbiendo; pero la hostia jamás tocaba al agua sino que se mantenia siempre en el aire, sin que ni á la vista de tan patente milagro desistiesen de su temerario empeño aquellos hombres obstinados, hasta que dando un estallido la fábrica de la sinagoga, tembló la tierra, se abrieron los arcos y pilares y todo amenazaba confundir á los impíos. Entonces algunos de los mas amedrentados, cogieron la hostia y la llevaron al convento de Santa Cruz, haciendo entrega de ella al prior, á quien refirieron minuciosamente el suceso. Los frailes la trasladaron procesionalmente al altar mayor, y luego sirvió para administrar el Viático á un novicio enfermo, de cuyas resultas sanó y murió muy viejo en opinion de santo. Avisado el obispo, se procedió á hacer las debidas averiguaciones y fué castigado ejemplarmente el sacristan y tambien D. Mair, judío médico, que fué quien dió el dinero por la hostia; siendo de notar que este judío confesó en el tormento que era él quien con preparaciones ponzoñosas habia ocasionado los continuos padecimientos y prematura muerte del rey don Enrique III, llamado en la historia el Doliente. Purificada la sinagoga se dedicó al culto cristiano con la advocacion del Corpus Cristi y es esta misma en que estamos. En la calle verán vds. pintado sobre la puerta el acto de la entrega de la hostia por el sacristan al judío.

Desde la iglesia del Corpus Cristi, nos dirigimos camino del Alcázar por disposicion de nuestro guia, que nos dijo era mejor visitarlo primero y dejar para la tarde la catedral, en razon á que por la mañana están ocupados los sacristanes con los oficios divinos. Vimos al paso la puerta de San Andrés, que es una de las curiosidades

PUERTA DE SAN ANDRÉS.

artísticas que tiene que ver Segovia, de la cual sacó un dibujo mi amigo que ha servido para el grabado que acompaña, y ocurriéndonos que antes de pasar adelante seria bueno prevenir nuestros estómagos, algun tanto desfallecidos, hicimos alto en casa de Ferrer para despachar un modesto pero esquisito y abundante almuerzo que nos tenia dispuesto.

El Alcázar, donde fuimos despues de almorzar, está situado al estremo occidental de la ciudad, sobre la tajada peña á orillas del Eresma, construido á manera de fortaleza, y ofrece un conjunto de obras mozárabes, góticas y greco-romanas, cuya variedad hace una vista estraña y agradable, particularmente el torreon ó castillo gótico, llamado Torre de don Juan, que está enmedio y presenta en toda su esplendidez la gallardía de este género de arquitectura en tales obras. El torreon se levanta en un cuadrilongo, y su elevacion es de 42 varas castellanas. Otras once torres circulares descuellan en varios puntos del edificio con sus capiteles de pizarra y plomo, de cuya materia es toda la techumbre de lo demas de la obra. Le precede una ancha plaza cerrada con berjas de hierro, sostenidas por pilastras de piedra; su ingreso forma tres entradas y la principal está coronada con un escudo de armas reales y trofeos de artillería con una inscripcion en letras doradas que dice: «Reinando

Fernando VII año de 1817.» Por delante de la fachada principal del Alcázar corre un foso de 207 pies de largo y 92 de profundidad, picado en piedra viva, y enfrente de la entrada hay un puente levadizo; sobre su bella portada dórica y en toda la estension de la fachada, rige una galería con 27 columnas de cuatro lados. En el interior hay dos patios de piedra cárdena, sencillos y de buen gusto; el primero es cuadrilongo y tiene dos fuentes con pilas antiguas en figura de urna, y una galería de 17 arcos sostenidos por otros tantos pilares de 15 pies de alto: la escalera principal bastante espaciosa, cuenta 33 pasos de subida hasta las habitaciones, colocadas alrededor de otra galería que descansa sobre los arcos del patio y tiene tambien igual número de columnas. Otra escalera de 77 pasos de subida y 5 pies de ancho, da comunicacion á cuatro dormitorios y á la torre del reloj. Hay cinco salas muy grandes, cuyos anchos techos artesonados y dorados nos parecieron de bastante mérito por su antigüedad y por lo bien que se conservan. En la mayor, llamada de los Reyes, se vé una série de estatuas de todos los reyes de Oviedo, Leon y Castilla, desde don Pelayo hasta la reina doña Juana; tambien están las de los condes don Ramon de Borgoña y don Enrique de Lorena, y las de Fernan Gonzalez y el Cid Campeador. Estas estatuas han sido colocadas por diferentes reyes desde Alonso IX que mandó erigir las primeras hasta la de su padre, y debajo de cada una se lee una inscripcion. En las salas restantes hay tambien inscripciones en letras góticas que espresan el nombre del monarca que las mandó construir. La primera, llamada de la Torre, se labró de órden de Enrique IV. La de la Galera es obra de la reina doña Catalina, madre de don Juan II; la de las Piñas se hizo en tiempo del príncipe don Enrique, hijo de dicho don Juan, y la del Cordon es obra tambien de Enrique IV. Ademas de estas construcciones se han hecho en diferentes épocas varios reparos y aumentos en lo interior del edificio bajo la direccion de acreditados profesores.

La fundacion del Alcázar se debe á don Alonso VI por los años 1075, y en el de 1764 se destinó para colegio de artillería, cuyo uso tiene actualmente.

Nos habia acompañado en la visita el sub-director, quien con la mas cumplida finura nos fué esplicando uno por uno todos los objetos que llamaban nuestra atencion, y en verdad que pocos establecimientos de su clase habrá con mas aseo ni mejor dispuestos para el servicio de la enseñanza de esta arma, asi teórica como práctica.

Estábamos descansando un momento en la sala que llaman del Pabellon, cuando nuestro buen amigo Ferrer, que contra su costumbre habia guardado silencio largo rato, lo rompió al fin para hacernos reparar en un cordon de San Francisco de piedra que guarnece dicha sala.

—¿Vaya que no saben vds., dijo, el orígen de ese cordon?

Los tres contestamos unánimemente que lo ignorábamos.

—Pues yo se lo voy á referir. El año de 1264, cuando el rey don Alonso el Sábio vino de Andalucía á Toledo y luego á Segovia, le aconteció en esta misma sala un terrible accidente. Asegurábase entonces con visos de certeza que el buen monarca se habia dejado decir en público y en secreto que si él asistiera á la creacion del mundo algunas cosas se habrian hecho diferentes de como están. Esto ya conocen vds. que es una verdadera blasfemia, porque significa tanto como decir que el Supremo Creador no supo lo que se hizo. Cuentan que en Burgos, Pedro Martinez de Pampliega, ayo del infante don Manuel, hermano del rey, habia rogado á éste que aplacase la ira de Dios con algunas penitencias, y que don Alonso no quiso hacerle caso. En esta ciudad se le presentó instándole á lo mismo un fraile franciscano, que creo fué Fr. Antonio de Segovia, y el rey no solo despreció el consejo, sino que incomodado con la insistencia del religioso lo maltrató de palabra y lo mandó retirar de su presencia. Obedeció el fraile resignado; pero aquella misma noche vino sobre el Alcázar una tempestad horrible, y una centella penetró en el aposento en que se hallaba el soberano, que era, como ya dije, el mismo en que nos hallamos nosotros, y lo recorrió alrededor, formando el cordon de San Francisco que vds. están viendo. Entonces el rey salió despavorido y mandó buscar al religioso, con quien al punto se confesó, cesando la tempestad en el acto milagrosamente.

—La única duda que me ocurre, en cuanto á la verdad del hecho, dijo el militar, es que en tiempo de don Alonso el Sábio no se habia construido aun la sala en que estamos.

—No haga vd. caso de fechas cuando se trata de tradiciones, replicó Mauricio. Si hubiera vd. oido un cuento que me contó ayer mi amigo á propósito del acueducto.....

—Lo que he referido no es una tradicion, interrumpió Ferrer con gravedad; es un hecho histórico que afirman escritores muy recomendables; al menos en el fondo yo lo tengo por verdadero, si bien en los detalles podrá haber exageracion.

—Suprimida la tempestad, el cordon de San Francisco y el lugar de la escena, dijo el sub-director, lo demas yo lo acepto como bueno, y ya que de hechos históricos se trata, referiré á vds., si no lo saben, uno que no deja de ser curioso, relativo á este Alcázar. Hablo de la evasion del famoso Ripperdá; del célebre aventurero holandés, cuya vida parece una fábula; del hombre que en materias de religion fué primero católico y luego protestante; despues católico otra vez, y por último mahometano; que sirvió en España de coronel cuando las guerras de sucesion y fué sucesivamente diputado de los Estados generales, embajador de Holanda en Madrid, fabricante de paños en Guadalajara, embajador de España en Viena, ministro de Estado, superintendente de comercio y de marina, y grande de España de primera clase con el título de duque, en el reinado de Felipe V; prisionero de estado en este real Alcázar, y en fin ministro y generalísimo del emperador de Marruecos, en cuya época mandó el famoso sitio de Ceuta, y que derribado por una revolucion vino á morir de bajá jubilado cultivando plantas en los jardines de Berbería.

—¡Alabado sea Dios! esclamó Mauricio; ese hombre debió vivir mas que Matusalen, para cumplir tales proezas.

—Murió de setenta años. Cuando estaba preso aqui, gozaba de cierta libertad,

Segovia

gracias á la condescendencia del alcaide, y se le permitia bajar todas las noches á una pequeña tertulia que éste tenia en su cuarto, donde se pasaba el tiempo agradablemente. Entre las personas que concurrian á dicha tertulia, distinguiase una señorita natural de Tordesillas, y residente en Segovia, llamada doña Josefa Fausta de Ramos, quien unia á una esmerada educacion, la mas interesante figura. Habíase dedicado con sobrada atencion á la lectura de historias y novelas, y su imaginacion, escitada continuamente por exageradas narraciones, inflamaba con toda la fuerza de la fantasía sus pasiones naturalmente violentas y su temperamento voluptuoso. En la soledad y monotonía de su vida, necesitaba un objeto de amor y dė entusiasmo; no le bastaban las relaciones comunes de la sociedad; anhelaba un príncipe, un héroe, un personage, en fin, que diese ocupacion á la fama, y páginas á la historia. La acalorada imaginacion de la indiscreta jóven, creyó ver su sueño realizado en Ripperdá; grande de España, primer ministro, caido de la altura de la grandeza humana á los tormentos del cautiverio; hombre de raras aventuras, elegante en sus modales, con talento y gracia en la conversacion, habia deslumbrado completamente sus deseos: aun conservaba el duque una figura agradable, y no vió la linda señora las arrugas que ya empezaban á surcar su rostro. Todas las noches acudia la primera á casa del alcaide, y era la última que se despedia; sus miradas y ojos revelaron pronto su pasion al distraido Ripperdá. Vió en ella una muger hermosa, que se ponia en su camino, y un instrumento tal vez de que servirse oportunamente; afectó el mas violento cariño, y consiguiendo entrevistas secretas en su cuarto, alcanzó pronto el objeto de sus deseos. Todo fué dulzura y placeres, tanto mas deliciosos cuanto mas arriesgados en los primeros tiempos de sus amorosas relaciones; pero una noche se echó llorando la jóven en los brazos de Ripperdá, y le reveló entre sollozos que llevaba en su vientre el fruto de su falta; el temor de su familia la traia desasosegada é inquieta. Este era el punto á que desde el principio habia querido llevarla el duque, y hacia dias que aguardaba impaciente semejante confianza; pero manifestándose sorprendido y aterrado con la noticia, le juró que no podia abandonarla en su desventura; que era preciso huir, y que por acompañarla estaba resuelto á morir saltando las murallas de la prision. Tranquilizóse la novelesca y enamorada señora, y prometióle que se ocuparía sin tardanza en preparar su libertad. El prisionero por su parte, llamó á su ayuda de cámara, que en todas las empresas le habia servido bien y sin escrúpulos; dióle parte de sus proyectos, y le dejó combinar los medios de llevarlos á cabo. Separáronse los amantes, citándose para el siguiente dia; y no habia pasado una semana, cuando concluidos los preparativos de la fuga, faltaba solo á Ripperdá una coyuntura favorable para verificar la evasion.

Habia ganado el criado con afabilidad y dinero al sargento que tenia á su cargo la inspeccion de las habitaciones del duque, y la parte antigua del Alcázar. El proyecto hubiera sido en otro caso imposible; pero no era pequeño impedimento el que oponian los achaques de Ripperdá, pues sus contínuos ataques de gota le quitaban á veces el uso de los miembros, y si bien le era fácil cabalgar durante algunas horas, no podia sostenerse sobre la silla pasado cierto tiempo, ni sufrir el trote ó galope de un caballo. Necesitaba para viajar un carruage, y ni aun asi le era posible forzar las jornadas ni precipitar su movimiento. Todas las dificultades las venció su activa amante, con esa fuerza de voluntad y ese talento que despliegan las mugeres en las ocasiones supremas. Convínose, en que para retardar el descubrimiento de la evasion, quedaria el criado en el cuarto, quien no permitiria entrar á nadie, pretestando hallarse su amo indispuesto, y aunque al pronto opuso alguna repugnancia, cedió al fin á las súplicas y dádivas de doña Josefa. El principal obstáculo habia desaparecido; faltaba solo señalar el momento. Eligióse una noche de las hermosas de setiembre; habia acudido en la tarde mucha gente de los pueblos inmediatos á la corrida de toros, y podia viajarse por tanto sin escitar sospechas.

Combinado maduramente el plan, la enamorada señora quiso ayudar á la fuga de su amante. Púsose vestidos de hombre, y encaminóse al Alcázar al anochecer; tomándole por un muchacho, portador de algun mensage, el centinela la dejó pasar. Habia un pequeño jardin debajo de los balcones del aposento del duque, é introduciéndose alli con la ayuda del cómplice sargento, se escondió hasta que llegase la hora señalada. El sitio estaba perfectamente elegido, pues solo una muralla lo separaba de la carretera. Hallábase enfermo el alcaide, y preparados los caballos á corta distancia; sonaron las diez, que era la hora convenida, y Ripperdá se descolgó por una escalera de cuerda, no sin trabajo, y pudo llegar sin peligro al pueblecillo de Carboneras, donde debia esperar oculto á su libertadora. Esta por su parte habia anunciado anticipadamente que iba á pasar unos dias con una amiga en Valladolid, y el sargento tambien habia obtenido licencia para ver á su familia. Alquiló doña Josefa un carruage, y escoltada por el astuto soldado, se reunió con su amante; salieron al punto de Carboneras, y apenas perdieron de vista el pueblo, cuando intimaron al calesero que en vez de el de Valladolid tomase el camino de Portugal; resistióse éste al pronto, pero un par de pistolas con que le amenazó el sargento le hicieron mas tratable, y en breve los viageros habian atravesado la frontera. En Miranda de Duero despidieron al conductor, y éste por vengarse dió parte á la justicia de que venian huyendo de España, pero Ripperdá habia previsto todo, y con el auxilio del criado y de su ingenio se hizo pasar por don Antonio de Mendoza, sobrino del ministro de Estado de S. M. F., y no solo no halló obstáculo en el vecino reino, sino que recibió obsequios de los pueblos hasta llegar á Oporto, donde se embarcó para Inglaterra, siempre acompañado de su amante, y mas tarde del ayuda de cámara, que aunque castigado al pronto como cómplice de la fuga de su amo, logró que lo indultasen y se fué en su busca.

Desde Inglaterra pasó Ripperdá á Marruecos, y fué cuando abjurando la religion católica representó un gran papel al lado del emperador. Ignoro la suerte que cabria á doña Josefa, pues la vida del duque escrita y publicada en Lóndres y Amsterdam, en inglés y en francés por un autor anónimo, nada dice de ella despues de la evasion de este Alcázar.

Concluido el relato, nos despedimos del amable subdirector del colegio de artillería, dándole mil gracias por su complacencia, y como era ya mas de la una, hora sacramental de comer en Segovia, y ademas hacia un buen calor, nos retiramos á casa, dejando para continuar despues de siesta nuestras incursiones.

CAPITULO QUINCE.

LA CATEDRAL Y LA ERMITA.

No eran todavía las cuatro de la tarde, cuando Ferrer estaba ya en nuestro alojamiento despertándonos, y á la verdad por el pronto no nos dió mucho gusto, pues como estábamos tan escasos de sueño, hubiéramos preferido que nos dejase dormir; pero esto era lo convenido; Ferrer no hacia mas que cumplir un encargo, y por consiguiente nos resignamos á seguirle á la catedral, punto el mas á propósito por la frescura para ocupar las horas de calor. Cuando llegamos, todavía estaban los canónigos en el coro rezando vísperas, y mientras concluian para poder ver con comodidad el altar mayor y el sagrario, nos ocupamos en examinar el resto del edificio, que es muy capaz, bien dispuesto, y de agradable vista; «ámplio y bello en su órden gótico,» como le llama un arquitecto italiano. Consta de tres naves, y otras dos que incluyen las capillas; la mayor tiene 42 pies de ancho y 120 de alto hasta la clave, las dos colaterales 27 de ancho y 82 de alto, y las capillas 23 de ancho y 50 de alto. La media naranja ó cimborrio, que está en el centro del crucero, es magestuosa y sencilla, sin adornos supérfluos, y descansa sobre cuatro columnas; su total altura desde el pavimento hasta la punta de la aguja, es de 240 pies; hay otras ocho columnas en la nave mayor, y varias arrimadas á la pared que forman las laterales y entrada á las capillas; en total 44 columnas sosteniendo 49 bóvedas, 105 arcos y la media naranja. Todas las columnas están adornadas de junquillos y medias cañas en hacecillo, los cuales desde el arranque de los arcos se esparcen y ramifican formando en las bóvedas varios cuadros, semicírculos y óvalos. Noventa y siete ventanas de primer órden, con cristales pintados de varios colores, que representan con bastante propiedad pasages del Antiguo y Nuevo Testamento; 25 mas pequeñas tambien de cristales de colores, y 31 de cristales blancos ó comunes, dan la luz proporcionada á la gravedad y decoro que debe reinar en los templos. Todo el edificio es de piedra semi-caliza de bastante consistencia, la cual abunda en las inmediaciones de la ciudad. El pavimento es de losas cuadradas de á dos tercias por costado, blancas, azules y encarnadas. Su hermosa torre de piedra con media naranja escamada, tiene 324 pies de elevacion: hasta la altura de 288 se sube por una escalera de caracol, que remata en una galería de piedra que circunda la media naranja; dentro de la linterna está la campana del reloj, que pesa 110 arrobas, y en el remate de la aguja hay un para-rayos que se puso en 1826.

Este templo es el último del órden llamado gótico que se construyó en España; principió á edificarse el dia 8 de junio de 1525, siendo obispo don Diego de Rivera, quien puso y bendijo la primera piedra, y se concluyó en 1558 estrenándose el 15 de agosto con grandes fiestas y regocijos, en los que fué muy celebrada una comedia que representó con su farsa el célebre Lope de Rueda.

En lo interior del templo, lo mas notable es el altar mayor y el del trascoro, ambos de mármoles de colores, de Tarifa y Tolosa, costeados por Cárlos III: en el último se guardan en un arca de plata los huesos de San Frutos patron de la ciudad, y sus dos hermanos; el coro tiene 122 sillas altas y bajas, y la capilla del sagrario un magnífico tabernáculo aislado, sostenido por los atributos de los Evangelistas y coronado de grupos de ángeles.

Desde la catedral nos dirigimos á la Casa de Moneda, que es del tiempo de Felipe II; pero hubo otra mas antigua en el sitio que se llama hoy Imprenta Vieja, y Colmenares asegura que se labraba ya moneda en ella en el reinado de don Alonso VII. Al principio se fabricaban monedas de todas clases; pero desde 1727 en virtud de ordenanza de Felipe V, solo se fabrican de cobre, á consecuencia de haberse establecido la casa de Madrid. Por instruccion de 1740 á propuesta de la junta de comercio y moneda se construyeron una cantidad de cuartos, ochavos y maravedises que aun se llaman segovianos, quedando por entonces suspendida la labor hasta 1754 que se fabricó otra moneda llamada ardite para el principado de Cataluña. Con motivo de la alteracion que se hizo en la moneda de cobre en el reinado de Felipe III, en que se le dió mas valor que el intrínseco que le correspondia, de cuyas resultas la introducian los estrangeros con enormes ganancias, mandó el rey Cárlos III que se fabricasen seis millones de monedas de vellon de nuevo cuño de 8, 4, 2 y 1 mrs., y se dió una instruccion, que cuando la visitamos estaba, y aun creo que en la actualidad subsiste vigente. Desde entonces ha seguido la fabricacion sin mas interrupciones que las inevitables por causa de los sucesos políticos ó falta de cobre. Tal y como se halla la fábrica hoy, puede dar un millon de reales cada año en toda clase de monedas; pero es aun susceptible de considerables mejoras, tanto por el beneficio que disfruta con las aguas del Eresma, que podrian dar movimiento á otras varias máquinas, como por la solidez y capacidad del edificio, en el cual se hicieron importantes obras de reparacion el año 1829, y entre otras fué una la portada de órden dórico que dá ingreso á un hermoso patio que hay antes de entrar en los talleres; dicha portada es de un arco con dos columnas de buena vista, y en el sota-banco una inscripcion en letras de bronce que dice: *Real Casa de Moneda, reinando don Fernando VII, año de* 1829. Remata en escudo de armas reales, y en el reverso el acueducto de Segovia. Por lo demas á parte de las máquinas, troqueles, cuños y otros útiles, muy curiosos para quien lo entiende, nada vimos que nos interesara, mediante á que como ya dije, estaba parada la fabricacion. Esto no quita para que nuestro buen Ferrer nos detuviese dos horas en minuciosidades inútiles, que sin duda creia tan importantes para nosotros como lo son para él que lo tiene por ocupacion ordi-

MONASTERIO DEL PARRAL.

naria, de modo que cuando llegamos al paseo era ya cerca de noche, y solo de lejos pudimos ver el monasterio del Parral y el santuario de Nuestra Señora de la Fuencisla, situado al pie de unas elevadísimas peñas.

—Tambien tengo algo curioso que referir á vds. de ese santuario, dijo Ferrer, parándose enfrente y señalando con la punta de una enorme caña con puño y contera de acero, que llevaba en la mano.

—Pues refiéralo vd. cuanto antes, contestó Mauricio, porque las columnas, arcos y bóvedas de la catedral y los troqueles, cuños y buriles de la Casa de Moneda no me han interesado gran cosa.

—Voy á dar á vd. gusto..... Bien saben vds. que antiguamente habia muchos judíos en España.

—Si; antes habia muchos judíos y ahora muchos malos cristianos, dijo Mauricio.

—Eso tambien es cierto, prosiguió Ferrer. Pues como decia, entre los judíos de Segovia habia una señora casada, judía, por supuesto; pero de rara hermosura, que no quita lo uno á lo otro.

—Al contrario, volvió á decir mi amigo, yo creo que dá, porque es fama que las judías han sido siempre y son muy lindas.

—No interrumpas, Mauricio, repliqué yo, que vas á hacer perder el hilo de la narracion á este caballero.

—No hay cuidado, dijo Ferrer, lo tengo tan presente como si hubiera pasado ayer, y eso que fué el año 1237, si no mienten los respetabilísimos escritores Fray Alonso de Espina, Calvete, Simon Diaz, Diego de Colmenares y otros muchos que refieren el suceso.

—¿Y cómo habian de mentir unas personas tan formales? replicó de nuevo Mauricio.

—¿Quieres callar con mil santos? le dije. Prosiga vd. y sepamos ese suceso que ha ocupado plumas tan bien cortadas.

—La judía de quien hablo, continuó Ferrer, tenia un alma cristiana con apariencias de hebrea. Acusáronla falsamente de adúltera los suyos, y convencida del delito la entregaron á su marido para que la castigase á su gusto, y éste determinó despeñarla desde lo alto de ese peñasco llamado entonces, y aun ahora, Peña Gragera. Acudió todo el pueblo á ver la ejecucion, y en el acto de precipitarse al abismo la infeliz judía, descubrió su alma devota invocando á nuestra señora con estas palabras: *¡Vírgen María, pues amparas á las cristianas, ampara una judía!* Tal fué el fervor con que lo hizo que cayendo de tamaña altura llegó al suelo sana y salva. El pueblo prorrumpió en gritos de alegría, la cogieron y paséaron en hombros, y en fin la bautizaron con el nombre de María del Salto (Marisalto, la llama el vulgo) levantando en el sitio del suplicio esa capilla, en que se adora una imágen de la Vírgen que estuvo escondida en las bóvedas de San Gil todo el tiempo de la invasion de los moros. En el claustro de la catedral hay junto á la sala capitular una pintura, no de gran mérito, que representa el suceso que acabo de referir, atestiguado ademas por los autores de que ya hice referencia.

Mientras Ferrer hablaba, tomamos el camino de la ciudad, y entonces fué cuando notamos el gran descenso que habíamos hecho. En efecto, para volver á Segovia desde la Casa de Moneda y del paseo que llaman de verano, hay que subir una cuesta en estremo incómoda, y aun dentro de la ciudad las calles son tambien pendientes, estrechas y poco ventiladas.

—Aunque no hubiera mas pruebas de la antigüedad de Segovia, dije yo, que estos vericuetos que tenemos que subir y bajar á cada instante, estas calles tan angostas y estas casas de tan pobre aspecto, bastarian para que nadie lo dudase.

—¿Cuenta muchos años de existencia, amigo Ferrer? preguntó Mauricio.

—No puedo decírselo á vd., porque su fundacion está envuelta en las tinieblas de la historia de los primeros pobladores de España; pero no hay duda que tiene larguísima fecha, porque así lo atestiguan, ademas del acueducto, otros monumentos que existen en diferentes puntos de la poblacion, tales como un relieve de piedra cárdena que representa á Hércules con la clava en la mano, pisando la cabeza del puerco Erimanteo, colocado en la escalera de una torre antigua que está dentro del convento de Santo Domingo el Real, situado á poca distancia de la plaza, á la parte N. Tambien hay otro en la calle Real, de piedra berroqueña, de cuerpo entero, en forma y escultura muy bastas. Cerca del jabalí en la misma calle y á pocos pasos se ve un toro ó gran bulto de piedra berroqueña, al cual le falta desde la rodilla abajo; su antigüedad es remotísima, pero no se le conocen las formas; se conserva tambien el bajo relieve de una figura ecuestre en una lápida que subsiste en la muralla, frente á Santa Cruz, con un epitafio al pie, de Cayo Pompeyo Macron, natural de Uxama, que vivió 90 años, y otras varias inscripciones. Se han encontrado ademas en esta ciudad monedas de colonias y municipios de España.

La época mas notable de su historia, despues de los romanos, es la destruccion que sufrió en 755 por Abderramen, rey moro de Córdoba. En 923 la conquistó y reparó el conde Fernan-Gonzalez, y en 1072 la volvió á conquistar y reparar el conde don Ramon por órden de Alonso VI de Leon, y I de Castilla, quien mandó construir la antigua catedral, que estuvo entre el Alcázar y las casas que hoy son de los obispos.

Al llegar aqui nuestro buen Ferrer, fatigado por la conversacion y la subida, se paró algunos segundos á descansar en una meseta que hacia la cuesta, y enseguida continuó de este modo:

—Bien podria referir á vds. minuciosamente los sucesos históricos que han ocurrido en esta ciudad, porque los tengo en la memoria; pero esto seria prolijo y pesado, y por tanto me limitaré á indicarles aquellos mas visibles. En 1166 congregó concilio nacional don Juan, arzobispo de Toledo, y en 1605 hubo sínodo diocesano. En 1276 se juntaron córtes para la jura del príncipe heredero, y las hubo en 1307 llamadas por don Alonso XII, en las cuales se promulgaron penas contra los ministros que se cohechasen. En 1383 las convocó Juan I, y se ordenó en ellas que se dejase de contar por la era de César, admitida en España desde la época del emperador Octaviano Augusto, y que se contase en adelante por el nacimiento de Jesucristo. En 1386 y 1389, las convocó el mismo rey, y en las últimas se presentó Leon, rey de Armenia, que rescatado de un largo cautiverio, andaba errante por Europa. Aquel mismo rey don Juan, instituyó en la catedral de esta ciudad la órden militar de la Paloma, cuya divisa era una paloma blanca, suspendida de un collar de oro, y rodeada de rayos; y su instituto comprendia el ámparo de las doncellas, viudas y menores. Ultimamente tuvo córtes aqui Juan Tavera, arzobispo de Toledo en 1532 por el emperador Cárlos V. El año 1218 es señalado porque fundó en Segovia el patriarca Santo Domingo la primera casa de su órden en España, la cual en el capítulo general napolitano, celebrado en 1599, se decretó que fuese universidad para su órden, y que diese grados y magisterios. El de 1465 es memorable por el congreso que hubo en esta ciudad, promovido por el papa Paulo II, para arreglar las diferencias suscitadas en el reino, sobre la proclamacion del infante don Alonso, rey de Castilla y de Leon, en lugar de su hermano don Enrique, sin que pudiese alcanzarse la concordia entre ambos partidos, hasta que muerto el infante don Alonso, se convinieron en las famosas córtes de los toros de Guisando, nombrando heredera á la infanta doña Isabel, que reinó luego con el nombre de Isabel I, llamada la Católica, y fué proclamada, con su esposo don Fernando, en esta misma ciudad el 13 de diciembre de 1474. Durante las guerras civiles de que acabo de hacer mérito, en las que sufrió mucho esta poblacion, tuvo lugar en Avila el hecho escandaloso que supongo sabrán vds., y del que afortunadamente no presenta mas que un solo ejemplo nuestra historia.

—Yo por mi parte, dijo Mauricio, ignoro el acontecimiento á que vd. se refiere.

—Pues voy á contárselo brevemente. Levantados algunos grandes del reino contra Enrique IV, quisieron obligarle á reconocer por sucesor al infante don Alfonso, su hermano, con esclusion de su hija Juana, llamada *la Beltraneja*, á causa de creerla ilegítima, por los amores de la reina con don Beltran de la Cueva; negóse el rey y los revoltosos trataron de apoderarse de su persona, primero á la fuerza en este mismo Alcázar, y despues con engaños; pero no les salió bien el plan, y como tenian en rehenes á los infantes, levantaron un cadalso fuera de los muros de Avila, en el cual pusieron la estátua del monarca con su vestidura real, trono, cetro y corona: juntáronse los señores y acudió una infinidad de pueblo. En esto el pregonero á grandes voces publicó una sentencia que contra él pronunciaban, en que relataron maldades y casos abominables que decian tenia cometidos. Leíase la sentencia y desnudaban la estátua poco á poco, y á ciertos pasos, de todas las insignias reales, hasta que últimamente á grandes baldones la echaron del tablado abajo, y levantando en hombros al niño don Alfonso, lo proclamaron rey. Este es el hecho á que me referia; volvamos ahora á Segovia.

En 1543, el 25 de agosto hubo una grande inundacion del Eresma, que se llevó 40 casas, dos puentes, seis batanes y once molinos, causando la muerte de muchos de sus habitantes, y en el de 1593 hubo una peste que hizo víctimas 12,000. Muy numerosa debia ser entonces su poblacion que 40 años antes, es decir, en el reinado de Cárlos V constaba de 25,000 almas: hoy apenas pasa de 9,000. Bajo el reinado de este monarca, Segovia tomó parte en la guerra de las comunidades, segun ya referí á vds. esta mañana, y su capitan, Juan Bravo, fué degollado en Villalar. Por último, aqui celebró su boda Felipe II con doña Ana de Austria, en obsequio de la cual elevaron arcos é hicieron mil demostraciones de júbilo los segovianos, y como esta ciudad se halla tan cercana de la Granja y Balsain, ha sido visitada siempre y con mucha frecuencia por todos los monarcas desde Felipe V hasta el dia.

Llegábamos á la plaza cuando Ferrer acabó de hablar, y como estábamos rendidos de fatiga y eran ya mas de las nueve de la noche, nos despedimos de él en la puerta de nuestra posada y fuimos á buscar en la cama el descanso de que tanto necesitábamos.

CAPITULO DIEZ Y SEIS.

LOS HIJOS DE ARIAS GONZALO

Si alguno de mis lectores ha estado alguna vez en Zamora, no habrá dejado de admirar sus antiguos y robustos muros, tan célebres en nuestra historia, todavía subsistentes en el lado que mira desde el levante al norte, y habrá reparado tambien en un portillo que hay en esta parte de la ciudad, flanqueado de dos torreones de mampostería, asáz antiguos, que en la época en que escribió el cronista Sandoval, se llamaba, y todavia se llama, *Puerta de Zambranos* (1). Junto á este

PUERTA DE ZAMBRANOS, EN ZAMORA.

portillo habrá visto igualmente los restos de un palacio que perteneció á la infanta doña Urraca, y si alguien del pais lo acompañaba, de seguro lo habrá recordado

(1) Algunos autores opinan que *zambranos* quiere decir *músicos*, y dan esta etimología á la palabra *zambra*, que aun se conserva en nuestro idioma.

la traicion de Bellido Dolfos, atestiguando el relato con una lápida que hay sobre el arco circular de la puerta, por la parte que mira al campo, en la que se vé una cabeza esculpida de bajo relieve, con estas palabras: *Doña Urraca*; y luego los dos primeros versos del romance 25 del Romancero del Cid, que dicen así:

Afuera, afuera, Rodrigo
el soberbio castellano.

No es antigua la lápida, y por consiguiente no puede admitirse como prueba de la verdad del hecho, pero sí como una consecuencia de lo arraigada que está la tradicion. Por último, habrá visto una ventana abierta en lo espeso del muro del palacio, y le habrán indicado que es la misma donde se asomó la infanta para reconvenir á Rodrigo de Vivar con sentidas palabras, cuando fué á intimarla que entregase la ciudad á su hermano don Sancho, de cuyas resultas el Cid no tomó parte en el cerco de Zamora.

Acordártese debiera
De aquel buen tiempo pasado
Que te armaron caballero
En el altar de Santiago;
Cuando el rey fué tu padrino
Tú, Rodrigo, el afijado,
Mi padre te dió las armas,
Mi madre te dió el caballo,
Yo te calcé espuela de oro
Porque fueses mas honrado.
Pensé de casar contigo,
No lo quiso mi pecado.
. . . .

Todo esto que se vé en Zamora, y todo lo que refieren los zamoranos, tiene un origen histórico que la poesía ha revestido con sus galas, y como supongo que podrá haber entre mis lectores quien ignore el suceso que da asunto á la tradicion, y acaso la tradicion misma, voy á referirles lo que yo sé, y los autores cuentan, por si en ello les complazco.

Don Fernando I de Castilla, llamado el Emperador, aunque durante su vida habia esperimentado las fatales consecuencias que produjeron las últimas disposiciones de su padre, no por eso dejó de imitarle cuando se halló en igual trance y circunstancias. Viendo que se aproximaba su última hora, reunió á sus hijos en torno de su lecho, dióles consejos muy saludables, recomendándoles especialmente que viviesen en paz y buena armonía, y en seguida dispuso que se leyese en alta voz, y en presencia de ellos y de lo mas escogido de la grandeza castellana, su testamento en que constaba la reparticion que hacia de sus estados, en la forma que ya dijimos en el capítulo sesto (1).

Alfonso VI de Leon y Sancho II de Castilla, permanecieron en paz el corto espacio de dos años despues de la muerte de su padre; pero la mútua inclinacion que ambos tenian á la guerra, y la celosa envidia con que se miraban, destruyeron todo género de consideraciones, y se declararon enemigos mortales. Tocó á Sancho tomar el papel de agresor en esta contienda, y marchando en son de guerra con direccion á donde estaba su hermano, le acometió con sus huestes y logró desbaratarle á orillas del rio Pisuerga. A consecuencia de algun acomodamiento por entrambas partes, los soberanos contendientes vivieron en paz el período de tres años, posteriores á esta contienda, pero en 1071 vinieron á las manos con igual encarnizamiento, dándose la batalla cerca del rio Carrion, en un lugar llamado Valpellage, en la que los castellanos llevaron lo peor. Sin embargo, repuestos de la derrota, atacaron de nuevo á los de Leon, y no solo ganaron esta vez la jornada, sino que se hicieron dueños del mismo Alfonso, cuyo soberano es fama que debió la vida á la intercesion de doña Urraca.

Pero la posesion de estas dos coronas no consiguió saciar la grande ambicion de don Sancho: en su consecuencia se dirijió sobre Zamora y la puso cerco muy apretado.

Aunque la ciudad de Zamora se hallaba bien pertrechada de muros y contaba con las suficientes vituallas para prolongar el asedio, no se amilanó don Sancho, antes bien decidido á llevar á cabo su propósito, envió al Cid de mensagero cerca de Urraca, para que le intimara la rendicion de la plaza.

Yo vos ruego como amigo
Como bueno y de valía
Que vayades á Zamora
Con la mi mensagería;
Y á doña Urraca mi hermana,
Decid que me dé la villa
Por gran haber ó por cambio
Como á ella mejor seria.

No partió muy contento el Cid para el desempeño de esta embajada, y aunque juró á Sancho no desnudar su tizona contra esta Señora, á quien, dijo, debia grandes consideraciones desde la niñez, fué preciso obedecer al soberano y se presentó ante la infanta á la que encontró bella, pero temerosa y cuitada.

—En mal hora me presento á vos, alta señora: antes quisiera verme cautivo de moros, que poner en vuestra noticia la embajada que á vuestra presencia me conduce.

—Hablad, Rodrigo, respondió la princesa sobrecogida: ya he visto los preparativos que acaba de hacer don Sancho.... ¿Qué nueva quiere decirme?

(1) Véase la página 37.

—Señora; dice mi rey que le entregueis á Zamora, que por ser primogénito de don Fernando le pertenece.

—Doña Urraca, reunió consejo de los principales de la ciudad, entre los que se hallaban Arias Gonzalo, caballero cargado de años, pero de mucho valor en los combates y de singular prudencia en los consejos. Oyó la embajada con ánimo tranquilo; mas observando que Urraca lloraba, se levantó del asiento y esclamó.

—No lloreis, soberana princesa, que eso será contristar corazones animosos y dispuestos á derramar su sangre por defenderos. Me pedis consejo, ¿no es verdad? pues entonces escuchad mi parecer. Convocaré al pueblo, darele cuenta de la misiva de Sancho y si consintiere en rendirse, daremos la Ciudad; pero si escuchare con indignacion la propuesta pelearemos y triunfaremos ó moriremos.

Non lloredes, vos, señora,
Yo por merced vos pedia;
Que á la hora de la cuita
Consejo mejor seria
De non acuitarvos tanto;
Que gran daño á vos vernia.
Fablad con vuesos vasallos,
Decid lo que el rey pedia,
Y si ellos lo han por bien,
Dalde al rey luego la villa.
Y si no les pareciere
Facer lo que el rey pedia,
Muramos todos en ella,
Como manda la hidalguía.

Las palabras del prudente Arias Gonzalo sonaron bien en los oidos de la princesa, quien algo repuesta de su anterior desaliento, concibió esperanzas de salir airosa de lance tan comprometido. Al poco tiempo volvió el viejo mostrando en su semblante el mas grande alborozo. Dirigiose al Cid y le dijo estas palabras.

—Rui Diaz, convoqué á los zamoranos; dije vuestra embajada, y hanme contestado con las espadas desnudas y dando gritos de furor, que están dispuestos á defender la plaza, si vos no sacais de la baina vuestra tizona, y dejais que solamente don Sancho dirija el cerco.

El Cid se encaminó al sitio donde estaba el anciano interlocutor, y dándole la mano respondió.

—He jurado por mi fé de caballero, no desembainar mi espada contra Zamora, por estar dentro de ella una muger de quien tengo gratos recuerdos, y para que nunca digan que Rui Diaz de Vivar hizo la guerra á débiles mugeres... Adios alta princesa: no será mi persona quien os agravie.

Ausentóse el Cid, y como es de presumir, el rey supo al momento la resolucion de los zamoranos. Conociendo entonces don Sancho, que no quedaba otro partido que emplear la fuerza, juntó sus huestes y las arengó, y mandó que atacasen á la ciudad, cuyas hostiles operaciones las estuvo presenciando el Cid, sin tomar parte, en ellas como lo habia prometido. Sin embargo, existian entre los acalorados parciales de don Sancho, espadas tan hábilmente manejadas como las del Cid, y la ciudad sitiada se iba encontrando en grande aprieto. Comenzaron los zamoranos á sentir los daños del cerco, y á pesar de su porfiada resistencia conocian que al fin iban á ser vendidos. Habia en Zamora un hombre astuto llamado Bellido Dolfos, el que viendo el grande apuro de los sitiados se presentó á doña Urraca con ánimo resuelto y la habló lo siguiente.

—Hace mucho tiempo, esclarecida señora, que vuestra hermosura me tiene deseoso de vos: ambicionaba una ocasion en que hacerme digno de vuestras singulares prendas. Yo soy el enamorado de vos, Bellido Dolfos, objeto de vuestros desdenes. Si dais á mis afectos una generosa acogida, yo os prometo hacer de modo que los sitiadores levanten el asedio y la ciudad quede gobernada por vos.

Doña Urraca, que no pudo adivinar los proyectos de su estraño interlocutor, creyendo que se brindaba á favorecerla por medios leales y honrosos, prometió hasta cierto punto premiar sus afanes, y Bellido, salió de Zamora decidido á llevar á cabo el siniestro propósito que vamos á referir.

Fingió que salia huyendo de la ciudad, y pidió á los hombres mas principales de Castilla tener una corta conferencia con el rey. Fuéle concedida su demanda y entró en la tienda de Sancho y al ver al rey, esclamó

—En fin, ya tengo quien me ampare: el cielo conserve vuestra vida por años dilatados.

—Bien venido seas, Bellido: ¿qué tratas decirme?

—Escuchadme, señor: quiero primeramente deciros, que desde ahora soy vuestro vasallo y que pertenezco á vuestro bando. Conociendo vuestro poder, y la flaqueza de los zamoranos, dije al viejo Arias Gonzalo que os entregase la ciudad, no solo porque nuestros soldados no sabrian defenderla, cuanto porque justamente y de derecho os pertenecia. Apenas estas palabras salieron de mis labios, cuando me quiso matar y escitó la rabia de los demas caballeros que con él estaban para que hiciesen lo mismo. He logrado escaparme, y tal es el espíritu de venganza que en este instante me domina, que quiero que á todo trance ganeis la ciudad, y para ello, cabalgad, seguid mis pasos, y os mostraré un postigo secreto que os proporcionará fácil entrada en la plaza.

El rey entonces demasiado crédulo á las manifestaciones de Bellido, se levantó lleno de contento, y le siguió al parage indicado. El traidor astuto, viendo que don Sancho le seguia sin ningun género de acompañamiento, aprovechó un momento de descuido del monarca, y le disparó un venablo que llevaba en la mano con el que le pasó el cuerpo de parte á parte: «estraño atrevimiento y desgraciada muerte, dice Mariana, mas que se le empleaba bien por sus obras y vida desconcertada.» Bellido, despues que ejecutó el funesto atentado se encomendó á la fuga, y hasta ahora, la historia no nos cuenta su paradero. La tradicion supone que se metió en Zamora por la puerta de Zambranos, de que ya hicimos mérito.

El rey que se revolcaba en su propia sangre, comenzó á dar gritos desesperados, á cuyos dolientes gemidos acudieron los nobles y el Cid entre ellos.

Y como le vió ferido,
Cabalgara en su caballo,
Con la priesa que tenia
Espuelas no se ha calzado:
Huyendo iba el traidor,
Tras él iba el castellano;
Si apriesa habia salido,
A muy mayor se habia entrado
Rodrigo que ya llegaba
Y el Dolfos que estaba en salvo.
. . . .
Maldito sea el caballero
Que como yo ha cabalgado,
Que si yo espuelas trujera
No se me fuera el malvado.

Esta villana accion, prestó motivo para que los sitiadores pensasen que el traidor estaba de cohecho con los sitiados á fin de ejecutarla, y juraron vengar tamaña ofensa. Gallegos y leoneses, cuando vieron muerto á don Sancho, desampararon las banderas y se retiraron á sus casas; pero los castellanos, mas afectos al finado monarca, lejos de abandonarle, le lloraron mucho, y le enterraron en el monasterio de Oña, y si bien con poco aparato, con las exéquias de muchos corazones sensibles que se dolieron infinito de su siniestro fin.

Concluida esta lúgubre ceremonia, volvieron los castellanos á Zamora resueltos á dar muerte á sus moradores por participantes en aquel trato aleve. Diego Ordoñez, de la casa de Lara, tomó la demanda en el asunto, puesto que el Cid habia jurado no hacer armas contra Zamora. Presentóse delante de la ciudad armado y en un brioso alazan, y desde un lugar alto para que los zamoranos le oyesen, prorrumpió en las siguientes esclamaciones.

—Fementidos y traidores, son los zamoranos, porque acogieron al aleve asesino de mi rey. Yo os reto, pues: salgan cinco, segun lo manda la órden de caballería en tales casos, y uno á uno los iré venciendo.

Arias Gonzalo que estaba asomado al muro y oyó estas razones, contestó en alta voz lo siguiente.

—Maldito mil veces yo, si en tal traicion fuí mezclado; jamás la nobleza de Arias Gonzalo tuvo á bien emplear semejantes medios para vencer á sus contrarios: bástale su espada, bástale su lealtad para triunfar ó morir como bueno.

En seguida se volvió al gran número de hombres armados que le rodeaban.

—¡Varones! gritó, nobles y pecheros que tales cosas ois...¿Hay alguno entre vosotros que haya sido partícipe de la muerte del rey don Sancho?

Dígalo muy prestamente,
De decillo no haga empacho,
Mas quiero irme de esta tierra
En África desterrado,
Que no en campo ser vencido
Por alevoso y malvado.

Los zamoranos prorrumpieron á una voz que eran inocentes; pero Ordoñez no quedó satisfecho con esta declaracion y pidió de nuevo el combate con sus cinco antagonistas. Arias Gonzalo, bajó de la muralla y pasó á ver á la infanta que se hallaba rodeada de sus consejeros. Entró el buen viejo grave, silencioso y seguido de sus hijos: besó la mano á la infanta, saludó despues á los hombres buenos que formaban su consejo y habló luego de esta manera.

—Noble señora; acabo de escuchar á don Diego Ordoñez de Lara, caballero muy principal, y cuyo apellido le basta para recomendacion. Nos reta; nos achaca el asesinato de vuestro hermano don Sancho, y pide que probemos nuestra inocencia en el palenque. Recibid, señora, mis canas para el consejo, y mi espada y las de mis hijos para la pelea: cinco somos; justamente las personas que pide la órden de caballería para estos casos, dadnos vuestro saludo, y dejadnos salir al campo, sin darnos por ello gracias.

Que el buen vasallo al buen rey
Debe hacienda, vida y fama.

Doña Urraca lloraba amargamente escuchando la relacion de este buen viejo, y esclamó:

—Sola yo, solamente yo soy la culpada de este trance: yo dí mi consentimiento á Bellido para que venciese á mi hermano, pero no para que le matase: ¡Dios confunda al traidor! Os ruego, conde, que no salgais á la palestra, que sois muy viejo. que me dejais desamparada y necesito de vuestro consejo.... Ya sabeis como mi difunto padre me dejó encomendada á vuestra prudencia.

—¡Señora! esclamó Arias Genzalo con acento altivo y algo enojado: Me han llamado traidor, y por Dios que nunca lo fuí y he de probarlo.

Ultimamente, á instancias de doña Urraca, y de los demas caballeros que presentes estaban, cedió el conde, no sin pesar. Llamó á sus hijos, á los cuales dió sus armas y recomendó su valor; bendijolos y habló asi:

—Defendeos como gente que procede de buena raza. Marchad al palenque y yo subiré á la muralla para presenciar el combate.

Bien pronto se coronaron los muros de Zamora de gente: se nombraron los jueces por una y otra parte: sonaron despues las fanfarrias, dióse la señal convenida por entrambos bandos y comenzó la pelea. Pedro Arias fué el primero, quien á pesar de su denuedo y valentía tuvo la desgracia de ser vencido por Ordoñez. Salió en seguida Diego, y tuvo la misma suerte que el primero. Ordoñez, orgulloso con el triunfo, se acercó á los muros y dirigiendo su voz al viejo Arias Gonzalo, le dijo:

—Conde, manda el tercero, que los dos primeros ya fueron vencidos.

El conde reprimia su llanto y su grande sentimiento por no dar mal ejemplo á los zamoranos, y envió animoso á su hijo tercero que se llamaba Rodrigo. Fué tambien herido de muerte: alzó sin embargo la espada como queriendo herir á su contrario, pero hirió al caballo, que asustado corrió de manera que fué imposible detener su impetuosa carrera, durante la cual, sacó á Ordoñez de la silla y le arrojó fuera de la empalizada, cuyo acontecimiento, segun las buenas leyes de caballería, vale tanto como ser vencido. No obstante, hubo disputas por los jueces de ambas partes, pero se dió el voto por terminado, y

Ansi quedó esta batalla,
Sin quedar averiguado
Cuáles son los vencedores,
Los de Zamora ó del campo.

Don Diego Ordoñez quiso volver á entrar en la liza; pero los jueces se opusieron, y los de Zamora pasaron á ver á doña Urraca para anunciarle el suceso, entre cuyas personas iba el pobre Arias Gonzalo condolido por la pérdida de sus tres hijos. La

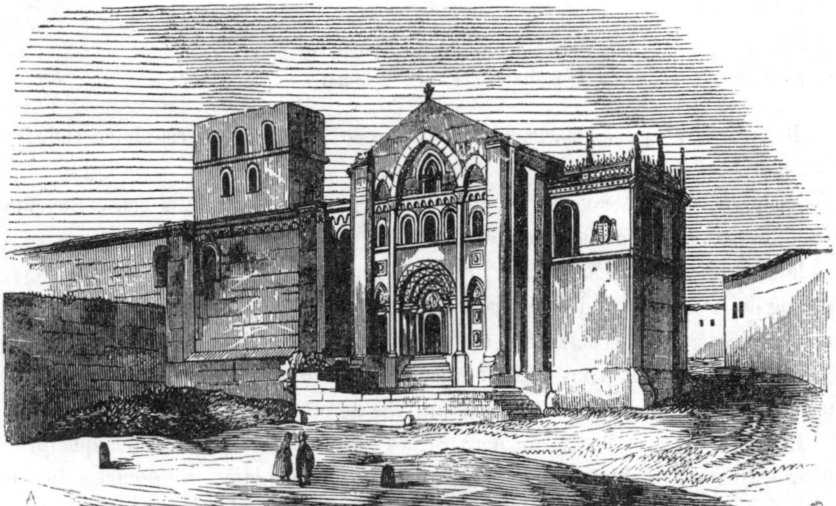

CATEDRAL DE ZAMORA.

infanta mandó mensages á Toledo donde estaba el rey don Alfonso, participándole la infausta muerte de Sancho, y recordándole sus legítimos derechos á los dominios

Muger de las cercanías de Salamaca.

del difunto monarca su hermano, de que tomo posesion prévio el famoso juramento exigido por el Cid en Santa Gadea.

Rey Alfonso, rey Alfonso,
Que te envian á llamar:
Castellanos y leoneses
Por rey alzado te han,
Por la muerte de don Sancho,
Que Bellido fué á matar.

La puerta de Zambranos y los restos del palacio de doña Urraca puede decirse que es lo mas notable que encierra Zamora en punto á antigüedades. Junto al palacio episcopal, cerca de la puerta llamada del Obispo, se conservan tambien restos del que habitó el Cid Rui Diaz y hoy le nombran todavía casa del Cid. La catedral, fundada en 1123 por el rey don Alonso VIII no tiene ninguna particularidad que fije la atencion, y en cuanto á parroquias, solo la de San Ildefonso debe verse, porque se conservan en ella los cuerpos de San Fulgencio y San Atilano, patron de la ciudad. Se cree que Zamora es la antigua *Ocelloduri* que marca el itinerario de Antonino. La conquistó á los sarracenos, que la dominaban, el rey don Alonso el Católico el año 748; pero habiéndose destruido del todo, la pobló nuevamente Alonso III de Leon en 904. Volvióse á destruir el año 985, cuando entró en ella Almanzor, rey de Córdoba; y la restauró don Fernando I de Castilla en 1064, cuando acompañándole Rodrigo Diaz de Vivar, llegaron embajadores de varios reyes moros con presentes para dicho Rodrigo, y besándole la mano le nombraron Cid, que significa emperador ó vencedor.

CAPITULO DIEZ Y SIETE

AVILA, SALAMANCA Y OTRAS COSAS.

Acaso estrañará el lector, que dejándonos en compañía del amigo Ferrer al final del capítulo quince, nada le hayamos dicho en el anterior de nuestro viage á Zamora. Esto habrá de suceder muchas veces en el curso de la obra y siempre que como ahora nada ocurra en la travesía digno de referirse. Sin embargo, nos hemos olvidado decir que antes de abandonar á Segovia, recorrimos sus alrededores y visitamos el palacio de Riofrio, el real sitio de San Ildefonso, llamado comunmente la Granja, y las posesiones de Quita-Pesares y Robledo. Tampoco hemos dicho que de paso para Zamora nos detuvimos en Avila con objeto de ver esta ciudad, y amba á dos omisiones nos obligan á volver atrás á fuer de cronistas exactos; pero seremos sumamente breves.

El palacio de Riofrio lo fundó la reina doña Isabel de Farnesio, viuda de Felipe V, quien no llegó á disfrutarlo; es obra de esquisito gusto y solidez; pero causa tristeza recorrerlo por dentro, porque se halla desmantelado, sin muebles y sin adornos. Su situacion en la meseta de un montecito rodeado de bosques abundantes en caza de todos géneros y de árboles, arbustos y plantas aromáticas, lo hacen muy á propósito para lugar de descanso en las monterías de las personas reales, único uso que hasta ahora ha tenido.

San Ildefonso ó la Granja es preciso verlo, no se puede describir (1). Situado al pie de una montaña elevadísima, sus magníficos edificios, entre los que descuellan la Colegiata y el Palacio, sus bellísimos jardines, sus hermosas fuentes, sus caprichosas cascadas, su embalsamado ambiente, sus esquisitas aguas y sus poéticos alrededores, forman uno de esos cuadros en que la realidad supera mucho á la fantasía. Yo habia oido hablar varias veces con elogio de la Granja, habia leido las diferentes descripciones que se han publicado, inclusa la del canónigo Martinez Sedeño; pero confieso en verdad que con todo no habia formado una idea, ni aun aproximada, de lo que es este sitio, y que al verlo me causó la misma sorpresa que pudiera ocasionarme la vista repentina de un pais encantado de las *Mil y una noches*.

Fundó á San Ildelfonso el rey Felipe V, á semejanza de Versalles, el año 1720, y despues lo han ido embelleciendo cada vez mas los diferentes monarcas que le han sucedido en el trono. La Colegiata es muy capaz, en figura de cruz latina, y en la media naranja y bóvedas tiene escelentes pinturas de Bayeu y Maella; el palacio, cuya fachada principal da á los jardines, está adornado con estraordinario gusto á estilo moderno, y en las galerías bajas se guardan muchos cuadros, entre ellos algunos de bastante mérito; los jardines son lo mejor de España, y segun la opinion de muchos, mejores tambien que los de Versalles, que se quisieron imitar; los demas edificios de la poblacion, inclusos los cuarteles, nada dejan que desear. No estaba la córte cuando nosotros fuimos, y no pudimos ver correr las fuentes, espectáculo reservado solo para ciertas solemnidades, del que he gozado despues, y por cierto es digno de la celebridad que ha adquirido. Dos sucesos memorables de la historia contemporánea se recuerdan naturalmente al visitar la Granja; la enfermedad del último monarca, y el motin de 1836. A la salida de este sitio, y á la derecha, en el camino de Segovia, está Quita-Pesares, quinta de recreo fundada por la reina madre doña María Cristina, y mas adelante á la izquierda, y como un cuarto de legua apartado de dicho camino, el jardin de Robledo, cuya belleza es toda de situacion.

(1) El grabado que sirve de cabeza al capítulo primero de esta parte, representa una vista bastante exacta de la Granja, asi como la letra del mismo capítulo retrata el famoso acueducto de Segovia.

Avila es ciudad muy antigua, y su nombre se deriva de Abula, árabe; sus murallas, construidas en tiempo de don Alonso VI, se conservan todavía en estado de defensa; hay un alcázar real, y contra sus muros suponen que se verificó el acto de despojar en estátua á Enrique IV de sus insignias reales (1), de donde tomó la poblacion el nombre de Avila de los Caballeros, por los muchos que en ella residian, efecto de las contiendas civiles. Entre sus edificios, son los mas notables la catedral, de órden gótico y de una antigüedad remota, cuya parte Norte es fama que se halla edificada sobre una laguna, cosa á la verdad no dificil de creer, atendida su mucha humedad; y la parroquia de San Vicente, muy grande y antigua, de tres naves, que dicen haber sido ejecutada por un judío, y en efecto, en el crucero, al lado de la epístola, hay una inscripcion que atestigua el hecho, añadiendo la circunstancia de haberse convertido á la fé de Cristo el fundador, que se halla sepul-

PARROQUIA DE SAN VICENTE, EN AVILA.

tado en la misma iglesia. Este templo se edificó en el mismo sitio en que fueron martirizados los santos hermanos Vicente, Sabina y Cristeta, patronos de la ciudad, cuyo sepulcro está en una capilla subterránea, debajo del altar mayor, á la que se baja por una escalera de 39 pasos. En el mismo sitio que ocupa la capilla se dice que habia un peñascal, sobre el que fueron martirizados los referidos santos, y añaden que en este sepulcro juraban los caballeros no faltar á su palabra, hasta que se prohibió por una ley de los Reyes Católicos. El pórtico lateral del templo es espacioso, de doce arcos, con columnas y varios ornatos; en la portada principal de la iglesia hay mayor número de estas con muchas imágenes muy antiguas. El P. Ariz, mongo

(1) Véase la página 112.

benito, escribió las grandezas de la ciudad de Avila, y la segunda parte de esta obra contiene una narracion por el obispo don Pelayo, que es sin duda ninguna la mas antigua novela española. En esta ciudad está sepultado el célebre don Alonso de Madrigal, obispo de la misma, conocido con el nombre de Abulense, y mas comunmente con el del Tostado.

Reparado ya el olvido, prosigamos ahora la narracion de nuestro viage.

De Zamora, donde solo permanecimos un dia, nos dirigimos á Salamanca, que dista doce leguas de un camino que nada tiene de bueno ni de divertido: hasta los pueblos que se atraviesan son todos insignificantes, y solo el de Corrales, á cuatro leguas de Zamora, llama la atencion por la circunstancia de cruzarlo el camino mas frecuentado de los arrieros andaluces y estremeños, que transitan á Galicia, siguiendo la famosa via militar de los romanos, llamada *camino de la Plata*, que conducia desde Mérida á Leon por Plasencia, Montemayor, Salamanca, el Cubo, Zamora y Piedrahita. No pudimos hacer la jornada en un dia, porque íbamos en mulas de paso, y tuvimos que quedarnos á dormir en un pueblecito que llaman Calzada de Valdemiel, á tres leguas de Salamanca. Una circunstancia imprevista hizo que nos alegrásemos en vez de sentir el contratiempo, porque presenciamos la escena de costumbres mas original que hemos visto en todo el curso del viage. Antes de describirla, diremos dos palabras sobre los famosos *charros*.

El campo de Salamanca es célebre desde el tiempo de nuestras mas oscuras tradiciones; prueba de ello la cantinela vulgar que dice:

Bernardo estaba en el Carpio
Y el moro en el *Arapil*:
Como el Tormes va por medio
No se pueden combatir.

Tambien en nuestro tiempo es famoso por la batalla de *los Arapiles*, dada el 22 de julio de 1812 por lord Wellington, general en gefe de las tropas aliadas, á los franceses al mando del mariscal Marmont; el ejército aliado tuvo cinco mil bajas, y doble el enemigo; contándose entre los heridos al mismo mariscal y tres generales de division; los franceses se retiraron hácia Piedrahita, dejando en nuestro poder muchos prisioneros, armas, municiones y dos águilas,

Los moradores de este campo no han tenido hasta hace poco propiedad territorial, porque todo era de corporaciones ó mayorazgos; pero son propietarios en ganados, principalmente vacunos. Viven por lo general en casas aisladas y solitarias llamadas *montaracias*, en medio de aquellas dilatadas y montuosas dehesas de pasto y labor que traen en arrendamiento. Sus costumbres aunque rústicas, porque son campestres, no son feroces sino honradas y benéficas. Sus personas son agraciadas en la juventud, enérgicas y fuertes en la virilidad, venerables y nunca ridículas ni aun en la decrepitud. Ejercen la hospitalidad con profusion, y hasta con demasiada ceremonia. Por tarde que un huésped llegue á una montaracia, y por mas que proteste que no quiere cenar, por disfrutar del sueño que le oprime, le han de entretener, al menos todo el tiempo necesario para cocer y guisar un ave ó un animal doméstico, pavipollo en pepitoria, recental cochifrito, ó cochinillo tostado, amen de ordeñar las cabras, aunque estén á media legua. La cama, es de etiqueta indispensable que tenga muchos colchones, de modo que ha de ser ágil y tomar carrera el que se lance en ella desde el suelo sin el auxilio de una silla por lo menos; y como las almohadas están bordadas en realce de estambre negro, saca el huésped al siguiente dia en una megilla un águila estampada, y en la otra un leon rampante ó cosa por el estilo. Las sábanas ademas tienen en medio una randa, entre cuyos enrejados suelen estar enredados los dedos de los pies, con no poca pérdida de tiempo cuando se quiere uno levantar.

La honradez de los charros de Castilla es proverbial asi como su sencillez, objeto de burla en la ciudad para la gente soez; pocos ignoran la inocente esclamacion

LOS CHARROS.

de un charro en el teatro al ver que al que hacia de rey le engañaba el que hacia de traidor: «Señor, dijo con toda la fuerza de su voz; no crea V. á ese que es un pícaro.» Tambien cuentan de otro que habiendo asistido á un grado de pompa en la universidad y preguntándole que le parecia respondió: «Que tendrán estos señores muy pocas obligaciones en su casa cuando gastan el tiempo en esas cosas.»

Tienen fama las charras de Castilla, no solo de buenas mozas, sino de enamoradas y sensibles en sus sombrías soledades. En virtud de este concepto y por exageracion, cuentan (y será cuento estudiantino) que en tiempo de la guerra de la independencia, cuando los lanceros de don Julian Sanchez, todos mozos del pais, defendian la provincia contra los franceses, referia lamentándose una madre al fraile de cuaresma los devaneos de su hija con los dichosos lanceros para que reprendiese á la muchacha. Pero el fraile esclamaba á cada paso: «¡Cuánto me alegro yo de eso!» Tantas veces esclamó, que le preguntó la madre por qué se alegraba, á lo que contestó el fraile, «Porque no sabia yo que tenia tanta gente don Julian.» Hablemos ahora de la escena de que hice mérito.

La noche que llegamos á Calzada nos alojamos en un meson, y desde luego noté que alli pasaba algo de estraordinario; todo el mundo estaba ocupado, y tanto que apenas nos hicieron caso; las mugeres principalmente parecian las mas afanadas, pues mientras unas fregaban los pisos, las otras *enjavelgaban* las paredes de las habitaciones y los criados iban y venian, como cuando se dispone una fiesta solemne. Preguntamos al mozo de mulas, único con quien nos habíamos podido entender, y éste nos dijo que se trataba nada menos que de la boda de la hija del posadero, que se casaba al siguiente dia por la mañana. Tenia yo algunas noticias de las singulares ceremonias que se usan en las bodas de los charros y no quise perder tan buena ocasion de presenciarlas, asi que resolvimos quedarnos en el pueblo para asistir á la boda, si podiamos lograr que nos convidase el padre de la novia. Esto que nos parecia lo mas dificil, no ofreció la menor contrariedad pues apenas significamos nuestro deseo, el bueno del posadero no solo se manifestó propicio, sino satisfecho y contento de disfrutar lo que él llamaba una honra inesperada. Pudiera llenar muchas páginas con la descripcion de lo que vimos, pero en obsequio á la brevedad me limitaré solo á lo mas sustancial, aunque nada hubo que fuera indiferente.

A las nueve de la mañana llegó en busca de la novia el acompañamiento, compuesto de los padrinos, gente muy principal, parientes y amigos de ambas partes, y en seguida se pusieron, ó mejor dicho, nos pusimos en marcha para la iglesia. Esta procesion tiene algo de lúgubre y magestuoso; los hombres van con sus larguísimas capas y sombreros del pais, aunque haga un calor espantoso, las mugeres vestidas de negro y cubierto el rostro con los lados de la mantilla; todos silenciosos andando á paso lento y divididos en grupos. A mitad de la carrera se empiezan á oir cantares que aumentan á medida que se aproximan á la iglesia. Las amigas solteras de la novia apostadas de antemano en los parages por donde ha de pasar el marital cortejo, entonan á su tránsito cantares tristes y lamentaciones en que, ponderando las cargas y cuidados que impone el santo sacramento, exortan á los novios á que se arrepientan á tiempo, y crecen los lamentos y el tono de voz á medida que se van acercando á celebrarlo.

—Mucho valor se necesita para casarse en esta tierra, me decia Mauricio por lo bajo. Confieso que el oir á estas mugeres es capaz de quitar la voluntad al hombre mas decidido.

Yo le hice seña para que callara temiendo una imprudencia que hubiera podido comprometernos, porque íbamos al lado de los padres y la menor sonrisa la hubiesen tomado de fijo por una burla.

A la vuelta, despues de verificada la ceremonia siguen los cantares pero con otro tema; como si hubiesen cometido una falta irremediable, amonestan á los dos esposos á llevarse pacientemente sus recíprocas impertinencias mediante que ya no es posible arrepentirse de lo hecho. La comida se verifica en largas mesas al aire libre en parage defendido del sol; alli se sientan todos los convidados y parientes de los novios, y alli encuentra tambien alivio y consuelo la indigencia, siendo comun ver á los proletarios y labradores pobres, que atraidos por el ruido de la fiesta, gozan abundantemente y en mesa separada de las profusiones del banquete. Difícilmente podria dar una idea del cuadro patriarcal que se ofreció á mi vista durante la comida; el mismo Mauricio, no obstante su génio alegre, estaba preocupado y casi enternecido.

—¿Por qué hemos de buscar en los libros, me decia, recuerdos de otras edades, ni descripciones poéticas de antiguos usos teniendo en nuestra España y en este siglo de positivismo y de cálculo, tanto que admirar y que aprender?...

En la mesa se guardó silencio durante los primeros platos, pero despues se cantó y se improvisó con tal sencillez, con tanta alegría y desembarazo, como si los cantores fueran artistas consumados, y los improvisadores discípulos de Horacio ó de Petrarca, y alli era ver aquellos buenos labriegos que ni leer sabian la mayor parte, echar su *cuarteta* cuando les tocaba, sin hacerse de rogar ni aun siquiera pararse á meditarla. Verdad es que el auditorio, por demas tolerante, aplaudia siempre estrepitosamente sin reparar en la desigualdad de los versos, ni en que careciesen de asonante ó de consonante. Para que se forme una idea de este género de poesía citaré una de las improvisaciones que mas favor alcanzó y se vendrá por ella en conocimiento de como serian las otras. Iba dirigida á la novia, y decia asi:

Cinco mil pares de bueyes
Permita Dios que á tus hijos
Les dejes cuando te mueras,
Por los siglos de los siglos, *amen*.

—Ese *amen* me ha asesinado, dijo Mauricio, pues sin él hubiera podido pasar la cuarteta menos mal.

—¿Quien repara en un *amen* en estos casos? le contesté yo.

Por la tarde se formó un círculo muy ancho, se colocó el tamboril en parage oportuno y dió principio el baile con castañuelas y grande estrépito y algazara. A un lado del círculo en el interior estaba la presidencia de los padrinos y á poca distancia una mesa con una bandeja. Es costumbre en tales casos que todo el que haya de bailar con la novia coloque algunas monedas en una manzana dividida en cuatro partes, la cual pasando desde las primeras vueltas á su mano se hace dueña por el mismo hecho, de las monedas, y aunque continúe bailando con ella, fija en la punta de un cuchillo, concluido el baile la arroja en la bandeja que forma en semejantes dias una pequeña dotacion de todos los que asisten á la fiesta. Llámase *ofertorio*, y sirve de estímulo para que los padrinos y demas allegados hagan alarde de su liberalidad y desprendimiento. Otras veces suelen envolverse las monedas en papeles; pero esto se ha desechado ya casi generalmente porque daba márgen á burlas y juegos, en que al paso que se ponia en ridículo á los desposados, diezmaban en gran parte sus intereses pecuniarios. Antiguamente esta práctica era seguida de un abrazo y un beso que, si no podia sustraerse, tenia que recibir la desposada del que bailaba con ella; pero los charros de estos tiempos, mas rígidos en sus costumbres, han desechado esta como inmoral y ofensiva, verificándose asi, que solo este pueblo, modelo de honradez y de virtud, marcha contra la corriente del siglo que parece anegar en su curso el edificio ruinoso y harto socabado ya de la moral y de las creencias.

El baile continuó hasta ponerse el sol, entonces desapareció la bandeja y en su lugar pusieron una banqueta de madera en que habia un bizcocho circular que llaman *rosca*; bailóse alrededor de ella, y partida luego en pedazos se distribuyó entre los padrinos y personas de consideracion, tocándonos á nosotros nuestra parte. Concluida esta ceremonia y enterados de que solo faltaba servir á los desposados á media noche un plato, cuando ya están en la cama y todos durmiendo, nos despedimos del posadero dándole gracias por su amabilidad, y emprendimos el camino de Salamanca al punto de anochecer, aprovechando la luz de la luna y el fresco ambiente del campo, tanto mas agradable, cuanto que el dia habia sido muy caluroso.

En Salamanca nos detuvimos breve tiempo, no porque esta ciudad no tenga mucho que ver, sino porque la estacion estaba ya muy adelantada y deseábamos despachar pronto para irnos á otro pais de temperatura mas benigna. A pesar de nuestra corta residencia en la antigua *Salamántica*, que por sus muchos y notables edificios ha merecido el renombre de Roma la chica, pudimos admirar su magnífica plaza mayor, reputada por una de las mejores de Europa; tiene un pórtico alrededor con 88 arcos, de los cuales, algunos de mayores dimensiones que los demas, sirven de desembocadero á las calles. Es cuadrada y cada lienzo tiene cien varas; la casa consistorial, que ocupa uno de los frentes, está adornada de escudos, columnas, niños, y hojarascas de mal gusto.

Una de las antigüedades mas importantes que hay en Salamanca y acaso en toda España, es el magnífico puente que se halla á 250 varas de la puerta del rio. Tiene 27 arcos y 423 varas de largo por 8 3/4 de ancho. Una mitad es de construccion romana y la otra reedificada en tiempo de Felipe IV, pertenece á época posterior. Divide las dos mitades una torre en pabellon que hace muy buen efecto.

Hay dos catedrales; la vieja, muy apreciada de los inteligentes como monumento antigüo, y la nueva, cuya primera piedra se puso el dia 12 de mayo de 1513, segun consta de una lápida que se conserva en un estremo del edificio, pero tardó mucho en concluirse. Este magnífico templo, de estilo semi-gótico, es sorprendente por la elevacion de sus columnas, por lo espacioso de su pavimento y por el prolijo esmero de sus adornos. En una de las capillas, llamada del Cristo, se guarda con gran veneracion un crucifijo que dicen llevaba el Cid á sus famosas campañas. La torre es la de la antigua catedral, y está unida á los dos; tiene 120 varas de elevacion y la campana grande pesa 100 quintales.

Salamanca abunda en iglesias; las de los antiguos conventos, parte se conservan y parte han desaparecido; en las que existen y en las de las parroquias, que son en bastante mas número de lo que la poblacion requiere, se encuentran no pocas curiosidades artísticas y pinturas de mérito.

Se ignora la época de la fundacion de esta ciudad, y algunos autores le dan tres mil años de existencia apoyados en cálculos y conjeturas muy aventuradas, pues hasta 550 años de la fundacion de Roma, 220 antes de la venida de Jesucristo, Salamanca no figura en la historia. Su nombre significa tierra de adivinacion ó profecía, y ocupa el centro de los antiguos pueblos llamados vettones. Largo y enfadoso seria referir todos los hechos históricos que han ocurrido en Salamanca, pero hay uno que por su singularidad no debe quedar en silencio. Ocurrió el año 1440 y dividió á sus habitantes por mas de 30 años.

El juego de pelota produjo una acalorada disputa entre algunos jóvenes pertenecientes á la nobleza; la decision se encomendó á la espada, como era costumbre en aquellos tiempos, y tuvieron el palenque dos *Rodriguez del Manzano* contra dos *Enriquez de Villalba*. Favoreció la suerte á los Manzano y sus rivales quedaron en el campo. Huyeron los primeros á Portugal, pero doña María de Monroy, llamada desde entónces la *Brava*, los sorprendió y entró en Salamanca con sus cabezas puestas en una pica. Esta osada muger, madre de los Villalba, fué la que dió el grito de guerra, y desde entonces no volvió á haber paz para los salmantinos; el comercio quedó interrumpido y las calles desiertas y ocupadas solo de cadáveres. Era tal la inseguridad de los habitantes, que los dos partidos tuvieron que aislarse y vivir en barrios separados. Estas son las célebres discordias que designan los escritores de aquella época con el nombre de *Bandos de Salamanca*. Mas hubieran durado estas sangrientas luchas en que el asesinato representaba el principal papel, si San Juan de Sahagun no hubiera sido tan constante en combatirlas con su elocuencia y con la uncion de sus palabras. Poco despues de haber logrado este triunfo, murió este hombre admirable, envenenado por una muger de cuyos brazos habia arrancado á un noble que la amaba con delirio y á quien ella no correspondia bien. Salamanca tomó parte en la guerra de las comunidades, en la de sucesion y en la de la independencia; de esta última trae su principal orígen el estado de languidez en que se halla la poblacion actualmente: no se da un paso sin tropezar con escombros, ni puede tenderse la vista sin hallar largas y silenciosas calles, en donde se elevan altos paderones que no ocultan ni un solo viviente, ni escuchan mas voz que el rugido del viento que los azota.

Nada hemos dicho de su famosa universidad, hoy tan en decadencia, como todo lo demas, porque hay ciertas cosas de que no se puede decir poco. La fundó Alfonso IX de Leon, y los monarcas sucesivos la añadieron infinitos privilegios y prerogativas. Por espacio de muchos siglos fué un rico manantial de ciencia para nacionales y estrangeros, pues tambien de fuera de España concurrian á sus aulas, y alli se formaron todos los hombres eminentes que han ilustrado nuestro pais; tan cierto es esto, que proverbialmente se ha dicho, y se dice todavía: *el que quiera saber que vaya á Salamanca.*

CAPITULO DIEZ Y OCHO.

LA CASTELLANA DE CERRALBO.

Aunque Ciudad-Rodrigo no es rica en monumentos antiguos ni en edificios notables, es sin embargo célebre en la historia de este siglo, por la brillante defensa que hizo contra los franceses que, en número de 65,000 la tuvieron sitiada desde el 25 de abril hasta el 10 de julio de 1810, en que se posesionaron de ella por capitulacion, batiéndola durante este tiempo con 46 piezas de todos calibres, que arrojaron mas de 75,000 proyectiles. La guarnicion se componia solo de 4,000 hombres, que quedaron reducidos á 2,600: pero la pérdida del enemigo la hacen subir los naturales aun hoy dia, desde 13 á 17,000. Esto sin duda ninguna es una exageracion; pero no lo es la bizarría y entusiasmo con que defendieron la plaza, sin distincion de clase, edad, ni sexo. Entre las mugeres sobresalió una del pueblo, llamada Lorenza, herida dos veces, y hasta dos ciegos, guiado uno por su perro, se emplearon en activos y útiles trabajos. La capitulacion fué de las mas honrosas, hecha bajo palabra de honor entre el mariscal francés Ney y el gobernador español Perez Herrasti; y Massena, en su relacion del sitio, encomiando la defensa como una de las mas porfiadas, decia: «No hay idea del estado á que está reducida Ciudad-Rodrigo; todo yace por tierra y destruido; ni una sola casa ha quedado intacta.» Massena era francés, y por consiguiente debemos suponer que no exageraba nada. Pero no fué esta sola la calamidad que sobrevino en aquella época á la poblacion que nos ocupa, porque siendo las guerras siempre una verdadera desgracia para los pueblos, los hay todavía que tienen el poco envidiable privilegio de sufrir en todos casos, lo mismo por los enemigos que por los aliados, y de esto hubo mucho en la famosa guerra de la independencia de España. Ocupáronla los franceses, como se ha dicho, en julio de 1810, sin que Wellington, que por esta época se hallaba en Viseo, en Portugal, con un ejército respetable, prestase el menor auxilio á los sitiados, que de él lo esperaban todo; pero en agosto de 1811 trató de rendirla por hambre, sin duda porque asi convenia á las operaciones militares; y al efecto la puso cerco, la batió luego, y la tomó al fin por asalto en 19 de enero de 1812, haciendo prisioneros 1,700 franceses de los 2,000 que la guarnecian; el ejército anglo-portugués, nuestro aliado, tuvo 1,300 hombres de pérdida, entre ellos dos buenos generales, y las córtes de Cádiz, ademas de dar la gracias á Wellington, le concedieron la grandeza de España de primera clase, con el título de duque de Ciudad-Rodrigo. Inútil es decir que la poblacion conserva todavía por todas partes reliquias de estas dos memorables jornadas.

Habíamos hecho el viage mi amigo y yo desde Salamanca, que dista diez y seis leguas, en mulas de paso con aparejo redondo, y sendos estribos de madera, á estilo de los que usaban los antiguos procuradores de los suprimidos conventos, de modo que empleamos dos dias en la travesía, que no fué sin embargo de las peores, porque el camino es bueno, y contra el inconveniente de las malas posadas, habíamos adoptado la precaucion de salir siempre aprovisionados, y de dormir al aire libre, gracias á la buena estacion que lo permitia. Caminábamos el segundo dia uno tras otro, por una estrecha senda, sentados á mugeriegas en nuestras cabalgaduras, en mangas de camisa, y cubiertas las cabezas con enormes sombreros de paja, para guarecernos de los ardientes rayos de Febo, cuando Mauricio, que hacia largo tiempo callaba, esclamó de repente con tono sentencioso:

—¡Todo tiene en este mundo sus ventajas como tiene sus contras! Si yo hubiera ido á Francia, como pensé hacerlo antes de que me decidiera á acompañarte, habria andado en tres horas por el camino de hierro, las treinta leguas que separan á Orleans de París; pero hubiera corrido el riesgo de que me sucediese alguno de esos que llaman los franceses *accidentes*, en que mueren tres ó cuatrocientas personas, y quedan mutiladas otras tantas. Aqui es verdad que tardamos un siglo en cada legua, que el sol nos abrasa, y que el movimiento no tiene nada de cómodo; pero en cambio que seguridad!... ¡Qué aplom...

No habia concluido mi amigo la frase, cuando resvalando la mula en que iba montado, y arrodillándose, lo puso en el suelo en menos tiempo del que es necesario para referirlo. Yo me asusté al pronto; pero viendo que Mauricio se levantaba sin muestras de haberse hecho daño, no pude contener una carcajada.

—¡Bravo! gritó de mal humor; me place verte imitar á los necios que se rien cuando un prógimo se rompe la crisma.

—No me rio por eso, contesté, sino por la seguridad de las mulas de paso, que tanto encomiabas, precisamente en el momento en que la tuya se echó en tierra; no parece sino que el animal comprendia tu razonamiento, y avergonzado, porque conoce que ya pasó su época, quiso tambien probarte á tí, que en efecto todo tiene su contra como tiene su pró; y perdona si ahora me meto yo á filosofar tambien; no habeis de ser solos tú y tu caballería.

—Quieres abusar de mi paciencia... y de mi desgracia!... dijo Mauricio con acento burlon montando de nuevo en la mula, y sin conservar ya restos del mal humor que le produjo la caida.

—No tal le repliqué; quiero seguirte en el camino que me has trazado; escúchame que ya comienzo. Si al caer ahora de la caballería te hubieras desnucado, por ejemplo...

—El ejemplo no me parece del todo mal.

—Déjame proseguir... Si te hubieras desnucado, digo, cosa á la verdad muy fácil, ó te hubieses roto un brazo ó una pierna, lo cual nada tiene de dificil, era igual exactamente en el resultado á un accidente de un camino de hierro; con la diferencia de que aqui habrias muerto, ó te habrias lisiado, prosáicamente, ignorado y sin gloria, cuando alli estabas seguro de que tu nombre pasaria á la posteridad con el de las otras víctimas, hablarian de tí los periódicos de toda Europa diciendo mil lindezas, pues ya sabes que para el que se muere nunca faltan elogios, y al fin tú eres un artista, y acaso, acaso publicarian tu biografía ó por lo menos un articulito necrológico; ya ves que aun cuando en el fondo todo es morir ó lisiarse, la forma varía muchísimo.

—Hablas como siempre y me diviertes como nunca; pero...

—Aun no he concluido. Por este método de viajar que ahora practicamos y que puede llamarse antiguo ó comun, se tarda un siglo en cada legua, como dijiste con razon hace poco, lo cual equivale á perder tiempo, y bien analizado á vivir menos, porque pasar la vida en ir de un pueblo á otro en mi concepto no es vivir; se sufren las incomodidades de la estacion y las demas que enumerastes, y se va espuestos por añadidura, y esto te se olvidó, á encontrar á cada paso quien obligue á uno á entregarle la bolsa ó la vida. En un camino de hierro no hay miedo á los ladrones, se vá con comodidad y se llega al instante. Verdad es que ocurren alguna vez accidentes, por fortuna hoy ya muy raros, y que suceden desgracias al parecer en grande escala; pero si tomas en cuenta las personas que viajan en cada convoy, y el infinito número de estos que van y vienen diariamente en el mismo camino de París á Orleans que has citado, verás que los accidentes son mucho menos temibles de lo que parecen.

—Me has convencido, pero no me has quitado el miedo á los caminos de hierro, y por mas que me digas no lograrás que varíe de opinion.

—¿Es posible Mauricio que un jóven de estos tiempos piense asi? ¿No te da vergüenza?...

—No por cierto; figúrate tú si tengo razon para horripilarme al oir hablar de los tales caminitos, que tres empresas de que soy accionista para establecer líneas de ferro-carriles en España, todas tres han quebrado despues de sacarnos los cuartos.

—Eso ya es otra cosa, y tu miedo en esta parte es racional y justificado. Como solo me habias hablado de los accidentes...

—Cierto que no hablé mas que de los *accidentes*; pero te olvidas que la mula me cortó la palabra cuando iba á hablar de las *acciones*, y despues la has tomado tú sin dejarme meter baza.

—Perdona la indiscrecion.

—Al contrario, te agradezco el buen rato; y ahora hablemos de otra cosa. Supongo que ese pueblo que se vé ahí es Ciudad-Rodrigo.

—Si señor, esa es, contestó el calesero.

—¿Y que hacen tantas cuadrillas de hombres cavando en el rio?

Yo fijé la vista y observé que en efecto habia una porcion de hombres trabajando con afan.

—Buscan oro, dijo con indiferencia el mozo

—¡Oro! ¿Qué dice vd. hombre de Dios?... ¿Con que estamos en un pais donde para ser millonarios no hay mas que meterse de patas en el rio y dar cuatro picotadas?

—No te burles, Mauricio, repliqué yo, que el señor ha dicho la verdad. Ese rio se llama Agueda, nombre que trae su orígen de la palabra griega *agattos*, lo mismo que bueno, aludiendo á lo cristalino y limpio de sus aguas: nace en las vertientes de Jalama, á ocho leguas de aqui, y engrosándose con varios arroyos entra en el Duero en las inmediaciones de Fregeneda, doce leguas mas adelante; de modo que tiene un curso de veinte leguas. Ponz le llama el *rio de las arenas de oro*, porque las trae en efecto, y mas de un poeta célebre ha pulsado la lira en su honra.

—Todo eso está muy bien, pero á mí lo de las arenas de oro es lo que mas me interesa. ¿Las trae en mucha abundancia?

—En mucha no, pero bastantes para recompensar los afanes de los que las buscan. Esos hombres vienen por esta temporada en que bajan las aguas, cavan en los sitios que ellos ya conocen, sacan la arena, la lavan y depuran, y á fuerza de constancia y de tiempo reunen algunos adarmes de oro que venden en la ciudad ó en Madrid á buen precio, porque la calidad es escelente.

—¿Y cómo no se han hecho investigaciones para hallar el orígen de esas arenas?... Porque si el rio las trae, claro es que ó el mismo rio ó cualquiera de los arroyos que lo enriquecen, pasan por algun punto donde este metal existe en abundancia.

—Asi opinan todos, y ya comprenderás que se habrán hecho esquisitas diligencias para encontrar el criadero, pues la cosa bien merece la pena; pero hasta ahora todas han sido inútiles.

En este razonamiento llegamos á las puertas de la ciudad, que pudimos recorrer aquella misma tarde, pues su recinto es pequeño. Visitamos la catedral, fundada por don Fernando II de Leon el año 1170, que es de estilo gótico, sin mas mérito arquitectónico que su solidez; pero en cambio hay en ella algunos sepulcros dignos de fijar la atencion; sino por la fábrica, por los personages que diz que encierran. El primero que se vé segun se entra, es el del ilustre caballero don Alvaro Alfonso de Robles. A la mano izquierda yace el señor don Pedro Diaz, obispo que fué de la diócesis, de quien nos contó el sacristan que nos acompañaba, haciendo el servicio de *cicerone*, que cuando iban á poner su cadáver en un cenotafio muy suntuoso para cantarle el oficio de difuntos, sucedió que se apareció San Francisco; y estendiento la mano sobre el muerto, dijo: «levántate,» y se levantó bueno y sano, tan contento, que á pesar de hallarse en la iglesia se puso á saltar y brincar de alegría, con singular asombro de los circunstantes, que casi en totalidad se dispersaron por el pueblo refiriendo la aventura. El reverendo obispo, despues de resucitado, vivió treinta dias cabales, en cuyo tiempo predicó muy buenos sermones, segun nos afirmó el sacristan, con la misma seguridad que si él los hubiese oido, y tambien hizo ejemplares penitencias, pero sin fruto, porque ya estaba condenado, y cuando compareció de nuevo á juicio, suponen que se fué al infierno derechito. Nuestro guia no pudo decirnos qué clase de crímenes habia cometido para merecer tan tremendo castigo; pero nos enseñó un lienzo que se conserva asaz estropeado, y no de mano muy maestra, el cual representa las circunstancias principales de este suceso; en él aparece el entierro del obispo, y el acto de volver á la vida, adornado con todo el aparato correspondiente á la ceremonia que iba á ejecutarse.

El sepulcro que sigue es el del noble caballero Alvar Perez de Osorio y su muger doña María Pacheco, y cerca de ellos están los huesos del ilustre don Fernando de Toledo, que fueron traidos de tierra de moros allende del mar, donde peleó muchos años contra los infieles. Algo mas adelante se encuentra una pizarra con un letrero que dice: «Aqui yace la ilustre Marina Alfonso, que llamaban la Coronada.» Nuestro sacristan añadió despues de hacernos reparar en la lápida, lo que sigue: «Enterraron á esta señora en un sepulcro adornado con gran lujo y construido de muchos mármoles y otras piedras que se han perdido por el curso de tantos años y la turbacion de los tiempos. Era de nacion portuguesa, y cuentan que hizo cosas muy difíciles y estrañas, sobre las que hay una mas estraña que las otras, y es que supo guardar su castidad hasta que le llegó su última hora, pero esto no pudo hacerlo sino con gran trabajo y sosteniendo luchas tremendas, porque era muy hermosa, y los hombres la perseguian. El que mas la dió que hacer, segun la fama refiere, fué un mancebo hijo mayor del Señor de su tierra, mozo audaz que pretendia en el hervor de sus amores la satisfaccion de su deseo, siguiéndola en el campo cuando iba sola. Sucedió un dia que viéndose los dos en un bosque y habiéndose adelantado el jóven mas que de costumbre, ella, por guardar y conservar su castidad, respetando mas el valor de su limpieza que la florida juventud, gallardía y nobleza del hijo de su Señor, le mató, quebrantándole la cabeza con un carzillo que en las manos tenia. Luego despues de lo cual, como que habia hecho una muerte, subió en una yegua y se vino á España, donde acabó sus dias no sé yo cuando ni de qué manera, porque mi antecesor, que fué quien me refirió esta historia, hace mucho tiempo, cuando era yo aqui monaguillo, decia que á él no le habian dicho mas, y que por lo tanto no podia decir, porque en punto á historias verídicas, no le gustaba añadir ni quitar nada, sino dar á cada uno lo que fuese suyo.»

En medio de la nave mayor de la iglesia está el coro de nogal muy vistoso, llenando en la cornisa de la nave cuatro estátuas que son del rey don Fernando y su esposa, fundadores, del obispo don Domingo, y la que está en frente es de San Francisco copiada del natural. Cuando pasó este santo por la ciudad, camino de Santiago, se asombraba la gente de ver un hombre metido en un saco, descalzo de pie y pierna, ceñido su cuerpo con una soga y un báculo para sostenerse, y como por aquel tiempo se cubrian las bóvedas, mandó el obispo retratarlo y ponerlo sobre el otro pilar de enfrente.

Al estremo de la iglesia, dijo nuestro guia parándose de repente, habia en lo antiguo un epitafio sobre doña María Adam, señora de Cerralbo, que ya no existe; pero contaré á vds., si gustan, la historia de esta dama, que no deja de ser curiosa é interesante.

Hácia mediados del siglo XV cuentan que habia á una legua de esta ciudad, en el camino que conduce á Salamanca, una especie de posada ó ventorrillo llamado del Val, sin duda por alusion al pueblo que se encuentra mas adelante, cuyo nombre es, segun saben vds., Val de los Carpinteros. Esta posada era entonces muy concurrida, y punto de reunion de algunos personages distinguidos, que por efecto de las revueltas políticas recorrian con frecuencia la Castilla pasando de unas ciudades á otras.

Una de las noches mas frias y tempestuosas del mes de diciembre del año de 1464, llegó á dicha posada un caballero acompañado de su escudero; pidió habitacion y cena, y cuando le hubieron servido ambas cosas, se recostó, sin quitarse mas que la ropa esterior, en la cama que tenia dispuesta, ordenando al criado que le imitara en otra que tambien le prepararon. Durmióse muy pronto el escudero; pero don Juan de Carabeo, que tal era el nombre del jóven caballero, en lugar de dormir, dió rienda suelta á sus pensamientos, porque estaba perdido de amor, y á los enamorados no les falta nunca en qué pensar. Al poco tiempo le sacó de su éxtasis un ruido confuso de voces que oyó en el aposento inmediato, únicamente separado del suyo por un mal tabique de madera que ni siquiera llegaba al techo. Fijó naturalmente la atencion, y pudo comprender que eran cinco personages allí reunidos, todos hermanos y que se ocupaban de comentar el suceso que acababa de ocurrir en Avila del destronamiento y exoneracion en estátua del rey Enrique IV, de que supongo tienen vds. noticia.

Mauricio y yo bajamos simultáneamente la cabeza en señal de que sabíamos el acontecimiento á que se referia.

Escitada la curiosidad de don Juan, puso mayor cuidado y oyó que uno decia: «No tengais duda, yo mismo lo he visto; el arzobispo de Toledo, don Alfonso Carrillo, ha subido al tablado en compañía del marqués de Villena, del conde de Plasencia, del maestre de Alcántara y de don Sancho Perez, señor de Cerralbo, y entre todos han despojado á la estátua de las insignias reales llenándola de improperios; pero el de Cerralbo es el que mas se ha distinguido entre todos aquellos farsantes, pues no solo ha insultado al rey pisoteando el manto y la corona, sino que ha levantado en hombros al infante don Alfonso gritando: «Mirad este niño, que es vuestro verdadero rey y señor,» y en efecto le han proclamado tal con la mas solemne pompa.

—Eso es una infamia, gritaron á una voz los cuatro restantes; mueran los traidores!..

—Silencio, que nos pueden oir y no estamos en parage seguro, dijo el que habia hablado primero. Convengo con vosotros en que deben morir esos ambiciosos, pero es preciso concertarnos y obrar con prudencia; son muchos sus partidarios y pueden triunfar mañana.

—Demos principio por Sancho Perez, que es nuestro enemigo personal, repuso el mas viejo, y despues veremos lo que conviene hacer con los otros.

—Si, que muera Sancho, el orgulloso castellano, el que tuvo atrevimiento de insultar á los Garcilopez, no admitiendo por esposa á nuestra hermana y rehusando la alianza que le ofrecimos.

—¿Y cuándo y cómo ha de morir? volvió á preguntar con maligna calma el que parecia de mas edad, y tambien mas interesado en la muerte de Sancho Perez.

—Ahora mismo, al instante. Está en su castillo, que solo dista de aqui media legua; yo lo he visto llegar esta tarde... Presentémonos en él y en nombre del rey...

—Eso es una temeridad; mejor me parece aguardarlo emboscados mañana al anochecer cuando venga al convento de los gerónimos, como tiene de costumbre hacer cuando está en el castillo y...

—¡Aprobado y silencio! esclamaron todos á la vez... Mañana al anochecer en la fuente del Roble á la entrada del camino de la sierra.

Oida la última palabra, don Juan de Carabeo se levantó presuroso, despertó á su criado, no sin gran trabajo, mandó ensillar los caballos y partió á buen paso al castillo de Cerralbo.

Se hallaba el castellano cenando con su esposa cuando entraron á decirle que un caballero de buen porte solicitaba hablarle con urgencia.

—¿Dijo su nombre? preguntó don Sancho.

—Don Juan de Carabeo se llama, repuso el páge.

La esposa de don Sancho dejó caer el manjar que estaba trinchando y se puso pálida como una muerta. Observándola el de Cerralbo, ¿qué es eso? ¿qué tienes? la preguntó con voz imperiosa.

—No es nada; nada absolutamente, dijo la castellana toda temblando.

Don Sancho sin apartar de su esposa una mirada escudriñadora, mandó que entrase el recien llegado, y don Juan de Carabeo penetró en la estancia. Adelantóse á recibirlo el dueño de la casa, y le saludó con señales inequívosas del mas vivo afecto; correspondió á ellas don Juan con galantería, y en seguida se dirigió á la castellana para rendirla homenage; pero al llegar donde estaba, «María ¡eres tú!..» gritó sin poder contenerse y retrocedió dos pasos como espantado. La dama cayó desmayada sin proferir una sola palabra, y don Sancho cruzado de brazos, ora fijaba sus ojos centellantes en su esposa, ora en don Juan, como si con su glacial silencio qui-

Salamanca.

siera pedir una aclaracion de cuanto pasaba á su vista. Acudieron algunas damas y se llevaron á la castellana sin que diese señales de volver en sí, y cuando quedaron solos don Sancho y don Juan,

—¿Cómo se encuentra María aqui? preguntó éste á aquel.

—Por ventura, contestó con fingida calma don Sancho, ¿no puede una esposa estar en compañía de su esposo?

—¡Es vuestra esposa!.. Perjura!..

—Qué, ¿os admira? ¿Acaso lo ignorabais?

—Lo ignoraba, señor, y todavía no puedo creerlo. Hace un año, antes que partiera á la tierra santa á cumplir una promesa por encargo de mi difunto padre, María me ofreció su mano en Toledo. He cumplido mi peregrinacion y marchaba ansioso en su busca á aquella ciudad para alcanzar el premio de mi constancia, cuando...

—¿Segun eso, no sabíais que estaba aqui?

—No, por mi vida.

—¿Pues luego, con qué objeto venis al castillo?

—Vais á saberlo al punto... Yo pertenezco al mismo partido en que vos estais afiliado, y del que sois uno de sus mas dignos gefes; la casualidad ha hecho que sepa que se trama una conjuracion contra vuestra vida, y que os quieren asesinar mañana á la tarde cuando vayais al convento.

—¡A mí! ¿por qué causa? ¿Quién son los conjurados?

—Cinco partidarios del rey Enrique que han jurado asesinar á todos los que tomaron parte en el suceso de Avila, empezando por vos.

—Decidme sus nombres; sus nombres ahora mismo y mis gentes...

—Caballero, yo no soy delator de nadie; he venido á avisaros el peligro para que lo eviteis y nada mas.

—Si yo no tuviese ya otras pruebas del objeto que aquí os trae, vuestra respuesta evasiva me probaria que sois un impostor.

—Don Sancho, si otro que vos me dijera tales espresiones, ya lo hubiese muerto... Os perdono, porque comprendo que por ese medio quereis obligarme á que cometa una accion indigna.

—Me perdonais porque quereis á todo trance mi amistad... porque de acuerdo con María, tal vez habeis jurado ambos mi deshonra.... pero yo lo impediré... Hola!.. Guillen!...

Un escudero se presentó y á una señal de su amo, volvió á desaparecer como un rayo. Don Sancho se paseaba á grandes pasos por la sala sin permitir escuchar una palabra de las que don Juan le dirigia para sacarlo de su error. Aquel hombre estaba fuera de sí; los celos se habian apoderado de su alma con toda la vehemencia que acostumbra á desarrollarse esta funesta pasion en la vejez, porque es necesario decir que el de Cerralbo pasaba de los sesenta años cuando María, bella como las vírgenes de Rafael, apenas tenia veinte, y muy pocos mas don Juan de Carabeo, cuyo valor y gentileza se citaban en todas partes como modelo.

A muy pocos minutos volvió el escudero de don Sancho acompañado de unos cuantos hombres de armas, y apoderándose de don Juan lo condujeron á un subterráneo del castillo donde halló ya á su criado que le habia precedido. Al partir de la sala en que estaba el de Cerralbo;

—Es una iniquidad lo que haceis conmigo, le dijo, no importa; el tiempo os desengañará; pero no vayais sin precauciones al convento de los gerónimos... Vuestra vida importa mucho á la causa que defendemos.

Mientras esto sucedia, la castellana habia vuelto de su desmayo, y su marido la hizo llamar y la ordenó imperiosamente que le esplicara la escena que habia presenciado. María dijo lo mismo que don Juan; que habia conocido á éste en Toledo, que le habia ofrecido su mano antes de partir al cumplimiento de la promesa, pero que con la noticia de que el de Carabeo habia muerto en un cautiverio, y con el deseo de complacer á su padre, dió la mano de esposa á don Sancho, á quien si en un principio pudo mirar con indiferencia, hoy amaba y respetaba sinceramente sin haberle faltado en lo mas mínimo.

—Sois tan hipócrita como infame vuestro don Juan, pero os juro que habeis de pagar cara la osadía... Ya tengo encerrado á vuestro amante donde jamás vuelva á ver la luz del dia, y vos disponeos para entrar en un convento... Ahora comprendo quien es el caballero de las visitas nocturnas mientras mi ausencia, que con tanta perfidia me hicisteis creer que era vuestro hermano, que marchaba á Portugal para huir la persecucion del gran Maestre por el desafío que tuvo con su hijo... ¡Y yo tan imbécil que os dí crédito!...

—Pero, señor, si...

—¡Silencio!.. No quiero disculpas.

En seguida salió de la estancia dejando á María hecha un mar de lágrimas.

No hay para qué referir las angustias de los prisioneros ni los razonamientos que entre ambos mediaron sobre la estraña aventura que acababa de ocurrirles. Don Juan estaba muy tranquilo; con toda la tranquilidad de un hombre á quien su conciencia no acusa, y esperaba confiado que el de Cerralbo, pasado el primer momento le habia de hacer justicia. Por otra parte, su viage á Toledo ya no tenia objeto, y aunque en una oscura cueva, habitaba al fin bajo el mismo techo que María; lo único que le aflijia y no acertaba á esplicarse era la infidelidad de esta que nada á sus ojos podia justificar.

Asi pasaron bastantes horas, cuando de pronto sintieron abrir las puertas de la prision y que se les mandaba salir; era el punto de anochecer y condujeron á don Juan á uno de los salones del castillo donde se hallaba sola María con una de sus doncellas.

—¿Y vuestro esposo? preguntó el de Carabeo sin dar tiempo á María para que hablase.

—Ha salido al convento de gerónimos, y yo me he aprovechado de su ausencia para...

—¿Va solo?

—Le acompaña Guillen como de costumbre.

—¡María, os habeis quedado viuda!... Pero aun podrá ser tiempo... Mis armas, mis armas al punto, si estimais en algo al de Cerralbo...

Pocos minutos despues don Juan, seguido de algunos hombres del castillo llegó al convento de gerónimos; pero ya era tarde. Don Sancho Perez y su escudero yacian muertos á puñaladas en una encrucijada del camino y sobre el cadáver del primero habia una tarjeta que decia:

Los cinco hermanos Garcilopez ficieron esto que cosa buena non es, por se vengar de un ultraje y por el buen servicio de su rey.

Don Juan no quiso volver al castillo de Cerralbo por no dar tan triste nueva á María; avisó al convento para que recogiesen los cadáveres y desapareció sin que se supiese su paradero. Entretanto la castellana se vistió de gerga, y ciñó una soga á su cuerpo con cinco vueltas jurando no quitarla hasta que no fuera vengada esta muerte. Mas como no tenia de su parte á quien acudir para el reto, pues su hermano habia muerto tambien asesinado en Coimbra, hacia muy poco tiempo, hizo pregonar por todas partes que daria su hacienda y su mano al que la vengase. Aunque el aliciente era grande y la justicia notoria, como se trataba de lidiar con cinco caballeros reputados por valientes, pasó algun tiempo sin que se presentase nadie á ofrecer su espada á la viuda; pero al fin recibió aviso un dia de que un caballero portugués llamado Esteban Pacheco se comprometia á mantener el duelo. Quiso verlo, pero le dijeron que ponia por condicion no presentarse á ella sino muerto ó triunfante. La castellana por uno de esos arranques de coquetería de que las mugeres no pueden prescindir en ningun caso, pensó que seria muy feo, y casi sentia haber ofrecido ya su mano por si se veia obligada á vivir al lado de un hombre que le fuese insoportable.

Establecidas las bases del desafio se formó el palenque en el campo de San Francisco junto á esta ciudad, y acudió un considerable número de personas. La viuda ocupó el sitio de preferencia al lado de los jueces y dió principio la lucha con el mayor de los Garcilopez, que quedó á pocos minutos tendido en la arena; la castellana quitó una vuelta á la soga que ceñia su cuerpo. Salió el segundo y tambien fué vencido por el caballero portugués; la castellana quitó otra vuelta. Los otros tres hermanos se declararon vencidos sin pelear y huyeron del palenque; entonces los jueces proclamaron vencedor á don Esteban Pacheco, al son de las fanfarrias y de la gritería y aplausos de la multitud. Este se dirigió á la viuda, á quien latia el corazon con singular violencia, y levantando la visera para besarla la mano descubrió el rostro. María dió un grito y cayó sin sentido. Don Esteban Pacheco, no era sino el mismo don Juan de Carabeo, que enterado del voto que habia hecho la castellana se valió de este medio para obtener su mano. María se la concedió de buen grado, pero á condicion de que la permitiera conservar el vestido de gerga y las tres vueltas de la soga, que en efecto conservó aun despues de muerta, y con él está retratada en una figura de relieve que hay en la sepultura en su iglesia del convento llamado de la Caridad, donde se enterró y pueden vds. ver si gustan cuando salgan de aqui. En el campo de San Francisco, en el mismo sitio de la pelea, se ha conservado largo tiempo una cruz en memoria de este suceso, renovada por última vez en el reinado de Felipe IV.

Concluida la historia y no teniendo mas que ver en la catedral, nos despedimos del sacristan dándole gracias, y algo mas, por su complacencia, y nos dirigimos á la capilla de Cerralbo fundada por el cardenal don Francisco Pacheco; obra suntuosa que en el dia se halla en un estado lamentable, porque cuando el sitio de los franceses en 1810, creyó el gobernador de la plaza que ningun lugar era mas á propósito que esta capilla para depositar las municiones, y trasladándolas á ella, un descuido de los trabajadores ó alguna imprevision al tiempo de vaciar una bomba, prendió fuego á la pólvora, y voló aquel terrible depósito, luchando antes con la fortaleza

CAPILLA DE CERRALBO EN CIUDAD-RODRIGO.

del edificio, que no pudiendo vencer al primer impulso, alzó de los cimientos, hasta que abriendo ancha boca en la cúpula salió por alli la erupcion.

Nos dijeron que cuando sucedió esto habia en el recinto tres artilleros, de los cuales dos murieron abrasados en la explosion, y el tercero que casualmente se asomaba á una reja al tiempo de estallar, fué tal el impulso que le comunicó la fuerza de la pólvora, que apartó con las manos dos de las barras verticales y fué arrojado á la calle. El artillero que sufrió esta prueba parece que ha vivido hasta poco antes de nuestro viage, y este es el mejor testimonio de un hecho que vistas las circunstancias locales parece prodigioso.

Recorriendo la parte interior y al observar los nichos del arco que hay en los brazos del crucero, descubrimos una piedra movida y fuera del nivel de la obra, nos acercamos á ella y encontramos debajo un papel viejo y amarillento que decia: «Se concluyó esta capilla de San Andrés el dia 26 de setiembre de 1685, y se tras«ladó el cuerpo del cardenal don Francisco Pacheco, su fundador que descubriéndo«lo hemos visto entero é incorrupto hasta en las vestiduras, sin causar la menor mo«lestia ni aun al olfato, habiendo mas de cien años que murió.»

Nos pareció curioso el apunte y lo volvimos á poner donde estaba. Entonces un hombre de buen porte que se brindó en la puerta á servirnos de guia dijo: «Este cardenal que consumió su fortuna por enriquecer á su patria con un monumento digno de ella, solo pidió á la posteridad un sepulcro en recompensa de tantos sacrificios; pero vinieron los siglos, y violada su mansion de quietud por soldadesca estrangera, y despojado su cadáver de los ornamentos sacerdotales, fué profanado en las logías, envuelto en un tapiz y arrojado en un rincon de la iglesia; pasaron años y el cardenal olvidado por la posteridad y oscurecido entre el polvo, fué objeto de los juegos de la niñez hasta que un obispo que al fin se acordó de aquel desmoronado cadáver, lo enterró de limosna.

—¡Qué desengaño! esclamé yo involuntariamente. ¿Quién podrá alabarse de que su nombre ilustre y puro en vida, pasará del mismo modo al través de las edades? Proteger las artes y los letras dicen que es la gloria mas duradera que puede adquirirse en el mundo, y hé aqui un nuevo ejemplo de que la gloria perece como todo y acaso antes que todo.

—No creo necesario, prosiguió el desconocido, referir á vds. la historia del cardenal que poco tiene de estraordinaria, pero si les diré alguna cosa acerca de las fiestas que se hicieron para la bendicion de la capilla; fiestas que duraron siete dias, y en que hubo un certámen académico y se repartieron varios premios á los oradores que con mas elocuencia, y á los poetas que con mejor canto, elevaron su voz ensalzando el objeto de la funcion. El artículo primero del programa estaba concebido en estos términos: «A quien por la edificacion de la capilla vaticinare á la casa de Cer«ralbo mayores felicidades en ocho octavas, se le dará por premio un jubon de seda «encarnada con encages negros; al segundo unas memorias de oro, y al tercero una «caja de plata y dos lienzos de tabaco,» y despues de establecer otros premios y prescribir las leyes, concluia: «y porque es lo comun graznar algunos anocrótalos «entre los armoniosos cisnes, el que mas broncamente cantare ó ficiere la peor poe-

«sía, se le darán para desempeño de los borradores, doce manos de papel.» Muchos acudieron al certámen, y en mejores ó peores versos anunciaron grandes dichas y prosperidades á los descendientes del cardenal; pero ninguno pronosticó que la capilla volaria por la imprevision de un artillero, y que á su fundador se le enterraria de limosna.

No quedándonos ya nada mas que ver en la antigua *Morobriga*, repoblada en 1102 por don Rodrigo Gonzalez Giron, de donde le viene el nombre que tiene hoy, partimos al siguiente dia para continuar nuestro viage.

CAPITULO DIEZ Y NUEVE

LAS BATUECAS.

En los confines de Estremadura y Castilla, á 14 leguas de Salamanca y 8 de Ciudad-Rodrigo, término del lugar de la Alberca, partido de Sequeros, existe un valle, famoso objeto de mil cuentos absurdos, cuyo nombre que ha llegado á ser proverbial en España, de todos es conocido. Este valle se llama *de las Batuecas*, ó mas propiamente de los Hurdes, que tal es el nombre de las sierras que lo circundan por todas partes, cerrándolo en figura de caldera. Tiene dos leguas de estension y solo se encuentran algunas aldeas, si tales pueden llamarse unas cuantas cabañas agrupadas para servir de abrigo á los pastores. No hay, pues, muchos pueblos, como dice la fábula que sirvió de base á la condesa de Genlis para su tan conocida novela del mismo título que el valle: el terreno no es tampoco feraz y productivo, sino áspero y quebrado al estremo que cuesta mucho trabajo atravesar por lo interior del pais. Dos caminos conducen á este valle, uno que parte de la alquería llamada de las Mestas, del concejo del Cabezo, viniendo del S., y otro por el N. que arranca desde la Alberca.

El primero es muy bueno para los de á pie por su escelente piso casi siempre igual, pero harto peligroso para las caballerías que con un ligero tropiezo arrojarian al ginete en los abismos que de trecho en trecho se descubren; no asi el segundo, que fué el que mi amigo y yo llevamos, pues si bien es cierto que se marcha tanto á pie como á caballo, con mucho trabajo y fatiga á causa del suelo pedregoso, de sus vueltas y revueltas y de su poco suave pendiente, está libre de precipicios, es ancho, de largas y espaciosas vistas, y susceptible á poca costa, salvo alguno que otro punto, de mejorarse en tales términos que hasta carruages de todos géneros podrian subir y descender sin gran dificultad ni riesgo. Al mediar la cuesta hay una gran cruz de piedra llamada de San José, que señala el punto desde donde repentinamente y cuando menos se espera, se descubre el valle presentando un golpe de vista muy agradable. Las aguas cristalinas que se desprenden ó nacen á cada paso de las montañas, principalmente de las de O., forman desde luego un arroyo bastante caudaloso aunque estrecho, que recibe tambien el nombre del desierto, y en el fondo de aquellos riscos y asperezas se vé el célebre convento de las Batuecas del órden del Cármen descalzo de que nos ocuparemos en seguida.

Prescindiendo de lo que se dice de los demonios que habitaron este valle, la tradicion mas popular en España, es que desde el principio del mundo hasta el reinado de Felipe II, no fueron descubiertos aquellos sitios, y que los que en ellos vivieron metidos sin comunicacion con el resto de los hombres, tampoco creian que hubiese mas mundo que aquel; hasta que en dicho reinado, una doncella y un page de los duques de Alba, huyendo de la casa de sus amos por evitar el castigo á que se habian hecho acreedores con sus travesuras de amor, penetraron en el valle y se encontraron con gentes bárbaras que hablaban un idioma estraño. El erudito Feijoo ha dedicado un capítulo del tomo 4.º de su Teatro Crítico á combatir esta fábula, cuyo orígen debe atribuirse al aspecto del pais y al aislamiento en que siempre han vivido y viven todavía sus naturales, que rara vez salen de sus guaridas, sino es los domingos á abastecer de pan y alguna hortaliza á la Alberca, y en el verano á vender fruta á Ciudad-Rodrigo y otros pueblos inmediatos; bien que esto solo lo hacen los mas acomodados, porque no todos tienen la fortuna de poseer media docena de castaños y algun frutal, en una tierra ingrata llena de malezas y donde no se crian árboles sino en escaso número. Asi es que la mayor parte de los habitantes viven, sino aislados del mundo como se ha dicho, por lo menos sin sospechar que haya mas mundo que la Alberca, pueblo que dista una legua, y donde tienen que recurrir en un plazo determinado á buscar el alimento que pueden proporcionarse; hay sin embargo la diferencia de que el que no tiene otro medio que echarse á la ventura, el que no tiene algunas cabras, media docena de colmenas ó algun castaño, márchase á correr tierras y suele parar en las dehesas confinantes donde sirve de pastor, cabrero ú otro oficio de esta clase.

Por lo dicho habrá comprendido el lector que nuestro viage á las Batuecas no podia tener por objeto visitar el valle, que á pesar de todas las fábulas á que ha dado orígen, maldito si tiene nada de poético, sino el convento de que hemos hablado mas arriba. Oigamos sobre su fundacion al licenciado Gonzalez de Manuel en su manifiesto apologético de la antiguedad de las Batuecas, refiriéndose á una memoria manuscrita del bachiller Pies del Castillo.

«En el año 1599, se fundó el santo *Desierto* en el sitio llamado la vega de Ba-
«tuecas entre dos arroyos. Hubo alguna contradiccion sobre vender el sitio á los pa-
«dres carmelitas, pero interviniendo órdenes del Excmo. señor duque de Alba, señor

«de esta tierra asi en lo temporal como en lo mas de lo espiritual, fué forzoso obe-
«decer, y nombrando personas que tasasen el distrito que se les habia de dar, una
«de ellas fué Francisco Luis de Pies, mi abuelo, que tenia la majada de su ganado
«en dicha vega, y pareciéndoles á los de la Alberca, que como le desacomodaban su
«ganado de la vega tasaria la tierra en todo lo que pudiese permitir al precio supre-
«mo y rigoroso, sucedió que cuando él y los demas fueron á hacer la tasa, tenia el
«primer fundador de este convento fabricado una ermita y oyeron misa; y la tasó
«despues en 800 ducados, sobre lo cual habiéndoseles quejado respondió que des-
«pues de haber oido misa no habia podido hacer otra cosa.» Si el tasador hubiera vivido en nuestros tiempos, dice con razon un escritor apreciable (1) á quien hemos consultado para rectificar nuestros apuntes, probablemente no le hubiese valido una respuesta tan cándida.

No tuvimos poco que hacer Mauricio y yo para llegar al referido convento, porque no estando frecuentado el camino desde la estincion de los monacales, mas que por alguno que otro curioso como nosotros, hay que luchar á cada instante con jarales y maleza que interceptan el paso. Por fin llegamos á la cerca, y preciso es convenir que en bajando se cambia de posicion repentinamente. Sirve de entrada un arco toscamente edificado, sobre el que asienta una espadaña destinada á servir de campanario antes que las campanas pasasená mejor vida. En seguida hay un portalito; tiramos de una cadena, sonó un esquilon, y despues de oir el ruido de multitud de hierros y cerrojos, la puerta se abrió, y un hombre, ex-lego del ex-convento, se presentó en el dintel, quien enterado del objeto que nos conducia, se ofreció á guiarnos en aquel laberinto. Le seguimos en efecto, y á los pocos pasos ya no era posible dejar de admirar todas las bellezas del ameno jardin que atravesábamos. Corpulentos cedros, altísimos avellanos, gigantescos pinos, elevados cipreses, robustos castaños, alegres madroñeras, y otras mil clases de árboles, formaban una bóveda y purificaban el aire ostentando una vegetacion tan rica como variada. Prolónganse á derecha é izquierda los cuadros destinados á la horticultura y al cultivo, mientras que á grandes espacios se divisan pequeñas ermitas edificadas sobre un peñasco ó sobre una colina. Oíase el ruido de una cascada, y poco despues divisamos un rio que atraviesa á lo largo toda la estension de la vega, y corre despues entre las montañas inmediatas.

El convento es un edificio tosco, ennegrecido y de asombrosas dimensiones. A su lado está la hospedería con varios cuartos, cuyo uso era albergar al viagero y á los desterrados, que no fueron pocos en el pasado siglo y aun en el presente. Antes de la estincion de los regulares, no llegaba un pasagero á quien no se obsequiase con su fuente de potage y una buena racion de bacalao. Habia á la entrada dos figuras de barro con el dedo en la boca, símbolo del silencio que debia guardarse en

(1) Don Arias Giron, autor de varios articulos insertos en el tomo 1.º de la segunda serie del *Semanario Pintoresco*

el recinto, y por si alguno no lo entendia se le mostraba, y si no sabia leer se le leia el precepto siguiente pegado en una tablilla á la misma puerta:

«*Silencio* : *esta casa es de silencio*, y cualquiera que venga á ella se acomo- «dará á hacer lo que vea hacer á los demas, y no traiga nuevas sin provecho. «*Silencio.*»

Todo esto sucedia *in diebus illis*, porque cuando nosotros visitamos estos parages ya estaban descabezadas las estátuas, borrado el precepto, rota la tablilla, y por todo obsequio nos ofrecieron algunas jarras de agua.

Antes de salir de la hospedería, fijamos la vista en una mesa que hay en el centro, llena de raspaduras y arañazos, á la cual bautizó mi amigo con el título de *Album de las Batuecas*; calificacion exactísima, porque está lleno el tablero de nombres y señales de los que nos habian precedido en esta espedicion. Nosotros los imitamos, y ya que hasta ahora ha querido guardar el anónimo el que escribe estas líneas, sin que esto signifique que lo guardará siempre, si alguno tuviese curiosidad por saber quién es antes de que él lo diga, en el ángulo izquierdo superior de la mesa de la hospedería de las Batuecas, mirando á la ventana, está escrito su nombre y apellido con tales circunstancias, que no dejan la menor duda sobre el autor de los *Recuerdos*.

Desde la hospedería se va por un larguísimo corredor al convento, en cuyo piso bajo se ven algunas oficinas que parece debieran ser inútiles para los frailes; tales como una escelente cuadra, un molino de aceite, que tiene fama de bueno en la provincia, otro de harina que no lo es menos, y por último, un soberbio lavadero. Preguntamos al lego cual era el uso á que destinaban todo aquello, porque á la verdad, le dijimos, nosotros no hemos leido nunca que San Pablo ni ningun ermitaño de la Tebayda haya mandado edificar molinos de aceite ni de harina para su uso particular; pero el lego que no comprendió la ironía, nos contestó sencillamente que la cuadra era para la recua de mulos que iba á Bilbao y otros puntos á traer bacalao y provisiones, y que en cuanto á los molinos, ya se dejaba discurrir para qué servirian; y nosotros que adivinábamos lo mismo que queriamos saber, no insistimos en la pregunta, ni nos admiró nada que los religiosos procurasen tenerlo todo en casa, porque asi es preciso hacerlo en un desierto si se ha de tener. Lo que sí nos admira es que estas oficinas se hallen en el dia abandonadas y sin uso, lo cual nos hizo sospechar que serian inútiles por haber mucha abundancia de ellas en la provincia.

A poco pasamos al taller. Sabida es la habilidad particular de los monges de este desierto para fabricar objetos de corcho con una delicadeza y primor nunca vistos. De ellos se servian para los usos interiores del convento, y asi fuera inútil cuando estaba habitado buscar otras vasijas que de corcho, ni otros utensilios domésticos de cualquiera clase que no fuesen de corcho. Con esta materia hacian marcos de cuadros perfectamente cincelados, cruces, objetos de sobremesa y otras mil frioleras que todos admiran, y que pasan por una curiosidad en cualquiera parte. Sabiamos nosotros esto, y deseábamos examinar detenidamente, y entretenernos en registrar las que hubiese de repuesto; asi fué que rogamos al guia nos llevase al almacen.

—El almacen lo verán vds. en seguida, dijo el lego; pero si el objeto es las fabricaciones de corcho, podemos escusar el viage.

Preguntamos el motivo, y nos informó de que á la salida de los frailes se vendió cuanto se pudo, y que lo restante habia sido devorado por alguna gente honrada de las inmediaciones, que entró á saqueo y no dejó clavo en pared.

Desde alli seguimos un pasadizo, y antes de penetrar en lo interior de las celdas vinimos á salir al jardin, en cuyo centro hay una iglesia, y á los cuatro estremos cuatro altares, que comunicándose por medio de una calle empizarrada y regular, forman una especie de galería ó claustro descubierto alrededor. Los altares son de pizarras desiguales, y tan solo debieron edificarse por adorno. Su construccion es la siguiente.

En primer término un arco de pequeña altura que cierra por detrás una pared, y por fuera crecen alrededor plantas y flores; la mesa de altar se levanta en lo interior con solo medio pie de anchura, y la superficie horizontal es de pizarra. Por último, en la parte superior se ven tres nichos abiertos en la pared y en el arco, en el interior de los cuales hay figuras de santos de barro de ejecucion deplorable. Cierran los nichos sus puertas de alambre, y al lado de cada uno vimos dos quintillas escritas en azulejos, y alusivas á lo que se representa en el interior.

Este conjunto que en cualquiera otra parte apareceria risible, y seria indudablemente ridículo, tiene donde está algo de sublime, porque se vé una mezcla de sencillez y religiosidad que sin querer nos hace trasladar á aquellos tiempos en que los monges edificaban, para celebrar las ceremonias del culto, un altar ó una capilla grosera en medio de un bosque, cuando se divisaban apenas los primeros albores del cristianismo. El estilo de las quintillas es rápido, conciso y enérgico, y en algunas resalta cierta elevacion y grandeza. Mauricio las copió todas con lápiz; pero por no estendernos demasiado citaremos solo dos, no porque sean las mejores, sino por ser las primeras.

Hay en uno de los altares un personage en que segun se averigua quiso el alfarero que hizo las figuras representar á San Gerónimo oyendo la trompeta final, y á un lado dice:

¿A quién no saca de quicio
Que sin temor de la cuenta
Viva el malo en tanto vicio,
Cuando un amago del juicio
Tanto á este santo amedrenta?

Y al otro lado se leia esta otra:

Tú que miras la presencia
De Gerónimo asombrado,

No pares en apariencia,
Mira que hay gran diferencia
De lo vivo á lo pintado.

El templo se eleva en un ángulo del espacioso edificio, desnudo de riqueza arquitectónica. Sus paredes son oscuras y desiguales, su techumbre altísima, ojiva su entrada, y tosco é irregular en todas sus dimensiones. Por fuera piedras descarnadas como si pretendieran desasirse unas de otras; en lo interior un altar negro de madera desprovisto de relieves dorados y de pinturas y adornos. No tiene mas que un grandísimo cuadro cuyas tintas están ya algo confundidas, y cuyo marco sencillo contrasta con el resto del altar por su natural y fácil construccion. Enfrente del altar está el coro, que consiste en algunas sillas de brazos toscas y pesadas, que han enclavado junto á la pared, y con esto queda hecha la descripcion completa de la iglesia.

El convento propiamente dicho se divide en largos y ventilados corredores, los cuales dan entrada por uno de sus frentes á las celdas, y por el otro tienen vista á alguno de los jardines de que hemos hablado. Las puertas de estas celdas están forradas de láminas de corcho, y encima de cada una hay clavada una cruz de la misma materia. En el interior se ven las paredes de piedra y de barro como son; nada de cal, nada de reboque: doce pies cuadrados es la estension de cada una, y por todos muebles contiene una estrecha tarima, una mesa, un banquillo y un cuadro en la pared. Enfrente de la entrada suelen tener una escalerita que baja á un jardin de diez pies de largo sobre ocho de anchura poco mas ó menos.

Cuando estaban habitados estos lugares, cada monge se encerraba en su departamento, y no salia de él sino en las horas en que el triste sonido de la campana le llamaba á la oracion. Esceptuando estos casos pasaba la vida en su celda alternando en los trabajos de espíritu con otros corporales que consistian en el cultivo del jardin de que hemos hablado. ¿No era esto sepultarse en vida?

Por lo demas tambien hay inscripciones en las Batuecas como en todos los sitios célebres. Cada uno ha procurado traducir sus emociones en algunas palabras, y es muy curioso ver lo que ciertas gentes sienten en circunstancias dadas: cerca de la iglesia, por ejemplo, enfrente de los altares que hemos descrito, hubo alguno que sorprendido por la agradable combinacion de unas capillas tan toscas con el ameno y variado jardin, puso en la tapia con un lápiz:

Todo es admirable!!!

Y detrás fué colocando ocho ó diez admiraciones.

—Este hombre, dijo Mauricio, debió quedar muy descansado despues de abortar tamaño rasgo de elocuencia.

—Mira, repliqué yo llamándole la atencion, otro letrero mas curioso. Decia asi:

¿Quién no cree ver aquí á los amantes de Saint-Preux?

—Pues no deja de ser vista, añadió mi amigo, la que aqui vea semejante cosa. ¿Qué analogía puede hallarse entre el convento de las Batuecas y la *Julia*?

—Qué quieres, le contesté, hay ciertas personas que no pueden comprender nada fuera de las obras de Voltaire y de Rousseau.

Prosiguiendo nuestra investigacion, hallamos en un bosquecillo, precisamente en la pared de una ermita, este letrero:

Una hora aqui con M... y después morir.

—¡Ah! bárbaro! esclamó Mauricio, que no merece otro epíteto quien tiene tan profano modo de mirar los objetos sagrados.

Mas adelante se leía:

No he tenido tiempo para improvisar porque me están aguardando para comer; pero pondré mi firma.

Y firmaba en efecto el gran camueso.

Cansados de esta ocupacion, nos dirigimos á visitar las ermitas que ya dijimos se ven por todos lados edificadas, ya encima de un peñasco, ó ya en la pendiente de una sierra, todas concentradas en pequeño espacio, y presentando todas unas mismas proporciones.

En tres épocas del año podian los monges retirarse á ellas; mas como la vida de ermitaño tenia un escesivo aumento en el rigorismo de la vida ascética, no se obligaba á ninguno á que la sufriese, sino que se permitia á quien quisiese abrazarla voluntariamente, y á fin de que la ocupacion fuese metódica alternaban en ella todos los monges del convento. Duraba tres semanas, en las cuales el ermitaño no debia comer ninguna vianda caliente, los viernes debia cenar solo legumbres, y en fin, debia prolongar diariamente las horas de rezo mas de lo acostumbrado.

Los comestibles se llevaban del convento, y si algo sobraba tenia que devolverlo; si le faltaba algo se lo avisaba al *cuervo*, que asi se llamaba el lego encargado de aprovisionar los ermitaños. La manera de entenderse sin hablar es lo mas notable. El cuervo presentaba al monge una tablilla en que estaban escritos los artículos de que se le podia llevar, cada uno con una cuerda pendiente; el ermitaño examinaba la lista y tiraba de una de las cuerdas, con lo cual entendia el conductor cual era el artículo que necesitaba.

Hay entre todas las ermitas una sobre la que nuestro guia nos llamó la atencion, cosa que nos sorprendió en verdad, porque en todo el tiempo no habia hablado mas palabras que las meramente precisas para que no quedasen sin contestacion nuestras reiteradas preguntas. Está construida en el tronco de un árbol, el cual se halla hueco, y se penetra en el interior por una especie de arco de poco mas de una vara de altura, al que sirven de puerta unas tablas sujetas con goznes. Delante de ellas hay un portalillo correspondiente en magnitud al resto de este edificio, y forrado por dentro de tablas de corcho. Encima de la puerta se ve un cráneo humano, y dos huesos incrustados en el tronco; y al abrirla para entrar, se leen estas tremendas palabras:

MORITURO SATIS.

En las tablas de corcho hay escrita la siguiente décima:

«Quien piensa en la muerte atento
Fácilmente menosprecia
Palacios que el mundo aprecia
Con tan vano lucimiento!...
En este humilde aposento
Se siente de Dios el toque,
Que no hay cosa que provoque
Á tan útil desengaño,
Como ver á un ermitaño
Que vive en un alcornoque.»

—¿Quién ha ocupado esta ermita? pregunté yo con el mayor interés al lego.

—El padre Acevedo, contestó con su habitual indiferencia.

—Pero ¿quién era el P. Acevedo? volví á replicar. Un nombre no puede satisfacer nuestra curiosidad. Nosotros no hemos conocido ni hemos oido hablar nunca de ese buen padre y nos haria vd. favor en referirnos alguna particularidad de su vida.

—Yo diré á vds. lo que sé (1). El P. Acevedo cuentan que era capitan de guardias españolas á principios del siglo actual, y ya por las relaciones de su casa, y ya tambien por su valor personal, parecia destinado á ocupar uno de los puestos mas distinguidos del ejército, cuando de repente y sin que nadie haya podido saber positivamente el motivo, abrazó la vida monástica á la edad de 22 años. No ha faltado quien diga que una desgraciada pasion amorosa le condujo á este estremo; pero nada tiene esto de estraño porque algun motivo se ha de dar á tan estraordinaria resolucion. El padre Acevedo tuvo que vencer grandes dificultades para que se le admitiera aqui, pues como era tan jóven, temíase que fuera su deseo producto de un acaloramiento y no fruto de una vocacion decidida; pero apenas entrado en el convento, admiró á todos por su austera constancia y exactitud en el cumplimiento de la regla. Vino entre tanto la guerra de la independencia y todos los frailes se retiraron de estos lugares, ya para empuñar unos las armas, ya porque otros temieron á los soldados de Napoleon, que sin embargo nunca llegaron aqui. El P. Acevedo se quedó solo habitante del desierto, y durante los seis años de lucha ningun viviente interrumpió sus vigilias. Concluida la guerra se retiró á esta ermita, donde ha vivi-

(1) Todo el hecho que vamos á referir es cierto, y se halla comprobado de una manera incontestable.

do mas de veinte años, hasta hace poco que murió en este mismo sitio á consecuencia de una enfermedad crónica contraida por su método de vida. Era ya muy viejo; su barba caia hasta la cintura, y estaba tan consumido, que la piel de su cara parecia pegada en una calavera. Esto es todo lo que sé del P. Acevedo... ¿Vén vds. esa pizarra donde está la tierra movida en el centro de la capilla? pues ahí reposa su cuerpo.

Empezaba á declinar el sol y habiamos visto ya lo principal de las Batuecas; recordando el mal estado del camino, emprendimos nuestra retirada á la Alberca donde pensábamos dormir, no sin hablar largamente durante la travesía de las diversas sensaciones que habiamos esperimentado en la visita del convento.

CAPITULO VEINTE.

MONTAÑESES DE LEON Y MARAGATOS.

La estension que nos hemos visto precisados á dar á los capítulos precedentes por lo importante de las materias de que tratan, nos impide alargarnos en este tanto como quisiéramos, y como en realidad merecen las dos provincias de Leon y Palencia, que fueron las últimas de Castilla que recorrimos.

La ciudad de Leon es notable por su antigüedad, pues hay quien la supone fundada por la sétima legion de los emperadores romanos sobre las ruinas de la demolida Sublancia, y lo es tambien por sus monumentos, y por haber sido cabeza del reino de su nombre, donde tuvieron la corte veinte y cuatro reyes antes de que se incorporara á Castilla. En una cornisa del oratorio de la casa de ayuntamiento, se leen los siguientes versos que aluden á esta circunstancia y revelan algunas de las grandezas de la ciudad que nos ocupa.

En argen Leon contemplo
Fuente purpúrea triunfal
De veinte santos ejemplo
Donde está el único templo
Real y sacerdotal.
Tuvo veinte y cuatro reyes
Antes que Castilla leyes;
Hizo el fuero sin querellas,
Libertó las cien doncellas
De las infernales greyes.

Si se considera la catedral de Leon bajo el punto de vista de la magnitud, no es de las principales de España; pero si solo se toma en cuenta su belleza arquitectónica es sin disputa ninguna la primera. Lo que mas sorprende á todo el que examina

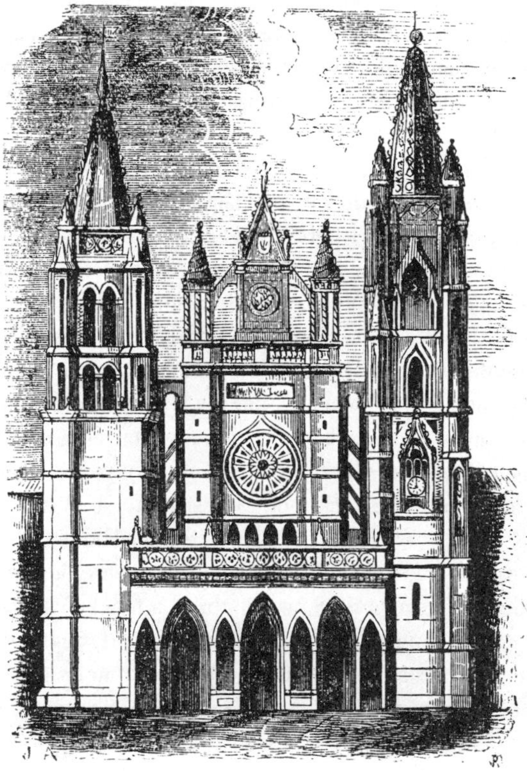

CATEDRAL DE LEON.

este edificio, es indudablemente el atrevimiento del artífice en haber ideado trazar una fábrica de 125 pies de altura, 303 de longitud y 128 de latitud, sobre uno y medio de espesor en sus mismos fundamentos: pero la esperiencia de mas de 500 años no solo justifica la idea, sino que confirma la realidad de este milagro del arte. Su fábrica no es del todo gótica ni tudesca, puede muy bien llamarse de estilo oriental, porque es un conjunto de pilares, arcos, estribos arbortantes y ventanages, y como estos últimos son tantos y sus vidrios de diversos colores, hacen un efecto admirable mirados por la parte interior del templo. Principióse la construccion por el obispo don Manrique de Lara, que presidió en esta sede desde el año 1181 al

1205, y duró la obra mas de cien años; pero se ignora á punto fijo quién fué el autor de la traza, pues aun sobre la época de la fundacion y nombre del fundador andan encontrados los pareceres.

Despues de la catedral vimos el palacio de los Guzmanes, hermosa fábrica mandada edificar por don Juan de Guzman, obispo de Calahorra, y que pertenece ahora al marquesado de Toral, unido hoy á la casa del duque de Frias. Está bastante abandonado, sirviendo para depósito de granos, suerte comun de esta clase de edificios en nuestro pais, desde el reinado de los Reyes Católicos, en que los grandes señores tomaron la costumbre de habitar constantemente en la córte, dejando sus antiguos torreones y castillos feudales entregados á la curiosidad del viagero ó á los recuerdos de la historia.

La iglesia de San Marcos de Leon es célebre no solo por su capacidad y solidez, por sus adornos de estilo gótico y por su magnífica sillería de coro, sino tambien por su historia, pues ha pertenecido á los caballeros de Santiago, y fué rival algun dia del convento de Uclés. Por el tiempo de la confirmacion de la órden, los ricos hombres del reino de Leon habian fundado cerca de esta ciudad, en el camino francés, un hospital, el cual segun dice el libro de la regla y establecimientos de los caballeros de Santiago, habia sido edificado para servicio de Dios y bien de las ánimas, y por los muchos peligros que acaecian en aquel lugar á los romeros cuando iban y venian á visitar el Santo Apóstol. En vista de esto el obispo don Juan Albertino, que tenia á su cargo en compañía de los canónigos de Leon, la administracion de este hospital, se lo cedió al ilustre don Suero Rodriguez, uno de los primeros caballeros á mediados del siglo XII, cuando la órden no estaba todavía confirmada, con el intento de que los canónigos del Loyo, que seguian la regla de San Agustin, y á los cuales para mayor santidad y decoro se habian reunido los primeros caballeros de Santiago, cuidasen del bien espiritual de los peregrinos los unos, en tanto que los otros proveian á su resguardo y seguridad. Tal es el orígen de San Marcos, cuya grandeza fué creciendo despues en la misma proporcion que la de la órden, que en los siglos XII, XIII y XIV llegó á tan alto grado de esplendor, que las determinaciones de sus capítulos generales pesaban poderosamente en la balanza de los destinos de la nacion.

No queremos dejar de hacer mérito aqui de un suceso que le ha dado renombre al convento de San Marcos de Leon en época mas reciente. En el reinado de Felipe IV, durante la administracion del conde-duque de Olivares, fué encerrado estrechamente y tratado con el mayor rigor, en una de sus celdas, el poeta satírico don Francisco de Quevedo, uno de los talentos mas privilegiados de aquella privilegiada época. Alli lo aprisionaron crudamente bajo el pretesto, segun unos, de un desacato cometido en haber hecho poner debajo de la servilleta del rey un papel satírico, anónimo, que se le atribuyó; segun otros, por supuestas inteligencias con la casa de Braganza, y segun todas las probabilidades, por intrigas y manejos de cortesanos.

Maragato de las cercanías de Astorga.

A mi amigo Mauricio y á mí nos enseñaron la celda, donde resulta de su misma confesion, que se curaba y cauterizaba con sus propias manos dos heridas que tenia abiertas, desamparado como estaba de todo el mundo y sin cirujano que se las curase, á pesar de habérsele encancerado con la proximidad del rio y la humedad del pais. Desde aquella cárcel fué desde donde dirigió á su perseguidor el famoso memorial, página elocuente de la elevacion de sentimientos de un grande hombre, aun en medio de una desgracia y tribulacion de tal suerte irremediables.

Para completar nuestra visita á las muchas curiosidades que encierra la ciudad de Leon, nos faltaba ver la iglesia de San Isidoro, donde está el Panteon de los reyes, y á ella nos dirigimos.

IGLESIA DE SAN ISIDORO, EN LEON.

Asolada esta ciudad por Almanzor, rey de Córdoba, la restauró Alfonso V, y edificó y dedicó á San Juan Bautista una pobre iglesia *de luto et latere*, como dice el epitafio de su sepulcro. Los reyes don Fernando de Castilla y doña Sancha de Leon, hija de don Alonso, la demolieron y erigieron otra de piedra labrada, que se tituló de San Isidoro, desde que los mismos reyes colocaron en ella el cuerpo de este santo, traido de Sevilla por diligencia suya.

Alonso V destinó esta iglesia para sepulcro de los reyes sus antecesores, y se pusieron en ella las antiguas reliquias que los cristianos llevaron consigo en las invasiones. Reedificada despues, como queda dicho, por don Fernando el Magno hácia la mitad del siglo XI, fué entregada á los canónigos regulares de San Agustin, que don Alfonso VII trasladó allí del convento de Carvajal, una legua distante de Leon, y que han permanecido en ella hasta nuestros dias.

La iglesia es bastante espaciosa, de tres naves; al fin de la principal, por debajo del coro, se halla la entrada del que llaman el *Panteon*, donde hay depositados por lo menos 48 cuerpos de personas reales; y es una capilla dedicada á Santa Catalina llena de sepulcros sencillos y sin ninguna suntuosidad, unos encima de otros y con esculturas de grosera labor.

Es tambien notable este suntuoso templo por la multitud de buenas obras de escultura y pintura, asi como por la cantidad inmensa de reliquias de varios santos que conserva, ademas del cuerpo de San Isidoro, que está sobre la mesa del altar mayor: antes de las guerras y trastornos de este siglo, era muy rico en alhajas de preciosa hechura y considerable valor, que han desaparecido en su mayor parte. Otro de los objetos apreciables de esta santa casa es la librería, en la que se encuentran códices y manuscritos rarísimos. Por último, en esta antigua iglesia se conserva una costumbre inmemorial que otros atribuyen á un concilio celebrado en ella y concluido en Lugo contra los arrianos sacramentarios, cuya costumbre, que en la catedral de Lugo tambien se observa, consiste en tener constantemente al Santísimo manifiesto dia y noche, lo cual se ha practicado sin interrupcion, segun varios aútores desde el siglo VII hasta el dia, pues aunque los moros tomaron la ciudad de Leon, aseguran dichos autores que respetaron la primitiva iglesia de San Juan, hoy de San Isidoro.

Desde Leon nos dirigimos al Vierzo pasando por Astorga, para visitar sus antigüedades romanas y góticas, y en efecto, vimos las asombrosas minas de las *Médulas*, restos magníficos y sólidos todavía del pueblo rey; el sitio de una antigua ciudad suya llamada *Belgidum*, deliciosamente situada; el monasterio que fué de monges bernardos de Carracedo, en cuya fábrica está todavía incorporado un resto del antiguo palacio de recreo que alli tuvieron los reyes de Leon; y varios castillos feudales desmoronados en parte, y entre los cuales descuella el de Ponferrada, donde se distinguen las armas y los símbolos de los caballeros templarios, sus pasados señores. Este pais posee muchos recuerdos é infinitas tradiciones que con pena renunciamos á trascribir; pero si hubiéramos de hacer uso de todos los materiales que recogimos en nuestro viage, la obra tendria un volúmen inmenso, porque España es el pais mas poético del mundo. Las montañas de Leon apenas conocidas, apenas visitadas por nadie, valen tanto respectivamente como las de la Suiza. Qué trages tan pintorescos! Qué costumbres tan patriarcales!...

Salimos del Vierzo siguiendo rio arriba el curso del Sil, célebre por el purísimo oro que en sus arenas arrastra; atravesamos los valles que toman el nombre del rio, cruzamos en seguida la Ceana y la Omaña, y nos detuvimos en los últimos términos de Babia. No habrá acaso ni uno solo de los lectores que no haya oido decir alguna vez en su vida, tratándose de un hombre distraido ó preocupado: *Ese hombre está en Babia*; pero serán pocos quizás los que sepan que la Babia es un pais triste, desnudo y rigoroso en el invierno, pues ocupa la mesa de las montañas, y no cesan en él por entonces las nieves y las tormentas. Sin embargo, las praderas de esmeralda que verdeguean por las llanuras, sus abundantes aguas, la alineacion simétrica de sus montecillos cenicientos de roca caliza, y los leves vapores que levanta el sol de verano de sus húmedas praderías, contribuyen á darle por entonces un aspecto vago, suave y melancólico que solo se encuentra en algunos paises del Norte. Hácia los límites de este pais y junto á un pueblo que llaman los Barrios de Luna, se ven las paredes aportilladas por todas partes, del castillo de Luna, donde el rey don Alfonso el Casto encerró al conde de Saldaña, padre del paladin Bernardo del Carpio, que derrotó en Roncesvalles el ejército de Carlo-Magno, y al decir de las leyendas españolas, mató de su propia mano á Roldan, el sin par de los *doce pares*.

Lo dicho de la Babia es aplicable igualmente á los demas concejos, á saber; la Omaña, la Ceana y el Sil, pues todos se parecen mucho, si bien el último se diferencia algo mas por la gran frondosidad que visten sus montes, y por ser algo mas estrecho y reducido. En cuanto á costumbres, todos ellos las tienen iguales. La hospitalidad es una especie de religion entre estos montañeses, y no hay puerta que no se abra á la llegada de un forastero. Por la noche se reunen indispensablemente en su casa los mozos y las mozas á darle lo que se llama en lengua del pais el *beiche*, que no es otra cosa mas que el lindísimo baile del pais, en el que es costumbre que el forastero tome parte. Yo que hacia muchos años que no bailaba y que nunca fui gran aficionado á esta diversion, no tuve mas remedio que echar mi ronda de *beiche*, sopena de someterme á los *carcharrones*, especie de solfeo no muy agradable, encomendado á las robustas manos de las montañesas. Mauricio no se hizo de rogar; al contrario, bailó como si toda su vida se hubiera estado ejercitando en el *beiche*, circunstancia que le valió una escelente acogida entre las zagalas. La esperiencia me enseñó luego que mi amigo tiene cierto talento pedestre de que supo sacar un escelente partido en mas de una ocasion.

La danza del pais es un baile animadísimo que se ejecuta con castañuelas, la música es alegre y armoniosa, al par que las coplas delicadas y graciosas en estremo. Voy á citar como muestra algunas que recuerdo.

Eres como el ave fenix
Que cuando muere renace;
Fuego de amor en tu pecho
Preside sin apagarse.
Corazon que sufre y calla
No se encuentra donde quiera;
No hay corazon como el mio
Que sufre y calla su pena.

Qué son celos pregunta
Un hombre sábio
Y un rústico le dice.
Ama y sabráslo.
Es la esperanza un árbol
El mas frondoso
Que de sus bellas ramas
Depende todo.

¿Tiene esto algo que envidiar á las célebres baladas alemanas? Confieso que la música popular de Andalucía tan llena de sentimiento y de calor me entusiasma; pero en las tiernas canciones montañesas hay un tono de vaguedad, de misterio y de tristeza que conmueve el alma de un modo inesperado.

Las *brañas*, especie de casetas que en la temporada de verano fabrican las montañesas en las cumbres de los montes, donde se retiran con sus ganados hasta principios de otoño, nos llamaron la atencion por su limpieza, por su adorno, que consiste en ramos de flores, y por la esquisita nata de que siempre tienen repuesto para obsequiar á los que las visitan.

MONTAÑESES DE LEON.

Las *romerías* es otra de las diversiones de verano, muy semejantes á las de los de-

MARAGATOS

s paises; pero no se crea que en el invierno se convierten estos habitanses en hu-
ies. Al contrario, se reunen todas las noches en las casas mas grandes del lugar:

las mozas hilan las primeras horas, de donde viene á estas tertulias el nombre de *filandon*, y luego acuden los mozos y se baila hasta una hora regular. Entre tanto los señores y señoras mayores refieren *historias*, como ellos dicen, y es cosa de ver por cierto á un alcalde de aquellos pueblos sentado en un sillon de baqueta, contando las proezas de Carlo-Magno, de don Pelayo ó del Cid, con tanta gravedad y aplomo como si las hubiese presenciado. Omito la descripcion del trage, porque puede verse en el grabado que lo representa con toda esactitud. Y ya que se habla de trages, no quiero dejar la provincia de Leon sin decir algo de los *maragatos*, tipo verdaderamente original, cuyo nombre y orígen atribuyen unos á *Mauregato*, menguado usurpador de la corona de Leon, y otros por el contrario, hacen á este mismo Mauregato oriundo de Maragatería; opinion que sea dicho de paso nos parece mas probable, siquiera por no desairar la tradicion que se conserva en Astorga de los juicios que pronunciaba Santo Toribio, anterior, sino nos engañamos al citado usurpador, en las querellas de los maragatos. El pais de la Maragatería está enclavado en el obispado de Astorga, y sus pueblos principales son Santiago-Millas, Santa Colomba, Rabanal del Camino y el Val de San Lorenzo, sin contar otros muchos de menor cuantía. Los hombres buscan en la arriería lo que su ingrato suelo les niega; y durante su ausencia, las mugeres cuidan de las faenas de la labranza. Las bodas se hacen siempre por convenio entre las familias, sin contar las mas veces con la voluntad de los novios, que cumplen el mandato de sus padres con la mayor resignacion y sin ocurrírseles jamás la idea de resistencia. Es verdad que el yugo matrimonial es aqui menos pesado que en otras partes, pues apenas se ven una ó dos veces al mes los consortes, á causa de andar siempre, como ya dijimos, los hombres con la recua y las mugeres en el campo. Las ceremonias de la boda no dejan de ser originales, aunque no tanto como las de los charros de Salamanca, y en cuanto á los trages el grabado que acompaña los representa tambien con la mayor propiedad. Lo mas particular y lo que no puede esplicarse es, cómo un pueblo situado en los últimos llanos de Castilla, á la márgen de dos caminos frecuentadísimos y manteniendo animado y frecuente trato con diversas provincias de la península, ha podido sustraerse absolutamente al movimiento de la civilizacion, y conservar íntegro el legado de los hábitos, creencias, organizacion y hasta vestimenta de sus abuelos.

Poco diremos de la ciudad de Palencia, poblacion de mas de 10,000 almas con una muralla antigua, buenas calles y una plaza regular. Su catedral, dedicada á San Antolin, cuyo cuerpo se custodia con gran veneracion, es de estilo gótico, reedificada por el rey don Sancho el Mayor, y una de las mas ámplias y mas hermosas de España. El hospital, bien dotado, lo fundó el Cid en la misma casa que habitó en esta ciudad. En el camino que dirige á Valladolid se halló en los cimientos de la parte de muralla inmediata á la puerta del Mercado una lápida del sepulcro de los hijos de Pompeyo, que se ha colocado á la derecha de esta puerta en la muralla nueva. Palencia es la antigua *Pallantia* de los romanos, y la conquistó á los moros el rey don Sancho de Navarra el año 1034, restaurando la silla episcopal. Es glorioso timbre de esta ciudad el valor de sus matronas cuando teniéndola estrechamente sitiada los ejércitos ingleses en la guerra del rey don Pedro, los derrotaron completamente, por cuya hazaña les concedió don Juan I que usasen banda de oro sobre los tocados como los caballeros.

Cerca de Palencia en el pueblo de Baños, junto á la carretera de Burgos, están las ruinas de la antigua capilla de San Juan, que consta de tres naves y es de ar-

ERMITA DE SAN JUAN EN BAÑOS.

quitectura gótica y árabe. Próxima á la capilla hay una fuente de agua cristalina, muy eficaz para ciertas dolencias, de donde sin duda toma nombre el pueblo.

Habiendo recorrido ya toda la Castilla y estando en los primeros dias de julio, emprendimos mi amigo y yo el viage, segun el itinerario que nos habíamos trazado, para las hermosas provincias Vascongadas.

FIN DE LA PRIMERA PARTE.

INDICE

DE LOS CAPITULOS CONTENIDOS EN ESTA PRIMERA PARTE.

CAPITULO PRIMERO.

VITORIA.

Qué pais!.... Qué montañas!.... Qué mugeres!.... esclamó Mauricio al llegar á una altura, mas allá del pueblo de Ariñez, desde donde se descubre la ciudad de Vitoria y toda su inmensa y fértil llanura, sembrada de infinidad de pueblos, de montes cultivados hasta las cumbres, de casas de campo ó caseríos, segun se nombran en el pais, de cristalinos arroyos, de espesos bosques, de frondosas alamedas!... Esto es el paraiso, añadió mi amigo, y ya no me estraña la predileccion y afan con que son visitadas estas provincias.

—Lo que ves, le dije, no vale nada comparado con lo que verás mas adelante.

Esa llanura, que con justicia elogias, es respecto al pais vascongado que vamos á recorrer, lo mismo que un portal en un suntuoso palacio; bello y admirable si se quiere, pero siempre inferior á las habitaciones interiores.

—La comparacion no me parece muy exacta, añadió Mauricio, porque bien sabes que hay casas y palacios cuyo interior no corresponde á la idea que de ellos se forma viéndolos esteriormente.

—Aqui no sucede lo mismo, proseguí, si bien admito como justa la réplica, y tanto que me ha recordado una circunstancia que la corrobora. La ciudad de Vitoria, donde llegaremos en breve, tiene á la entrada por esta parte, una ancha y espaciosa calle, al principio de la cual y á la derecha hay un bonito paseo, y en toda ella hermosos edificios; sin embargo, el resto de la poblacion no corresponde, y en particular lo que llaman la ciudad vieja, es igual, sino peor, que cualquiera de los pueblos de Castilla que hemos visitado.

—Ahora que has hablado de Vitoria me ocurre hacerte una pregunta. ¿La famosa batalla que se dió en 1813, cuando la retirada de los franceses, fué en esta parte ó del lado allá de la poblacion?

—Fué precisamente en este mismo campo que atravesamos. El ejército francés compuesto de 70,000 hombres y mandado por el rey José en persona, apoyaba su izquierda en las alturas llamadas Pico-Zorroz que terminan en la Puebla de Arganzon, pueblo que hemos dejado atrás, estendiéndose por el rio Zadorra hasta el puente de Villodas. Ocupaba la opuesta márgen del espresado rio el centro y llegaba su derecha hasta cerca de Vitoria, defendiendo los vados del Zadorra. Las tropas aliadas, españolas, inglesas y portuguesas, al mando del duque de Wellington, mas fuertes en número, empezaron el ataque al amanecer del 21 de junio de 1813, apoderándose de las alturas de la Puebla á pesar de la vigorosa resistencia del enemigo, que recibió refuerzos de consideracion y las defendió palmo á palmo. Ganadas las alturas el resultado de la batalla no podia ya ser dudoso; el ejército aliado cruzó el Zadorra y arrojó á los franceses de Subijana, y sucesivamente de todas las posiciones de que se enseñoreaban, obligándolos á retirarse á Vitoria, mientras fuerzas considerables, anglo-hispanas, les cortaban el paso para Bayona. Tantas pérdidas introdujeron el desórden y la confusion entre las tropas francesas, que precipitadamente se pusieron en fuga, dejando en el campo muchos cañones, que componian con los tomados durante la batalla el número de 151; mas de 8,000 hombres entre muertos y heridos, 1,000 prisioneros, 2.000,000 de cartuchos de fusil embalados, y otros efectos que no recuerdo. Los aliados tuvieron tambien sobre 5,000 hombres de pérdida. Pero no fueron solo estos los despojos de tan célebre jornada; sino que á ellos se agregaron otros que no es comun hallarse en circunstancias análogas. Algun escritor ha dicho que Vitoria, antes pobre y miserable, se hizo rica y opulenta en 1813 con los tesoros de toda España que los franceses dejaron esparcidos por su campo. Sin duda ninguna hay exageracion en este dicho, porque Vitoria podrá haber sido menos rica antes que ahora, mas no fué nunca miserable; pero es cierto que las pérdidas de los franceses en este sentido fueron inmensas, y que los vitorianos supieron aprovecharse de ellas, en lo cual hicieron perfectamente. Como el ejército invasor iba en retirada, acompañaban al rey José muchos de sus principales servidores, y unidos á los equipajes de estos iban alli los que pertenecian á varios generales y á españoles llamados entonces *afrancesados*, porque habian seguido la bandera del usurpador. Todo quedó á merced de los vencedores; la espada que la ciudad de Nápoles habia regalado á José; el baston de mando de su segundo el mariscal Jourdan, infinitas alhajas, cuantiosas sumas de dinero, ricas telas, objetos raros y preciosos, carruages de todos géneros y hasta comestibles y viandas, se hallaban mezclados en el campo con armas, municiones y todo linage de pertrechos de guerra, asi como se confundian los gritos y gemidos de mugeres y de niños que se veian desamparados, con el ruido de los combatientes y el estruendo de las armas. Tal fué en resúmen el resultado de la batalla de Vitoria en la guerra de la independencia; la última importante de aquella memorable lucha.

Ya estábamos en la ciudad cuando yo acabé de hablar, y fuimos á alojarnos al Parador Viejo, donde nos trataron perfectísimamente, pues sabido es que los paradores de Vitoria tienen muy poco que envidiar á los *hoteles* de Francia. Como era por la tarde, nos dirijimos, despues de colocar los equipages en la habitacion que nos destinaron, al paseo llamado de la *Florida*, que aunque pequeño, es muy bonito y algo parecido al de la Fuente Castellana en Madrid; Mauricio, á quien todo le llamaba la atencion y arrancaba esclamaciones de entusiasmo desde que pasamos de Miranda, quedó sorprendido al ver en uno de los lados del paseo una legion de niños de distintas edades y sexos, cuidadosamente vestidos y acompañados de sus respectivas sirvientes ó niñeras, muchachas de veinte abriles la que mas, y todas ellas bonitas de cara, como en general lo son las mugeres de este pais; vestidas con estraordinaria sencillez y aseo, y adornada la cabeza con un pañuelo puesto en forma de gorra, con una gracia y coqueteria inimitables. Es costumbre en las Provincias Vascongadas entre las personas decentes, enviar los niños á paseo por las tardes á un sitio determinado segun la estacion, confiándolos á las niñeras, quienes de tal modo los cuidan que no hay memoria de que haya ocurrido nunca la menor desgracia. Alli reunidos bailan y juegan unos con otros segun su edad, y á cierta hora se retiran á sus casas; esto se hace en todos tiempos, solo que en el invierno y en los dias lluviosos, en vez de ir al paseo ó al campo van á la plaza al abrigo de los portales, y á dicha costumbre se atribuye, ademas de lo benigno del clima, la robustez y buena salud de que en general gozan los vascongados, aun aquellos que pertenecen á las familias mas acomodadas, pues sabida es la influencia que ejerce el aire libre y el ejercicio moderado y metódico en el desarrollo de nuestra naturaleza.

Sorprendido Mauricio, como he dicho, á la vista de tanto niño, ó mas propiamente dicho, de tanta y tan linda niñera, se dirigió al grupo y yo le seguí maquinalmente; nos sentamos en uno de los bancos de piedra y pasamos largo rato entretenidos en ver los juegos infantiles, algunos enteramente desconocidos para nosotros. Una de las niñas, como de cuatro años de edad, se arrimó á donde estábamos y mi amigo quiso aprovechar la coyuntura para acariciarla y entrar en conversacion con ella, sin duda esperanzado de que le sirviese de pretesto para seguirla luego con la sirviente, que era de lo mejor del corro; pero se halló con un obstáculo insuperable; la niña se dejó besar y hacer fiestas con la mayor amabilidad del mundo, mas á las preguntas que Mauricio le dirigia le contestaba siempre en vascuence, sin que pudiéramos entenderla mas palabra que *zénzain*, que quiere decir niñera, y en cuanto á la criada ni siquiera alzó los ojos para mirarlo.

—Esta gente no se parece á la de nuestra tierra, me dijo Mauricio; si hubiera yo hecho la mitad que aqui en la plazuela de Santa Ana de Madrid....

—Las costumbres son muy distintas, le repliqué, y en general mejores, como observarás sucesivamente. A esa pobre muchacha lo que menos le ha ocurrido es que tú te sentabas aqui por mirarla, porque las mugeres en este pais están menos acostumbradas que en la córte á ser objeto de atencion. Mas adelante las verás empleadas en las labores del campo y dedicadas á los trabajos mas rudos y penosos.

—¿Y los hombres qué hacen?

—Trabajar tambien; aqui nadie huelga, y solo asi se esplica que siendo tan ingrato el suelo puedan con su producto sustentarse estas gentes.

—Hasta ahora lo único que me disgusta, prosiguió mi amigo, es ese idioma áspero y endiablado que por lo visto cuidan de enseñar antes que nada á los chicos, sin duda para perpetuarlo.

—Estás en un error; el vascuence es un idioma armonioso aunque muy difícil, y tanto que segun una tradicion, ni el mismo diablo pudo aprenderlo, á pesar de que se dedicó á estudiarlo con empeño; pero como es el que usa la gente del pueblo, porque el castellano solo se enseña en los colegios como á nosotros el francés, los muchachos que están siempre en poder de las criadas, y que son en todas partes mas listos que diablillos, lo aprenden antes que nada.

Mientras nosotros hablábamos toda aquella prole se habia puesto en marcha procesionalmente, y con paso lento y acompasado se dirigió á la plaza. En el pais vascongado la plaza mayor tiene una gran importancia, porque ademas de estar en ella las mejores tiendas de comercio, sirve para pasear en todo tiempo por la noche, y los dias de fiesta por la mañana de doce á una; para paseo por la tarde en los dias de invierno ó lluviosos y para bailar la gente del pueblo al son del tamboril, porque el baile y el tamboril es casi una necesidad imprescindible de aquellos honrados aldeanos. Los ayuntamientos pagan un tamborilero para que los domingos y otras fiestas se solace el pueblo, y por cierto que bien merecia ser imitada esta costumbre, como otras muchas, en las demas provincias, pues asi se evitarian no pocos de los escesos que se cometen por los menestrales en sus báquicas diversiones.

Mauricio y yo seguimos la procesion de niños á cierta distancia y llegamos con ellos á la plaza Nueva, que aunque pequeña, puesto que en cada banda solo tiene

19 huecos de andana, es sin embargo suntuosa y de buen gusto. Corre en la planta baja por los cuatro lados un soportal embovedado de 15 pies de fondo con pavimento de losas y al que dan ingreso 66 arcos sostenidos por pilares. Los balcones en el piso principal están decorados con frontispicios triangulares y semicirculares y en el segundo con guardapolvos. Los tres pisos tienen 50 pies de elevacion. La casa consistorial, que con dos colaterales cierra el frente del Sur, se distingue de las demas, que son 34, por su riqueza y acabado. En ella tiene sus sesiones el ayuntamiento, su archivo y audiencia. Se principió esta obra en octubre de 1781, y fué acabada en 1791 por el arquitecto don Justo Antonio de Olaguibel, quien dicen personas que lo conocieron, que no tenia mas del arte que una consumada y acertadísima práctica. Constituye esta plaza una manzana aislada, de manera, que sino fuese por el desnivel que hay en la parte de afuera, con solo hacerla cuatro fachadas esteriores bien decoradas, en lugar de las sencillas que ahora tiene, se convertia en un palacio, cuyo patio seria la plaza actual. Saliendo de esta hácia la parte de San Francisco se encuentra muy cerca el teatro, cuya linda fachada de piedra está embellecida en el segundo cuerpo con cuatro columnas jónicas. Es obra de don Silvestre Perez, y en lo interior ha recibido últimamente considerables mejoras.

En el centro de la plaza se estaba tocando el tamboril, pues era dia de fiesta, acompañado por un especie de flautin ó pito que produce muy buen efecto; al rededor habia varios grupos bailando el zorcico rodeados de un sin número de espectadores, todos del pueblo, entre los que se veian hasta mozas de servicio con el cántaro ó rada lleno de agua en la cabeza que de paso para sus casas, se detenian á participar de la fiesta, porque no hay gente mas alegre en el mundo que los vascongados, y el zorcico los saca de quicio. Por otra parte el llevar una rada ó una cubeta de agua en la cabeza, no es obstáculo en las mugeres ni aun para bailar, pues de tal modo están acostumbradas á conservar el equilibrio, que no hay ejemplo de que nunca se les haya caido al suelo ni se les haya vertido una gota de agua, y eso que todas las vasijas las llevan descubiertas. Recuerdo haber visto muchas veces mugeres del pueblo con un chico en un brazo, una cesta llena de fruta, legumbres ó pescado en el otro y una rada en la cabeza, marchar con el mismo desembarazo y soltura como si nada les molestase.

Estaba ya anocheciendo y se empezaba á reunir la gente principal en los portales de vuelta de los otros paseos, segun costumbre; pero mi amigo y yo sin cuidarnos por entonces de admirar las bellas alavesas, que al par que de sus encantos hacian ostentacion de su esquisito gusto en el vestir y adornarse, nos fuimos á mezclar en los corros del baile, últimamente reforzados con los chicos y las niñeras que nos habian precedido, pues hasta los niños de pecho toman parte en esta diversion y se conmueven y saltan en los brazos de las *zenzain*, que elevándolos á cierta altura y llevando el compás de la música producen á la vista el mismo efecto que si fuesen muñecos movidos por resortes.

En su acceso de entusiasmo, Mauricio se apartó de mí por penetrar mas en uno de los grupos; pero no tardó en llevar el castigo de su temeridad, porque envuelto en un remolino que hicieron los danzantes vino á tierra, sin que ni él mismo haya sabido luego esplicar cómo. Por fortuna cien robustas manos de otras tantas frega-

trices acudieron á su socorro y lo levantaron en vilo, prodigándole todo género de atenciones y diciéndole sin duda muy buenas cosas, que ni él ni yo entendimos. Mauricio no se hizo ningun daño, y solo el sombrero fué el que sufrió algun deterioro, por manera que este incidente contribuyó á aumentar la diversion.

Paseamos en los portales hasta las nueve, hora señalada para retirarse todos, y nos fuimos luego á lo que llaman el *Círculo*, especie de casino lujosamente adornado con mesas de juegos permitidos, buen servicio de café y botillería y un surtido gabinete de lectura; alli encontramos algunos amigos de Madrid, y entre estos á un condiscípulo mio de matemáticas llamado Salcedo, de quien hago particular mencion, porque ha de figurar luego como héroe de una anécdota que referiré en su lugar correspondiente. A las once nos fuimos á la posada, y al siguiente dia recorrimos la poblacion para ver sus curiosidades, que no son en verdad muchas ni muy notables, circunstancia que nos autoriza á ser breves al describirlas.

Entre los templos es el mejor la iglesia de Santa María, que es tambien la principal de la ciudad y tiene el título de colegiata por haberse trasladado á ella la de Armentia en 1496, en virtud de la bula espedida por Alejandro VI. Fué iglesia mayor ántes de verificarse la espresada fundacion, ocupando entonces como ahora un terreño elevado en la parte primitiva de la ciudad.

Da ingreso á este antiguo templo un grandioso pórtico labrado con particular magnificencia, segun el gusto gótico. La iglesia, que es de la misma arquitectura, se compone de tres sólidas naves con proporcionada estension, y si bien gusta la limpieza de sus paredes enlucidas de blanco, échase de menos aquel imponente aspecto que dan á los viejos templos las ennegrecidas bóvedas. El retablo mayor agrada con razon á los inteligentes, pero Ponz dice que le supera el de la iglesia de San Pedro que vimos en seguida. Junto á la colegiata de Santa María se conservan restos de un castillo construido por don Sancho el Sábio de Navarra.

La parroquia de San Pedro, aunque menos suntuosa tiene mucha semejanza con la anterior, puesto que tambien es gótica de tres naves y se halla como la primera enlucida de blanco.

En el límite de la parte antigua de la poblacion y enfrente de una espaciosa plazuela de suelo desigual, se levanta la iglesia de San Miguel, no menos antigua que las anteriores. Compónese de tres naves, y en el primer tercio del siglo XVI un buen arquitecto de Valladolid la embelleció con el retablo mayor, cuya escultura ejecutó el célebre Gregorio Hernandez. En un pilar del pórtico de esta iglesia hay una imágen que llaman *La Blanca*, á la que profesan gran devocion los vitorianos.

Réstanos hablar de las parroquias de San Vicente y San Ildefonso. En la primera, que un tiempo fué castillo, es digno de verse el retablo mayor compuesto de tres cuerpos corintios. La segunda, fundada por don Alfonso el Sábio, es tambien gótica y de tres naves, con un magnífico sepulcro de estilo de Berruguete en la capilla de San Juan de Letran.

Hubo tres conventos de religiosos, y las iglesias que les pertenecian se hallan abandonadas y en el mas lastimoso estado; en cambio el de religiosas de Santa Brígida, que se llamó antiguamente de Santa María Magdalena, subsiste en la parte mas hermosa de la ciudad, contribuyendo á darla realce con su lindísima fachada que consta de un solo cuerpo decorado con pilastras, sosteniendo el cornisamento, y en el centro una graciosa portada con columnas empotradas, resultando un todo elegante y sencillo.

El hospicio, no menos considerable por su magnificencia que por su objeto, es sin duda ninguna el edificio mejor de Vitoria; lástima que no esté situado en otro sitio mas despejado y principal. Tiene una bella portada compuesta de dos cuerpos, el primero dórico y el segundo jónico, con cuatro columnas empotradas en cada uno de piedra caliza de Anda, de color negro, lo que le da un aspecto grandioso. Semejante á esta, aunque algo mayor, es la portada de la iglesia, en cuyo interior se ve al lado del Evangelio una memoria sepulcral con un epitafio latino y una buena estátua del fundador don Martin de Sandoval, que murió en 1604 y lo construyó á sus espensas con destino á colegio-seminario, lo que no tuvo efecto; pero estando acabado ya el edificio se destinó para hospicio, en época no muy lejana. Dirigió la obra Francisco Jordanes, religioso francisco del convento de Castro-Urdiales, que gozaba justa y bien merecida fama. Esto y los paseos, la plaza y el teatro de que ya hemos hablado, y el nuevo palacio de la Diputacion, recientemente concluido, es todo lo que hay que ver en la capital de Alava. Digamos algo ahora de su orígen é historia. Se la supone poblacion muy antigua, y no faltan narracio-

HOSPICIO DE VITORIA.

nes absurdas que suplan el vacío de los primitivos tiempos; pero dejando bajo el dominio de la fábula que se llamase Vélica, Vandina ó Bizancio, hallamos que el pueblo de Gazteiz, situado en una eminencia aislada en medio de una vasta llanura sobre el mismo terreno que ocupa la parte primitiva de la ciudad llamada villa de Suso, fué aumentado con tres calles, murado y fortificado con dos castillos por don Sancho el Sábio de Navarra, quien le dió título de villa con el nombre de Vitoria, que segun Larramendi, viene de la voz vascongada bitorea, que quiere decir «cosa sobresaliente y escogida» aludiendo á su elevada situacion respecto de los pueblos de sus inmediaciones, y á que habia sido oportunamente elegida para plaza fuerte que defendiese las fronteras de Navarra.

Concedió asimismo á la puebla nueva el espresado rey, fuero propio dimanado del de Logroño, y en virtud del cual los clérigos é infanzones estaban sujetos á pechar como los demas vecinos, circunstancia notable en que llevaban ventaja los moradores de Vitoria á los burgueses de Logroño. El referido fuero se comunicó á varios pueblos de las tres provincias, y adquirió justa celebridad como útil y adecuado para fomentar la poblacion y la agricultura, pues dejaba libres de todo pecho las heredades de los pobladores.

En el diccionario de Miñano se lee la peregrina especie de que Vitoria fué ocupada por los moros y conquistada por Alfonso VIII. Es un hecho incontestable apo-

Plaza Mayor de Vittoria.

yado en muchos y auténticos datos, y particularmente en la autoriadad del arzobispo don Rodrigo, que la provincia de Alava no fué conquistada por los moros, y si bien Mariana dice, que despues de la batalla de Val de Junquera quedó por ellos la mencionada provincia, le refutó con sana crítica la Academia de la Historia.

Andaban harto desavenidos el rey de Castilla y el de Navarra á fines del siglo XII. Aprovechándose de la ausencia del segundo que habia pasado al Africa, penetró Alfonso VIII en el año de 1200 por Alava, unida entonces á la corona de Navarra, y sitió á Vitoria, plaza importante asi por su situacion como por su fortaleza. La resistencia de sus habitantes, modelo siempre de lealtad, fué tenaz y heróica. Siete meses pasó el ejército castellano delante de los muros de Vitoria, siendo infructuosos los repetidos ataques y asaltos que dió. Puso en noticia del rey de Navarra lo que ocurria, el obispo de Pamplona, y aquel contestó que se rindiesen los sitiados al rey de Castilla su primo, sacando el mejor partido posible. Esta órden y el poco fruto que los mensageros de la cercada plaza sacaron en los pueblos de Navarra, en los que entraban escitando á sus moradores á que se levantasen contra el poderoso invasor, decidió el éxito del largo y penosísimo asedio, durante el cual padecieron con admirable constancia los vitorianos cuantos horrores llevan consigo el hambre y la guerra. Quedó, pues, incorporada esta noble ciudad definitivamente en la corona de Castilla en el citado año.

La ventajosa posicion de Vitoria, la fidelidad de sus moradores, que no se rindieron hasta que el rey de Navarra les levantó el homenage, y el deseo de asegurar la adquisicion que á tanta costa hiciera, fueron causa de que Alfonso otorgase á dicha ciudad nuevos privilegios y confirmase los que por su carta-puebla gozaba.

Concedió el rey don Juan II á Vitoria título de ciudad, al que agregó don Fernando el Católico el dictado de M. N. consiguiendo estinguir los bandos de Ayalas y Callejas, con lo que hizo un singular beneficio á esta ciudad, que mereció particulares distinciones de la esclarecida reina doña Isabel, la cual juró solemnemente en la puerta de Arriaga sus privilegios y franquicias. A los mismos reyes se debe la traslacion de la colegiata de Armentia á la parroquia de Santa María, verificada como dijimos, en virtud de bula que á instancias de aquellos piadosos monarcas espidió Alejandro VI. Ni se limitaron á las espresadas gracias las que Vitoria debe á la bondad de tan grandes monarcas y al justo aprecio que hacian de sus leales moradores, pues tambien concedieron á la misma ciudad el señorío del valle de Zuya y de las villas de Alegría, Elburgo y Bernedo.

La fidelidad que, como á todos los demas reyes, guardó al césar Cárlos V esta ciudad, mereció particulares muestras de aprecio de parte de aquel. Hallábase en Vitoria en 1521 el cardenal Adriano, cuando le llegó la noticia de haber sido elegido para ocupar la cátedra de San Pedro, nueva que fué celebrada por los vitorianos con tantas y tan sincéras muestras de alegría, que agradecido á ellas el nuevo pontífice prometió erigir en silla episcopal la ya citada colegiata de Santa María, lo que no llegó á tener efecto por la brevedad de sus dias y poca diligencia que en su tiempo puso la ciudad, dice Garibay en el libro 7 de su Compendio historial.

Uno de los hechos que acreditan la constante fidelidad de los vitorianos, es el ocurrido en 1808. Atraido pérfidamente por Nápoleon, se dirigia Fernando VII á Bayona, y habiendo llegado á esta ciudad el 14 de abril, se detuvo en ella hasta el 19. Llegado el momento de la partida, el pueblo que ageno de ambicion y no degenerado por los álitos perniciosos de los palacios se guiaba solamente por su rectitud y fidelidad, se presentó delante de palacio, cortó los tirantes de las mulas, y con palabras tiernas y respetuosas manifestó los peligros que á tan fatal viage acompañaban. Estrelláronse tan generosos esfuerzos ante la insensatez é imprevision de los cortesanos, que obligaron al rey á dar un decreto en que aseguraba estar cierto de la cordial amistad del emperador, y que antes de cuatro ó seis dias darian gracias á Dios y á *la prudencia* de S. M.

Oyó con sumision el pueblo fiel la voz del mal aconsejado príncipe, y le dejó partir aunque preveia el resultado. Cuantiosas exacciones tuvo que aprontar esta ciudad mientras gimió bajo el yugo siempre insoportable de los invasores, debiendo al valor de su hijo don Miguel de Alava el no haber sido saqueada y destruida. Servicio importante que la ciudad recompensó con una espada de oro.

Ya hemos referido la célebre batalla de 1813; restablecida la paz, veíase la ciudad de Vitoria y toda la provincia de Alava á la sombra de sus benéficas instituciones y de una recta administracion, en un estado floreciente, que prometía el mas lisongero porvenir. Una larga y desoladora guerra vino á turbar tanta dicha y á frustrar las dulces y fundadas esperanzas de aumentarla y asegurarla.

Agitados con la muerte de Fernando VII todos los partidos en que por desgracia se halla España dividida, arrojáronse á disputarse con las armas el poder. Pocos dias habian trascurrido desde el fallecimiento del monarca, cuando fué secundado en esta ciudad el dia 7 de octubre el movimiento que tuvo lugar en Bilbao cuatro dias antes.

Retiráronse de Vitoria en el siguiente mes los defensores de don Cárlos, y fué ocupada por las tropas de la reina, en cuyo poder siguió durante la guerra, habiendo sido fortificada para ponerla á cubierto de una sorpresa, como la que sufrió de las tropas carlistas mandadas por Zumalacárregui el 16 de marzo de 1834, la cual no tuvo resultado favorable para los invasores. Su posicion topográfica la libertó entonces sin duda de ser sitiada, pues en sus inmediaciones puede maniobrar la caballería, en cuya arma tenia gran superioridad numérica el ejército de la reina sobre el de don Cárlos.

A tres leguas al E. de Vitoria, no lejos de la carretera que conduce de esta ciudad á Pamplona, se ven las ruinas del famoso castillo de Guevara, que los carlistas habilitaron y defendieron en la última guerra civil, hasta despues del convenio de 1839. Se construyó en el siglo XV, á imitacion del de Sant Angelo de Roma, en un repecho estéril y escarpado inmediato al antiguo palacio solar de los Ladrones de

Guevara, y se asegura que existia desde el palacio al castillo una comunicacion subterránea cuyo coste debió ser muy considerable aténdida la situacion, distancia y naturaleza del terreno.

VISTA DEL CASTILLO DE GUEVARA.

No quisimos mi amigo y yo partir de Vitoria sin visitar estas ruinas, y fuimos en efecto por la tarde, á caballo, en romería con varios amigos y compañeros de posada, y si bien las ruinas tienen poquísimo que ver, el pais, aunque agreste, es muy pintoresco. El monte escarpado donde tuvo su asiento el castillo es uno de los que forman las vertientes meridionales de la gran cordillera que separa la provincia de Guipúzcoa de las de Alava y Navarra, y en esta cordillera está la famosa *Peña horadada*, antiguo camino de Guipúzcoa, que no es otra cosa que un agujero abierto naturalmente en la peña, en una estension de setenta varas de largo por diez de ancho. Antes de que se abriera la carretera real de Vitoria por Arlaban y Salinas, fué famoso, desde los tiempos mas remotos, el paso de San Adrian ó de la Peña horadada, punto divisorio de las dos provincias. En el cabo inferior, que mira al Norte y á la villa de Cejama, hay una venta y una ermita con la efigie de este santo, de donde sin duda toma el nombre el camino, hoy frecuentado solo por algunos ginetes y por las carretas del pais.

CAPITULO SEGUNDO.

EL CASTILLO DE ACHORROZ.

Desde Vitoria seguimos el mismo camino que siguen todos los viageros que visitan las provincias Vascongadas; es decir, la carretera real de Francia en direccion á la provincia de Guipúzcoa. Pasada la llanura de Vitoria, se entra en la cordillera de Arlaban y se pasa el puerto del mismo nombre, célebre por haber sido teatro de varias acciones de guerra. En 1811 el general español Mina, derrotó una columna francesa que conducia algunos prisioneros y un rico convoy; en 1813 el mismo general consiguió un triunfo parecido contra otra columna de tropas francesas; en la última guerra civil se sostuvo un choque violento entre las fuerzas del ejército de la reina y las de don Cárlos, el 16 de enero de 1836, y por último en 23 de mayo del mismo año volvió á repetirse el ataque posesionándose de la cordillera las tropas de la reina que habian tomado antes los puertos de San Adrian y Aránzazu. Todo esto lo refieren con interesantes detalles los conductores y postillones que sirven los carruages, como testigos y actores que fueron los mas de ellos de dichas refriegas, pero sin acrimonia, sin exageracion y sin mostrar ódio ni resentimiento, porque los vascongados, que con tanto denuedo sostuvieron la causa de don Cárlos hasta el célebre convenio de Vergara, son hoy los súbditos mas fieles de la reina, y solo recuerdan aquellos sucesos para lamentar las desgracias y perjuicios que esperimentaron.

La cordillera de Arlaban divide las dos provincias de Alava y Guipúzcoa; el último pueblo de la primera de estas es el de Salinas, situado á la derecha de la penosa cuesta de su nombre. En su jurisdiccion nace el rio Deva, sobre cuya márgen derecha está el santuario de Ntra. Sra. del Castillo y la fábrica de sal que se provee de una fuente salobre y da nombre al pueblo. Desde la cuesta de Salinas se descubre el famoso valle real de Leniz, en que al terminar aquella se penetra. Fertilízalo con sus cristalinas aguas el rio Deva, y lo hermosean y enriquecen los montes que orillan sus costados. En él es en donde por la vez primera se ofrece á la vista del viagero la constante laboriosidad del labrador guipuzcoano, á cuyo infatigable afan se deben esas frondosas arboledas, esos prados artificiales y esa admirable vegetacion que cubre las montañas desde sus faldas y laderas hasta sus mas encumbradas cimas.

La primera villa del valle, siguiendo siempre la carretera, es Escoriaza, situada á la falda de la montañuela de Aldaya, entre la corriente del Deva y uno de sus afluentes llamado Bolivar. Su única curiosidad es la iglesia nueva construida á mediados del pasado siglo á espensas de un jóven, que siendo sacristan de la antigua fué á buscar fortuna al Nuevo Mundo, ofreciendo si lo conseguia, dotar á su patria con un templo mas capaz y decente. Hízose rico en breve tiempo y cumplió al punto su promesa.

Antes de entrar en Escoriaza se ve à la derecha del camino el suntuoso, vasto y triste edificio que á fines del siglo XV fundó con destino á hospital y hospedería, y con su correspondiente iglesia, don Juan de Mondragon y Ascarretazabal.

Media legua mas adelante se encuentra la villa de Arechavaleta, situada al pie del montecillo denominado Arizmendi, y célebre por sus famosos baños y por su suntuosa hospedería, la mejor acaso que existe en todos los establecimientos de esta especie en nuestro pais. En la sierra de Zaraya, no distante de la poblacion que nos ocupa, hay una hermosa gruta ó caverna caliza, y en la montaña de Achorroz, subsisten vestigios del antiguo castillo del mismo nombre. Nada se sabe de la época de su fundacion; pero consta que el año de 1200 tomó posesion de él el rey don Alfonso el Noble, y que en el siglo XV sirvió para contener á los revoltosos, habiéndole defendido los habitantes del valle; en el siglo XVI fué completamente destruido sustituyéndole una ermita del título de la Santa Cruz, que todavía subsiste, y en cuyas inmediaciones hace pocos años se descubrieron y sacaron armas y otros objetos que denotaban estar alli de tiempos muy remotos sepultados. Esto es lo que dice la historia; la tradicion por su parte ha embellecido tambien aquellos sitios con uno de esos cuentos patéticos é interesantes que no podemos menos que referir á nuestros lectores tal y como á nosotros nos lo refirieron.

El castillo de Achorroz, era, segun la costumbre de aquellos tiempos, ademas de fortaleza un palacio donde habitaban los señores del mismo nombre, enemigos declarados de la famosa casa de Guevara. Esta casa tuvo gran empeño en apoderarse de la villa de Mondragon, y habiéndose negado á cedérsela el rey en varias ocasiones, don Pedro de Guevara formó el proyecto en 1448 de posesionarse de ella aprovechándose de la turbacion é injusticia de aquellos tiempos de revueltas, á cuyo efecto envió á su esposa doña Constanza de Ayala á esplorar los ánimos de los mondragoneses que opusieron tenaz resistencia, y muy particularmente los que seguian el bando Oñecino, que capitaneaba Gomez Gonzalez de Butron, señor de Achorroz. Viendo el de Guevara frustrados sus designios, agavilló muchos foragidos y malhechores con ánimo de acometer la villa á la fuerza, como lo verificó en efecto el viernes 14 de junio del citado año de 1448 al amanecer, en que cayó sobre Mondragon como el ave de rapiña sobre su presa, y desapiadadamente saqueó é incendió todas las casas, con grande escándalo é inaudita fiereza, dice el historiador Garibay. La noche-anterior á este atentado, conociendo que su triunfo seria efímero si no inutilizaba á su poderoso rival, Gomez Gonzalez, dispuso que una partida de su desalmada gente se emboscase en sitio oportuno, y se apoderáran del de Achorroz al tiempo de dirigirse á su castillo de vuelta de Bilbao, conduciéndolo luego á Guevara á los subterráneos de la fortaleza. Era poco mas de oscurecido cuando el castellano de Achorroz, acompañado solo de dos escuderos se dirigia á su palacio, y de repente vió salir de entre los matorrales un jóven vestido de pastor que cogiendo por la brida el alazan que montaba lo detuvo diciendo:

—No prosigais, señor, adelante, sino quereis ser presa de unos bandidos que os esperan á muy corta distancia emboscados.

—¿Y quién eres tú que tal aviso me dás?... ¿Cómo sabes el designio de esos hombres?

—Soy un pobre aldeano natural de Mondragon, y acaso algun dia sabreis el orígen del interés que os manifiesto; en cuanto al designio de esos hombres, solo os diré que me han elegido á mí para espía, porque no os conocen, con encargo de avisarles el momento de vuestra llegada; y aunque es cierto que nada me han dicho del objeto con que os esperan, por su mala traza, porque son estraños en el pais, y por algunas palabras que les he sorprendido, no me queda duda de que os quieren hacer mal.

—Doy entera fé á tus palabras, buen mancebo, dijo el castellano, y en prueba de ello voy á volver atrás y á dirigirme por otro camino á mi casa; pero antes quiero saber tu nombre para recompensarte este servicio como debo.

—Yo no lo hago por el interés de la recompensa, señor, sino por cumplir un deber sagrado. Permitid que os oculte mi nombre y rehuse vuestros beneficios; si algun dia necesitase de la proteccion que me ofreceis, yo me presentaré en vuestro palacio á reclamarla.

—Y yo tendré un placer en dispensártela, añadió el de Achorroz, en fé de lo cual y para que en cualquiera circunstancia que sea pueda reconocerte fácilmente, toma esta cadena y consérvala como garante de mi palabra.

—La acepto, señor, y poneos en salvo al punto, pues me parece oir ruido de gente que se aproxima.

El castellano siguió el consejo, y apenas habian vuelto grupas, cuando aparecieron no distantes los partidarios de don Pedro de Guevara, que sospechando alguna traicion del pastor iban en su busca. Al ver á Gomez Gonzalez y sus escuderos que huian á toda rienda, se confirmaron en sus sospechas, y no pudiendo ya, por la delantera que llevaban, apoderarse de los fugitivos, maltrataron al espía, y cuando á fuerza de golpes y heridas lo creyeron muerto, arrojaron su cuerpo por un derrumbadero y huyeron á ocultarse temerosos de la venganza del de Guevara por el mal desempeño de su comision.

Confiado don Pedro en que se habrian cumplido sus órdenes y de que nada tenia que temer por parte de su poderoso rival, dió como dijimos, el ataque á Mondragon; pero Gomez Gonzalez recelando alguna cosa en virtud de la emboscada, habia reunido su gente, y al primer aviso cayó sobre el pueblo, ayudado por los habitantes del valle que se levantaron en masa, y derrotó á los agresores. Don Pedro de Guevara y sus principales caudillos fueron hechos prisioneros y enviados al rey don Juan II, que enterado del horrendo atentado, los mandó formar causa y fueron condenados á la última pena, la cual conmutó el rey, en 7 de agosto de 1449, por lo que toca á Guevara, en tres años de servicio con destino á la ciudad de Antequera, y con obligacion de resarcir los daños y perjuicios para que quedase libre su linage de la nota de infamia.

Dos años poco mas habian trascurrido desde los sucesos que acabamos de referir, cuando Gomez Gonzalez de Butron estándose paseando por los jardines del castillo, recibió una carta que le entregó un mensagero, y habiéndola leido dando muestras del mayor contento, hizo que llamasen al punto á Magdalena, su hija única, jóven de diez y ocho años y verdadero tipo de belleza vascongada, con el pelo entre castaño y rubio, ojos de azul oscuro, talle esbelto, facciones acabadas y una sonrisa angelical llena de candor y de dulzura.

—Tengo, hija mia, que darte muy buenas noticias, la dijo el de Achorroz, cuando la vió aproximarse. Mañana llega aqui tu primo, que hace cuatro años marchó á la guerra contra los infieles, siendo solo capitan de los tercios de S. M., y vuelve ahora lleno de laureles y con el título de conde nada menos.

Magdalena se manifestó complacida pero no contenta.

—¡Qué! continuó su padre, ¿no te causa alegría semejante nueva?... Pues á fé que nadie tiene mas motivos que tú para alegrarse, porque al cabo....

—No os entiendo, padre mio, replicó Magdalena visiblemente contrariada.

—¿Con que no me entiendes, eh?... Yo creo que me entiendes demasiado, y si no ¿por qué te has puesto tan colorada?

—Padre mio, yo no....

—Vamos, hablemos con formalidad y sin rodeos. Tu primo me dice qué solo puede permanecer aqui un mes y que quiere aprovechar este tiempo para que se verifique la boda....

—¡La boda! esclamó Magdalena, y ¿con quién?....

—¿Con quién ha de ser?... Contigo; pues ¿no te lo he dicho ya?

—No me habeis dicho nada, padre, tartamudeó la jóven sin poder apenas sostenerse.

—Pues es igual; ahora te digo que mañana viene tu primo, antes capitan Zarragati, y hoy conde de... ¿Voto va al diablo!... Con la prisa no me dice en la carta el título del condado... En fin, viene mañana para casarse contigo y hacerte nada menos que condesa. ¿Me has entendido ahora?

—Ahora si señor, dijo lenta y tristemente Margarita, al mismo tiempo que corrian por sus hermosas megillas dos gruesas lágrimas que trató de ocultar á su padre volviendo á un lado el rostro.

Este, sin embargo, nada observó, porque al mismo tiempo que á su hija habia llamado al mayordomo para darle órdenes respectivas al recibimiento de su sobrino, y ocupado con él por una parte y no pudiendo por otra ocurrírsele ni remotamente la idea de que Magdalena no se volviese loca de alegría de pensar que iba á ser condesa, fijó muy poco la atencion en el efecto que sus palabras habian producido en la infeliz jóven, que en cuanto se quedó sola prorumpió en amargo llanto. No necesitamos en verdad esplicar el motivo de estas lágrimas; cuando una muger llora en circunstancias semejantes, es claro que su corazon repugna el enlace que le proponen. Magdalena se habia criado con su primo, siempre habian estado juntos, hasta que éste partió á la guerra, y sin embargo lo aborrecia con toda su alma. ¿Era este aborrecimiento hijo de alguna causa legítima, ó solamente capricho y efecto de eso que se llama antipatía natural?... Tenia Magdalena algun motivo oculto para temer dar la mano de esposa al nuevo conde, ó amaba á otra persona sin decirlo?... La simple narracion de los sucesos que ocurrieron en el castillo de Achorroz nos aclarará estas dudas.

Diremos ante todo que llegó el capitan y fué perfectamente recibido y agasajado por sus parientes, inclusa Magdalena, que procuró disimular sus pesares para que su padre no los penetrara. Pasados los primeros dias se pensó en el matrimonio de los jóvenes; pero eran primos hermanos y la dispensa ofrecia algunas dificultades; fué preciso por tanto esperar mas de lo que se creia al principio, con no poco sentimiento del castellano que cada dia estaba mas impaciente por ver á su hija hecha condesa. Un dia llegaron por fin pliegos de Pamplona con sello del obispo.

—¡La dispensa! la dispensa! gritó el de Achorroz antes de abrirlos, y fué corriendo en busca de su sobrino; pero calcúlese la sorpresa de nuestro buen Gomez Gonzalez, al hallarse con una carta del prelado en que le decia que enterado el Sumo Pontífice de que no era gustosa la contrayente, y exigiendo las disposiciones del santo concilio, no solo voluntad libre, sino razones de mas valor para poderse espedir bulas de dispensa matrimonial entre parientes tan cercanos, negaba las licencias que se le pedian.

Cuanto nosotros dijéramos aqui no bastaria para dar una idea ni aproximada del despecho del padre de Magdalena al leer esta carta; afortunadamente su hija no se hallaba delante, porque contra ella fué contra quien estalló su ira con tal violencia que de seguro la hubiera maltratado teniéndola orilla. «¿De qué medios, decia, se ha valido esa infame para hacer que llegue á noticias del Santo Padre su desobediencia á mis mandatos? ¿Por qué no me ha dicho á mí que no queria casarse? Esto al menos hubiera evitado un escándalo. ¡Que venga, que venga Magdalena al instante!....» gritaba desaforado. Mientras el de Achorroz hacia tales esclamaciones y se paseaba á largos pasos por la sala, el capitan por su parte manifestaba tambien el despecho que le causaba este inesperado contratiempo, jurando y amenazando cortar la cabeza con su tizona á todo el que hubiese tenido parte en la jugada, aunque fuese el mismo obispo. En este estado y cuando mas acalorados estaban ambos, apareció Magdalena en el dintel de la puerta, un poco pálida, pero tranquila y serena, con su sonrisa de ángel, y con sus ojos de cielo, empañados solamente por una nube de tristeza que los cubria desde la tarde en que su padre la anunció la llegada del primo y sus proyectos de boda.

—Acabo de saber, padre mio, dijo aproximándose con calma, que Su Santidad niega la dispensa para mi matrimonio; esta nueva no me sorprende, ni á vos debe afligiros, porque yo jamás me hubiera casado con mi primo. Asi lo dije á mi confesor, y él ha sido quien haciendo justicia á las razones en que se apoya esta resolucion, se encargó de hablar al obispo para que hiciera de modo que no viniera la bula. Sé que obré mal en no declararos mi resolucion, pero me faltó valor, señor, para afligiros. Perdonadme la pena que os causo, y permitid que me retire al convento de Oñate en compañia de mi tia Purificacion.....

Una víbora que hubiese mordido simultáneamente al tio y al sobrino no les hubiese hecho dar mas tremendo salto.

—¡Monja!!! gritaron á un tiempo.

—Si señor, monja; es el único recurso que me queda.

—¡Jamás! dijo el castellano, la dispensa se pedirá de nuevo y esta vez vendrá, porque yo emplearé los medios necesarios para que venga y te casarás con tu primo.....

—¡Nunca! replicó Magdalena con firmeza.

—¡Lo veremos! gritó el padre saliendo precipitadamente de la estancia.

—¡Lo veremos! dijo el primo dirigiéndola una mirada que la hizo estremecer.

La necesidad de ser breves nos obliga á dejar trascurrir tres meses y pasar en silencio el martirio que durante este tiempo sufrió la pobre niña, encerrada en un aposento de órden de su padre, donde nadie podia entrar mas que la doncella que la asistia y el capitan, que cada vez le era mas odioso, y donde sin ver á nadie, pasaba los dias llorando y las noches en vela, oyendo silbar el viento en sus ventanas que daban al campo, ó escuchando el graznido de las aves de rapiña que se anidaban en los viejos torreones de la fortaleza.

Una noche de otoño, en que los elementos parecian haberse desencadenado todos y el viento crugia con mayor fuerza que nunca, le pareció que al ruido de la tempestad se mezclaba el de una voz humana que entonaba alguna cantinela del pais; al pronto creyó que seria ilusion, pero aplicando mas el oido no le quedó duda de que al pie de sus balcones pronunciaban con melancólico acento estas palabras:

Bella jóven, que tranquila
En blando lecho descansas
Sin recelar el peligro
Que tan cerca te amenaza;
Huye, cándida paloma,
Del gavilan que sus garras
Clavar medita en tu seno
Para saciar su venganza.

Huye por Dios, que aun es tiempo,
Pero no, no temas nada,
Que amor vela por tu vida
Y no se duerme quien ama.

—¡Dios mio!... esclamó Magdalena cayendo de rodillas en medio del aposento, y elevando las manos al cielo. Es él!... mi Genaro!... Aun vive!... Aun se acuerda de su infeliz Magdalena!... Pero ¿qué peligro me anuncian sus palabras? dijo levantándose de pronto poseida de un terror pánico. En mi misma casa, en la casa de mi padre.... ¡Oh! no puede ser; sin duda entendí mal...

De nuevo se dejó oir la voz del trovador, que repitió las mismas palabras, pero entonces mas cerca y con tal claridad, que no parecia sino que estaba dentro del balcon; á cada estrofa la agitacion de la jóven iba creciendo, hasta que al concluir la última, por un efecto maquinal, de que ella misma no supo darse cuenta, corrió á abrir las ventanas; un hombre se precipitó en el aposento.

—¡Genaro! gritó Magdalena.

—¡Magdalena mia! esclamó Genaro, y cayeron uno en brazos del otro sin proferir mas palabra.

Al cabo de breves instantes, recobrando el mancebo toda su serenidad

—Vengo á salvarte, Magdalena, dijo á la jóven; estás amenazada de un grave peligro. Tu primo, viendo que son inútiles todos los medios empleados para obtener tu consentimiento á esa fatal boda, ha imaginado un plan horrible.... Me estremezco solo de pensarlo!...

—¿Qué es lo que intenta? ¡Dios mio!

—Ha mandado hacer una llave igual á la que tiene tu padre de esta habitacion, con el fin de introducirse en ella de noche, y abusando de tu sueño obtener por violencia lo que no ha alcanzado con ruegos, para obligarte asi á que consientas en darle tu mano.

—¡Eso es espantoso, Genaro mio! ¿Y qué he de hacer para libertarme del infame?

—Huir conmigo....

—¡Oh! nunca! dijo con dignidad la jóven apartándose de sus brazos.

—Déjame concluir, Magdalena.... La escala de cuerda que me ha servido para llegar hasta aqui, y que no sin mil afanes he podido amarrar al balcon, es bastante segura para que podamos ambos descender por ella. Yo te conduciré esta misma noche al convento de Oñate. Desde alli le escribes á tu padre refiriéndole todo, incluso nuestro amor; bien sé que no consentirá nunca en que seas mi esposa, pero tú sabes tambien que no alimenté jamás la menor esperanza, y que mi amor es puro y desinteresado. Solo pretendo que quitemos la máscara á ese hipócrita, y que vivas tú tranquila en aquel santo retiro, mientras que yo cumplo mi promesa....

—No, Genaro, nunca tendré valor para abandonar la casa de mi padre. Por muy santo, por muy puro que sea nuestro cariño, el mundo me acusará, porque el mundo no es indulgente ni sabria comprender tu abnegacion. Cualquiera que sea la suerte que la Providencia me destine, la sufriré resignada.... Te he ofrecido no ser de nadie sino tuya y lo cumpliré como lo he jurado, pero no exijas mas de la pobre Magdalena.

—¿Te olvidas, ángel mio, prosiguió Genaro, que tu primo medita tu perdicion, que tiene en su mano los medios de deshonrarte, y que acaso esta noche misma....

—¡Oh! no le temo, yo me sabré defender; yo le mostraré lo que puede una muger cuando quiere resistir.

—El corazon te engaña, Magdalena; por heróica que sea tu resistencia sucumbirás en la lucha, y entonces ya no tiene remedio.... Ademas, es preciso salir de este estado. ¿No tienes confianza en tu Genaro?

—¡Ah! si, mucha!...

—Pues bien, sígueme; deja al mundo que nos critique, Dios solo puede ser juez de nuestras acciones. ¿A qué correr los riesgos de una lucha que puede evitarse? ¿Quién sabe si enterada tu tia de tus infortunios alcanzará de tu padre nuestro perdon y lucirán para ambos dias mas felices?

—Imposible, Genaro; un secreto presentimiento me dice que hemos de ser siempre desgraciados.

Un ruido que se sintió en la puerta del aposento interrumpió este diálogo.

—Es tu primo, que viene á consumar su crímen. ¿Ves como se realizan mis pronósticos?... Sígueme, Magdalena, sígueme ó los dos somos perdidos.

La jóven se dejó arrastrar hácia el balcon sin tener fuerza suficiente para oponerse, y ambos dos amantes, estrechamente abrazados, empezaron á descender la escala. La siniestra figura de un hombre, envuelto en una capa y con una linterna sorda en la mano, se dibujó al mismo tiempo en la puerta de la habitacion. Daba esta frente á la ventana, y á la luz rojiza de un relámpago, vió como una sombra á los jóvenes en el momento que doblaban el antepecho; miró en rededor de sí, y notando que el cuarto estaba desierto lo comprendió todo. Entonces se dirigió precipitadamente al balcon, sacó un cuchillo de monte que llevaba á la cintura, y cortó la cuerda que sujetaba la escala; el ruido producido por el choque en el suelo de un cuerpo pesado que se desploma, y un grito lastimero que se confundió con el estampido del trueno, fué lo único que se oyó. En seguida todo quedó en silencio, y el hombre de la capa desapareció por donde habia venido, cerrando cuidadosamente la puerta.

Al amanecer del siguiente dia los gemidos y las voces que daban los aldeanos de las inmediaciones del castillo, despertaron al señor de Achorroz, quien dirigiéndose maquinalmente al lugar de donde partian, se ofrecieron á su vista dos mutilados cadáveres. Eran los de Genaro y Magdalena: pendiente del cuello del jóven habia una cadena que Gomez Gonzalez reconoció al instante ser la misma que habia dado al pastor que le libertó la vida avisándole la emboscada de los partidarios de don Pedro de Guevara. El castellano alzó los ojos al cielo y no pronunció mas que estas palabras: «¡Cúmplase la voluntad de Dios!» En seguida mandó que diesen sepultura á los dos amantes sin pompa ni aparato, y en el mismo sitio en que murieron, se elevó una cruz de piedra con esta inscripcion en el pedestal.

GENARO. MAGDALENA.

REZAD UN PADRE NUESTRO POR SUS ALMAS.

Cuando en el siglo XVI se destruyó el castillo de Achorroz, sus propietarios, descendientes de Gomez Gonzalez, mandaron erigir una capilla en el mismo sitio en que estaba la Cruz de piedra, dándola este nombre, y es la misma que hemos dicho subsiste aun en la cima del monte.

Réstanos todavía dar al lector algunas esplicaciones mas sobre los sucesos que acabamos de referir. La noche que ocurrió la catástrofe de los amantes, desapareció del castillo el primo de Magdalena, circunstancia que á todos llamó la atencion, y mas particularmente al castellano, que hacia algun tiempo empezaba á desconfiar de su pariente; pero era imposible atribuir á un crímen la muerte de los jóvenes, hallándose como se halló, cerrado el cuarto de Magdalena; y lo que generalmente se creyó fué que con el peso se habia roto la cuerda que sujetaba la escala, lo cual suponia Gomez que era un castigo del cielo. Sin embargo, preciso es confesar que el castellano hubiera deseado que la providencia se mostrase menos severa, y aunque á sus ojos el crímen era grande, el verse privado de su hija única á quien idolatraba, el remordimiento de haber contribuido quizás con su severidad escesiva á ponerla en este caso, y la pena que tambien le causaba el que fuese la otra víctima cabalmente el jóven á quien debia la vida, fueron causas suficientes para que abandonado al dolor y á las cavilaciones á que el suceso daba lugar, contrajese una enfermedad incurable que iba consumiendo sus dias con la misma lentitud que la luz de una lámpara á quien falta el alimento. Una tarde que al ponerse el sol se hallaba sentado en el pico de una de las peñas que rodeaban el castillo, contemplando la cruz de piedra, como de continuo hacia, fué un criado á decirle que acababa de llegar un peregrino que volvia de Roma y tenia que hablarle de asuntos importantes.

—Que venga aqui ese buen hombre, dijo el castellano, y hablará lo que guste, que aqui nadie nos puede oir, y luego hallará en el palacio la hospitalidad debida.

Acercóse en efecto el romero, y despues de los correspondientes saludos, dijo que habia conocido en su viage á la Tierra Santa un jóven que iba como él á cumplir una promesa, con quien trabó estrecha amistad; que este jóven fué acometido de una fiebre maligna antes de llegar al término de su peregrinacion, y que viendo próxima su última hora lo habia llamado y lo habia dado un paquete de papeles, exigiéndole palabra y juramento de que no los entregaria á nadie mas que al señor de Achorroz, y de que los quemaria sin leerlos en el caso de que éste hubiese muerto. En seguida puso el paquete en manos del castellano y se despidió sin permitir pasar la noche en el castillo, porque dijo que la penitencia que estaba cumpliendo le impedia dormir bajo techado. Gomez Gonzalez abrió el paquete y se halló que era de su sobrino, quien despues de pedirle perdon por haberse marchado sin avisárselo á cumplir una promesa que hizo en el ejército, se manifestaba muy afligido por la desgracia de su prima, de que no habia tenido noticias, decia, sino despues de dos meses de ausencia, y le pedia, en fin, que rogase á Dios por su alma, pues se hallaba en el último trance. El buen anciano se echó á llorar y esclamó lleno de amargura : «¡Tambien mi sobrino!... Todos en este mundo me han dejado!...»

Al decir esto salió de entre unos matorrales el peregrino, quien quitándose el sombrero y las barbas postizas que lo disfrazaban, y arrojándose á sus pies. «¡Yo no, tio mio! dijo, la providencia me ha conservado para que os sirva de apoyo; he querido emplear esta estratagema solo para saber si me conservábais aun algun resto de cariño: ya que sé que me amais, jamás me separaré de vuestro lado.

No hay para que decir que desde entonces el capitan quedó en la casa como único amo de ella, pues el pobre anciano de nada se cuidaba mas que de sus penas y de sus achaques. Asi pasó mucho tiempo, hasta que un incidente imprevisto cambió de pronto el aspecto del castillo.

La habitacion en que Magdalena estuvo encerrada hasta la noche de su muerte no se habia abierto despues, porque el castellano, que era quien tenia la llave, á nadie quiso confiarla, ni él tuvo nunca valor para abrirla. Un dia que se paseaba con su sobrino por el corredor contiguo, refiriendo á éste la catástrofe de su hija, que era siempre su conversacion favorita, le ocurrió abrir la puerta del cuarto y penetrar en él: el capitan lo siguió sin el menor recelo, pues ignoraba que fuese aquella la primera vez que se abria desde la noche fatal; pero calcúlese cuanto seria su asombro y turbacion al ver á su tio, que como dijimos le precedió al entrar en la estancia, con un cuchillo de monte en la mano, que acababa de recoger del suelo, leyendo el nombre que habia grabado en el puño. Este nombre era el del capitan, porque ya habrá adivinado el lector que él fué quien cortó la cuerda de la escala. Jóven vicioso y lleno de deudas, concibió el proyecto de casarse con su prima para mejorar de fortuna. Conociendo que el flaco de su tio era la vanidad, logró en la córte á fuerza de intrigas un título de conde, que creyó le sirviese de escudo para saciar su ambicion; pero Magdalena, que siempre lo aborreció porque conocia sus pérfidas inclinaciones, y que ademas amaba á Genaro desde niña con toda su alma, le opuso una resistencia tenaz y contrarió todos sus proyectos. Consumado el crímen por el capitan, en el acceso de ira que le produjo el ver escapar su presa cuando la juzgaba mas segura, se creyó en el primer momento perdido, y huyó; pero informado luego por un criado de confianza de que nadie habia sospechado la causa de la muerte de los jóvenes, cambió de plan y volviendo á su primitivo proyecto, que era conseguir á todo trance la herencia del de Achorroz, se presentó en el castillo de la manera que hemos visto. La providencia, que en su alta sabiduría no permite la impunidad de tamaños delitos, se valió del mismo puñal, instrumento de la muerte de los amantes, que el capitan no recordaba donde ni cuando habia perdido, para que sirviese de delator. Viéndose descubierto, se arrojó á los pies de su tio y le confesó todo, implorando su perdon; pero éste se mostró inexorable y lo entregó en manos de la justicia para que sufriese el castigo á que se habia hecho acreedor. Muy poco tiempo despues murió Gomez Gonzalez á impulsos de su dolor, que se hizo mas intenso con el descubrimiento del crímen de su sobrino. Las caseras del monte Achorroz cuando cuentan esta historia á los viageros, añaden que en las ruinas del castillo se oyen lastimeros ayes las noches que hay tempestad, y que son las almas de Magdalena y Genaro, que sin duda están en el purgatorio por haber muerto sin confesion, y vienen á pedir oraciones. El capellan de la ermita de la Santa Cruz, les ha repetido mil veces en sus sermones que lo que se oye es el silbido del viento al través de los matorrales; ellas lo escuchan con atencion, pero todavía no ha logrado convencerlas.

CAPITULO TERCERO.

EL PARTIDO DE PELOTA Y EL CORONEL SALCEDO.

Una de las poblaciones importantes del valle de Leniz es Mondragon, patria del historiador Garibay, que floreció en el siglo XVI y fué el primero que escribió una historia de España, dándole el modesto título de compendio. A media legua de distancia de esta villa está el santuario y baños de Santa Agueda, los mas concurridos quizás de toda la península y de los que mayor número de curas milagrosas se cuentan. Es verdad que son muy antiguos, pues consta que hace mas de cuatrocientos años llegaban gentes en romería á rezar á la santa, y de paso á tomar las aguas; en el dia sucede al revés: van muchos á tomar las aguas y solo algunos rezan de paso á la santa. Labróse hace tiempo un hospicio para los pobres, del que solo quedan restos, y los demas concurrentes se acomodaban en las inmediatas caserías, hasta que en 1826 se construyó una casa de baños y una buena fonda, que aun cuando es menos lujosa que la de Arechavaleta, se disfruta en ella de mucha comodidad y escelente servicio.

Pocos son los bañistas de Santa Agueda que dejan de visitar la gran peña de Udala, donde está la famosa cueva de San Valerio, que es un magnífico palacio de cristal, de sorprendente y mágico efecto, con inmensas bóvedas adornadas de estalactitas y con mil caprichosas figuras cuya descripcion seria interminable; alli se ven estensas galerías, suntuosas tumbas y elegantes pabellones, todo labrado por la naturaleza, y en vano es querer tocar los límites que el Criador dió á este recinto, porque los precipicios lo impiden.

Mauricio y yo habíamos ido á la peña en romería con otras treinta personas por lo menos, y tanto nos detuvimos que habiendo entrado con sol en la cueva, cuando salimos apenas se distinguian los objetos; pero no era lo avanzado de la hora, sino lo espeso de las nubes lo que producia la oscuridad. Conociendo el peligro, metimos espuelas á nuestras monturas, mas esto no impidió que antes de llegar á la fonda descargase tal aguacero que nos puso en dispersion á todos, en términos que hubo quien á las diez de la noche andaba todavía errante por aquellos campos. Las señoras que nos acompañaban, bastantes en número, fueron naturalmente las que mas sufrieron, y las que mas tarde arribaron á la hospedería. Mauricio creyó observar, con su acostumbrada malicia, que los rezagados eran los que mas asíduamente obsequiaban á las damas, pero yo supongo que esto seria meramente casual.

Antes de llegar á Vergara se encuentra la ermita de San Prudencio, de donde parte un hermoso camino para Oñate, que cuando nosotros lo anduvimos se estaba construyendo, y en el dia se halla completamente concluido, aunque sin uso. Oñate es célebre por su famosa universidad, por sus edificios y por el importante papel que representó en la última lucha civil, pues ademas de haber sido residencia de don Cárlos, se firmó en ella el memorable convenio de Vergara. La iglesia colegial de San Miguel es bellísima, y merecen verse con detencion las capillas llamadas del Conde y de San Emeterio y San Celedonio, asi como la elevada torre que al estremo occidental del edificio construyó el arquitecto guipuzcoano don Manuel Carrera en 1779 y siguientes hasta el de 1784.

VISTA DE LA UNIVERSIDAD DE OÑATE.

El colegio universidad, fundacion hecha por don Rodrigo de Mercado y Zuazoa, obispo de Mallorca, de Sigüenza y de Avila, y virey de Navarra, se trazó y comenzó el año 1542. El edificio forma un cuadro, con un patio en el centro al que circundan dos galerías de piedra. Adornan su fachada cuatro especies de torres; las dos de los ángulos tienen tres cuerpos, y las del centro solo dos, y unas y otras sientan sobre pedestales y rematan en cupulillas.

Matriculábanse anualmente en esta universidad sobre doscientos discípulos, y de ella han salido en todos tiempos esclarecidos varones, honra y prez de la nacion española. En el dia se halla suprimida desde el último arreglo.

En la plaza, que es grande y de forma irregular, se ve la casa de ayuntamiento, edificio costoso, pero de mal gusto; en su planta baja tiene soportal con tres arcos por el frente y dos por los costados. Cerca de este edificio y en el mismo lienzo oriental está la casa que habitó don Cárlos.

En jurisdiccion de Oñate y á dos leguas de distancia de la misma villa se halla el devoto santuario de Nuestra Señora de Aranzazú, patrona de los guipuzcoanos, y uno de los principales objetos de su devocion, circunstancia que nos mueve á dar noticia de su historia. Estaba un jóven llamado Rodrigo de Balzategui, hijo, y posteriormente señor de la casa de su apellido, apacentando los rebaños de su padre en la falda de la montaña Alona, en virtud de las costumbres patriarcales de este pais, costumbres que la mano del tiempo está insensiblemente borrando, é internándose un dia mas de lo que acostumbraba por aquellos tan ásperos lugares, vió sobre un espino «una devota imágen, dice Garibay, de la Vírgen María, de pequeña proporcion, con la figura de su hijo precioso en los brazos y una campana á manera de grande cencerro al lado.» Sorprendido Rodrigo con tan inesperado hallazgo esclamó: Aranzan-zuc (vos en el espino) y cubriendo con ramas el venerable simulacro se apartó de aquel sitio é hizo sabedores del raro suceso á los vecinos de Oñate, muchos de los cuales precedidos del concejo fueron á cerciorarse del relato de Rodrigo, y descendiendo por una de las mas fragosas vertientes de la citada peña, hallaron la efigie en el mismo punto que habia dicho el sencillo pastor. Hicieron al pronto una capilla de tablas, labrándose despues una ermita, á la que se retiró luego una señora guipuzcoana, llamada doña Juana de Arriaran, la cual consiguió que se fundase un convento pequeño por no permitir otra cosa la desigualdad y aspereza del terreno. Ocupáronle primeramente los frailes mercenarios, y no pudiendo sufrir lo frio, incómodo y escondido del local, le abandonaron, apoderándose entonces de él los tercerones de San Francisco, que continuaron la obra por los anteriores comen[illegible] llegó la época de la reforma de estos frailes, y no queriendo hacerse observantes los que en Aranzazú residian, abrazaron la órden de Santo Domingo, causa y principio de sérias y largas discordias. Disputáronse los franciscos y dominicos la posesion de este santuario, y al fin quedó por los primeros. En el año de 1552 un horroroso incendio destruyó el referido convento; reduciendo á cenizas su archivo y todas sus curiosidades, que no eran pocas. Hízose otro edificio mas vasto y suntuoso que el anterior, con el producto de las limosnas de las muchas personas que venian á implorar en esta iglesia los favores de la Reina de los Angeles, distinguiéndose por la riqueza de las ofrendas, los marinos y navegantes vascongados. Celebrábanse por su magnificencia en el convento, el refectorio y la enfermería, y habia elegantes retablos en la iglesia, hechos por Diego Basoco, y adornados con bellas efigies de Gregorio Hernandez. Todo pereció en 1834 por haber entregado á las llamas este santuario las tropas que perseguian á los carlistas. La sagrada imágen fué conducida á la villa de Oñate y colocada en el convento de Vidaurreta, por los religiosos que la sacaron de entre el fuego.

En 1846 ha sido de nuevo llevada la imágen de Nuestra Señora al santuario que nos ocupa, reedificado con las limosnas de los guipuzcoanos, que han hecho los mayores sacrificios hasta conseguir este objeto.

Despues de visitar el santuario entramos de nuevo en la carretera de Francia que habíamos abandonado para dirigirnos á Oñate, y pasamos sin detenernos por Vergara y Tolosa, ya porque contábamos volver á estas poblaciones, y ya tambien porque teníamos necesidad de llegar cuanto antes á San Sebastian.

Esta ciudad, por cuatro veces incendiada, quedó completamente destruida en 1813. Ocupábanla las tropas de Napoleon; y habiéndola sitiado los aliados dieron varios asaltos, en uno de los cuales se voló casualmente un almacen de combustibles, y aturdidos los sitiados con el estruendo que produjo, corrieron á guarecerse al castillo dejando la plaza abierta á los anglo-portugueses; que aprovechándose del no esperado suceso, en un instante y sin obstáculo, la ocuparon toda. Grande fué la alegría de los vecinos de San Sebastian viendo que era llegada la hora de conseguir su deseada libertad; pero la recibian de estrangera mano, y de uno ú otro modo habia de serles muy costosa. Desbandáronse los sitiadores por la poblacion, y roto el freno de la disciplina, no quedó linage de esceso que no cometieran. En medio de tanta calamidad, empezó, y se estendió con la mayor rapidez, un horroroso incendio que hizo desaparecer los mejores edificios, pues de mas de setecientos que habia, solo quedaron treinta y seis, y se redujeron á cenizas sus archivos, acaso los mas ricos de todas las ciudades de España.

Desde esta época no ha dejado de trabajarse en la reedificacion, y tanto se ha hecho, que en el dia puede decirse que se halla terminada. San Sebastian es, por consiguiente una ciudad moderna, con sus calles rectas y limpias, con sus casas de lindo aspecto, simétricas é iguales todas en altura, con una hermosa plaza, un bonito teatro, construido hace tres años, un escelente hospital estramuros de la poblacion, buena casa de baños, paseos, fondas, cafés y todo cuanto es necesario para gozar de las comodidades de la vida.

Cuando nosotros llegamos habia un crecido número de forasteros, porque en la estacion del calor es muy concurrida á causa de su benigna temperatura, que no escede de 18 á 24 grados de Reaumur, y de su bellísima playa ó concha, la mejor y mas segura de toda esta costa para bañarse en el mar. Nos esperaban varios amigos para ir juntos á Irun á ver un partido de pelota, que sin exageracion puede decirse que tenia en alarma las tres provincias Vascongadas y la de Navarra. Los vascongados son aficionadísimos al juego de pelota, y raro es el pueblo, por pequeño que sea, donde no lo hay; pero el partido de que vamos á hablar reunia una porcion de circunstancias verdaderamente notables. Tres jugadores navarros, de los de mas fama, se habian desafiado con igual número de franceses, y se señaló Irun como punto intermedio para sitio del palenque. De antemano se habian levantado inmensas gradas, tablados y balcones, alrededor del juego de pelota para colocarse los espectadores. La víspera, y la mañana del dia designado, los caminos se veian cuajados de gente, sin distincion de clases, edades ni sexos, que en carruages, á caballo, en artolas ó á pie, cada cual segun sus facultades, marchaban todos á Irun con un entusiasmo y decision tal, que la pluma no basta á describirlo. Las calles y las plazas del pueblo apenas bastaban á contener la concurrencia, y en las casas particulares, principalmente las de alguna categoría, puede decirse que fué feliz la que tuvo menos de doce huéspedes. Estaba el tiempo frio y lluvioso, como acontece con frecuencia en estas provincias; mas no por eso desmayó el entusiasmo de los asistentes al espectáculo; al contrario, su ardor parecia aumentarse en la misma proporcion que las apiñadas nubes arrojaban torrentes de agua. En vano fué esperar que la atmósfera se despejase; á un turbion seguia otro mas fuerte, y la noche llegó sin que hubiera podido realizarse el partido, pero tambien sin que hubiese desertado ni uno solo de los espectadores, que engañados en sus esperanzas, se resignaron á aguardar el siguiente dia acomodándose cada uno como mejor pudo. Entretanto, las puestas se cruzaban, sirviendo de intermediarios unos hombres, especie de agentes, que recorrian los grupos para organizar el juego. «Tengo una onza, decia uno, en favor de los navarros.» «Yo tengo media, replicaba otro, en favor de los franceses,» y de este modo se empeñaron cantidades inmensas, y poco á poco fué tomando el partido unas proporciones colosales.

Por fin, amaneció el dia deseado, claro y sereno, y en todos los semblantes se notaba la satisfaccion que producia la brillante luz del sol y la certeza de ver realizadas pronto sus esperanzas. Las diez era la hora designada para el partido, y á las siete todas las gradas estaban llenas de gente; solo los balcones y tablados se veian vacíos; pero á las nueve y media empezaron á poblarse con las familias mas notables de las cuatro provincias y de Bayona, inclusas las autoridades, y con las infinitas personas de Madrid y otros puntos que se hallaban de temporada ó á tomar baños en el pais. El punto de vista que presentaba el circo era verdaderamente admirable por el número de concurrentes, por la diversidad de trages y por el lujo y elegancia de las señoras. A las diez en punto se presentaron en el palenque los jugadores acompañados de los jueces nombrados por ellos mismos para fallar sobre la validez de las jugadas, y de un especie de comisario régio ó juez supremo nombrado por el alcalde del pueblo, cuya autoridad en tales casos es omnímoda, pues su fallo no tiene apelacion. Corre á su cargo el mantenimiento del órden dentro del circo, y en el caso de haber divergencia respecto á alguna jugada, entre los jueces que podemos llamar comunes, interpone su autoridad y sentencia en última instancia. Despues de conferenciar los unos y los otros, y de ocupar todos sus respectivos puestos, dió principio el partido reinando el mas profundo silencio; pero á cada jugada, á cada movimiento de la pelota, una salva de aplausos y silbidos á un tiempo, daba á conocer bien clara y distintamente quienes eran los parciales y quienes los antagonistas del que la habia hecho. Desde luego la victoria empezó á declararse en favor de los navarros, y aunque los franceses, que eran escelentes jugadores, lograron por dos veces inclinar la suerte á su favor; al fin quedaron vencidos. En seguida se dispersó la reunion.

Mauricio y yo, no entendimos ni una palabra del juego; pero gozamos mucho con el espectáculo, enteramente nuevo para nosotros y muy superior á lo que nos prometiamos; pues no creimos nunca que tanta diversion proporcionara, ni tal entusiasmo produjese un partido de pelota.

Habíamos ido á Irun, como ya dije, con varios amigos de San Sebastian, y entre las infinitas personas que hallamos alli, fué una mi condiscípulo Salcedo, de quien hice mérito al hablar del Círculo de Vitoria. Al concluir el partido se reunió con nosotros y se empeñó en que habíamos de comer juntos en la fonda; yo me resistí tenazmente, porque me parecia mal dejar tres compañeros de viage, pero hube de ceder, aunque de mala gana, pues Salcedo es uno de esos hombres de bellísimas cualidades y corazon escelente, pero á quien no se puede contrariar nunca sin esponerse á reñir con él, y á mí no me gusta reñir con mis amigos sin un motivo fundado. Fuimos á la fonda, ó mas bien parador, donde no sin trabajo logramos que nos diesen de comer mal, en un rincon de la sala donde estaban sirviendo la mesa redonda con mas de cuarenta cubiertos.Todas las conversaciones, así generales como particulares, versaban, como es consiguiente, sobre el partido de pelota, sosteniendo cada cual su opinion con mas ó menos calor. Los franceses, en mucho mayor número que los españoles alli reunidos, se espresaban con toda la acritud propia del amor propio ofendido, pero en honor de la verdad, sin usar palabras ofensivas. Salcedo guardó silencio durante la comida sin tomar parte en la contienda, y solo en sus miradas de reojo y en su semblante visiblemente alterado, se notaba la mortificacion que estaba sufriendo. Mauricio me hacia señas espresivas de su disgusto, y yo procuraba distraer á ambos hablando de cosas indiferentes. Asi pasó la comida; á los postres empezaron á echar brindis los franceses de la mesa redonda algun tanto provocativos.

—Consolémonos, señores, de la derrota, dijo uno, que si los españoles nos han vencido con proyectiles de cuero, nosotros los hemos humillado mas de una vez con los de plomo.

Salcedo se levantó impetuosamente, y dando un golpe tremendo en la mesa, de cuyas resultas cayeron en tierra las botellas y los vasos, con voz de trueno gritó:

—Los españoles no se humillan nunca y saben vencer á los franceses lo mismo en el juego de pelota que en el campo de batalla, asi en Irun como en Bailen.

—¿Es vd. capaz de probar personalmente eso que dice? preguntó el francés sin alterarse.

—Si no lo fuera, no lo hubiera dicho, replicó mi amigo.

El francés sacó tranquilamente del bolsillo una cartera, retiró de ella una tarjeta, y la arrojó con desden en nuestra mesa.

Mauricio y yo con algunos de los compañeros de mesa de Mr. Tenois, que asi se llamaba el francés, quisimos oponernos á la realizacion de un duelo producido por una causa tan frívola, y agotamos todos los recursos de la oratoria para convencer á uno y á otro de que era un disparate batirse por semejante niñería; pero todo fué en vano; ninguno quiso ceder, y no hubo mas remedio que fijar las bases del desafío. Salcedo, como era consiguiente, me eligió á mí por padrino, y lo mismo hizo monsieur Tenois con otro de sus amigos. Por mi parte confieso que en la vida me ví en mayor apuro, porque nunca habia presenciado ni intervenido en lances de esta especie, á los que por carácter y por convencimiento tengo marcada aversion. No habia medio de escusarse, sin embargo, y tuve que resignarme al sacrificio mas costoso de cuantos hubieran podido exigirme; pero el honor, falso ó verdadero, y sobre todo la amistad, imponen deberes sociales de que no es posible prescindir sin desdoro. Despues de algunas conferencias con el padrino de la parte contraria, quedó decidido que el duelo se verificaria en la mañana siguiente, y que seria á pistola, tirando á veinte pasos de distancia.

Cuando salimos de la fonda volví á reconvenir á Salcedo por su estremada ligereza. «Ya no tiene remedio, le dije, y hay que llevarlo adelante; pero es el colmo de la estravagancia esponer dos hombres sus vidas por un motivo tan leve.»

—Te equivocas en suponer que solo lo ocurrido en la mesa es la causa del duelo; detrás de ese pretesto aparente, hay un objeto real y positivo que en otra ocasion sabrás.

—Quiero saberlo ahora, le dije, siquiera para descargar mi conciencia que me acusa por la parte que he tomado, aunque sin voluntad, en este lance.

—Es una pequeña historia, replicó; ya te la referiré.

—Tanto mejor si es historia y pequeña, proseguí, para que la refieras ahora, porque las historias me gustan, y siendo pequeña no te cansarás en contarla.

—Bien mirado, dijo Salcedo con cierto aire de tristeza, creo que debo complacerte, porque si mañana me levanta la tapa de los sesos ese hombre, que es un gran tirador, ya no te la podré contar.

—No hablemos de mañana, dije para distraerlo, y vamos á la historia.

—Vamos á ella, prosiguió mi amigo; pero antes, y á manera de introduccion, tienes que oir dos palabras relativas á mi vida desde que no nos vemos.

—Oiré con mucho gusto aunque sean ciento, porque lo deseo, y si no te pregunté ya fué porque jamás acostumbro á reclamar de mis amigos mas confianza que la que quieren dispensarme.

—Tú tienes toda la mia, y ojalá siempre hubiera seguido tus consejos; pero esto no es del caso. Comprometido á abrazar el partido carlista por razones de familia de que no podia prescindir, vine á Navarra, mi pais, en cuanto falleció el último monarca, á ocupar el puesto que de antemano se me habia designado, y por espacio de siete años, á la cabeza de una compañía primero, y de un batallon luego, me batí en cuantas ocasiones se presentaron, no diré con valor, pero sí con decision, aunque á la verdad sin fé ninguna en la causa que defendia. El convenio de Vergara me ofreció una ocasion honrosa de abandonarla, y me acogí á él sin vacilar y de todo corazon; entonces era ya coronel, y este grado tengo en el dia, pues no he vuelto al servicio activo. Pedí mi cuartel para Vitoria, porque en esta ciudad vive mi hermana y única parienta que me resta, casada con un buen alavés, hijo de un propietario tal cual acomodado; mi madre murió durante la guerra de un susto que la dieron diciéndola que yo habia sido uno de los fusilados en Estella por órden de Maroto. En Vitoria tenia mucho tiempo de sobra, y para ocuparlo en algo me dediqué á visitar algunas casas de familias conocidas; el trato engendra cariño, y yo que en tanto tiempo no habia oido mas que el estruendo de las balas, ni habia esperimentado otras emociones que las que producen los combates, estaba ansioso de ecos mas dulces y de sensaciones mas agradables. Al pronto creí que me habia enamorado simultáneamente de todas las jóvenes que visitaba; tal fué el entusiasmo con que abracé mi nueva carrera de galanteador; pero pronto me convencí de que solo una era la preferida, quizás por lo mismo que era tambien la que me trataba mas desdeñosamente; con todo, su desden no llegó nunca á ser rigor, y despues de alguna resistencia, mas aparente que positiva, consintió en corresponderme con la condicion de que no habia de ser celoso, y que la habia de dejar gozar plenamente de su libertad de viuda. Yo suscribí á todo, la verdad, sin intencion de cumplirlo; pero la amaba como un loco, y lo que queria era verme correspondido á cualquiera costa. Asi pasé dos meses, los mas felices de mi vida; Cecilia, que tal es su nombre, usaba con mucha moderacion de la libertad que se habia reservado, y aunque yo, á pesar de lo convenido, no dejaba de mortificarla con celos, no muy fundados por cierto, estas pequeñas reyertas servian solo para acrecentar mas nuestro mútuo cariño.

Vivia Cecilia por decoro con una tia suya, pues aunque viuda, como ya dije, solo contaba veinte y cuatro años, y no te hablo de su belleza, porque en boca de un enamorado los elogios de su amada son siempre sospechosos. Confieso no obstante que ni su esbelto talle, ni sus hermosos ojos, ni sus acabadas facciones es lo que en ella me entusiasma, sino su irresistible gracia andaluza, porque ha nacido en las orillas del Betis, y ciertos arranques de brusquería tan en consonancia con mi carácter, que dudo haya otra muger en el mundo que me pueda agradar del mismo modo.

Un dia al dirigirme á su casa, que la tiene junto al hospicio, la ví en el balcon ocupada en contemplar á un hombre que sentado sobre una piedra, estaba dibujando la fachada del edificio, y tan distraida que no reparó en mí hasta que me tuvo á su lado y la dirigí la palabra. Al oir mi voz dió un grito sobresaltada, como aquel á quien se coge cometiendo un delito; yo la reconvine con aspereza, y esto dió motivo para una de las infinitas riñas que teníamos á cada instante. Pronto hicimos las paces, y viendo yo al siguiente dia que el hombre de los dibujos continuaba la tarea sentado en la piedra, y que Cecilia no se asomó al balcon, me quedé completamente tranquilo. Sin embargo, aquel hombre que siempre estaba allí inmóvil como un poste, y que nunca acababa sus dibujos, me tenia fastidiado sin saber por qué. Mas de una vez me ocurrió la idea de provocar una disputa con él bajo cualquiera pretesto; pero reflexioné que era dar un escándalo sin causa plausible, pues el bueno del dibujante ó artista, nada hacia digno de reprension, mas que estarse todo el dia sentado en la piedra, lo mismo cuando llovia que cuando hacia sol, mirando la fachada del hospicio, con una cartera sobre las rodillas, y con un lapicero en la mano, que se le veia mover de cuando en cuando. Su continua presencia en el mismo sitio, ya lo he dicho, me atosigaba y pesaba sobre mí como una losa, mas no habia medio de evitarlo y tuve que resignarme.

Con motivo del cumpleaños de la tia de Cecilia, dispusieron dar un baile, cosa que repetian con frecuencia bajo cualquiera pretesto, porque las dos eran muy aficionadas á esta clase de diversion. Yo odiaba las tales reuniones, que me ocasionaban siempre algun disgusto con la viudita, á quien no hubiera querido que nadie viese ni hablase; pero esto en realidad era una ridiculez, y aunque de carácter raro, nunca he querido ser ridículo. Ademas, de nada me hubiera servido oponerme, porque Cecilia apoyada en nuestras estipulaciones y sobre todo en el dominio que ejercia sobre mí, hubiese hecho de cualquiera modo su gusto.

Llegó el dia del baile, y me desperté malo; desde antes de servir en el ejército padezco alguna que otra vez de afecciones nerviosas, y el dia de que te hablo tuve un ataque furioso. El carácter pronunciado de la enfermedad de los nervios es la tristeza, y sea por efecto del padecimiento, ó porque mi corazon adivinaba lo que me iba á acontecer, estuve toda la mañana tan apesadumbrado y congojoso, que no tuve valor para salir á la calle, y solo á la noche, tarde, haciendo un esfuerzo sobre mí mismo, me decidí á ir á casa de Cecilia. Estaba ya la sala llena de gente, y una porcion de parejas bailando; dirigí la vista á todas partes en busca de la viuda, y considera cuál me quedaria al verla en un rincon, hablando y riendo como una loca, ¿con quién dirás?... Con el hombre estátua, con el dibujante de la fachada del hospicio.

—Me lo habia figurado, dijo Mauricio con prontitud.

—Pues yo no, amigo mio, replicó el coronel; yo me quedé yerto como un cadáver, y tuve que arrimarme al hueco de una ventana para no caer en tierra. Por fin la misma rabia me fué dando fuerzas poco á poco, y al cabo de un rato pude dirigirme en apariencia muy tranquilo donde estaba Cecilia, pensando en mis ilusiones de amante, que mi presencia la confundiria; pero ella no se confundió ni mucho menos; al contrario, sin inmutarse, sin variar de postura ni de tono, y con la sonrisa en los labios, me preguntó, mostrando el mayor interés por el estado de mi salud. La contesté lo mejor que pude, y me retiré de aquel sitio temeroso de no poder contenerme; en seguida me senté maquinalmente en un sofá del gabinete contiguo á la sala del baile. A los diez minutos vino Cecilia á buscarme y se sentó á mi lado.

—¿Se siente vd. mal? me preguntó con singular dulzura.

—¿Cómo quiere vd. que me sienta? la contesté bruscamente.

—Esos padecimientos nerviosos me asustan, prosiguió ella siempre con cariño; debia vd. hacer algo para corregirlos, porque los nervios....

—Si, los nervios, repliqué; mis verdaderos padecimientos son sus ingratitudes de vd.

—¡Yo ingrata!.. ¡y con vd. que es el dueño de mi albedrío! Si no estuviera ya tan acostumbrada á esos arranques de mal humor, que sin embargo le perdono, porque sé que son efectos de su enfermedad, de seguro me habria enfadado.

—No quiera vd., la dije, con vanos pretestos y con su habitual táctica, eludir la cuestion; ahora no se trata de mis males, sino de...

—¿Pues de qué hemos de tratar mas interesante? interrumpió con adorable candor.

—De ese hombre que estaba en conversacion con vd.; de ese hombre de plomo á quien antes aborrecia y ahora ódio con mis cinco sentidos.

—Hace vd. muy mal, porque es escelente sugeto; un viagero que viene á admirar las bellezas de nuestra España....

—Y á galantear á las españolas, añadí yo con presteza.

—Tal vez, dijo ella; pero en eso ¿qué encuentra vd. de malo?

—Nada, sino hubiese puesto los ojos en vd.

—¡Siempre el mismo tema!... ¿Es posible que no ha de haber un hombre que no le haga á vd. sombra?... Y á la verdad en eso no se hace vd. ningun favor... ¿Qué le importa á vd. en último estremo que todos me obsequien y me digan cuatro lisonjas, si al cabo vd. es el preferido?... ¿Por qué en lugar de tomarlo por lo sério, no se rie vd. y se divierte como yo lo hago?

—Porque mi carácter es distinto, y porque las teorías de vd. sobre el amor son irrealizables; para que á mí me fuera indiferente que obsequiase á vd. todo el mundo, era preciso que no la quisiera como la quiero, y entonces ni vd. misma se conformaria tampoco, porque admitido el principio de que no hay inconveniente en que á vd. la galantee cualquiera, siempre que yo ocupe el primer lugar, es necesario admitir que yo pueda hacer lo mismo con iguales condiciones.

—A eso no suscribiria nunca, dijo Cecilia.

—Pues luego, ¿por qué exige vd. lo que no es capaz de hacer?

—Porque las circunstancias no son las mismas; una muger tiene que recibir obsequios, sopena, si no lo hace, de representar en sociedad un papel desairado, y muchas veces no está en su mano tampoco el evitarlo; un hombre, al contrario, es dueño de dirigirse ó no á las mugeres, sin que ni haciéndolo ni dejándolo de hacer se ponga nunca en ridículo.

—Todo eso no es mas que un puro sofisma, Cecilia, y perdone vd. que se lo diga por su nombre: un modo ingenioso de disculpar las coqueterías... Pero dejemos esto aparte, y ya que tan amable y complaciente está vd. esta noche, sepamos como es que ese hombre ha podido trasladarse de repente desde la calle á su sala.

—Muy sencillo; esta mañana salió la tia á misa y al volver la cogió un chaparron muy fuerte. Se habia ido sin paraguas, y viéndola ese caballero en el atrio de la iglesia indecisa y sin saber qué partido tomar, le presentó el suyo y vino acompañándola hasta la puerta. La tia le ofreció la casa y lo convidó para esta noche agradecida al favor que acababa de dispensarle, y...

—¿Y no le convidó á comer? pregunté yo con ironía. ¿Me juzga vd., Cecilia, tan inocente que dé crédito á semejantes patrañas, por mas que estén referidas con toda la sencillez y candor que vd. sabe aparentar cuando le conviene?

—Eso es decirme políticamente que miento.

—Por lo menos ahora no ha dicho vd. la verdad.... En este asunto hay un misterio que yo aclararé muy pronto, y si como me temo fuese vd. culpable, concluimos para siempre.

Al mismo tiempo que acababa yo la última palabra, el hombre de los dibujos apareció en la puerta del gabinete; al verlo Cecilia se levantó precipitadamente, y dirigiéndose á él,

—Perdone vd., Mr. Tenois, le dijo...

—¡El francés del desafío! esclamé yo.

—El mismo, contestó Salcedo.

—Tambien me lo habia yo sospechado, dijo Mauricio.

—Prosigue, añadí, prosigue, que esta circunstancia hace mas interesante la historia.

—Cecilia, como dije, continuó mi amigo, se dirigió á él, rogándole que perdonase por haber olvidado que le tenia prometido un rigodon, y ambos se fueron juntos á bailar. Yo tomé en seguida el sombrero, y sin despedirme de nadie me fuí á mi casa.

Ya supondrás cómo pasaria la noche: al siguiente dia, muy temprano, me dirigí al parador donde vivia Mr. Tenois; y en breves palabras le dije que los españoles no acostumbrábamos á tolerar que nadie obsequiase á nuestras queridas; que yo amaba á Cecilia, de quien era correspondido, y que por consiguiente era preciso que se quitara de en medio voluntariamente, si no queria esponerse á que yo lo quitara á la fuerza. Mr. Tenois me contestó sin alterarse, que él tambien amaba á Cecilia, y era asimismo correspondido, por lo que se creia con iguales derechos que yo á lo menos; que comprendia perfectamente que los dos éramos incompatibles, y que sin negarse á llevar la cuestion á cualquiera terreno que yo eligiese, le parecia que como paso preliminar debíamos consultar la voluntad de la dama, y resignarnos á su fallo.

—Si la señora Cecilia, decia Mr. Tenois, le prefiere á vd., yo le dejaré el puesto al instante; pero si me prefiere á mí, vd. debe hacer lo mismo. Esto me parece la cosa mas sencilla del mundo, y no tenemos necesidad de andar á balazos por una bagatela.

—Es que de todos modos andaremos, le contesté, porque yo no estoy dispuesto á ceder, y si Cecilia le prefiere á vd. tendremos que batirnos por fuerza.

—Pero eso es una solemne tontería, señor, dijo el francés, porque si la señora Cecilia me prefiere, es señal de que me quiere ó le gusto mas que vd., y ciertamente, porque salgamos al campo y nos batamos, no ha de variar de sentimientos.

—Tendré el placer de vengarme si le mato á vd., ó dejaré de sufrir si vd. me envía al otro mundo.

—En primer lugar yo no he ofendido á vd. para que se quiera vengar, porque obsequiando á esa dama ignoraba que vd. la amase, y mas aun el que fuera correspondido; y en seguida, vd. puede dejar muy bien de sufrir por esta causa sin que yo le mande al otro mundo. Los españoles son vds. muy vehementes, y toman estas cosas con demasiado calor, sin considerar que las mas de las mugeres no merecen tamaño sacrificio. Si en efecto la señora Cecilia me prefiere á mí, lo que vd. debe hacer es despreciarla, y buscar otra que le prefiera, al menos yo asi lo haria.

—Pues yo no, señor mio, le contesté ¿qué quieré vd? cada uno está organizado á su manera, y por eso los españoles somos españoles, y los franceses son franceses.

—En hora buena; diga vd. qué quiere que hagamos, prosiguió Mr. Tenois, siempre con irritante calma.

—Batirnos, dije yo con prontitud.

—Eso debe de ser lo último, porque si la viuda le prefiere á vd., ya he dicho que le cedo el campo sin necesidad del duelo; y no temo que vd. sospeche que lo rehuso ó difiero por cobardía, porque en esta parte tengo mi reputacion hecha.

—Ya lo sé, le dije secamente; pero si el duelo ha de ser lo último, sepamos qué debe ser lo primero.

—Averiguar de la señora Cecilia á cual de los dos prefiere.

—Me conformo; vamos á su casa ahora mismo.

—Perdone vd.; pero tengo que almorzar antes, y si vd. quiere acompañarme....

—Gracias; volveré dentro de una hora....

—Un poquito mas; porque me gusta comer despacio, y esta señora patrona que tengo me trata perfectamente... ¡Oh en esta ciudad de Vitoria dan muy bien de comer á los viageros!...

Mientras el francés almorzaba con la mayor cachaza, yo me estuve pensando por la calle, echando mil cálculos á cual mas disparatados, ciego de ira é impaciente por ver qué decia Cecilia; pues en medio de todo, no podia resolverme á creer que Mr. Tenois dijese verdad en cuanto á ser correspondido, y lo que me figuraba era que la viuda con su carácter alegre, y un tanto inclinado á la coquetería le habria oido con agrado sus galanteos.

Por fin nos reunimos al cabo de dos horas mortales que me hizo aguardar, y fuimos juntos á casa de Cecilia. Estaba esta sola en la sala tocando el piano, y á pesar del dominio que sobre sí misma ejerce, no pudo contener un movimiento de sorpresa al vernos entrar juntos; pero al instante se repuso y se manifestó complacida de lo que ella llamó feliz coincidencia. Seria muy largo referirte los detalles de esta visita, que duró cerca de dos horas; bástete saber que estrechada la viuda para que se pronunciase en favor de uno ó de otro, al pronto se negó á hacerlo obstinadamente; pero al fin puso por condicion para hablar que habiamos de jurar bajo nuestra palabra de honor someternos á su fallo, y no apelar de él por medio de las armas. «Si vds. se desafian por mi causa, dijo, ni uno ni otro espere jamás que yo lo mire á la cara.» Hicimos nuestro juramento, y entonces declaró en términos muy corteses y lisonjeros, que á mí me preferia como amigo, y á Mr. Tenois como amante.

—Nosotros no congeniamos, dijo, dirigiéndose á mí; vd. tiene cualidades muy relevantes y prendas que le hacen apreciabilísimo; pero no sirve para amante de estos tiempos, porque quiere imponer á sus queridas la misma disciplina que á sus soldados. A principios de este siglo, no habria vd. tenido precio por su constancia y asiduidad; en el dia es vd. ya un verdadero anacronismo de la época, y si quiere hallar el partido que se merece entre las damas por su edad, por su figura y por su talento, le aconsejo que renuncie á la idea estraña de resucitar añejos usos, que murieron casi al mismo tiempo que resucitó la independencia de España hace ya cuarenta años.

—Gracias por el consejo, la respondí picado, y levantándome y cogiendo el sombrero añadí: si no tiene vd. nada mas que mandarme me retiro.

—Si tengo, dijo ella con la mayor amabilidad; que venga vd. á verme á menudo.

Yo no contesté: hice una cortesía con la cabeza, y sali de la sala resuelto á no volver nunca. Desde entonces no he perdido ocasion de provocar á Mr. Tenois, á quien detesto tanto como amo á Cecilia; porque es necesario que sepas que todavía la quiero con delirio; pero como mis provocaciones no han podido ser sino indirectas, mi hombre se ha desentendido, hasta que hoy picado sin duda con el juego, en que segun he oido llevaba puestos á favor de sus compatriotas mas de mil duros que ha perdido, me ofreció la ocasion que vistes y yo aproveché en seguida, porque la estaba deseando. Ya sabes mi historia; ahora te dejo para escribir unas cartas y hacer algunos apuntes, que te entregaré luego, por si muero mañana, como el corazon me lo anuncia, que cumplas mis disposiciones testamentarias. No siento mas sino el disgusto que voy á ocasionar á mi pobre hermana, y el mal rato que te doy á tí, que eres mi mejor amigo!....

CAPITULO CUARTO.

UN PASEO POR LA PROVINCIA DE GUIPUZCOA.

A la mañana siguiente se verificó el desafio entre Mr. Tenois y mi amigo Salcedo, cuyo resultado fué menos funesto de lo que yo me habia creido; ambos salieron heridos, pero levemente; el francés en un brazo y el coronel en la parte esterior del pecho, en region poco interesante; cuatro dedos mas que se hubiese internado la bala lo habria dejado en el sitio, y esto fué lo que me creí al pronto al ver por donde arrojaba la sangre. Un cirujano que habíamos llevado preventivamente me tranquilizó, asegurando que no habia el menor peligro, y verificada la primera cura, nos trasladamos á Irun en un coche. Por el camino volví á insistir en mis teorías contrarias al duelo y tuve el gusto de que el mismo Mr. Tenois me diese la razon.

—Yo pienso como vd., me dijo, y sin embargo por una inconcebible fatalidad, esta es la cuarta vez que he tenido que batirme, y siempre por causas leves. De tal modo está la sociedad organizada que un hombre no puede sin deshonra negarse á estos lances, aun conociendo todo lo que tienen de bárbaro y absurdo. Que en los tiempos en que no habia mas justicia que la espada, y la razon era la fuerza, se acudiese á tales medios para ventilar las contiendas, es una cosa que se esplica; pero emplearlos hoy que existen leyes protectoras, cuya accion alcanza á todos igualmente, es el colmo de la ridiculez.

—¿Y que leyes hubiéramos podido implorar nosotros en el caso presente? dijo mi amigo.

—Ninguna en verdad, contestó el francés; pero vd. se olvida de que nos hemos batido por una niñería. No hablo de lo ocurrido ayer en la fonda, que fué por mi parte una provocacion directa á que vd. me arrastró por los medios que escuso repetir; pero aun tomando la querella en su orígen ¿cree vd. aun que vale ninguna muger la pena de que dos hombres se maten?

—Creo que todas no la merecen, replicó Salcedo, pero alguna... Cecilia por ejemplo...

—Cecilia menos que otra, interrumpió Mr. Tenois. ¿Quiere vd. saber, añadió dirigiéndose á mí, quien es la muger que nos ha llevado al campo... Pues lea vd. esa carta. En seguida sacó un papel del bolsillo y me lo puso en la mano. Yo le desdoble y leí en alta voz lo siguiente:

»Mi querido Mr. Tenois: aunque con mucha pena me veo obligada á pedir »á vd. un favor, y es que renuncie á mi cariño para siempre. Conozco todo su méri- »to como artista y como hombre; y quisiera que estuviese en mi mano poder corres- »ponder á las distinciones que le debo, pero por mas que hago no me acostumbro á »su ceremoniosa frialdad é impasible indiferencia. A nosotras las españolas, y sobre »todo á las andaluzas, nos gusta que los hombres tengan un poco de Dios y otro po- »co del diablo; que fumen, que sean celosos y que se enfaden siquiera alguna »vez; vd. es seguramente un ángel de bondad, pero por lo mismo los dos no podria- »mos ser felices porque hay personas á quienes tambien lo bueno cansa. Me con- »suela la idea de que vd. no tomará gran pena por esta carta, y espero por tanto »que no hará lo que el coronel Salcedo, sino que por el contrario vendrá á verme »con frecuencia y honrará con su amistad á quien sinceramente le ofrece la suya y »b. s. m.—CECILIA.»

—Esta muger, dije yo al acabar la carta, es una solemne coqueta, ó mejor dicho, una loca.

—Si vd. me hubiera enseñado ese papel, añadió Salcedo, no nos hubiéramos batido.

—Eso que se llama honor, replicó Mr. Tenois, me impidió hacerlo, porque habiéndome vd. provocado de varias maneras y habiéndome yo escusado siempre, cualquiera esplicacion anterior al combate se hubiera interpretado mal.

—He ahí justificadas mis opiniones, esclamé, respecto á estos lances; hijos muchas veces de la preocupacion, ó de una idea exagerada del honor, con frecuencia se llevan á cabo mas por orgullo que por ódio entre ambos combatientes. Por uno de esos contrasentidos que á cada instante revelan lo defectuoso de nuestra organizacion social, se considera casi un crímen el negarse á cometer un homicidio ó á dejarse uno matar á sangre fria por un motivo mas ó menos justificado; y por solo el necio temor de lo que el mundo diga, sucumbe un hombre á manos de otro hombre en un lugar solitario, sin gloria y sin provecho, dejando acaso en la horfandad y en la miseria á una familia de quien es único amparo, y á su patria privada de un ciudadano que pudiera serle útil. ¿Y cuál es la recompensa de tamaño sacrificio? Ninguna; el triste y estéril consuelo de no pasar por cobarde. ¿Puede darse nada mas necio ni mas altamente ridiculo? Esto en cuanto á los lances verdaderos que se llevan á cabo en toda regla; nada quiero decir de esas miserables farsas que cada dia se representan, y cuyo único objeto es ponerse en evidencia los actores, gracias á la especie de solemnidad con que las anuncian y comentán los periódicos, en vez de combatirlas y ridiculizarlas.

Mientras esta conversacion llegamos al pueblo; dejamos á los heridos cada cual en su alojamiento, y pareciéndome mal separarme en el mismo dia de Salcedo, á pesar de no serle ya necesario para nada, resolví que nos quedásemos en Irun hasta el siguiente, aprovechando de paso esta circunstancia para ver sus inmediaciones.

Se ignora el orígen de la villa de Irun, último pueblo de España por esta parte, pues ha sido varias veces incendiada, y en su consecuencia perecieron los papeles de su archivo; pero ha quedado, sin embargo, memoria de muchos sucesos históricos con que se han señalado sus moradores defendiendo la frontera. Compónese el casco de la poblacion de varias calles con buenos edificios, entre los que sobresalen la aduana, de moderna construccion, y la casa de ayuntamiento de buena arquitectura, cuya magestuosa fachada de piedras sillares areniscas, ocupa el frente meridional de la plaza principal que es muy capaz, y ofrece una perspectiva agra-

VISTA DE IRUN.

dable: en ella se ve una columna con la efigie de San Juan Bautista erigida en memoria de un hecho de armas que honra á los naturales del pais, quienes vencieron en este punto, y dia 15 de marzo de 1476, á una columna de 1,000 franceses labortanos; debiendo notarse que en su huida se quisieron defender muchos de ellos en la torre Aranzate, y su dueño, el señor Urdanibia, fué el primero que mandó prenderla fuego para que muriesen abrasados los franceses, como sucedió con 120, entre los que se contaba su gefe. En el corto espacio que media desde esta villa al puente de Behobia sobre el rio Vidasoa, que divide los dos reinos de España y Francia, se halla á la derecha del camino real la montaña de San Marcial, célebre por las dos batallas que en ella se han dado, igualmente gloriosas para las armas de nuestro pais. La primera sucedió en el primer tercio del siglo XVI, y fueron acuchillados los alemanes y franceses que en gran número habian pasado la frontera: la segunda, el 31 de agosto de 1813, precisamente el mismo dia que ocurrió el incendio y toma de la plaza de San Sebastian. Los franceses al mando del mariscal Soult, venian al socorro de esta plaza y de la de Pamplona, igualmente sitiada por los aliados, y sufrieron una derrota que les costó cuatro mil hombres entre muertos y heridos, viéndose obligados á repasar el rio precipitadamente. En la cima del monte hay una ermita donde se vé una lápida de mármol negro, con letras de oro, que refiere este suceso, erigida por la villa de Irun en 30 de junio de 1815; y en la iglesia al lado del Evangelio hay otra losa tumularia de la misma especie, tambien con letras de oro, que cubre el sepulcro de los españoles que murieron en la batalla. Fernando VII concedió privilegio á la villa de Irun de tener un cañon junto al santuario con que hacer salva el 30 de junio y 31 de agosto de cada año, en recuerdo de las dos referidas acciones; pero habiendo desaparecido el cañon, sin duda desde la última guerra civil, actualmente va una seccion de artillería de la plaza de San Sebastian para hacer las salvas en los dias citados, y la reina doña Isabel II ha concedido permiso á la villa para que lleve en su bandera la corbata de San Marcial.

Despues de ver la basílica, que aparte estos recuerdos gloriosos no merece la pena de tomarse el trabajo de subir la montaña, Mauricio me manifestó deseo de que llegásemos hasta Behobia, pequeña poblacion francesa, contigua al puente á

PUENTE DE BEHOBIA SOBRE EL VIDASOA.

que da nombre; y en efecto, fuimos acompañados de dos personas muy respetables y conocidas en el pais, circunstancia precisa para que no nos detuviese la policía del vecino reino, no estando, como no estábamos provistos del oportuno pasaporte para atravesar la raya. Cerca de Behobia se ve la poblacion de Endaya, reedificada despues de la guerra de la república, en cuya época fué incendiada por los españoles.

Hicimos el viage á pié, pues la distancia desde Irun es menos que un paseo corto, y llegamos sin dificultad á Behobia, pueblo insignificante, de moderna construccion tambien, y en cuyas casas se conoce el estilo francés, lo mismo interior que esteriormente. Pasamos una hora en Francia presenciando una diversion de mucho efecto para los del pais y de muy poco ó ninguno para nosotros. Consistia esta en una carrera determinada, al cabo de la cual habia un pellejo inflamado, sobre el que debia saltar, poniendo los pies encima, aquel á quien tocaba el turno. Todo el mérito de este salto está en pasar al otro lado del pellejo pisándole y sin caer, lo que conseguian muy pocos, dando los demas sendas costaladas en medio de la hilaridad de la numerosa concurrencia que presenciaba la fiesta. Cuando volvimos á nuestra patria, al cabo de sesenta minutos de emigracion voluntaria, en la cabeza del puente por la parte española, se apoderaron de nosotros media docena de carabineros de hacienda y nos estrecharon entre sus brazos, si no cordial, por lo menos apretadamente, pero no se crea que fué de regocijo por vernos regresar sanos y salvos de tan arriesgada espedicion, sino para ver si traíamos contrabando liado al cuerpo. Mauricio al pronto se quedó cortado, y por un movimiento natural al ver que le tendian los brazos, alargó él los suyos al carabinero; pero cuando se enteró del objeto se indignó de tal modo y dijo tales cosas, que temimos que nos comprometiera. La idea de que lo tomasen por un contrabandista habia herido su delicadeza, y fué preciso para tranquilizarlo, que las personas que nos acompañaban le dijesen que con todo el mundo se hacia lo mismo, inclusas las señoras, y que tanto era el rigor que se usaba, que hasta los mismos empleados de la aduana de Irun, si alguna vez les ocurria pasar el puente, tenian á la vuelta que sufrir el registro.

—Sensible es en verdad, dije yo, que el cumplimiento del deber obligue á ejecutar actos que con razon repugnan á las personas de delicadeza.

—Si estuviésemos aqui algun tiempo, añadió el mas jóven de nuestros acompañantes, presenciarian vds. escenas originales, unas por lo grotesco y otras por lo sentimental. Rara es la señora que entra en esa casilla, donde hay unas mugeres encargadas de registrarlas interiormente, que no sale sofocada y aun llena de vergüenza; en cambio la gente ordinaria del pais, está tan acostumbrada, en fuerza de andar cruzando continuamente, que sufren el registro como si fuera una diversion.

—Lo peor es, proseguí, que con esto nada se evita, y si no entrara en España mas contrabando que el que pueda pasar de esa manera, ya podíamos darnos por contentos.

—Tan cierto es eso, continuó el otro caballero de mas edad de los dos que venian con nosotros, que si ahora va vd. á Bayona, verá carros cargados de géneros, y si pregunta le dirán con la mayor frescura é indiferencia que vienen á España de contrabando.

—Me parece demasiado, dijo Mauricio.

—Los he visto yo, caballero, interrumpió el anciano, y vd. no puede ignorar que en Bayona existen compañías aseguradoras del contrabando, especulacion muy lucrativa en que se han hecho inmensas fortunas.

—De modo, prosiguió mi amigo, que comprando yo, por ejemplo, géneros en Bayona, la compañía responde de la seguridad del envio.

—Comprando vd. lo que quiera en Bayona y pagando el seguro, la compañía lo pone de su cuenta en poder de vd. bajo su responsabilidad.... Por cierto que esta conversacion me recuerda una anécdota que no deja de tener gracia y voy á referirles.

Hace ya algun tiempo, antes de que las aduanas se trasladasen á las fronteras, vino á Burgos de comandante del resguardo uno de esos hombres íntegros, probos y leáles, cuya raza desgraciadamente para nuestro pais se va estinguiendo demasiado de prisa. A los pocos dias de desempeñar su destino, comprendió todos los abusos que se cometian y trató de ponerles remedio; llamó á los gefes de los puestos y de las rondas para darles las órdenes mas severas y terminantes, cambió el personal en muchos puntos, hizo que se redoblase la vigilancia, y hasta él mismo, dándose á conocer unas veces y disfrazado otras, vigilaba á sus subalternos y castigaba con todo el rigor de la ley al que cometia la menor falta. Jamás el registro del puente de Miranda fué mas temible; los pobres viageros que venian á tomar baños ó á pasar el verano en nuestras provincias Vascongadas, á su vuelta á Castilla sufrian un exámen tan escrupuloso en todos sus efectos, que ni un pañuelo de la mano eran dueños de llevar, y hasta hubo á quien le decomisaron el saco-de-noche en que traia la ropa. Esto dió motivo á mil quejas y reclamaciones; el mismo ministro de Hacienda ofició al intendente para que interviniera, á fin de que no se cometiesen semejantes atropellos, y varios amigos aconsejaron al comandante del resguardo que se tomase menos interés por la hacienda pública, si estimaba en algo la suya particular. Entre estos amigos hubo uno que para convencerle le hizo la misma reflexion que nosotros hacíamos aqui: «De poco sirve, le decia, que vd. se mate vigilando y se haga odioso á todo el mundo por cumplir con su deber, el contrabando vendrá á España de uno ú otro modo, y algo mas en grande que lo que puedan pasar por el puente de Miranda todos los viageros juntos.» Entonces le refirió lo de las compañías de seguros de Bayona, Gibraltar y demas puntos en apoyo de su opinion. Don Baltasar, que tal era el nombre del comandante, dudó al pronto, no de la existencia de las compañías, sino del paso de los géneros por el distrito de su mando: tan seguro estaba de las medidas que habia tomado. «Convengo, replicó con cierto aire de orgullo en que antes sucederia lo que vds. cuentan, pero ahora......

—Ahora lo mismo que antes, le contestó su amigo, y si vd. no se quiere convencer, hagamos una apuesta que valga la pena, yo iré á Bayona y.....

—No señor, interrumpió el comandante, no quiero apostar, ni que vd. vaya á

Bayona, porque ni de vd. me fiaria; voy á ir yo mismo en persona, y asi veré si es ó no inútil mi trabajo.

Al siguiente dia emprendió el viage, llegó á Bayona, y sin darse á conocer, empezó á recorrer calles y tiendas, poniendo precio á los géneros mas rigorosamente prohibidos por nuestros aranceles. «Yo lo comprara de buena gana, decia, pero tengo que llevarlo á España y no se permite su introduccion.« Los tenderos todos le contestaban lo mismo, que la compañía se lo pondria en parte segura. Por fin, y como término de prueba, se decidió á comprar un par de pistolas á un comerciante judío. Ajustado el precio le dijo que él no podia traerlas, y que solo las pagaria si se las llevaban á Burgos á su propia casa.

—Eso es la cosa mas fácil del mundo, le dijo el judío, si vd. quiere abonar los portes y el seguro.

—No tengo ningun inconveniente, replicó el comandante.

—Pues bien, voy á estender una libranza del importe de todo, pagadera á quince dias, y para antes de esta fecha ya tendrá vd. en su casa las pistolas.

—¿Y si se pierden? preguntó nuestro don Baltasar.

—La compañía enviará otras iguales, respondió con indiferencia el comerciante.

—¿Y si las quita el resguardo? volvió á preguntar el comandante.

—No las quitará, replicó el judío con cierta sonrisa maliciosa.

—Pues bien, ponga vd. la libranza, añadió el carabinero ciego de ira.

El judío la estendió y se la presentó para la firma; el comandante puso su nombre y apellido y debajo añadió: *Comandante del resguardo de Burgos*, pensando que con esto iba á quedar el vendedor confundido; pero al contrario, mi hombre cogió la libranza, pasó por ella la vista, y la dejó sobre el pupitre indiferentemente. En seguida preguntó al comandante si no queria alguna otra cosa. Este dijo que no, y á la mañana siguiente emprendió el camino de regreso á Burgos. Al llegar á su casa salieron á recibirlo su muger y dos niños que tenia; pero consideren vds. cual seria su sorpresa cuando al subir á su cuarto para mudarse de trage, despues de recibir las caricias de su familia, lo primero que vió sobre un velador fué la caja de las pistolas: el judío se habia compuesto con su asistente, y él mismo las llevó en su equipage. El pobre comandante tomó la burla tan á pechos, que le costó estar malo algunos dias, y en seguida hizo dimision de su destino.

Antes de volver á Irun quisimos ver á Fuenterrabía, y aprovechando la alta marea nos metimos en una barca de las que en el pais se llaman *gabarras*, y bajamos por el rio, gozando de una temperatura deliciosa y de una coleccion de vistas á cual mas agradables. En la ribera izquierda las poblaciones de Irun y Fuenterrabía, al estremo el monte Jaizquibel, cuya elevacion es de 1950 pies sobre el nivel de las aguas, y el célebre cabo de Higuer, en el que levantó Felipe II el castillo de San Telmo, á la derecha la famosa isla de los Faisanes que los franceses llaman *de las conferencias*, por las que se verificaron el año 1659 con motivo del tratado matrimonial de Luis XIV, rey de Francia, con la infanta de España doña María Teresa, cuya boda se celebró por poderes en la iglesia parroquial de Fuenterrabía, habiendo representado al augusto novio el ministro don Luis de Haro; y sin duda la dan tambien el mismo nombre por haberse ajustado en ella la *Paz de los Pirineos*. De frente el mar Océano, en toda su estension tranquilo y quieto, reflejand sus cristalinas aguas con los rayos del sol que asomaba por intervalos como si fuesen las de un estanque levemente agitadas por la suave brisa. Jamás espectáculo mas encantador, variado y ameno se presentó á nuestros ojos. Las alteraciones de la luz producidas por el contínuo movimiento de las nubes, mas ó menos espesas, contribuian á darle tal diversidad de tintas y tanta melancolía, que arrebataba involuntariamente la imaginacion, elevándola hasta las regiones celestes. ¿Dónde se puede admirar mejor, en efecto, la omnipotencia del Creador que á la vista del conjunto de su sublime obra?

Durante el tránsito, que fué breve, todos guardamos silencio, porque todos sin duda nos hallábamos poseidos de las mismas ideas. En la ciudad nos detuvimos poco, pues nada tiene que ver; su celebridad es histórica, y la debe á los sitios que ha sufrido en varias épocas, siempre con gloria, y principalmente al de 1638, del que existen dos relaciones escritas por Moret y Palafox. Sesenta y nueve dias sufrió Fuenterrabía los horrores de un asedio, durante los cuales el ejército enemigo disparó once mil cañonazos, voló seis minas y dió tres asaltos sin fruto: llegó por fin el momento de hacer retirar á los sitiadores, que derrotados por tropas españolas, venidas en socorro de la plaza, dejaron en el campo ochenta banderas, dos mil prisioneros, casi todo el material y muchos bastimentos y dinero. Concedióse á los defensores de la poblacion el honor de que la caballería de la hueste libertadora penetrase por las brechas para demostrar el estado en que las habian defendido, y entre otras mercedes y honoríficos títulos, recibió una carta autógrafa del rey Felipe IV, en que prodigaba á sus habitantes las mas lisonjeras alabanzas. En la última guerra civil fué fortificada esta plaza por los carlistas; pero la tomaron en 1837 las tropas de la reina, desde cuya época continuaron poseyéndola.

De regreso á Irun nos despedimos aquella misma noche de Salcedo y Mr. Tenois, ambos dos muy aliviados de sus heridas, y á la mañana siguiente emprendimos la marcha á caballo para volver á San Sebastian. No se habia concluido entonces el trozo de camino que partiendo de Andoain va por Lasarte á San Sebastian, y de esta ciudad por Rentería á Irun, pero se trabajaba en él, y por muchos puntos era ya transitable, circunstancia que nos movió á recorrerle, sobre todo en su parte mas pintoresca. Al efecto nos dirigimos á Oyarzun, pueblo insignificante, cabeza del hermoso valle de su nombre, que lo único notable que tiene es el juego de pelota, reputado por el mejor de España; desde alli, por una vereda que apenas permite el tránsito de las carretas del pais, fuimos á Rentería, bonita villa situada en la parte oriental de Guipúzcoa, á la que el historiador Garibay llama «pueblo gracioso y apreciable.» Fué importante en lo antiguo por su comercio, y hubo en ella tres astilleros, en los que se construian bageles hasta de 800 toneladas, siendo tal el desarrollo de su marina, que llegó á tener 29 galeones propios, y un general, cincuenta oficiales y doscientos marineros empleados á la vez en la escuadra española, lo que pareceria imposible atendida su corta poblacion, si no lo confirmasen escritores de crédito y documentos que no dejan lugar á la duda.

Su iglesia parroquial es escelente, y el retablo mayor, trazado por el imponderable don Ventura Rodriguez y ejecutado por don Francisco Azurmendi, magnífico. En un ángulo del templo á la parte esterior, mirando á Oeste, hay un arco triangular que es la admiracion de los inteligentes. Sin otro apoyo que el estribo de poco espesor que está en el vértice, carga sobre el referido arco toda la torre con mas de sesenta hiladas de piedras sillares, y sostiene ademas el empuje de la pared meridional de la iglesia.

Tiene Rentería un convento de religiosas dedicado á la Santísima Trinidad, fundado en 1593 por tres hermanas naturales, de apellido Anteazu, y hubo un convento de frailes capuchinos, cuyas ruinas se ven contiguas al camino.

Es admirable espectáculo, aunque no singular ni nuevo, el que ofrecen varias huertas y heredades ocupando el sitio en que hace tres siglos surcaban embarcaciones de mucho porte. Hállanse aun vestigios de los antiguos muelles y astilleros, y en 1762 se descubrió una escalera de piedra arenisca, de catorce gradas, y cerca de ella una argolla de fierro, que sirvió sin duda para amarrar los buques, por ser acaso el sitio del embarcadero.

Desde Rentería fuimos á Lezo, pequeña poblacion situada á la parte opuesta del canal ó ria de Pasages; su iglesia parroquial, dedicada á San Juan Bautista, es antigua y bastante buena; pero lo que mas llama la atencion es la basílica del Santo Cristo, que ocupa el centro del pueblo, y se supone que la fundó San Leon, obispo y mártir de Bayona. Es objeto de mucha diversion en el pais, y el 14 de setiembre hay gran fiesta, á la que acuden en romería de todos los pueblos de la provincia.

Estando en Lezo, lo natural era habernos dirigido á Pasages en seguida, pero yo quise que volviésemos antes á Rentería, porque habíamos dejado encargo de que nos hicieran el almuerzo, y porque deseaba complacer á Mauricio, que estaba impaciente por ver las famosas bateleras. Figurábaselas mi amigo jóvenes, bonitas y elegantes, con hermosos ojos negros, cabellos de ébano caidos en graciosas trenzas sobre una espalda de alabastro, ó recogidos coquetamente con el gracioso pañuelo; boca de carmin, manos de cera y un trage compuesto de corpiño de seda y zagalejo de Organdí por lo menos, corto hasta media pierna, con su correspondiente calzon ceñido, y media y zapato, tambien de seda, sujeto con galgas. Tales eran las bateleras de Mauricio, tomadas por una parte de cierta obra francesa que llevaba en la cartera, de que mas de una vez habremos de hacer mérito, tan exacta y verídica como todas las de su procedencia, y por otra de la comedia de Breton, que tiene el mismo título; sin acordarse el infeliz de la diferencia que existe entre lo vivo y lo pintado, entre la poesía y la realidad. Debo decir en su obsequio que á pesar de ser tanto el atractivo de los seres imaginarios que se habia creado en su fantasía, antes de ver las bateleras no se habia enamorado nada mas que de tres;

estas tres eran Bibiana, Cármen y Faustina, que no sé quien le habia dicho que sobresalian entre las demas por su hermosura. Yo le llamé la atencion acerca de lo prosaico de los nombres, inconveniente grave para él, que se paga tanto de estas cosas; pero no me hizo caso, porque entonces le sucedia lo que á todos los enamorados, que no ven los defectos del objeto de su cariño.

Nos pusimos á almorzar, y á la manera que los niños no quieren comer de impaciencia cuando se les ha prometido llevarlos á un paseo ó á una fiesta de su gusto, asi Mauricio, contra su costumbre, apenas tuvo apetito y me apremiaba para que despachase. Por fin nos pusimos en marcha hácia el embarcadero, y tan precipitados que ni siquiera nos paramos á ver los trabajos del puente, de considerable estension, que se estaba construyendo para pasar el nuevo camino sobre el derrame de la ria en la alta marea. Mucho antes de llegar al término de nuestro viage, oimos un ruido y una vocería infernal. Eran las bateleras, que rodeaban un coche que acababa de bajar de San Sebastian, y se disputaban la preferencia para conducir á los viageros: tan destemplados gritos y tanta algazara no sonó ya muy bien en los oidos de mi amigo, pero guardó silencio sin atreverse á mirarme, como quien teme recibir un desengaño, y seguimos andando. Cuando adelantamos algo mas, dos mugeres vinieron á nuestro encuentro, una de menos edad que otra, pero ninguna muy jóven, y ambas curtidas y tostadas por el sol cara, manos y piernas, que llevaban al aire libre, con vestidos de percal limpios, aunque muy usados, pañuelos de esos que llaman de yerbas, de colores vivos, y sombreros de paja ordinaria con enormes alas, y con ramos de siemprevivas, metidos entre la cinta de él, por todo adorno.

—¿A Pasages, señor, ván? dijo una de ellas.

Yo hice con la cabeza señal de que si.

—A mi gabarra, señor, ligera mas que todas, vd. venga.

—¡Qué ha dicho vd! esclamó Mauricio con ojos espantados. ¿Es vd. una batelera?...

—Batelera, señor, si, para servirle.

Mi amigo quedó petrificado, y yo no pude contener una carcajada.

—No quiero que vd. me sirva, dijo por fin, quiero que me sirva la Bibiana.

—Yo, Bibiana la batelera, soyo.

—¡Usted es Bibiana!... ¡Horror!... ¿Y la Faustina?

—Yo Faustina, gritó la otra, venga el señor á mi gabarra.

—¡Jamás! dijo Mauricio espantado, como si tuviese el diablo delante.... Vámonos, no quiero ver á Pasages, añadió dirigiéndose á mí.

—Tú te tienes la culpa, le repliqué riendo, porque te empeñas en verlo todo de la misma manera. Si se trata de bandidos, recuerdas los de Salvator Rosa; si de bateleras, las de Breton de los Herreros, y así con lo demas. ¿Cómo te has podido figurar nunca que estas pobres mugeres que pasan su vida sufriendo el rigor de las estaciones, y que con mil afanes ganan un pedazo de pan, habian de ser otra cosa que lo que son, ni se habian de parecer en nada á nuestras actrices ó comparsas de teatro? Por ventura, las zagalas y pastores de los poetas, ¿son mas que mugeres y hombres miserables, asquerosos y llenos de andrajos, por mas que en las anacreónticas se llaman Silvias y Mirenos?... Es necesario, Mauricio, que te acostumbres á vivir en el mundo de las realidades, sino quieres cada dia llevar un chasco semejante.

—No es mia toda la culpa, porque no son solos los poetas, no es solamente Breton quien ha poetizado las bateleras de Pasages; todos los viageros las pintan con tales colores....

—Los viageros mienten mas que los poetas, y los franceses, que son á quien tú te refieres, puesto que en España nadie ha escrito hasta ahora viages, tienen la habilidad de pintarnos siempre en caricatura, y cual si fuésemos habitantes de un mundo imaginario.

—Pero en esta ocasion han ido demasiado lejos.

—En esta ocasion y en todas hacen lo mismo; ademas ¿quién tiene la culpa de que tú vayas mas lejos que ellos?

Habíamos llegado al embarcadero y nos decidimos por la Bibiana, no porque fuese la mejor entre lo poco que habia en que escoger, sino por ser la que primero nos habia ofrecido sus servicios. Entramos en la barca y nos dejamos conducir, yo admirando la hermosa perspectiva que se ofrece á la vista desde la ria, y mi amigo pensativo y de mal humor, como quien acaba de ver destruidas todas sus ilusiones.

Pasages es una pequeña villa que consta de dos barrios, el de San Juan y San Pedro, divididos por un profundo brazo de mar, de modo que la comunicacion entre ambos citados barrios se mantiene por medio de barcas, pues no hay puente que los una. Hace algunos años se pensó en la construccion de un gran puente colgante á manera del de Cubzac, en Francia, pero se abandonó el proyecto por su escesivo costo, y es probable que no se lleve á cabo nunca: la poblacion no tiene nada que ver, y solo el puerto ha adquirido gran celebridad por ser el mas seguro de toda esta costa y por los astilleros que tuvo, donde se fabricaron todas las capitanías de las armadas de España durante la dominacion de la casa de Austria. Felipe IV lo visitó en mayo de 1660, y prendado de la agilidad y destreza con que las mugeres manejan el remo, se trajo á Madrid varias de ellas para el servicio de las góndolas del estanque del Retiro, y sin duda de este hecho tiene orígen la fama de las bateleras.

Desde Pasages solo dista una legua San Sebastian que se anda por el nuevo camino, á la mitad del cual se halla el barrio de la Herrera. Pasamos el resto del dia en esta ciudad empleando lo que faltaba de mañana en visitar sus principales edificios, su pequeño y nada seguro puerto y su castillo bastante bien defendido; por la tarde estuvimos en el barrio de Loyola que ocupa una posicion muy pintoresca en un pequeño valle á la márgen izquierda del rio Urumea, aqui ya confundido con la ria de Astigarraga, y no quisimos llegar á este último pueblo, no obstante que dista poco, por no tener nada que llame la atencion.

CAPITULO QUINTO.

SAN IGNACIO DE LOYOLA.

Dos caminos iguales en distancia conducen actualmente de San Sebastian á Tolosa, el antiguo por Hernani y el nuevo por Lasarte; pero en la época en que nosotros hicimos nuestro viage, este último no estaba todavía transitable, ni existia en Lasarte la magnífica fábrica de hilados y tejidos de algodon de los señores Brunet, que hoy existe, ni tampoco la de fundicion del señor Lasala con el molino harinero que tiene contiguo; todos estos establecimientos son modernos y posteriores á la construccion del camino que se abrió al público en 1847. Fuimos, pues, por Hernani y nos detuvimos á ver su iglesia parroquial, donde está sepultado el capitan Juanes de Urbieta; que fué el que prendió al rey de Francia Francisco I en la célebre batalla de Pavía el año de 1525, libertándole al propio tiempo la vida, de que querian privarle algunos soldados por ignorancia ó por malicia. Agradecido el augusto cautivo á los generosos esfuerzos que hizo Urbieta para salvarlo, le dijo que designase el galardon que mejor le pareciese para otorgársele, y éste solo pidió, y obtuvo al punto, el rescate de su general Moncada que se hallaba prisionero en el campo enemigo. Juanes de Urbieta fué natural de Hernani, caballero de la órden de Santiago é individuo del cuerpo de los cien continos ó contínuos que formaban la guardia del emperador Cárlos V como rey de España; murió en 1553, y su sepulcro está al lado del Evangelio con una inscripcion, ya casi borrada, que él mismo dejó escrita, y en la que se menciona el hecho que acabamos de referir.

Cerca de Hernani se ve el monte de Santa Bárbara, llamado asi por una ermita que hay en la cumbre, convertida en fuerte desde la última guerra civil, que en esta parte de las Provincias Vascongadas es donde mas señales ha dejado, y se conservan todavía, de devastacion y ruina. La altura de Oriamendi, perdida y vuelta á reconquistar por los carlistas en marzo de 1837, el pueblo de Urnieta, casi reducido á escombros, el puente de Andoain, testigo de la muerte del general Gurrea, y las negruzcas paredes, restos de edificios incendiados que se encuentran á cada paso, en las inmediaciones de San Sebastian, en el barrio de Loyola y en toda la distancia de cuatro leguas hasta cerca de Tolosa, recuerdan sin cesar los horrores de una lucha tanto mas sensible cuanto que fué de hermanos con hermanos. El cielo preserve en lo futuro á este hermoso pais de tamaños desastres, y no permita que se vuelva á ver jamás regado con la sangre de sus hijos.

Tolosa es desde el año 1844 la capital de la provincia de Guipúzcoa: antes lo fué San Sebastian, y esta circunstancia contribuye á mantener cierta rivalidad entre ambos pueblos; pero en honor de la verdad mas útil que perjudicial, porque se revela en las mejoras materiales que en estos últimos años han llegado á ser de consideracion. Tiene muy buenas calles y escelentes edificios, paseos, fondas y templos: la iglesia parroquial, dedicada á Nuestra Señora bajo el título de la Asuncion, es de lo mejor de la provincia, y sobre todo el retablo mayor, que habiendo perecido en un incendio en 1781, se construyó de nuevo despues de la guerra de la Independencia. En el dia nadie que va á Tolosa deja de visitar las dos magníficas fábricas de paños y de papel contínuo, en donde ambos productos se elaboran por el sistema moderno, con igual perfeccion que en los mejores establecimientos análogos del estrangero.

Es célebre en la historia la junta que tuvieron en esta villa el dia 10 de agosto de 1391, los procuradores de ella y los de Segura, Mondragon, Motrico, Guetaria, Villafranca, Vergara, Salinas y Zarauz, para defender la hidalguía de los provincianos y oponer enérgica y justa resistencia á las arbitrariedades de los arrendadores de las rentas reales, asi como el motin que hubo contra un judío de Vitoria llamado Gaon. Tenia éste en arriendo las rentas de la corona, segun costumbre de aquellos tiempos, y creyendo que por hallarse el rey Enrique IV en Fuenterrabía, era fácil exigir contribuciones, aunque no hubiese derecho para hacerlo, se obstinó en cobrar el tributo llamado Pedido; pero irritados los tolosanos con tan desusada é injusta demanda, se sublevaron, y aunque la autoridad intervino y envió un alguacil para intimarles la obediencia, el representante de la justicia fué atropellado, y

muerto el judío Gaon, para que su trágico fin sirviese de escarmiento á los demas usureros que en tales tratos le sucediesen, y no osáran infringir los privilegios de la provincia. Sintió el rey la muerte del judío, y resuelto á vengarla salió de Fuenterrabía con mucho número de caballos; mas habiendo tenido noticia los habitantes de Tolosa de la indignacion del monarca, se refugiaron en una montaña vecina y dejaron abierta la villa y despoblada á Enrique, quien mandó derribar la casa en que sucedió la desgracia de Gaon y dictó varias providencias contra los culpables. Enterado luego el rey del injusto proceder de su arrendador, perdonó á los tolosanos, y á ejemplo de sus predecesores mandó que nunca se pidiese el citado tributo.

Otro de los hechos que mas sobresalen en la historia de Tolosa, es la batalla de Beotibar. Indignados los navarros contra los guipuzcoanos desde que estos se unieron á los castellanos en el año de 1200, hacian sin cesar robos y correrías en la frontera de Guipúzcoa. No quedaban impunes tamañas demasías, puesto que los guipuzcoanos perseguian incesantemente á sus vecinos, de los que tan mal trato recibian. Llegaron á ser las hostilidades entre las gentes de uno y otro pais tan continuadas y tan desoladoras y sangrientas, que segun dice Henao, no podia ser mayor la destruccion si hubiesen hecho la guerra con anuencia de sus príncipes.

Acrecentáronse estos males en el año de 1321, porque dueños los navarros de los castillos de Gorriti y Lecumberri, recorrian la comarca de Tolosa, llevando por dó quiera la muerte y la ruina, y despues de hacer cuanto daño podian, retirábanse al abrigo de sus fuertes. Para que de una vez terminasen tantos desastres, se apoderó un cuerpo de guipuzcoanos del castillo de Gorriti, siendo casi al mismo tiempo demolido el de Lecumberri por la valiente compañía de Tolosa. Sucedió esto muy á los principios del reinado de Cárlos IV en Francia y I de Navarra, llamado el Hermoso, y siendo gobernador de Navarra Ponce de Morentain, vizconde de Anay, de nacion francés, el cual ansioso de recobrar las perdidas fortalezas y conquistar la provincia de Guipúzcoa, al frente de un ejército compuesto de navarros, gascones y franceses, entró en Berastegui, villa que saqueó y quemó, y «en cuya iglesia, dice Garibay, se hizo harto desacato.» Esperábale al osado general el castigo de estos delitos en el pequeño llano de Beotibar.

Forman la entrada de este, viniendo de Navarra, estrechos pasos, difíciles de franquear si hay en ellos una corta fuerza que oponga resistencia, y fatales para una retirada si la fortuna abandona al invasor.

Llegó á Guipúzcoa la noticia de la venida de Morentain, y reunióse de pronto alguna gente de guerra con la compañía de Tolosa, que como mas próxima fué la primera que acudió al punto amenazado, y viendo la superioridad numérica del enemigo, ocuparon los guipuzcoanos ventajosa posicion como prácticos que eran en el terreno, situando parte de su fuerza en el punto oportuno, á la entrada del parage llamado de Beotibar, y la restante en una alta montaña que ofrecia comodidad para colocarse en ella mucha gente. Refiérese que ademas usaron de un ardid, que fué subir á la montaña tablas de cubas, y armándolas, atestáronlas de piedras, lo que asimismo hicieron con varias clases de vasijas, y llenas y cerradas unas y otras las arrojaron sobre el enemigo, como tambien muchas y muy grandes piedras sueltas. Metidos los franceses y navarros en aquellos estrechísimos lugares, destrozados por las piedras que de la dicha montaña con grande ímpetu caian, atacados valerosamente por los guipuzcoanos que en el llano estaban, y abrumados por el mucho número de sus tropas, no fueron poderosos para defenderse ni menos para ofender. Derrotados que fueron por los guipuzcoanos, pusiéronse en fuga, en la que acometidos por todas partes perdieron gran número de soldados, dejándolos ó muertos ó prisioneros entre aquellas angostas y fragosas veredas.

Dióse esta sangrienta batalla un sábado á 19 de setiembre del citado año 1321, siendo los primeros gefes de la gente guipuzcoana Juan Perez de Loyola y Gil Lopez de Oñaz. Garibay, Mariana, Henao y otros historiadores refieren este suceso, y dudan con razon que el número de soldados de una y otra hueste fuese el que consta por antiguos documentos, y es de 800 los guipuzcoanos y 70,000 en el campo enemigo, lo que se atribuye á equivocacion en los números; Garibay opina que serian 8,000 los guipuzcoanos; empero habiéndose reunido estos de pronto y habiendo formado la mayor parte de su fuerza la compañía de Tolosa, puede creerse que el error esté en dar á los enemigos 70,000 hombres, siendo acaso 7,000.

Entre los muchos franceses y navarros que en este combate murieron, cúpoles tal suerte al almirante Bernaul, á un hermano del general Morentain, y otros principales personages. Contábase entre los prisioneros Martin de Aibar, hombre cruel que habia prometido hacer tanto daño á los guipuzcoanos que ni aun la luz del sol gozarian si por ella no diesen dinero. Tan inhumanos deseos no pudieron realizarse, pues quedó prisionero de los mismos á quienes pensaba perseguir y atormentar, y á los tres dias murió; si de heridas, si de pesar no lo dicen las historias.

Hiciéronse dueños los guipuzcoanos de un rico botin, y de las armas y de los pertrechos de guerra del enemigo, volviendo á Tolosa cubiertos de gloria y cargados de despojos de sus poderosos contrarios.

En memoria de este hecho de armas se celebran aun en el dia grandes fiestas por San Juan que son muy concurridas.

El camino que de Tolosa conduce á Bilbao es una obra atrevida del genio vascongado, abierto al través de enormes montañas, cuya cumbre se eleva á veces por encima de las nubes y presenta á cada paso sorprendentes vistas que cautivan la atencion del viagero. A cuatro leguas de distancia y al descenso del puerto llamado Mauria, se encuentra la villa de Azpeitia y el nunca bastante ponderado valle de Loyola, cuyo territorio, que se considera con razon aun el mas pingüe de la provincia, ofrece el aspecto de un vasto, ameno y bien cultivado jardin. Al estremo de este valle está la peña Itzarritz, obra portentosa de la mano del Altísimo, y al frente de ella como para añadir primor á primor, grandeza á grandeza y maravilla á maravilla, el santuario de Loyola, verdadero prodigio del arte levantado por la mano del hombre. Mandó construir esta gran fábrica la reina doña María Ana de Austria, viuda del señor don Felipe IV, la cual deseosa de que en la casa nativa de San Ignacio se erigiese un colegio de la compañía de Jesus, consiguió que en su favor hiciesen cesion del palacio de Loyola, hoy *Santa Casa*, sus poseedores don Luis Enriquez de Cabrera y doña Teresa Enriquez de Velasco, marqueses de Alcañizes y de Oropesa de Indias, en virtud de escritura otorgada en la ciudad de Toro á 24 de mayo de 1681, con la espresa condicion de que no se demoliese pared alguna del espresado palacio, por respeto á su venerable antigüedad. Aprobó esta escritura el señor don Cárlos II en 14 de julio del mismo año, y el 19 de febrero del siguiente, á nombre de la reina, tomó posesion del mencionado palacio don Manuel de Arce, corregidor de Guipúzcoa; acto que se celebró con grande aparato en presencia de personas distinguidas, y le solemnizó la brillante compañía de paisanos armados de Azpeitia.

Hallándose en el real sitio del Buen-Retiro la reina doña María Ana, firmó en 24 de mayo de 1682 la escritura de fundacion de este colegio, y pidió á su hijo que le incorporase en el patronato real con las mismas preeminencias, prerogativas, gracias y esenciones que gozaban el monasterio del Escorial y los conventos de las Descalzas y Encarnacion de Madrid. Accedió el señor don Cárlos II á las instancias de la reina Madre, despachando una cédula el 23 de marzo de 1683, por la que en todas partes confirmaba la referida fundacion.

Dueña la compañía de Jesus de la Casa-Palacio de Loyola desde el dia 14 de agosto de 1682 por merced de la reina, tomó las oportunas disposiciones á fin de levantar el colegio, y en su consecuencia se puso la primera piedra el dia 28 de marzo de 1689. Hizo en Roma los correspondientes diseños el arquitecto Cárlos Fontana, á quien habian dado fama en aquella ciudad, y aun en toda Europa, las muchas obras que proyectó y dirigió durante los pontificados de Inocencio XII y Clemente XI. Ignoramos el nombre del artista que se encargó de ejecutar los vastos y difíciles planes de Fontana, constando tan solo que en el primer tercio del siglo XVIII se puso al frente de la obra (que por su mucho coste seguia con lentitud) el guipuzcoano don Ignacio de Ibero. Sucedióle don Javier Ignacio de Echevarría, que aun continuaba dirigiéndola en 1767, cuando á causa de la espulsion de los jesuitas quedó este monumento en el estado en que hoy le vemos, pues desde dicho año no se ha colocado una sola piedra. Los diseños de Fontana, á pesar de la severa crítica que de las obras de este arquitecto hace Milizia, eran dignos de elogio, como lo serian todas las partes del edificio si el que tuvo á su cargo la direccion no le hubiese afeado con estravagantes adornos.

Ocuparon este colegio los jesuitas hasta la espulsion verificada por órden de Cárlos III; posteriormente se trasladaron á él los canónigos premostratenses de Urdax por haber incendiado los franceses en la guerra de la república el insigne monasterio de San Salvador. Volvieron los individuos de la compañía de Jesus á esta casa en el reinado de Fernando VII, y permanecieron en ella hasta principios de 1841, es decir, seis años despues de haber sido estinguida la referida compañía en el resto de España.

La planta del edificio de Loyola es un paralelógramo rectángulo, en el que con el auxilio de resaltos se figura ingeniosamente un águila en actitud de levantar el vuelo, aludiendo al título de imperial que dió á este colegio su fundadora por ser hija del emperador de Alemania Fernando III. Representa el cuerpo del águila el templo, el pico la portada, los dos lados del colegio las alas, y la cola un resalto en que se halla el vasto comedor y varias piezas accesorias. La fachada principal mira al Nordeste y tiene de estension, asi como la opuesta que da al Sudoeste 524 pies, ocupando el centro la portada de la iglesia: cada uno de los lados menores no pasa de 210 pies, comprendiendo toda la fábrica 122,000 pies de área próximamente.

Despues de almorzar mi amigo y yo en el magnífico parador de Azpeitia, donde compitieron lo esquisito de los platos que nos presentaron con lo voraz de nuestro apetito, nos dirigimos á pie, porque dista muy poco, al famoso santuario, llamado no sin razon la maravilla de Guipúzcoa. Al llegar nos recibió un ex-lego de la compañía, italiano de nacion, que ejerce sin rival y con la mayor amabilidad del mundo las funciones de *cicerone*; pero con poco provecho de los viageros, porque á lo rápido de una pronunciacion ininteligible, reune la circunstancia de haber refundido en su idioma el castellano y el vascuence de modo que cuanto mas se esfuerza en esplicar cada una de aquellas preciosidades, mas confusos deja á sus oyentes, que si no llevan noticias anteriores á la esplicacion del buen jesuita, se tienen que contentar con lo que les entra por los ojos.

Larga seria y agena de nuestro propósito la descripcion artística de este santuario; la estensa y magnífica escalinata compuesta de tres ramales, que partiendo el

SANTUARIO DE LOYOLA.

mayor por el centro y los menores por los costados, confluyen todos en una meseta desde la que arranca otro ramal que termina en el pórtico de la iglesia; este mismo pórtico de ricos mármoles con cuatro estátuas que le embellecen; el retablo mayor con sus embutidos y mosáicos, aunque no de muy buen gusto; la gran cúpula, que por ser toda de piedra creyeron algunos que no se podia cerrar, hasta que el arquitecto don Ignacio de Ibero les demostró lo errado de su opinion; en fin, cuanto se ofrece á la vista asi esterior como interiormente, todo es grandioso y digno, sin que el recargo de los adornos que algunos inteligentes le han criticado con justicia, pueda oscurecer su mérito, ni disminuir la grata impresion que produce al que lo examina.

Para facilitar la comunicacion del templo con la *Santa Casa*, con dos sacristías, que están al lado del altar mayor, y con el colegio, se hallan ocho puertas, sobre las cuales hay otras tantas tribunas con desproporcionados antepechos. Ni unas ni otras se ven desde el centro; porque están situadas al frente de los machones que sostienen la cúpula. Despues de haber fijado la atencion en los esquisitos mármoles que forman el pavimento y cubren ó empelechan, valiéndonos de esta palabra técnica, los muros y pilares hasta el anillo, pasamos á reconocer el palacio y la *Santa Casa*.

Saliendo por una de las ocho referidas puertas nos hallamos en un patio estrecho, en el que, y á la derecha, se descubre un edificio cuya altura tendrá unos 56 pies. La parte inferior está labrada de piedra, y el resto hasta la cornisa de ladrillo.

Ese edificio de severo aspecto es la antigua é ilustre casa-solar de Loyola, es la *Santa Casa*, asi llamada por haber nacido en ella el gallardo caballero que defendió heróicamente el castillo de Pamplona, el célebre fundador de la compañía de Jesus, el bienaventurado Iñigo de Loyola.

Una puerta con arco apuntado, sobre la cual están los blasones de la nobilísima familia de Loyola, da paso al interior, dividido en tres pisos, que todos son al presente oratorios. El del primero que fué establo, y no falta quien opina que en él nació San Ignacio por querer su madre que tuviese esta semejanza con N. S. Jesucristo, está dedicado al Sacramento y á la Purísima Concepcion. El del segundo, que era el primitivo oratorio de este palacio desde muy antiguo, tiene la circunstancia de haber celebrado en él su primera misa San Francisco de Borja. Perpetúa la memoria de este suceso un cuadro, que representa al santo duque con casulla en el acto de dar la comunion á su hijo don Juan.

Réstanos aun reconocer la parte mas notable de esta casa, que es la *Santa Capilla*, situada en el último suelo.

Lo rico de su ornato y el haber sido la pieza donde nació el Santo Iñigo y en la que se convirtió con la lectura de libros devotos, cuando convalecia en ella de las heridas recibidas en Pamplona, la hacen digna de la atencion de los viageros. Su pavimento y las jambas de las ventanas son de esquisitos mármoles, su techo que casi toca á la cabeza de quien le examina, está decorado con prolijos adornos y tres bajos relieves que un escultor portugués, llamado Jacinto de Vieyra, ejecutó gratuitamente á su paso para Roma, á donde iba en peregrinacion. Represéntase en ellos á San Ignacio predicando a sus paisanos, dando la bandera de la fé á San Francisco Javier, y recibiendo á San Francisco de Borja que vestido de grande de España se arroja á sus pies. Venérase en esta capilla un dedo del santo que en ella nació y se convirtió.

Antes de pasar al colegio permítasenos decir alguna cosa sobre la historia de la

Santa Casa que acabamos de reconocer. Este edificio, cuyo orígen, como el de los demas solares de Guipúzcoa y Vizcaya es imposible averiguar, porque se pierde en la antigüedad mas remota, era habitado por una familia que fué creciendo en lustre y poder, hasta el punto de mantener gente en campaña, como lo acredita la caldera pendiente de llares que ostenta su escudo, insignia y blason de ricos-hombres. Debióse la reedificacion de esta casa-palacio á un abuelo de San Ignacio, quien segun la costumbre de su tiempo hizo un castillo con sus correspondientes almenas.

Sabido es que en el siglo XV afligian á este pais las sangrientas discordias suscitadas por los célebres bandos Oñecino y Gamboino, y que deseando cortar radicalmente aquel mal, dispuso Enrique IV echar por tierra todas las casas fuertes en que los parientes mayores residian, y desde las que seguidos de sus deudos y parciales llevaban á los cercanos pueblos el esterminio y la muerte. Quedaba esta casa comprendida en el mandato del rey, y no queriendo éste que enteramente desapareciese tan ilustre solar, recuerdo de muchos y señalados servicios, permitió que solo fuese demolida su parte superior, la que despues se hizo de ladrillo, quedando la fachada en el estado en que hoy se ve. Tenia para su defensa unos pedreros que han llegado á nuestros dias.

Era señor de la referida casa á fines del siglo XV un caballero llamado don Beltran, el cual tuvo ocho hijos y varias hijas. Fué el menor de esta numerosa prole un discreto, agraciado y animoso niño, que desde su mas tierna edad daba muestras de un entusiasmo guerrero y de una ambicion de gloria, que hacian concebir de él las mas lisongeras esperanzas, en una época en que los ejércitos españoles recogian inmarcesibles laureles en varios hemisferios. Este niño era el mismo que habia de fundar la famosa compañía de Jesus, era Ignacio de Loyola. Segun correspondia á su elevada cuna, fuéle concedido entrar en palacio para ser page de Fernando el Católico, empero como los placeres de la córte y las intrigas palaciegas no estaban en armonía con sus inclinaciones, dedicábase esclusivamente al arte militar, que por sí mismo le enseñaba el duque de Nájera, su pariente y protector. Llegó por fin el deseado momento de pasar al ejército, y se vió Ignacio rodeado de las mas brillantes ilusiones. Enamorado ciegamente de una principal señora, no anhelaba otra dicha que la de hacerse digno de poseerla, dándose á conocer por señalados rasgos de heroismo. ¡Asi le hacian pensar los estímulos de su abrasado corazon! ¡Asi constantemente suspiraba por objetos que para siempre habia de abandonar!

Correspondió la conducta de Ignacio en el ejército á la idea que de su esfuerzo y denuedo se habia concebido, y mereció que se le confiase el castillo de Pamplona cuando las tropas francesas dueñas de una parte de Navarra se dirigian á la capital. Defendió heróicamente el fuerte que se habia puesto á su cargo, y en el momento en que mandaba á sus soldados, una bala de cañon dió á su lado é hizo saltar un pedazo de piedra, que hiriendo al bizarro gobernador en una pierna, se la partió dejándole caer al foso.

Apoderáronse de su persona los franceses, y como en aquellos tiempos solo se estimaba y honraba al contrario por su valor y constancia, fué tratado por aquellos con el miramiento que su valerosa resistencia merecia. Dispensáronle al instante cuantos remedios y cuidados exigia su peligrosa herida, y por sí mismos le condujeron en una litera á este palacio de Loyola, tan luego como el estado de su salud permitió concederle este consuelo. ¡Dichosos tiempos en los que tanta estima se hacia del noble proceder!

Agravóse Ignacio en esta casa, y dando ya pocas esperanzas de vida, se le administraron los sacramentos: en tal estado tuvo en sueños una misteriosa y consoladora vision en que se le apareció San Pedro, y tocándole con la mano le curó. Sucedió á este sueño el alivio, y como la convalecencia era larga, pidió para entretenerse libros de caballería, lectura muy acomodada á su carácter, pues en ellos se trataba de amores, encuentros, cuchilladas, y se daban ejemplos de una generosidad sin límites. Hizo el acaso, ó por mejor decir la Providencia, que en este palacio se hallasen únicamente vidas de santos. Tomólas con desden Ignacio; pero á medida que leia se iba convenciendo de que no es tan difícil vencer á un enemigo por fuerte que sea como vencerse á sí mismo, empresa gloriosa que se decidió á acometer.

Renunció desde luego los honores, las dignidades, todo en fin cuanto hasta entonces le habia lisongeado, consagrándose enteramente á servir á Jesucristo. Pasó al monasterio de Monserrat en donde hizo confesion general, colgó su espada en un pilar del templo, repartió sus ricos vestidos entre los pobres, y cubriendo su cuerpo con un tosco saco, descalzo, con la cabeza descubierta y con un bordon se dirigió á Manresa. No le seguiremos en sus largas peregrinaciones, porque el plan de esta obra nos impide estendernos como quisiéramos. Limitámonos por tanto á decir que despues de pasar por las mas duras pruebas, que á la esperanza de un galardon eterno está reservado soportar, se retiró á una horrible caverna en donde las penitencias y maceraciones le pusieron á peligro de perecer. Visitó la Tierra Santa, y restituido á España aprendió la gramática con ánimo de hacerse eclesiástico; continuó los estudios en Alcalá, Salamanca y París, en donde conoció á Francisco Javier, Diego Lainez y otros cuatro, á quienes propuso hacer voto reunidos de emplearse en la salvacion de las almas. Aprobaron todos la idea y la llevaron á efecto el 15 de agosto de 1534 en la iglesia *Montmartre*, decidiéndose á pasar á Roma á ponerse á las órdenes del Papa y marchar al punto que los designase. Quiso antes Ignacio visitar su palacio, y en efecto, lo verificó aunque sin detenerse en él mas que algunas horas, escogiendo para residencia el hospital de Azpeitia.

Anhelando resarcir el daño causado por la vida mundana que en estos sitios habia tenido, redobló sus penitencias, predicó fervorosamente á sus paisanos, y despues de haber hecho muchas conversiones, fué á reunirse con sus compañeros, cuyo número se habia aumentado. Presentáronse á Paulo III, quien dió permiso para que pudiesen todos ser ordenados de sacerdotes por el obispo que escogiesen, en virtud de lo cual celebraron su primera misa, habiéndose para ello preparado con ejercicios por espacio de cuarenta dias. Establecidas las reglas del naciente instituto, dijo Ignacio á sus compañeros que pues se habian reunido para declarar guerra á la heregía y al libertinage bajo la bandera de Jesucristo, llevasen por divisa la cruz y por lema AD MAJOREM DEI GLORIAM, y cuando les preguntasen quienes eran contestasen *de la compañía de Jesus.*

Falleció este eminente varon el dia último de julio de 1556 teniendo el consuelo de ver estendido su instituto por ambos continentes, en los que se fundaron antes de su muerte mas de cien colegios. Beatificóle en 1609 Paulo V y le canonizó en 1622 Gregorio XV.

Reconocida la *Santa Casa* penetramos en el vasto y suntuoso colegio, que se estiende por uno y otro lado del templo, si bien por desgracia no se halla terminado. En la parte que está concluida arrebatan la atencion del observador la grandiosa escalera, los espaciosos tránsitos, los grandes patios, la oportuna distribucion interior, y otras muchas circunstancias que fuera prolijo referir.

Concluida nuestra visita, cuya duracion estraordinaria despertó el apetito en nuestros estómagos, no obstante lo opíparo del almuerzo, nos despedimos del antiguo lego, y cuando me ocupaba en manifestarle nuestro agradecimiento en la forma acostumbrada, Mauricio que se habia adelantado algunos pasos, volvió apresuradamente como aquel que recuerda de pronto una cosa y dirigiéndose á mí.

—¡Lo mejor se me olvidaba! esclamó... Diga vd., amigo, añadió luego interpelando al jesuita ¿para qué sirven aquellas camisas de niño recien nacido, que hay tendidas en el primer oratorio de la Santa Casa?

Yo no habia reparado en semejantes camisas, y me eché á reir pensando que Mauricio se chanceaba; pero nuestro guia contestó con la mayor gravedad en su particular dialecto:

—¡Oh! son camisas para hijos tener.

Entonces pedí á ambos que me esplicasen el enigma, y supe que mi amigo habia observado en la capilla del Santísimo Sacramento, que como dije ocupa la parte de la casa qne fué establo, una docena de camisas colgadas de un cordel, y que aquellas eran ofrendas de otras tantas mugeres estériles, que cansadas de serlo habian recurrido al santo para obtener por su influjo un sucesor. A dar crédito á nuestro acompañante, la prodigiosa fecundidad de las mugeres guipuzcoanas tiene orígen en su devocion á San Ignacio; pero no supo decirnos si los maridos están igualmente satisfechos de los favores del santo; solamente nos aseguró que hacia mucho tiempo que no se llevaban camisas al convento.

Antes de comer recorrimos la villa de Azpeitia situada á la márgen izquierda del Urola, que consta de tres calles rectas, con buenos edificios, empedradas y enlosadas con esmero. Su iglesia parroquial dedicada á San Sebastian de Soreasu es muy buena. Consta de tres naves, cuyas bóvedas sientan sobre ocho altas columnas de excelente efecto. En una capilla hay un suntuoso sepulcro, de don Martin Zurbano, obispo de Tuy, natural de esta villa, y otra de las capillas fundada por Nicolás

Saez de Elola, capitan del ejército del Perú cuando su conquista, tiene capellanes, órgano y ornamentos que no pertenecen á la parroquia. Consérvase en esta la pila en que fué bautizado San Ignacio, cubierta en otro tiempo de adornos de plata, y tambien se guarda la efigie de dicho santo de igual metal, que estuvo antes en el retablo mayor del convento.

El 31 de julio, dia del santo patrono, celébrase en el santuario de Loyola una de las mas alegres, concurridas y vistosas romerías del pais vascongado, solemnizándola con funciones magníficas, asi religiosas como públicas, la villa de Azpeitia: entre las primeras es notable la procesion que se hace desde la parroquial de la citada villa hasta el colegio, y entre las segundas los bailes, las corridas de toros y los fuegos artificiales, dando á todo realce lo ameno del sitio, lo suave de la temperatura y lo suntuoso del descrito monumento.

Empleamos la tarde en visitar la magnífica casa de baños de Cestona, que tan merecida reputacion goza por lo salutífero de sus aguas termales, cuya temperatura es de 27 á 29 grados de Reaumur. Conduce á este establecimiento, que dista poco mas de una legua de Azpeitia, un camino abierto hace muy pocos años á la orilla del rio Urola, y se halla situado á la izquierda de dicho rio en sitio estremadamente pintoresco. Su capacidad, el lujo de las habitaciones y el esmero del servicio le han grangeado tal reputacion, que no solo concurren á él en la estacion de verano las personas que necesitan tomar las aguas, sino otras muchas que van á pasar una temporada como pudieran hacerlo en la mejor casa de campo, pues á todas las ventajas de una posesion campestre, añade la de hallarse alli reunida la sociedad mas elegante de la córte y principales ciudades de España. Cerca de los baños está el pueblo de donde toman el nombre, punto de paseo ordinario para los bañistas, y en el que nada hay que ver mas que la iglesia parroquial dedicada á la Natividad de N. S. y la casa del consejo, con un espacioso salon para juntas y una armería, donde se guardan chuzos, partesanas y otras armas antiguas. En las inmediaciones de Cestona está el monte Erchina, en el que se encuentra cristal de roca que duplica los objetos como el de Islandia, y en su término se hallan el palacio del marqués de San Millan, habitado por su dueño, que nada ha omitido para enriquecerle con muy preciosos objetos; la fondería propia del duque de Granada, donde se hacen los frascos para el azogue de las minas de Almaden, otros cuatro palacios y la vieja basílica de Santa Engracia, situada en una alta y escarpada peña á media legua del pueblo. La mayor parte de estos edificios los vimos por fuera y algunos de lejos, porque un exámen minucioso de ellos nos hubiera ocupado muchísimo mas tiempo que pudimos disponer.

Al siguiente dia nos dirigimos á Deva pasando por Azcoitia, bonita poblacion á media legua de distancia de Loyola; su iglesia parroquial, la casa de ayuntamiento y la llamada de Idiaquez, es lo único que llama la atencion. En los muros de esta última casa fijaban los parientes mayores los carteles de desafio, cuando los funestos bandos Oñecino y Gamboino, de que en otro capítulo hemos hablado, devastaban este pais. En ella recibió tambien don Cárlos en 1838 á su esposa doña Teresa de Braganza y ratificó el matrimonio, que por poderes habia contraido con aquella señora, siendo este el único suceso de alguna importancia que en esta villa ocurrió durante la pasada guerra.

Deva es un puerto de mar que en la temporada de baños comparte la concurrencia con San Sebastian; en esta última ciudad se hace una vida de córte en miniatura, con todas las comodidades, con todas las ventajas y con todos los inconvenientes de las grandes poblaciones; en Deva por el contrario, la vida es quieta y tranquila; es una vida campestre, sana y agradable, pues si algo falta de ciertas comodidades y diversiones, para los que á ellas están acostumbrados, en cambio se goza de completa libertad y de una franqueza inmejorables. Está situada la villa que nos ocupa en un pequeño llano que hay entre la orilla derecha del rio de su nombre, junto á la misma embocadura, y la falda de una elevada montaña donde se cree que estuvo la ciudad de Tricio–Tubólico. Su posicion topográfica es tan beneficiosa para el comercio, asi de importacion como de esportacion, y fué tanto el movimiento de este puerto en lo antiguo, que un pequeño arbitrio que se estableció sobre las mercaderías que entraban en él, bastó para costear la fabricacion de la iglesia, toda de piedra y una de las mejores de las Provincias Vascongadas. Son muy concurridas en Deva las fiestas de San Roque, y objeto de gran devocion el antiquísimo santuario de Nuestra Señora de Iciar, cuya sagrada imágen se cuenta entre las aparecidas, y es tanta la veneracion con que los guipuzcoanos la han mirado siempre, que en el siglo XVI todos los buques de la provincia al cruzar por delante lo saludaban con salvas de artillería y con otras demostraciones de particular afecto. Escribió la historia de la santa imágen que en esta iglesia se adora don Pedro José de Aldazaval y Murgia, segun nos informó un escelente eclesiástico de Deva que tuvo la bondad de acompañarnos al santuario, y del mismo obtuvimos algunos pormenores relativos al gigantesco proyecto que existe de abrir comunicacion entre los mares Océano y Mediterráneo, por medio de un canal que una los rios Deva y Zadorra al imperial de Aragon; empresa grandiosa y de resultados fecundos, pero demasiado cara para concebir esperanzas de que se realice, al menos por ahora.

Desde Deva fuimos á Motrico que dista muy poco, pequeño puerto de la costa rodeado de elevadas montañas, y cuyas calles son escaleras que hay que subir y bajar continuamente para pasar de unas á otras. Tiene algunas buenas casas, entre ellas la del duque de Granada, el palacio de Urreztieta y la casa de ayuntamiento, de nueva construccion, pues la antigua la quemaron los franceses en 1811. Visitamos la iglesia parroquial construida con los diseños de don Silvestre Perez, y un convento de canónigas, de San Agustin, que conserva dos cuadros de la escuela alemana, uno de los cuales es de Wandick; en la sacristía hay tambien una pintura de Murillo, propiedad de la villa. En la parte occidental existen dos muelles construidos en distintas épocas, y cerca del puerto una caverna, en la que se entra embar–

cados, y tiene la particularidad de presentar un capricho de la naturaleza que imita un crucifijo.

Salimos de Motrico en direccion á Elgoibar por la carretera guarnecida por ambos lados de viñas, planta muy poco comun en este pais, y nos detuvimos en Mendaro, pueblo muy pequeño, pero no de malos edificios, en cuyas inmediaciones está la famosa fuente intermitente llamada Quilimon; es un manantial que arroja tan abundante cantidad de agua á borbotones, que á pocos pasos de distancia y sin recibir mas caudal, mueve las ruedas de los barquines y mazos de una ferrería y cuatro molinos de tres piedras cada uno; pero todos los veranos se observa la intermitencia de esta fuente, pues sucede que una, dos ó tres veces cuando mas se le antoja no dar agua por espacio de doce horas cabales, y luego continúa manando, sin que nadie hasta ahora pueda esplicar la causa de tan singular fenómeno. Nosotros tuvimos la poca fortuna de ir á verla precisamente en uno de estos raros intervalos, y como dijo mi amigo Mauricio, con mas gracia que exactitud, «cuando estaba con la calentura.» Florez, Ozaeta y otros autores se han ocupado de esta fuente afirmando unos y negando otros ser la misma que designa Plinio con el nombre de Tarmaricas.

A dos leguas de distancia de Motrico está Elgoibar, villa situada sobre las márgenes del rio Deva, en cuyo término está el santuario de Arrate en una meseta pintoresca, donde se celebra una vistosa y muy concurrida romería el 8 de setiembre, y media legua larga mas adelante, en la carretera de Bilbao, la villa de Eibar, último pueblo de la provincia de Guipúzcoa por esta parte, y famosa por sus fábricas de armas, siendo todavía con justa razon celebradas las escopetas de caza, las pistolas y otros muchos objetos que se fabrican en sus talleres. Tambien tiene algunas bellezas artísticas, tales como su iglesia parroquial y el convento de la Concepcion de religiosas franciscas, que se halla fuera del pueblo, junto á la misma carretera. Llámase á este convento de Isasi por haberlo fundado don Martin Lopez de Isasi y doña Dominga de Orvea en 1593. La iglesia es muy linda; tiene capillas á los lados de la nave, cúpula en el crucero, y un bello retablo mayor de varios cuerpos corintios. Contigua al referido convento está la torre solariega de Isasi, que hoy pertenece á los marqueses de Santa Cruz, y en la que vivió y murió el 11 de marzo de 1634 el infante don Francisco Fernando, hijo de Felipe IV, que confió la educacion de aquel á don Juan Isasi Idiaquez, caballero de Santiago, señor de algunas villas en Castilla y de esta ilustre torre.

CAPITULO SESTO.

VIZCAYA.—BILBAO.

Bien quisiéramos que los límites á que tenemos que reducirnos para llenar en el volúmen señalado el vasto plan de nuestra obra, nos permitiesen referir con la estension que merece la historia de Vizcaya, que puede decirse es la de todo el pais vascongado, pues nadie ignora que las tres provincias hermanas se han considerado siempre como una sola por la identidad de carácter, de leyes, usos y costumbres, y hasta por la semejanza topográfica. Hay, sin embargo, diferencia, á la manera que la hay tambien entre los hijos de un mismo padre; pero esta diferencia apenas perceptible sin un detenido exámen, es mucho menor todavía cuando se consulta la historia. De ella aparece, remontándonos á los tiempos antiguos, que en el pais vascongado, llamado anteriormente *Cantabria*, fué donde se establecieron los primeros pobladores de España; que este pais comprendia, no solo las tres provincias que nos ocupan, sino lo que ahora designamos con el nombre de Rioja y montañas de Santander; que á la parte de Oriente de Cantabria estaba la *Vasconia*, que hoy llamamos Navarra, y en fin, que los cartagineses, por mas que algunos autores hayan sostenido lo contrario, no pisaron jamás este suelo clásico de la independencia.

Cuando Roma, señora del mundo, se posesionó de España, trató de someter tambien á los cántabros, que antes tuvo por aliados para combatir á los cartagineses; pero le opusieron una tenaz resistencia, y convencido Pompeyo que era imposible dominarlos, prefirió tenerlos por amigos y los llevó á Grecia, donde se distinguieron por su valor en la célebre batalla de Farsalia. César siguió el ejemplo de Pompeyo; pero Augusto, mas orgulloso ó menos político que César, los declaró una guerra de esterminio, en la que los cántabros sucumbieron á millares; pero no se subyugaron á los romanos. Vencidos perecian en la hoguera sin distincion de sexos ni edades; mas en lugar de pedir perdon para sustraerse á los mas horribles suplicios, entonaban canciones, desafiaban el poder de su dominador y despreciaban la crueldad de sus verdugos. Los que escaparon vivos de esta terrible lucha fueron vendidos en los mercados públicos y uncidos á las carretas para tirar de ellas como si fuesen animales. Creyendo Augusto que los habia dominado, dejó á España para volver á Roma; pero al siguiente dia de la marcha del tirano los cántabros se habian vengado. En una sola noche dieron muerte á sus señores, y libres otra vez, corrieron al campo de batalla á desafiar las legiones romanas. Trabóse de nuevo el

combate, en que los soldados de Augusto, en mayor número y mas disciplinados, llevaron la mejor parte en las llanuras, mas no quisieron seguirlos á las montañas, donde se refugiaron, seguros de ser á su vez batidos.

Augusto no obstante su orgullo, hijo de tantas victorias, tuvo que resignarse á ofrecer la paz á los cántabros, que no la aceptaron sino á condicion de vivir independientes; y de esta época datan sus franquicias, sus privilegios y sus famosos *fueros*, que con tanto teson han sostenido hasta nuestros dias. Terminada la guerra lo que no pudo hacer la fuerza lo consiguió la dulzura, y los mismos que habian acudido al combate cuando veian el yugo durísimo que se les queria imponer, llegaron á ser los mas fieles amigos de los romanos cuando estos se contentaron con ser sus aliados y protectores.

Al derramarse los bárbaros del Norte como un torrente impetuoso por los paises meridionales de Europa, acabando con la potencia del pueblo rey, los cántabros permanecieron unidos á los romanos y sostuvieron reñidos combates con los invasores, quienes no pudieron sojuzgar á los esforzados montañeses que entre el Ebro y el Océano residian. Permanecieron independientes largo tiempo, aunque sufriendo repetidos ataques de los godos, hasta que Leovigildo emprendió la conquista de aquel áspero pais. Resistiéronse con el acostumbrado esfuerzo sus naturales y detuvieron el ímpetu del enemigo, á quien no le fué dado penetrar en el centro de él, contentándose con ocupar y fortificar varios puntos fronterizos para impedir atrevidas correrías.

Unidos al fin los cántabros y godos con los vínculos de la religion, por haber abrazado unos y otros el cristianismo, agregáronse las Provincias Vascongadas al vasto imperio que sucumbió en las márgenes del Guadalete.

Todos los historiadores están conformes en que los moros no llegaron á penetrar en el territorio vascongado, y aunque nada seguro se sabe de este pais en los primeros tiempos de la dominacion sarracena, hay motivos fundados para creer que formó parte desde luego del reino que se erigió en Covadonga. Mas adelante las provincias de Alava y Guipúzcoa se unieron al reino de Navarra, hasta el año 1200 de la era cristiana en que se incorporaron definitivamente á la corona de Castilla. No asi Vizcaya, que durante algunos siglos tuvo sus señores particulares, dignidad que se considera derivada del famoso ducado de Cantabria. Siguiendo estos señores la costumbre general de su época, daban al sucesor el nombre de su abuelo, y asi vemos alternar por largo tiempo en la cronología de aquellos, los nombres de Lope Diaz y Diego Lope, produciendo tal confusion, á pesar de los apodos con que los historiadores han querido distinguirlos, que nada se saca en claro hasta el último tercio del siglo XII y principios del siguiente, en que se ve figurar á don Diego Lopez de Haro llamado el *Bueno*, el cual llegó á romper con su cuñado el rey de Leon y con el de Castilla, viéndose obligado á retirarse á Navarra en aquella desigual lucha. Siguiéronle ambos monarcas y le encerraron en Estella, pueblo que no pudieron tomar. Acomodáronse empero con los reyes de Navarra y Aragon, y quedó entonces don Diego sin amparo alguno. Fué á buscarle entre los moros de Valencia, de donde tuvo que huir por haber dado su caballo en una batalla al rey de Aragon para que se salvase.

Reconciliado con Alfonso VIII de Castilla y recobrando el gobierno que antes de sus desgracias habia ejercido en los mas importantes puntos de aquel reino, mereció que se le confiase el mando del ejército aliado de los cristianos en la gran batalla de las Navas de Tolosa. Sabido es el felicísimo éxito de aquella jornada, y es no menos conocida la generosidad de don Diego, quien repartió el botin entre los reyes de Aragon y Navarra, reservando para su soberano la gloria de tan señalado triunfo: proceder muy propio de aquellos hombres que no podian preferir al honor el interés. Sepultáronse en el real monasterio de Nájera, del que fué bienhechor, los restos de este insigne varon «el mayor señor y mejor, dice Garcia de Salazar, y el que mas ganó y mas buenos hechos hizo.» Honró su memoria la santa iglesia metropolitana de Toledo colocando su estátua en el coro, en reconocimiento á las donaciones que á dicha iglesia hizo y á que en ella colocó los trofeos ganados en las Navas de Tolosa. Merece tambien referirse que la ciudad de Nájera ha considerado desde la muerte de don Diego hasta nuestro siglo, nula toda eleccion de ayuntamiento que no se publique delante del sepulcro de aquel.

Continuó gozando en Castilla las mismas prerogativas y distinciones que el mencionado, don Lope Diaz de Haro, llamado por sus relevantes prendas *Cabeza brava*. Hizo servicios de la mayor importancia al Santo rey don Fernando, y falleció en el año 1239. No estuvo en tan buena armonía con el soberano de Castilla don Diego Lopez de Haro, duodécimo señor de Vizcaya, ni dejó de tener sérias desavenencias con los vizcainos por haber infringido sus fueros.

Es muy notable entre los señores de Vizcaya don Lope Diaz de Haro, ya por el gran poder que adquirió, ya por el enlace de su hija con el infante don Juan, hermano del rey, ya tambien por la trágica muerte que tuvo en el momento en que acalorado por una respuesta firme sacó la espada contra el rey don Sancho el Bravo. La sucesion en el señorío ó condado de Vizcaya empezó á ser orígen de civiles discordias á la muerte del décimo cuarto señor don Diego Lopez de Haro. Obtúvole por la fuerza y apoyado en la voluntad de los vizcainos otro don Diego, tio del último; siendo á poco tiempo despojado por el infante don Enrique de aquella dignidad, que un año despues volvió á recobrar. Disputósele, sin embargo, su derecho hasta su muerte, que ocurrió en el sitio de Algeciras; y le sucedió el infante don Juan, por ser esposo de doña María Diaz de Haro, que unos autores cuentan como décima sesta y otros décima sétima en el catálogo de los señores de Vizcaya.

Siendo ya viuda renunció esta sus derechos á favor de don Juan de Haro, el *Tuerto*, quien á pesar de ser hijo de un infante de Castilla, tomó el apellido de su madre doña María, circunstancia que prueba la alta importancia que los señores de Vizcaya tenian. Murió don Juan asesinado con otros en un banquete por mandato de Alfonso XI, cuya tutela habia egercido, y reclamó la posesion del señorío su madre, la ya citada doña María, la cual vendió su estado á la corona.

Habia dejado una hija don Juan *el Tuerto* casada con el señor de Lara don Juan Nuñez, quien valiéndose de su poder y ascendiente consiguió se restituyese el señorío á su esposa. Las sérias disensiones que ocurrieron entre don Juan de Lara y el rey, obligaron á éste á entrar por Vizcaya haciéndose reconocer como señor en las juntas de Guernica, y tomando posesion de todos los pueblos y castillos, escepto del de San Juan de Gaztelugache, situado en la costa, y alguna otra fortaleza. Habíase apoderado en el ínterin don Juan de algunos pueblos de Castilla, cuya restitucion le concertó con el rey.

Heredó un niño de dos años el condado de Vizcaya, y como don Pedro de Castilla se declaró enemigo de la casa de Lara, le persiguió tenazmente. La muerte de este niño, que con el nombre de don Nuño de Lara se cuenta el décimo nono señor de Vizcaya, dejó su estado espuesto á los desastres de una guerra civil, pues habiendo casado su hermana mayor doña Juana con don Tello, hermano del rey, y la menor, llamada doña Isabel, con don Juan, infante de Aragon, ambos esposos pretendieron el señorío, fundado el primero en el derecho que á su esposa asistia, y el segundo en la proteccion de don Pedro. Derrotó don Tello completamente las tropas auxiliares que don Juan acaudillaba. Entró éste de nuevo acompañado del rey don Pedro, que furioso anhelaba quitar la vida á su hermano don Tello, el cual debió su salvacion á la fuga. El infante don Juan, que debia conocer muy poco lo que de un corazon ambicioso se puede esperar, habia creido que don Pedro no llevaba otro objeto que ponerle en posesion de la dignidad á que aspiraba, y con pueril sencillez le pidió en Bermeo que le sentasen en el sólio de los señores de Vizcaya. Contestóle pérfidamente el rey que solo esperaba á que por la junta general fuese reconocido, valiéndose al mismo tiempo de cuantos medios estaban á su alcance para que en la espresada junta se declarase que Vizcaya no admitiria otro señor que el rey.

Consiguiólo asi, y habiendo pasado á Bilbao, mandó al incauto infante que se presentase en palacio. No bien le tuvo delante cuando le hizo matar, y habiendo arrojado el cuerpo á la plaza: «Catad ahí, dijo al pueblo, el vuestro señor de Vizcaya que vos pedia.» Estas horribles palabras pronunciaba el rey señalando el cadáver del infante don Juan, cuyo nombre y supuestos derechos habia invocado al apoderarse del señorío. Fueron igualmente víctimas de la crueldad de don Pedro la madre del desventurado infante, doña Leonor, y las ya mencionadas doña Isabel y doña Juana, sin tener otro delito que el de ser parientas suyas.

Sufrió Vizcaya por algun tiempo el yugo de don Pedro, y cuando sucumbió este en Montiel á manos de su hermano don Enrique de Trastamara, recobró don Tello el señorío que legítimamente habia poseido como esposo de la desgraciada doña Juana, pero que ya no le pertenecia por haber sido asesinada, segun queda referido. Valióse de algunos fraudes para asegurarse en la posesion de aquel estado, y asi no es de estrañar que le disfrutase muy poco, pues murió antes del año de su llegada. Fué jurado entonces (1371) so el árbol de Guernica el infante don Juan, hijo de Enrique II, teniendo el nuevo señor á la sazon 13 años de edad. Cuando sucedió á su padre con el nombre de don Juan I, incorporó en la corona el señorío mandando que el título de *señor de Vizcaya* le usasen los reyes entre los demas dictados de soberanías, y asi continúa practicándose.

Desde esta época ha continuado siendo á la corona de Castilla tan leal como habia sido á sus primitivos señores, distinguiéndose muy particularmente por las escuadras que en varias ocasiones armó y puso á disposicion de los reyes. A principios del presente siglo fué ocupado militarmente el señorío á consecuencia de los movimientos que en él ocurrieron por causa de haber querido imponer derechos sobre algunos artículos de importacion y hacer un nuevo puerto, que en obsequio de Godoy se habia de llamar de la Paz, título que aquel favorito usaba. Este movimiento popular, ocurrido en 1804, es conocido en el pais con el nombre de *Zamacolada* por llamarse Zamacola un escribano que lo dirigió. De la valerosa resistencia que el señorío de Vizcaya opuso á las huestes de Napoleon, asi como de los sucesos de la última guerra civil, en que ocupan un lugar muy visible los tres famosos sitios de Bilbao, nada podemos decir que no sepan nuestros lectores. Los acontecimientos contemporáneos no ofrecen ningun interés sino cuando se describen minuciosamente, y esto nos es de todo punto imposible.

Hemos hablado de Vizcaya solamente, réstanos ahora referir los sucesos que tienen relacion con las provincias de Alava y Guipúzcoa, las cuales segun queda referido se incorporaron definitivamente en la corona de Castilla reinando Alfonso VIII. Hicieron á éste los naturales de ambas provincias señalados servicios en la célebre batalla de las Navas de Tolosa, servicios que tambien prestaron á los demas reyes en la conquista de las vastas comarcas que los moros poseian, y muy particularmente en la batalla del Salado, y en la toma de Sevilla, Algeciras y Granada.

La situacion geográfica de Guipúzcoa en la frontera de una poderosa nacion, émula en muchas épocas de la España, dió á sus moradores ocasion de manifestar su nunca desmentida lealtad y su proverbial denuedo, segun hemos visto al hablar de algunas de sus poblaciones; pero donde mas se distinguieron, en union con los vizcainos, fué en las empresas navales. Dedicáronse unos y otros antiguamente á la pesca de las ballenas, y era tanta la importancia que daban á este ramo de industria, que será muy raro el puerto del pais vascongado que no use una ballena en su escudo de armas. El famoso fuero de San Sebastian menciona muchos objetos de importacion y esportacion, y por él se tiene con seguridad noticia de lo estenso que era el comercio que se hacia en estas costas á mediados del siglo XII.

El carácter activo y emprendedor de estos montañeses, acostumbrados desde su mas tierna edad á los peligros del borrascoso mar que baña sus playas, y la abundancia de maderas de construccion que ofrecia su pais, les hizo aumentar considerablemente el número de sus buques, y emprender con ellos largos viages en el siglo XIV; fruto de estos fué el descubrimiento de la isla y banco de Terranova, la prepotencia que tuvieron los vascongados en las costas occidentales de Europa, el pingüe comercio que hacian, asi en las costas de nuestra península y en el interior de la misma como en los puertos de Francia, Paises Bajos é Inglaterra, y por último el haber sido los que establecieron en la ciudad de Brujas, emporio entonces del comercio, la célebre lonja de dicha ciudad, adelantándose á los ingleses, venecianos y otros pueblos mercantiles.

El poderio de los vascongados empezó á causar celos á la nacion inglesa, á la que disputaban aquellos el comercio de lanas. Declaróse al fin la guerra, y se dió un combate naval, en el que los vascongados perdieron 26 buques de alto bordo y fueron dispersados los restantes. No fueron muy felices para los ingleses los resultados de esta victoria, puesto que las hostilidades continuaron, y para poner término á tan larga y destructora guerra se firmó en Lóndres un tratado de treguas por veinte años entre vascongados, franceses é ingleses, habiéndose hallado al efecto en dicha ciudad los representantes de las marinas de Santander, Vizcaya y Guipúzcoa. Para que nuestros lectores formen una idea del poder marítimo de los ingleses en aquella época, insertamos lo que sobre él dice la Academia de la Historia. «Obsérvese que el rey Eduardo III con quien tenian sus diferencias (los vascongados) era el mismo que con una armada de 100 bageles batió otra francesa de igual número el año de 1319, perdiendo esta 70 navíos y cerca de 20,000 combatientes.»

Continuó en el mayor auge el estado de la marina de los vascongados, y á fines del siglo XV los guipuzcoanos, los moradores de esa pequeña provincia, hicieron un tratado de paz con la Inglaterra, en el que entre otras cosas se estipuló que los buques de los guipuzcoanos no hostilizarian á los de los ingleses ni recibirian de estos daño alguno, aunque estuviesen en guerra las naciones inglesa y española.

Muchos y muy señalados servicios prestaron con sus buques los vascongados á los reyes de Castilla. La escuadra que el almirante Bonifaz mandaba cuando ocurrió el sitio de Sevilla, se armó en los puertos de las Provincias Vascongadas, y de los mismos salieron tambien gran parte de los navíos que formaban la escuadra de Felipe II, llamada la Invencible.

De esa costa salió tambien el primer hombre que dió la vuelta al globo, salió el inmortal Oquendo, y de ella han salido los célebres marinos Mazarredo y Churruca.

Mientras mi amigo y yo discurriamos sobre la historia del pais vascongado, llegamos á Durango, villa situada en el centro de las carreteras que ponen en comunicacion á las provincias de Alava y Guipúzcoa con la de Vizcaya, á la márgen del rio de su nombre, y en una deliciosa vega. No nos detuvimos en ella, porque si bien tiene anchas y espaciosas calles y algunos buenos edificios, no ofrece ninguna particularidad digna de notarse, y nuestro ánimo ademas era llegar aquel mismo dia á Bilbao.

Difícilmente puede formarse una idea, por mucho que se diga, de lo delicioso, ameno y pintoresco de las inmediaciones de esta última ciudad, situada á la orilla del Nervion y considerada siempre como uno de los pueblos mas sanos, aseados y cultos de Europa. Era el punto de anochecer cuando nosotros entramos en ella, y como íbamos cansados solo pensamos en proporcionarnos buen alojamiento, dejando para el siguiente dia el recorrerla en todas direcciones. No habian dado las seis de la mañana cuando la claridad de la luz que entraba por una ventana me obligó á abrir los ojos, y quedé sorprendido de ver á Mauricio que estaba ya de pie, muy ocupado en ponerse la corbata; pero lo que todavía me llamó mas la atencion fué el observar sus movimientos. Con el espejo en la mano recorria la habitacion colocándolo ya en un punto, ya en otro, sin encontrar al parecer sitio que le satisfaciese. Al ver su pantomima no pude reprimir una estrepitosa carcajada, que sacándolo de su éxtasis lo trajo al momento á la orilla de mi cama; pero sin dejarme tiempo para dirigirle la palabra, se anticipó diciéndome con el acento del hombre mas apurado del mundo:

—¿Soy yo Mauricio?

—¿Cómo que si eres Mauricio?... ¿Que quieres significar con esa pregunta?

—Si reconoces en mí á tu amigo Mauricio.

—Perfectisimamente; pero ¿por qué dudas de tí mismo?... ¿Qué te ha pasado?

—Nada, no es nada; ya te lo contaré. Y esto lo decia con una visible agitacion.

—No, le dije, es preciso que me lo cuentes ahora; tú estás inquieto, y sea cualquiera el motivo, yo quiero y debo saberlo.

—Pues bien, te lo diré, sino te ries de mí.

—Yo no me rio de nada que afecta á mis amigos. Dime con franqueza por qué estás asi.

—Esta noche he tenido un sueño espantoso; se me ha aparecido Paulina á reconvenirme por haber faltado á la promesa que le hice antes de morir de no pensar en ninguna otra muger.

—¿Y tú das crédito á los sueños?

—No se lo daria si los hechos no viniesen á confirmarlos. Paulina me ha dicho esta noche que en castigo de mis infidelidades me quedaré desfigurado y hecho un mónstruo. Como he dormido mal de resultas de esta aparicion, me he despertado temprano; me he vestido callando para no inquietarte, y considera cómo me habré quedado cuando al arrimarme al espejo á ponerme la corbata, me hallo con que la amenaza de mi prima es una realidad, porque estoy horriblemente desfigurado.

—Mauricio, tú duermes todavía sin duda, le dije, pues yo te veo ni mas ni menos que eras ayer, y como todos los dias.

—Eso lo dices por consolarme, replicó, pero sé bien que me engañas. ¿No acabo de mirarme en el espejo?

—Es la imaginacion, que te ha hecho ver segun tú te has figurado en el sueño.

—Repito que no; estoy espantoso.

—Trae acá ese espejo, le dije.

Lo trajo en efecto, me miré en él y me ví de una manera incalificable; entonces comprendí todo. Un defecto de la luna, coincidiendo con el sueño de mi amigo, era lo que habia producido su terror. Despues de tranquilizarlo demostrándole que jamás los muertos vienen á pedirnos cuenta de la falta de cumplimiento de las promesas que cuando vivos les hemos hecho, me ocurrió para distraerlo referirle una anécdota que yo habia leido, no recuerdo donde.

Es el caso, le dije, que en una ocasion llegaron tres amigos que habian pasado todo el dia juntos cazando, á pedir albergue á una mala posada donde solo encontraron una pésima cama en que difícilmente podian acomodarse dos. Echaron suertes para saber quien de ellos debia pasar la noche en un banco, ó sobre el suelo de la cuadra, y cupo este privilegio al mas jóven de la compañía, que no tuvo mas remedio que resignarse. Se acostaron los favorecidos, y movido á compasion el posadero, le ocurrió proponer al mancebo si queria participar de un jergon en que dormia el mozo de mulas, que era por cierto un negro muy feo. Entre las piedras y un cacho de jergon, fácil es adivinar que preferiria lo último, á pesar del camarada, y aceptándolo como una gran fortuna, fué desde luego á participar de su dicha durmiéndose á poco con toda la tranquilidad de un cazador novel. Sus amigos despertaron primero, y averiguado el sitio donde reposaba, fueron en su busca; pero al verlo junto al negro, y tan profundamente aletargado, les ocurrió darle una broma. Quemaron el corcho de una botella, hicieron polvos de él, y en seguida le tiznaron la cara perfectamente. Concluida la operacion despertaron al negro, lo hicieron levantar con sigilo, y cuando quedó solo el cazador se salieron de la habitacion sus compañeros y empezaron á hacer gran ruido á la puerta. Levantóse el jóven asustado, abrió la ventana y se dirigió á un cacho de espejo que habia en la pared para ponerse la corbata, como tú hacias ahora poco. Entonces se apercibió del cambio de su cara, y sea que sospechase lo ocurrido y quisiese volver la chanza á los que se la habian dado, que le observaban por las rendijas de la puerta, ó que lo creyese de veras, el hecho es que esclamó con indiferencia: «Esos bárbaros han despertado al negro por despertarme á mí; volvámonos á la cama, que ya me llamarán cuando sea hora;» y se acostó de nuevo muy tranquilo.

—¡Creyó que él era el negro! dijo Mauricio.

—Si no lo creyó aparentó creerlo, y la ocurrencia hizo tal fortuna, que despues nadie le conocia mas que por *el Negro de la posada.*

Antes de concluir la anécdota nos habia traido el chocolate una de las muchachas del parador, bonita como lo son casi todas las vizcainas, y Mauricio, á pesar del miedo á Paulina, empezó á requebrarla como de costumbre; pero yo le recordé el sueño de la noche anterior, y gracias á esto pude lograr que saliésemos pronto á visitar la ciudad.

El aspecto de Bilbao es sumamente agradable, sus calles tiradas á cordel y bien pavimentadas, sus casas (entre las que hay algunas de mármol, y no de jaspe como generalmente se cree) bien construidas, sus paseos, y por fin la elegancia y el esmero que en todo se observa, hacen desde luego concebir una lisongera idea, asi del pueblo como de sus moradores.

Empezando á reconocer lo mas notable que en esta villa se encuentra, nos dirigimos á los templos, entre los cuales sobresale la insigne basílica de Santiago, la mas antigua de sus parroquias. Es de fundacion inmemorial, y consta que en el último tercio del siglo XIV se mejoró y amplió, habiéndose construido posteriormente el coro, el átrio y el claustro del Angel.

La parroquia de San Antonio Abad, fundada en el siglo XV, consta de tres naves, en las que nada se halla que reparar, si se esceptúa una buena estátua del titular. En las dos parroquias restantes llamadas de los Santos Juanes y San Nicolás de Bari, no entramos porque no tienen ninguna particularidad.

Otros edificios religiosos poseia Bilbao pertenecientes todos á conventos, y durante la última desoladora guerra sirvieron de cuarteles, hospitales, etc., por lo que no se pueden citar como monumentos artísticos: ni tampoco los que inmediatos á la misma villa estaban comprendidos en las ante-iglesias de Abando y Deusto, y fueron trasformados en fuertes, resonando bajo sus bóvedas los gritos de guerra y el estruendo de las armas, en vez de los cánticos de paz que en aquellos sagrados recintos por espacio de algunos siglos habian sido entonados.

El hospital civil es acaso el edificio que mas honor hace á Bilbao. Dióse principio á su construccion en 1818 con arreglo al plan trabajado por don Manuel Benito de Orbegozo. Es un paralelógramo rectángulo, y consta de cuatro pisos labrados de piedras sillares, teniendo la fachada principal en uno de los lados menores. Compónese la portada de cuatro columnas aisladas que sostienen un cornisamento con triglifos y otros adornos propios del órden dórico. En el friso y sobre el intercolumnio del centro hay una lápida con inscripcion, y remata el todo con el escudo de armas de la villa. La fachada que da al camino real se estiende 325 pies, con 27 vanos entre balcones y ventanas en todo el lienzo del piso principal, y sobre este se levantan tres pabellones aislados á fin de que la ventilacion sea cual corresponde á esta clase de establecimientos.

Otra casa de beneficencia cuenta Bilbao en su recinto con el título de Hospicio Casa de Misericordia. Cuando ocurrió la espulsion de los jesuitas, ordenada por Cárlos III, quedó suprimido el colegio de San Andrés, que á dichos padres pertenecia, y en el que era educada la juventud bilbaina. Tratóse de sacar el partido posible del abandonado edificio, por lo que el templo se convirtió en parroquia con el título de los Santos Juanes, y el colegio se destinó á hospicio, haciéndose al efecto y á espensas de la nunca desmentida caridad de los habitantes de esta villa, las obras necesarias para el nuevo destino que iba á tener. Consérvase esta casa en muy buen estado, y en ella reciben alimento y socorro muchos pobres, siendo considerable el número de los que en la misma residen, y se ocupan en varios telares de hilo, de los que salen mantelerías, lienzos, etc., en una fábrica de loza inglesa y ordinaria y en otras labores. Los niños de ambos sexos reciben educacion y son destinados los varones á diferentes oficios.

Entre los edificios públicos que adornan á la villa que describimos merece particular mencion el teatro, construido en 1834, y la casa de ayuntamiento, que es de piedras sillares calizas, con un soportal espacioso, al que dan ingreso tres arcos por el frente y tres por el costado. En la sala de ayuntamiento es digna de ser vista una escelente pintura que representa la Concepcion. En el resto del edificiò se hallan la sala de la junta de comercio, con friso de mármoles y otros ornatos, una galería con retratos de reyes, la audiencia del tribunal de comercio, los archivos y otras varias piezas, donde hay ejecutados por Goya, Lopez y otros artistas de mérito, diferentes retratos.

La Plaza Nueva se empezó á construir el 31 de diciembre de 1829, pues si bien se habia tratado de erigirla en varias ocasiones, valiéndose en todas de acreditados profesores, fueron tantos y tales los obstáculos con que hubo que luchar suscitados algunos por el interés privado, que solamente con la proteccion de Fernando VII pudieron superarse. Tuvo á su cargo la direccion de esta obra el arquitecto don Antonio Echevarría. El área do la espresada plaza tiene de longitud 234 pies con 196 de latitud, presentando 18 arcos, cuya luz es de 9 pies en cada una de las fachadas mayores, y 14 iguales á los primeros en forma y dimensiones, en cada una de las menores, estando todos decorados con columnas dóricas. Sobre este primer cuerpo, que es de piedras sillares, se levantan tres pisos de igual materia. Ocupa el centro de la fachada la casa de diputacion, decorada con pilastras jónicas y un reloj de esfera de cristal que se ilumina por las noches. Forman los soportales de esta linda plaza un cómodo paseo para los dias en que el mal temporal no permite andar fuera de cubierto.

La Plaza Vieja es solamente notable por hallarse en ella el mercado de toda clase de comestibles. Es en verdad sorprendente la abundancia, variedad y baratura de la delicada pesca que ofrece el golfo cantábrico, de las mas sabrosas carnes, de esquisitas frutas, de hortaliza, de todo en fin cuanto la persona mas exigente y amiga del regalo puede apetecer.

El puente de San Anton es antiquísimo, y muy notable por su solidez y atrevida construccion. Tiene tres ojos, de los cuales el mas alto es de 110 pies de luz.

El puente colgante concluido en 1827, bajo la direccion de don Antonio Goicochea, se estiende 215 pies sin contar los machones, y su mucha elevacion le pone á cubierto de las avenidas. Ascendió su coste á 400,000 rs.

Las obras del puente de hierro, que hoy está ya concluido, sescguian cuando nosotros estuvimos con la mayor actividad.

Muy digno es de ser visto el magnífico cementerio situado en la meseta de Mallona. Fué construido en tres años y se terminó el de 1830, mereciendo el cabildo mucho elogio, asi por haber resuelto levantarle como por la brevedad con que llevó á cabo la empresa.

No son menos bellos los paseos de Bilbao que los referidos edificios públicos. Empezaremos su descripcion por el del Arenal, al que hermosean siete frondosas, anchas y prolongadas calles, y tres menores formadas todas por robles, acacias, plátanos y otras clases de árboles, tres jardines con enverjados y hermosos faroles de reverbero, sostenidos por elegantes candelabros de hierro. Ciento treinta y cuatro asientos de piedra, muchos de los cuales tienen preciosos respaldares de hierro, hacen muy cómodo este paseo, que tiene varias entradas, y en la principal hay tres arcos de hierro entre pilares de mármol.

La planta del referido paseo es triangular. Estiéndese por los lados paralelos á la ria 400 pasos, y por los de la iglesia 260. Es sin duda este uno de los mas deliciosos puntos de recreo que se hallan en las mejores poblaciones de España. La frondosidad y verdura de los árboles, el plácido ambiente que en él se goza, el aro ma de las flores y la vista del muelle, que aunque no tan animado como en otros tiempos, ofrece todavía un cuadro interesante; forman un bellísimo conjunto, causando no poca sorpresa al que por primera vez lo ve, las llamadas *cargueras*, que son unas mugeres que se ocupan en cargar y descargar los barcos metiéndose en la ria con el agua á veces hasta las rodillas ó acaso mas, y llevando enormes bultos en la cabeza, en los hombros y debajo de los brazos, con mayor desembarazo y soltura que pudiera hacerlo el mas robusto mancebo.

Otro paseo llamado el Campo Volantin, empieza en las ruinas del convento de San Agustin y continúa sobre las márgenes de la ria. Consiste en una hermosa calle de 4,000 pies de longitud, formada por árboles cuyas copas cubren toda la estension de este sitio sombrío y delicioso.

El paseo denominado de los Caños da principio en Achuri, estendiéndose mas de 4,000 pasos. Tiene un cómodo pavimento de losas, pero su corto horizonte y las imponentes rocas que sobre él se levantan, le dan un aspecto triste.

El trato que en Bilbao halla el forastero es sumamente agradable, porque la finura, la cortesanía y la generosidad, son prendas que distinguen á sus habitantes; Mauricio y yo pasamos tres dias en esta ciudad, que no olvidaremos nunca, y nos hubiéramos detenido muchos mas si el tiempo no nos apremiase. Su historia antigua está enlazada con la general de Vízcaya; la moderna ó contemporánea nadie hay que la ignore: ¿quién no recuerda los padecimientos de los bilbainos en la última guerra civil, los famosos sitios que sufrió esta poblacion, su heróica defensa, la muerte de Zumalacárregui delante de sus muros, la entrada de Espartero en 1836 y todas las circunstancias que acompañan á estos sucesos?

Despues de recorrer sus inmediaciones salimos para Bermeo, villa de la costa, donde apenas nos detuvimos el tiempo suficiente para ver la iglesia parroquial de

Santa Eufemia, donde los soberanos de Castilla y señores de Vizcaya juraban antiguamente guardar los fueros del señorío, y para visitar el tosco y vetusto solar de Ercilla, al que los gratos recuerdos del esforzado guerrero, el ilustre poeta autor de *La Araucana*, dan mas importancia que su forma.

A dos leguas y media de Bermeo en uno de los sitios mas bellos de Vizcaya, se halla el pueblo de Guernica, célebre por estar en sus inmediaciones junto á una ermita llamada de Santa María de la Antigua, el renombrado árbol so el cual se han reunido los vizcainos desde tiempo inmemorial, y se reunen todavía á celebrar sus congresos ó juntas. La fundacion de esta ermita se cree que remonta al siglo III de la iglesia, y en ella se conservan 26 retratos de los señores de Vizcaya y un cuadro que representa á Fernando el Católico jurando los fueros. Debajo del árbol hay un solio, en el que se sientan los individuos de la diputacion general, en forma de templete, con veinte y dos columnas aisladas en sus cuatro caras, ocho de las cuales sostienen un frontispicio triangular, en cuyo tímpano se ostentan las armas de Vizcaya. Detrás de este solio pequeño, pero de buen efecto, se levanta el árbol famoso, que es un roble, y nada particular tiene, ni aun siquiera denota antigüedad, pues se reemplaza con otro tan pronto como el que existe se pierde.

Con la visita del histórico roble, dimos por terminada nuestro viage á las Provincias Vascongadas, retirándonos con la pena de no haberlas podido recorrer con mayor detencion y permanecido en ellas mas tiempo.

VISTA DEL PUERTO DE BERMEO.

Jovencita de las cercanias de Bilbao.

CAPITULO SETIMO.

EL CASTILLO DE LUNA Y EL HEROE DE RONCESVALLES.

A los cuatro dias de nuestra salida de Bilbao estábamos en Leon, donde tomamos asientos en la diligencia que debia llevarnos al antiguo principado, hoy provincia de Asturias. Mi plan habia sido que verificásemos por mar este viage; pero sobre no ser tantas como debian entre pueblos de una misma costa, las proporciones de buques que se encuentran, Mauricio manifestó mucha repugnancia á embarcarse, y yo no quise insistir. Fuimos, pues, desde Bilbao á Vergara, donde apenas nos detuvimos el tiempo suficiente para ver el famoso *Campo del abrazo*, en que terminó por una transaccion la última guerra civil, el renombrado seminario y la moderna fábrica de hilados y tegidos de algodon que elabora diariamente mas de tres mil varas de tela. Habíamos llegado por la tarde, y á la mañana siguiente tuvimos la fortuna de hallar asientos en el correo de Madrid, que nos condujo hasta Burgos, y de esta ciudad seguimos á Valladolid y Leon, repitiendo una jornada que ya antes habiamos hecho, aunque de distinta manera.

Metidos en el coche ocupábamos solos la berlina, y hacia largo rato que dormíamos ó guardábamos silencio, porque era de noche, cuando le ocurrió á mi amigo preguntarme, viendo que estaba despierto, si habíamos atravesado ya los límites de la provincia de Leon y entrado en la de Asturias.

—No, le dije, tenemos aun que subir el Puerto de Pajares, y en la cumbre, en un sitio que llaman la Perrusa, está el signo divisorio de ambas provincias. Tienes lugar de dormir un buen rato, pues yo creo que no llegaremos á este punto hasta mañana al amanecer.

—Está el caso en que no tengo sueño, dijo Mauricio, y no sé en que ocupar el tiempo.... Háblame de cualquier cosa....

—¿De qué quieres que te hable? repliqué; la conversacion no se puede traer, es necesario que venga ella naturalmente.

—Pues bien; cuéntame algo del pais que recorremos, ya que la oscuridad no permite verlo. ¿No hay por aqui algun castillo ruinoso, algun convento suprimido ó alguna cueva subterránea que te recuerde una historia, ó aunque sea un cuento de brujas?... La hora y el sitio no pueden ser mas á propósito; media noche, soledad y amagos de tormenta, pues veo en el horizonte nubarrones y de vez en cuando relámpagos que anuncian próxima tempestad.... ¡Magnífica situacion para una historia romancesca!... ¿No me contestas?

—Estoy recorriendo la memoria, le dije, para ver de complacerte, pero nada me ocurre. Si fuéramos por el camino de Galicia ya era distinto.... Está en Benavente el palacio de los antiguos condes, del que se cuentan mil maravillas, y en Villafranca del Vierzo hay un castillo, testigo, segun la tradicion, de la historia de Laura de Pormavell, mas tremenda todavía de lo que tú puedes imaginar.

—Cuéntame cualquiera de esas cosas. ¿Qué importa para el objeto de pasar el tiempo, que estemos mas ó menos cerca de los lugares de la escena?

—Importa mucho para darles interés; ademas seria invertir el órden puesto que á la vuelta hemos de pasar por ambos puntos y será mejor ocasion para referir sus tradiciones.

—¿Con que me quedo sin historia?

—Me parece que sí, como no te conformes con una que todo el mundo sabe de memoria y que me acaba de ocurrir en este instante.

—Desde luego me conformo, porque podrá ser que yo no la sepa ó que tú la refieras de distinto modo. ¿Cuál es?

—La del famoso Bernardo del Carpio, le dije, hijo del conde de Saldaña, que suponen estuvo largos años encerrado en el castillo de Luna, no lejos de aqui.

—¿Querrás creer que no sé mas de Bernardo del Carpio que aquellos versos tan comunes que deben ser de alguna comedia antigua:

En el Carpio me hallarás,
Alcaide del Carpio soy.

Yo siempre lo he tenido por un héroe fabuloso.

—Y no eres solo en opinar asi; desde que Masdeu en su «Historia crítica de España,» quiso probar, no sin fruto, que Bernardo del Carpio es un ente imaginario, se han adherido á este dictámen muchos hombres de valer. Sin embargo, yo creo que la existencia de Bernardo y del conde de Saldaña no pueden ponerse en duda, si bien no digo por esto que sean de todo punto esactas, ni sus aventuras ni sus hazañas, perpetuadas por la tradicion y engalanadas por la poesía. Me fundo para opinar asi en que entre los privilegios concedidos por Alfonso el Casto á sus próceres, se vé repetidas veces el nombre de Sancho Diaz, que es el del conde de Saldaña, y en Aguilar de Campo, muy cerca del monasterio de premostratenses se vé un sepulcro que dicen ser de Bernardo del Carpio, y que Cárlos V lo visitó en 1517 cuando vino de Flandes por primera vez á España. Hay al lado de este sepulcro otra tumba que se cree ser de Fernando Gallo, alferez de Bernardo. Ademas las proezas de éste y los infortunios del conde han dado motivo á infinitos romances, á varias comedias de distintos autores y á un poema escrito por Bernardo de Balbuena, de incontestable mérito, aunque lleno de lunares que le afean. Sin duda que estos escritores no han tenido mas guia en sus obras que la tradicion, pues las crónicas nada dicen de Bernardo ni del conde; pero sabido es que las tradiciones traen un orígen mas ó menos positivo, aunque siempre fundado, y el que nada digan las crónicas del héroe de Roncesvalles puede esplicarse muy bien por la naturaleza de estos escritos, cuyo objeto era en aquellos tiempos referir la vida de los reyes y nada mas.

—Me has dejado aturdido con ese raudal de elocuencia, esclamó Mauricio con aire dramático, y en verdad tanto mas oportuno para mí, cuanto que no me habia ocupado nunca de la materia, ni siquiera sabia que los historiadores anduviesen discordes, lo cual por otra parte no me estraña, pues estos señores se parecen á los relojes, que siempre difieren unos de otros.

—Es asunto muy debatido y mas dificil de formar juicio esacto que acerca del Cid, proseguí, no solo por ser de época anterior, sino por el silencio que como dije guardan los escritores de su tiempo.

—Pues dejemos á otros que averiguen lo cierto, demos por sentado que existieron Bernardo, su padre y toda su parentela, y cuéntame su historia tradicional como tú la sepas, sin escrúpulo de conciencia, que yo te doy palabra de creerla como si hubiese presenciado los hechos. Sírvate de consuelo el considerar que si tu historia fuese una fábula, hay en cambio muchas fábulas que son realmente historias. Manos á la obra y dime ante todo hácia donde está el castillo de Luna que nombraste, porque se llamó Bernardo del Carpio el hijo del conde de Saldaña, y porque este conde estuvo encerrado en el mencionado castillo, y....

—Da tregua á tus preguntas, le interrumpí, si quieres obtener respuesta. El castillo de Luna, del que solo existen ya ruinas y escombros, está en los confines de la provincia de Leon, lindando con la de Asturias por la parte de la montaña, junto á un rio llamado Derva, Deva ó Luna, pues no estoy seguro del nombre, y contiguo al pueblo de Barrios de Luna, que hoy pertenece al partido judicial de Murias de Paredes. Ademas del conde de Saldaña estuvo encerrado en dicho castillo don García de Galicia, hijo de Fernando I. Su hermano don Sancho el Bravo, despues de haber vencido en Santarem, le envió preso á este castillo, donde dicen que de rabia se desgarró las venas.

—Repito, continuó mi amigo siempre con tono burlon, que esta noche estás hecho una enciclopedia ambulante, y eso que no te ocurria nada de que hablar. Bien sabia yo que en dándote pié.... Pero no perdamos tiempo, y vamos con la historia de Bernardo.... Y á propósito, contesta antes á una pregunta que será la última: ¿ese Bernardo es el de la espada?

—¿El de qué espada?... No te entiendo.

—¡Hombre! el compañero de Ambrosio.

—Ahora te entiendo menos.

—¿Con que no has oido hablar nunca de la espada de Bernardo y de la carabina de Ambrosio?

—Tú tienes gana de divertirte, Mauricio.

—No te enfades, que es una broma: cuenta que ya te escucho, y te doy palabra de no interrumpirte.

—Por el año de gracia de 792 ocupó el trono de Asturias Alfonso II, llamado el Casto, hijo de don Fruela, y es fama que poco tiempo despues se casó con doña Berta, hermana de Carlo-Magno, aunque las crónicas aseguran que dicha señora no llegó nunca á venir á España ni á unirse con su marido, quien guardó siempre tal continencia, que se hizo merecedor aun en vida, del sobrenombre que la historia le ha conservado. Tenia Alfonso una hermana llamada Jimena, de la cual se enamoró perdidamente don Sancho Diaz, conde de Saldaña, que no tardó mucho en ser correspondido, si hemos de dar crédito á los romanceros.

En los reinos de Leon
El casto Alfonso reinaba,
Hermosa hermana tenia,
Doña Jimena se llamaba.
Enamorárase de ella
Ese conde de Saldaña;
Mas no vivia engañado,
Porque la infanta le amaba.

Largo tiempo permaneció oculto el trato de ambos amantes por miedo de enojar al rey; pero como estas cosas á la larga ó á la corta se descubren, sucedió que una tarde hallándose la infanta en su aposento, ocupada la imaginacion sin duda con el objeto de su cariño, sintió dar tres golpes en una puerta secreta de la alcoba, señal convenida entre ella y don Sancho. Corrió á abrirla, creyendo abrazar á su amante; pero quedó helada á la vista de un desconocido, que obligándola á guardar silencio con un gesto imperioso, la condujo luego de la mano junto al balcon de la sala inmediata, y arrojando la capa y el casco que le ocultaba hasta el rostro,

—¿Me conoceis, Jimena? le dijo con voz visiblemente alterada.

—¡Ordoño! gritó la infanta, y se dejó caer en un sitial.

—¿No esperábais que fuese yo quien llamara por esa puerta? prosiguió el desconocido. ¿Creíais vuestro secreto mejor guardado, no es verdad?.... Ahora ya comprendo el orígen de vuestra repugnancia á corresponder á mis finezas; no es el convento adonde os destinan ni los votos que vais á pronunciar la causa de vuestro desden. ¡Es ese hombre misterioso, cuyo nombre ignoro, el que me roba vuestro cariño!... Pero yo os aseguro que no será por mucho tiempo. ¡Me despreciais por un desconocido, tal vez por un plebeyo, á mí que soy vuestro primo!.... que os amo como un loco!....

—Ya os he dicho en otras ocasiones, Ordoño, replicó la infanta con dignidad, que sé á qué debo atenerme en cuanto á vuestro amor. Conozco vuestras miras ambiciosas y vuestros proyectos. Si yo no fuese hermana del rey, de un rey que probablemente morirá sin sucesion, de seguro, primo, no hubiérais pensado en mí nunca. Agradezco, sin embargo, vuestras finezas, mas no espereis que corresponda á ellas. Habeis descubierto, es verdad, una parte de mi secreto, pero ignorais el resto y lo ignorareis siempre. Sea noble ó plebeyo el hombre á quien he dado mi corazon, debe ser para vos respetable, y no toleraré que lo ultrajeis en mi presencia. Salid de aqui inmediatamente, caballero, ó de lo contrario llamaré á mis damas....

—No me moveré de este sitio, dijo Ordoño con rabia reconcentrada, sin que me digais antes el nombre de mi rival.

—¡Nunca! esclamó Jimena con energía, primero me dejaré hacer pedazos.

—Pues bien, prosiguió Ordoño con glacial calma, yo encomendaré al rey el cuidado de averiguarlo.

—No hareis tal, yo estoy segura, dijo la infanta con tono suplicante, no querreis la desdicha de una pobre muger que ningun mal os ha hecho y que es ademas vuestra parienta.

—¡No me habeis hecho mal!... ¿Y el desprecio de mi amor?... Jimena, pensadlo bien; ú os decidís á darme la mano de esposa, ó mi venganza será terrible.

—¡He dicho que jamás!... Ordoño, no me atormenteis infructuosamente, tened compasion de mí.

—¿La habeis tenido vos, por ventura, señora?... ¡Compasion! ¿y á mí quién me compadece?... Quereis que respete vuestros amores clandestinos, que ignore el rey su deshonra, que nadie sepa vuestro ilícito trato con un hombre salido acaso de la hez del pueblo, con un infame que os ha seducido para abandonaros luego á vuestra vergüenza....

—¡Mentira! gritó con voz de trueno un desconocido que apareció repentinamente en medio de la estancia.

—¡Sancho! esclamó la infanta, y cayó desmayada.

—¡El conde de Saldaña!... dijo Ordoño como sorprendido. Luego sois vos....

—El marido de Jimena, interrumpió con dignidad el conde, que viene á pediros cuenta de los insultos y desmanes que acabais de usar con la que delante de Dios y de los hombres es mi legítima esposa.... Introducido en esa alcoba por la puerta secreta que hallé abierta, todo lo he escuchado, y ya comprendereis que entre caballeros estas escenas no pueden tener mas que un término..... Os aguardo mañana al amanecer detrás de la iglesia de San Salvador.

Y diciendo esto señaló con el dedo y con gesto imperativo, á Ordoño, la puerta principal de la cámara. Ordoño por su parte, y como obedeciendo á una fuerza superior, se alejó lentamente en silencio, y solo al doblar la puerta dirigió al conde una torva mirada y dijo con voz firme: «Hasta mañana.» Sancho acudió al punto á socorrer á la infanta.

Al siguiente dia de la escena que acabamos de bosquejar, los habitantes de Oviedo se repetian al oido y como temerosos de ser escuchados, mil noticias estrañas, que abultadas por el misterio habian llegado á producir cierta especie de alarma y de terror. Algunos decian que al despuntar el alba se habian visto dos personages, armados de punta en blanco, batirse con furor detrás de la iglesia metropolitana; que al cabo de una hora de combate el uno cayó al suelo, al parecer mortalmente herido, pero que inmediatamente desapareció sin saber por donde ni cómo, asi como su contrario, de donde se inferia que el diablo pudo tener alguna parte en el asunto. Otros contaban haber visto antes de rayar el dia una silla de manos conducida por cuatro hombres y escoltada por otros cuatro, en la que iba una muger cubierta con un velo negro, y esta muger suponian que habia salido del palacio del rey, pero nadie sabia adonde habia ido. No faltó tambien quien observara que á la media noche y con el mayor misterio, habia sido conducido al régio alcázar un niño que se criaba en uno de los arrabales de la ciudad, y que mas de una vez habia dado orígen á comentarios y murmuraciones entre las vecinas del barrio, por ignorarse su orígen, sobre cuyo punto guardaban desesperante silencio las dos mugeres encargadas de su guarda. En fin, se decia públicamente, y esto era lo que mas inquietud causaba, que el conde de Saldaña se habia retirado á sus tierras con sus deudos y vasallos, y que iba á negar al rey su obediencia. Hé aqui ahora la esplicacion de estos rumores.

Ordoño, impaciente sin duda por vengarse, desde la cámara de la infanta se dirigió al cuarto del rey y le refirió los amores de Jimena con Sancho; Alfonso no quiso creerlo al pronto; pero Ordoño lo condujo á la habitacion de su hermana, donde halló á esta todavía desmayada en brazos del conde. Algunos escritores han dicho que Alfonso habia concebido por la infanta una pasion violenta, y asi quieren esplicar el rigor inaudito que usó con ella y principalmente con el conde, y hasta suponen que su abstinencia no tuvo tampoco otro orígen ni motivo. Sea de esto lo que quiera, es lo cierto que al ver por sus ojos confirmado cuanto Ordoño le acababa de revelar, se puso furioso de ira, y hasta quiso matar en el acto á los dos culpables; pero pasado el primer ímpetu imaginó una venganza todavía mas terrible. Cuando la infanta volvió en sí y se vió en presencia de su hermano, comprendió todo cuanto habia pasado y se arrojó á los pies del rey implorando su perdon, no para ella sino para don Sancho y para su hijo Bernardo, que se criaba escondido en un arrabal del pueblo. Alfonso ignoraba que su hermana fuese madre, y mandó conducir al punto á palacio á su sobrino, que era ya entonces un rapaz de tres años, hermoso como el amor y tan parecido al rey, segun cuentan las leyendas, que por mucho tiempo se tuvo en la córte por hijo natural suyo. Aquella misma noche salió la infanta para encerrarse en un convento, y el conde fué preso y mandado conducir al castillo de Luna. Sin embargo, como tenia pendiente un desafío con Ordoño y estos lances eran tan respetables y solemnes en aquellos tiempos, los caballeros encargados de su custodia no solo le permitieron ir al lugar de la cita, sino que le acompañaron ellos mismos. Se batieron con furor ambos antagonistas, y por mucho tiempo estuvo dudosa la victoria; pero venció el conde por su mal y dejó á Ordoño tendido en el palenque para no levantarse nunca, circunstancia que agravó sin duda la suerte del conde, pues el rey llevó muy á mal la muerte de su pariente.

Encerrado Sancho en el castillo, refieren algunos de los que han escrito sobre esta materia una escena terrible que repugna trazar con todos sus detalles. Dicen que atado en un sillon se presentó un hombre con un hornillo en que habia dos hierros candentes, los cuales introdujo por los ojos al conde despues de mojada la punta en una composicion química, de cuyas resultas quedó completamente ciego, y que fué tal el horror que al infeliz esposo de Jimena causaron los preparativos de esta cruel operacion, que su cabellera negra como el ébano, se volvió blanca en el acto.

Dejemos ahora al desgraciado Sancho Diaz encerrado en la fortaleza y sin ojos para llorar su desdicha, y volvamos al palacio de Alfonso, donde hallaremos á Bernardo, que no volvió á salir de él desde la noche que lo llevaron por la vez primera, y que se crió con tal esmero y regalo, que nadie dudaba, ni aun él mismo, que fuese hijo bastardo del rey, pues los amores de la infanta y el conde de Saldaña eran un secreto para todos, escepto un corto número de personas á quienes se habia exigido el secreto bajo juramento.

Creció Bernardo en edad y empezó á señalarse en las lides de tal modo, que á los diez y ocho años era ya reputado por el caballero mas valiente de la córte de Alfonso; entonces dos parientes suyos, llamados Vasco Melendez y Suero Velazquez, á quienes mas que á otros dolian los infortunios del de Saldaña, resolvieron revelar su orígen á Bernardo y se valieron al efecto, para no quebrantar el juramento, de las dueñas que lo habian criado.

«Nos os rogamos.
Señoras, por cortesía
Que le digais á Bernaldo
Por cualquier manera ó via.
«Como yace preso el conde
Su padre don Sancho Diaz;
Que trabaje de sacarlo,
Si pudiere, en cualquier guisa;
«Que nos al rey le juramos
Que de nos no lo sabria.

Cuando Bernardo se enteró de quien era el autor de sus dias, se dirigió al rey para pedirle la libertad de su padre, pero Alfonso, á quien quince años de encierro parecian poco para espiar el crímen de haber amado á su hermana, no queriendo tampoco romper con Bernardo, que gozaba ya de gran prestigio en la córte, le dió una respuesta evasiva dejándole entreveer la esperanza de que fuese la libertad del conde el premio de su valor.

Entre tanto la fama de las proezas de Bernardo habian penetrado en la prision de su padre, que creyéndose olvidado prorumpia en lastimosas y tristes quejas.

«Todos los que aqui me tienen
Me cuentan de tus hazañas.
Si para tu padre no,
Dime, ¿para quién las guardas?
«Aqui estoy en estos hierros,
Y pues dellos no me sacas,
Mal padre debo de ser
¡O mal hijo, pues me faltas!

«Perdóname, si te ofendo,
Que descanso en las palabras;
Que yo como viejo lloro
Y tú como ausente callas.»

Animado Bernardo con las palabras del rey solo deseaba una ocasion para distinguirse, y esta no se hizo esperar. Habia Alfonso imprudentemente ofrecido al emperador Carlo-Magno que le dejaria en herencia á su muerte el trono de Asturias y Leon, reunidos ya por este tiempo en uno solo, lo cual sabido por el pueblo y por los grandes produjo una sublevacion y el rey tuvo que desistir; pero el emperador, viendo que se le negaba lo que de grado le ofrecieron, resolvió tomarlo á la fuerza sin esperar la muerte de Alfonso. Entonces éste encomendó la salvacion de sus estados al hijo de Saldaña, quien reunidas las huestes se puso á la cabeza y partió en busca del francés que se adelantaba hácia el Pirineo por el lado de Roncesvalles. Cuentan las leyendas y romances que aun cuando el número de caballeros y peones que Bernardo capitaneaba era corto, comparado con los enemigos, fué tal el entusiasmo que supo infundirles, que desde luego nadie dudó del éxito de la jornada.

Todos á Bernardo acuden
Libertad apellidando,
Que el infame yugo temen
Con que los amaga el galo.
«¡Libres, gritaban, nacimos,
Y á nuestro rey soberano
Pagamos lo que debemos
Por el divino mandato!
«¡No permita Dios ni ordene
Que á los decretos de estraños
Obliguemos nuestros hijos,
Gloria de nuestros pasados!
«No están tan flacos los pechos,
Ni tan sin vigor los brazos,
Ni tan sin sangre las venas,
Que consientan tal agravio.
«¿El francés ha por ventura
Esta tierra conquistado?
. . . .
. . . .
«¡Déles el rey sus haberes,
Mas no les dé su vasallos;
Que en someter voluntades
No tienen los reyes mando.»

Habíanse aliado los leoneses con el rey moro de Zaragoza, y juntos derrotaron las huestes de Carlo-Magno en el paso de Roncesvalles, habiendo vencido Bernardo en singular batalla á Roldan, él mas famoso de los doce pares de Francia, á quien dicen que ahogó entre sus brazos. Esta victoria salvó el reino, y Bernardo se creyó ya en el caso de reclamar por premio de ella la libertad de su padre; pero Alfonso, que segun lo pintan debia de tener aun mas de taimado que de casto, se negó á otorgar á su sobrino la gracia que le pedia, y entonces fué cuando irritado éste con justísimo motivo, corrió á encerrarse en el castillo del Carpio, á dos leguas de Salamanca, con todos los suyos, y se declaró en completa rebeldía. Quiso Alfonso reducirlo con las armas, pero bien pronto comprendió que le era imposible lograrlo, y aun temió por su corona en vista de la popularidad del hijo del conde, adquirida por su valor y por lo santo de la causa que defendia. Trató, pues, de negociar, y quedó estipulado que Bernardo entregaria el castillo del Carpio á los comisionados del rey y éste le entregaria á su padre. Cumplióse al siguiente dia lo pactado; las huestes de Alfonso ocuparon el castillo mientras que Bernardo se adelantó á recibir una comitiva de caballeros, en el centro de la cual venia el conde de Saldaña vestido con su armadura y calada la visera. Impaciente su hijo por abrazarlo, echó pie á tierra y corrió á tomarle la mano; pero esta mano estaba helada como el mármol; dirigióle la palabra y Sancho no contestó. «Lo han muerto!!!...» gritó Bernardo, y cayó sin sentido al suelo. Cuando volvió en sí solo vió una estancia enlutada, donde rodeado de deudos y amigos, yacia el cadáver del conde.

Un rato entre dientes habla
Y otro rato habla claro,
Formando quejas al cielo
Del rey don Alfonso el Casto
Que muerto le dió á su padre
Y vivo se lo ha mandado.

Hasta aqui hay cierta uniformidad en las leyendas y romances; despues nada se sabe de cierto sobre el paradero de Bernardo, que suponen unos se fué á Granada é hizo alianza con los moros por vengarse de Alfonso, y otros que se retiró á un monasterio. Tan solo un autor dice que cuando murió la infanta doña Jimena en el convento de Cangas, un hombre barbudo y cubierto con un sayal estuvo toda la noche rezando á los pies del túmulo. ¿Seria el hijo que pagaba este tributo á la que le dió el ser, ú Ordoño que, como otros aseguran, no murió en el desafío y desde la ermita donde hacia penitencia fué á pedir perdon á su prima de los males que la habia causado? Nada es posible asegurar cuando faltan, como te dije al principio, datos que atestigüen hasta la existencia de los héroes de esta historia, que he procurado referirte lo mas compendiada posible.

—Y que á mí me ha gustado mucho, dijo Mauricio, y sentiria en el alma que se hubiese acabado tan pronto, sino tuviera para consolarme la venida de la aurora, que disipa las nubes de la tempestad, y la hermosa vista del puerto de Pajares, que empezamos á subir.

CAPITULO OCTAVO.

ASTURIAS.—HISTORIA Y COSTUMBRES.

Mi amigo tenia razon, pues tocábamos ya los famosos montes que los antiguos llamaban *Herbaseos* ó *Narbaseos*, donde se acogieron los suevos huyendo de los vándalos, llamados hoy Sierra de Arbas, que otros tiempos separaban á los *Asturos Augustanos* de los *Asturos Trasmontanos*, cuando en territorio de Leon todavía, descubrimos á nuestra derecha la colegiata de Santa María del Puerto y las casas de los canónigos. La celeridad con que iba el carruage nos impidió examinar el edificio, cuya fundacion se remonta á una época bastante lejana, y cuyo objeto, á la manera que el famoso convento del monte de San Bernardo, fué servir de albergue á los transeuntes que durante la estacion de las nieves atravesaban la montaña; en el dia todavía se socorre con pan y vino á todos los viageros pobres. Esta colegiata y la de Cangas son las únicas de patronato real que se conservan en el principado de Asturias.

Al llegar á lo alto de la cuesta, donde está el mojon, signo divisorio de ambas

provincias, presenciamos una escena que nos enterneció. Iba delante de nosotros una cuadrilla compuesta de asturianos pobres, que llevando al hombro los instrumentos agrícolas de que se sirven para la siega periódicamente en los llanos de Castilla, volvian á su pais. Al poner aquellos hombres el pie en el territorio de Asturias se postraron respetuosamente y besaron con entusiasmo la tierra en que habian nacido. Esta demostracion que recuerda las sencillas costumbres de los tiempos primitivos, nos mostró que el amor de la patria, tan arraigado en la mayor parte de nuestras provincias, es casi un culto en el corazon de los asturianos.

En la altura del puerto cambia la decoracion natural de una manera sorprendente. A las desiertas y monotonas llanuras de Castilla, se suceden ya elevadísimos montes cubiertos de maleza y de árboles, y habitados por osos, corzos y cabras monteses, ya magníficas cascadas, ya risueñas colinas cubiertas de verdura y salpicadas profusamente de caserias, iglesias y torres feudales, ya en fin amenísimas praderas regadas por limpios arroyos, y en las que retoza multitud de ganado. Sublime y grandioso es el panorama que domina el viagero desde el alto de Pajares. Parece que el dedo de Dios trazó alli una línea divisoria para señalar dos paises enteramente distintos uno de otro, y que al colocar al de Asturias tan aislado de las demas naciones, circundado por todas partes de montes inaccesibles ó de las siempre embravecidas olas del mar Cantábrico, y dotándole al mismo tiempo de todos los frutos y producciones necesarias á la vida, fué su intento formar una region afortunada en que el hombre, á costa de un moderado trabajo, tuviese lo preciso, pero sin aque regalo que le afemina, le enerva y le entrega á la ociosidad y los vicios.

Para distraer algun tanto la ociosidad del camino, ya que Mauricio no podia trasladar á su album los bellísimos cuadros que sucesivamente y con la rapidez del rayo iban pasando por nuestros ojos, quisimos recordar la antigua historia del pais que á la sazon atravesábamos, asi como sus primitivas y actuales costumbres, una y otras muy semejantes á las de las Provincias Vascongadas.

Los primeros albores de la historia de Asturias apenas podemos divisarlos mas allá del tiempo de los romanos, pues los hombres agrestes y salvages que habitaban estas tierras, escudados con la fragosidad del pais y con su indómito valor proverbial entre los antiguos, jamás doblaron la cerviz al yugo estrangero, ni fueron engañados por las pérfidas palabras de paz y de amistad con que los fenicios, griegos y cartagineses arrebataron su libertad é independencia á los pacíficos habitadores de las fértiles comarcas bañadas por el Mediterráneo. En cambio los asturos, asi como sus hermanos los cántabros, vascones y galaicos, no adquirieron la civilidad y cultura que aquellos, pues conservaron con su libertad é independencia la ferocidad y la barbarie de los hombres primitivos. Cuando los romanos aportaron á nuestra península la encontraron dividida en muchas naciones mas ó menos salvages, pertenecientes á dos razas ó castas primitivas, la *indo-escitica* y la *galo-celta*. La primera en una época muy lejana de los tiempos á que alcanza la historia, subdividida en multitud de tribus errantes compuestas de pastores y guerreros, se derramó desde las mas remotas regiones de la antigua Escitia, por el Occidente de Europa y de la Iberia, y algunas llegaron hasta estos apartados paises, que les ofrecian abundantes y sabrosos pastos para sus numerosísimos rebaños. La segunda raza, la de los celtas (á la que tambien atribuyen muchos historiadores orígen scítico), que ocupó el centro y mediodía de la península española, tambien bárbara y belicosa, sostuvo siempre porfiadas guerras con la scítica, y aun enemigas y combatiendo una con otra permanecian en la época de la invasion de los descendientes de Rómulo. La nacion mas valiente y bárbara de las muchas en que, como hemos dicho, se dividia á la sazon España, era indudablemente la de los asturos. Ocupaban estos un territorio mas estenso que el actual principado, pues comprendia la parte septentrional de lo que en la edad media se llamó reino de Leon. Sus límites eran: al Oriente los cántabros, con los que lindaban por la ria de Villaviciosa; al Mediodía los vaceos, que llegaban á Carrion; al Occidente los galaicos, de quien estaban separados por el rio Sil; y al Norte el mar, desde Llanes hasta Navia, por donde corria el *Narviluvion*. Dividíanse los asturos en dos grandes porciones, á las que servian de lindes los montes *Hervaseos*, y se denominaban *Augustanos y Lucenses* ó *Trasmontanos*. Los primeros tomaban su nombre de la antigua ciudad de *Asturica Augusta*, hoy Astorga, y los segundos de la célebre Lugo, ciudad asentada una legua de Oviedo, donde hoy la aldea de Lugones. Estendíase un bosque sagrado al rededor de esta ciudad, en el que aquellos pueblos se reunian en dias determinados para celebrar los misteriosos ritos de una religion desconocida, que algunos creen fuese la de los druidas. El célebre poeta épico español Silio Itálico, que tambien era historiador y geógrafo, presenta el orígen del nombre y nacion de los asturos, trayendo de Troya, despues de la destruccion de esta famosa ciudad, al griego *Astir*, armígero de Memnon, conducido por las lágrimas de la Aurora á este pais tan remoto del suyo, y estableciéndose con sus compañeros á orillas de un rio que de su nombre se llamó *Astura*, y que actualmente se llama Ezla.

Venit et Auroræ lacrimis perfusus in orbem
Diversum, patrias fugit cum devius oras
Armijer Eoi non felix Memnonis Astyr.

Pero aunque se adopte este poético orígen griego del nombre de Asturias, no puede dudarse que Memnon y sus aventureros encontraron ya en aquel pais habitadores, que como dijimos procedian de la raza scítica. *Lucio Floro* y *San Isidoro* nos dicen que la region astura era estremadamente montuosa, y se hallaba dividida en diferentes naciones ó repúblicas, como los *brigecios*, los *bedunenses*, los *orniacos*, los *lungones*, los *sœlinos*, los *superacios*, los *amacos*, los *tiburos*, los *gigurros*, los *pœsicos* y los *zoelas*, con lo que convienen tambien Plinio y Tolomeo. Estrabon dice se dispensa de nombrar estos pueblos, pues su pronunciacion era difícil por ser vocablos bárbaros, y Plinio cita solamente aquellos cuyos nombres tenian alguna semejanza con palabras latinas.

Los asturos eran *guerreros hasta el delirio*, dice Josefo, y tenian por insulsa y semejante á la muerte la vida sin la guerra; tan enemigos del nombre romano, que al unirse muchas veces á los cartagineses para combatir contra las águilas de la república, miraban como enemigos á los paises vecinos que obedecian á Roma. Por esta causa los asturos, reunidos á sus hermanos los cántabros, hacian frecuentes escursiones al pais de los vaceos, lo que dió ocasion á la sangrienta guerra que Augusto dispuso hacer contra estas naciones independientes y feroces, que hostilizaban á sus nuevos súbditos. Con tal objeto vino personalmente, acaudillando un numeroso ejército, pero habiendo enfermado encomendó la prosecucion de la guerra á C. Antistio, que derrotó á los asturos en la ribera del rio de donde su pais tomaba nombre. Rehiciéronse pronto de este descalabro, pero sufrieron otros nuevos causados por Carisio y C. Parmio, mas volviendo los asturos á embestir de nuevo unidos siempre á los cántabros, Augusto se vió precisado á enviar contra ellos á su yerno Marco Vespasiano Agripa, que los atacó con fuerzas numerosas y en situacion ventajosa. Dos dias enteros duró la batalla, y los romanos alcanzaron por fin el triunfo, aunque con muchísima pérdida. Los asturos que pudieron escapar de la matanza se acogieron á la ciudad de Lancia, no lejos de donde se fundó despues Oviedo, y allí se hicieron fuertes. Prolongóse el cerco largo tiempo, hasta que los romanos tomaron la plaza. Los mas de los vencidos se dieron muerte unos á otros. Varios se envenenaron con la ponzoña que para tales casos siempre llevaban prevenida. De los que restaron con vida fueron vendidos unos por esclavos, y muy pocos quedaron en el pais para cultivar las tierras. Augusto, terminada la guerra de Asturias, cerró el templo de Jano solemnemente. La guerra de Asturias fué, como dice el señor Cortés, el último gemido de la libertad española, y quedó en tal concepto el valor de los asturos, que Silio Itálico, queriendo pintar exactamente el continente marcial y aire fiero con que Annibal marchaba al frente de sus soldados, creyó espresarlo todo diciendo «ser capaz en aquel estado de inspirar terror á un ejército asturiano.» Desde la conclusion de esta famosa guerra quedaron los asturos divididos en *augustanos* y *trasmontanos*, pero unos y otros sujetos al convento jurídico de Asturica Augusta, donde acudian á ventilar sus pleitos. Entonces fué cuando se dedicaron con ahinco los asturos á la esplotacion de sus abundantísimas minas de oro, y dulcificada su primitiva rudeza por la paz y la civilizacion, fueron mas humanos y accesibles, aunque no menos valerosos que sus pasados. Los límites de Astura, que antes hemos detallado, quedaron los mismos al acabar la guerra, y no se alteraron hasta la irrupcion de las naciones bárbaras del Norte, en el siglo V, que se redujeron á la estrechez que hoy tienen, conservando con lijera corrupcion su antiguo nombre. No es de este lugar hacer una relacion histórica circunstanciada de todos los sucesos notables ocurridos en este célebre pais, solo diremos que el antiguo valor de sus habitadores no degeneró con el transcurso de los siglos, como se manifestó en la época de la invasion agarena, de que hablaremos adelante, en las reñidas contiendas del rey don Pedro el Cruel y su hermano el de Trastamara, y en la muy cercana de 1808, en que Asturias, recordando sus antiguas glorias, fué la primera provincia de España que se alzó contra los franceses, improvisando ejércitos considerables y prodigando profusamente la sangre de sus hijos, á todos los que declaró soldados. Para memoria de este noble alzamiento se instituyó una significativa condecoracion, que brilla aun en los pechos de todos los que formaron parte del ejército asturiano, y consiste en la figura de la cruz de la victoria ó de don Pelayo, blason del principado, con esta leyenda: «Asturias nunca vencida.» En el dia las Asturias están comprendidas en la provincia de Oviedo, que se divide en quince partidos judiciales y setenta y dos concejos, nombre que se da á una reunion de lugares, aldeas y parroquias que nombran entre sí un ayuntamiento.

El carácter, costumbres y trage de los asturos en los antiguos tiempos lo encontramos descrito con estremada proligidad en Estrabon, cuyas palabras reproduciremos aqui, pues nada podria añadirse á lo que nos dice el célebre y antiquísimo geógrafo griego.

«Es pasmosa su destreza en disponer emboscadas y en adivinar y eludir los lazos que se les tienden. Son robustos, ágiles y sueltos, y ejecutan sus evoluciones guerreras con rapidez y órden».... «Son muy dados á los sacrificios; observan las entrañas palpitantes de las víctimas sin arrancarlas del cuerpo, y tocan con ahinco las venas del pecho para sacar agüeros y vaticinios».... «Con el mismo objeto acuden á las entrañas de sus esclavos á los que suelen cubrir con un manto antes de inmolarlos».... «No bien la víctima recibe el golpe mortal de manos del agorero, saca éste sus predicciones del modo con que cae. Cortan la diestra á los cautivos hechos en la guerra, y los consagran á los dioses».... «Viven frugalmente, su bebida es el agua y su lecho el suelo ó haces de heno».... «Prefieren la carne del macho de cabrío á cualquier otra vianda. Las ofrendas que hacen al dios de la guerra son los prisioneros, los caballos y machos de cabrío».... «Tambien en las ocasiones solemnes tributan á los dioses *hecatombes* ó sacrificios en que se inmolaban cien víctimas. Pelean á pie ó á caballo, armados á la ligera ó completamente dispersos ó reunidos y se ejercitan en la carrera y la lucha».... «Suelen montar dos en un caballo, y en el momento del combate uno de ellos echa pié á tierra».... «La mayor parte del año se alimentan de bellotas, las que despues de haber secado, las quebrantan y muelen, amasando con su harina un pan que se conserva largo tiempo».... «Su bebida mas estimada es una especie de cerveza. Tambien usan del vino, pero es muy escaso, y el poquísimo que su pais produce se consume en los banquetes de bodas y funerales. Usan de la manteca en vez del aceite. Comen sentados en poyos, se sitúan por órden de edad ó dignidad y las viandas pasan de uno en otro».... «En los convites danzan al son de la flauta ó del clarin, y forman pasos figurados, doblando las rodillas y saltando alternativamente»..... «Tambien usan mucho una danza guerrera, en que los hombres asidos de las manos, empuñando la lanza y moviendo los brazos forman un gran círculo que gira sobre sí mismo. Acompáñanse entonces con canciones belicosas, en que se refieren los altos hechos de los héroes, y acaban por formar un simulacro de batalla».... «Trafican por medio de cambios ó se sirven de láminas de plata que van cortando en fragmentos para pagar los efectos que quieren adquirir».... «Apedrean á los condenados á muerte y ejecutan á los parricidas fuera de las ciudades».... «Sus casamientos son á la manera de los griegos».... «Colocan sus enfermos en los caminos públicos cual hacian los egipcios, para utilizar los consejos de los viandantes que hubiesen sido acometidos de la misma enfermedad».... «Hasta la conquista de los romanos solo conocieron barcos de cuero, con los que recorrian las costas ; pero hoy usan canoas....» «Llevan en la guerra unos broqueles cóncavos , de dos pies de diámetro, que cuelgan en las correas sin hebillas ni asas. Usan tambien del puñal».... «Sus cotas de armas son generalmente de lino , y apenas se encuentra quien las lleve de malla. Tampoco se ve entre ellos el morrion de tres garzotas, y regularmente los tegen de nervios».... «Los peones llevan botines largos ó polainas, y van armados de venablos ó lanzas con la cuchilla de bronce».... «Todos usan sayos negros y las mugeres llevan vestidos bordados.»

No es de suponer que el escaso tiempo que los romanos lograron dominar á los belicosos asturos, fuese bastante para hacer abandonar á estos pueblos, tan apegados á sus antiguos usos y costumbres, el trage de que habla Estrabon, y regularmente no adoptarian nunca la toga y el manto romano. No asi respecto al trage de los godos, pues consultando los escasísimos fragmentos de la historia de las costumbres y trages que nos restan de aquella época, creemos que los asturos llevaron como los godos un sayo corto de lana ó de piel, grandísimos calzones muy forrados, y la cabellera larga y partida sobre la frente , pues asi aparecen representados en dos monumentos de diversa época, pero de igual autoridad histórica, que son la columna de Arcadio en Constantinopla y la portada del monasterio de San Pedro de Villanueva , media legua de Cangas de Onís. San Isidoro en sus etimologías describe el trage de los godos de su tiempo diciendo, que consistia en el *estringio*, especie de túnica muy antigua de que habla Plauto. El *amiculo* , capa de lino, que al principio solo usaban las cortesanas, pero cuyo uso se propagó despues en España. El *recúolo* ó redecilla para recoger el pelo y el *manto* ó manguito para conservar las manos calientes. Los escritores árabes nos describen el trage guerrero de los asturianos en tiempo de Alfonso I, el Católico. Uno de ellos el-Laghi dice: «Vienen estrañamente vestidos, con la cabellera larga y tendida con una birreta ó morrion tosquísimo , labrado de un enrejado de hierro y afianzado con una correa. Sus armas eran, ademas de la honda, la saeta ibérica, de tres pies de largo, la hoz con el filo interior, especie de guadaña, el rejon, el chuzo y la segur de los leñadores. Usaban tambien del bidente, que era un garrote de cuatro pies de largo armado de una gran media luna de hierro que formaba un semicírculo de dos pies de diámetro. Esta era un arma terrible para la caballería.

La mayor parte de las costumbres antiguas de los asturos que acabamos de referir tan semejantes á las de los primitivos escitas, demuestra la verdad de la opinion que antes hemos enunciado, de que este pais debe su poblacion á aquellos asiáticos. La industria de los asturianos en aquellos tiempos era como ahora, la cria de ganados, pues los escelentes pastos de sus montes y valles sustentaban innumerable multitud de bueyes, vacas y cerdos. Los caballos estaban muy propagados, y segun el testimonio de Estrabon, Marcial, Séneca y otros escritores, eran los mas ágiles y hermosos que se conocian, y fueron muy apreciados de los romanos que llamaban *asturcones* á todos sus caballos mas estimados, pues solo podian compararlos á los que se criaban en Asturias.

Referidas ya las costumbres, usos y trages de los primitivos habitantes de este romancero pais, hablaremos de las de sus actuales descendientes, que en mucha parte son las mismas de que nos hablan Plinio y Estrabon. Son generalmente los asturianos penetrantes, algun tanto satíricos, altivos, moderados y de buenas costumbres. Las tareas de la agricultura y la cria de ganados, la concurrencia á los mercados y romerías y á la casa del Concejo los dias de audiencia pública, son las ocupaciones mas usuales de los habitantes de las aldeas del interior, asi como la pesca y navegacion forman casi esclusivamente la industria de los moradores de la costa, que á su laboriosidad, inteligencia é intrepidéz para arrostrar los peligros de las olas, añaden la propiedad de estar dotados de una razon natural muy despejada y honradez á toda prueba. La presencia de unos y otros es robusta y agradable, efecto de la frugalidad y contínuo trabajo. Abundan en Asturias los tipos del hombre del Norte, color blanco, cabellos rubios y ojos azules, mas que en otra cualquier provincia de España, y aunque tan retirada está del centro de la monarquía, es mas general en ella la civilizacion que en otras vecinas de la córte, efecto de la mucha poblacion y contínuos viages que á Castilla, Andalucía, América y otras partes hacen sus habitântes. Apenas se encuentra en Asturias un aldeano que no sepa leer y escribir. Las aldeanas alternan con los hombres en todas las tareas agrícolas, y rivalizan con ellos en robustez y agilidad. El trage mas usado entre los paisanos consiste en chaleco y chaqueta, faja encarnada de estambre, calzon y botin alto de paño pardo, zapatos de cuero ó madera, segun la estacion, y finalmente montera de paño negro forrada de pana. Esta en los jóvenes y solteros va adornada con una pluma de pavo real y ramos de siemprevivas. Tambien cuelgan del chaleco escapularios y cintas de varios colores, tocadas á la Vírgen de Covadonga, Cristo de Cangas ú otra imágen célebre en el pais. Estas cintas tienen el nombre de *colonias* ó *medidas*. Este que acabamos de describir es el verdadero trage asturiano; no obstante, hay muchos jóvenes aldeanos del dia, que abandonando (impulsados por el genio innovador del siglo) el vestido tradicional de sus abuelos, llevan en vez de la graciosa polaina y calzon pardo, pantalones flojos, y que sustituyen á la montera, cuyo origen se remonta al menos al siglo XIII, un sombrero hongo de fieltro ó paja, los que engalanan tambien con plumas y siemprevivas. El vestido de las mugeres es igualmente bastante agraciado. Se compone de un zagalejo corto de bayeta encarnada ó amarilla, sobre el que se ve una saya de estameña negra que deja descubrir el zagalejo. Cotilla encarnada y camisa de mangas largas, sujeta al cuello y puños con botoncitos. Sobre la cotilla un airoso dengue negro con orla de terciopelo del mismo color, cuyas largas puntas despues de cruzarse sobre el pecho, van á atarse por la espalda en el talle. Llámase esta pieza del trage *solitaria* ó *mantilla de rebozar*. En la cabeza pañuelo blanco atado graciosamente, y al cuello varias sartas de corales, de las que penden algunas medallas ó efigies de santos de plata. De estas sartas cuelgan tambien *médidas* ó *colonias*, de las que hablamos arriba. Muchas mugeres añaden á todo lo referido un jubon de mangas anchas de tela igual á la saya esterior, que cuando no llevan puesto, suelen atar á la cintura. El calzado consiste en zapatos, con medias de lana blancas ó azules, y *madreñas* en los dias de lluvia.

Los robos y asesinatos son tan raros en este pais patriarcal, que apenas se conserva la memoria de algun crímen de esta especie, y asi el viagero camina solo y sin temor á cualquier hora de la noche. El uso del pasaporte es enteramente desconocido para transitar dentro de la provincia, y el caminante pobre encuentra siempre abierta la casa del honrado labrador, que le ofrece con la fraternidad y franqueza de los primeros tiempos, un sitio en su hogar hospitalario, un tazon de leche recien ordeñada y un pedazo de pan de maiz. Los mercados y romerías, que son muy frecuentes en Asturias, presentan un tipo particular y el mas variado y pintoresco cuadro, en especial las últimas. Celébranse generalmente en derredor de una

glesia bizantina ó de un palacio señorial que suele contener el sepulcro ó algun otro recuerdo de nuestros pasados héroes. Alli en un frondoso bosque ó risueña pradera comienza la funcion desde la víspera con la gran *foguera*, compuesta de haces de argoma, ramas de pino, etc., etc., fuegos artificiales, cantos, bailes, gaita y tamboril. La iglesia está por lo regular iluminada con faroles de colores, y al mismo tiempo brillan multitud de luces en las tiendas de bebidas, comestibles, frutas y dulces, y en las tabernas portátiles de vino y sidra (1) consistentes en una gran pipa ó tonel sobre un carro de bueyes. El estampido de los escopetazos y cohetes se mezcla al rústico sonido de la gaita y al monótono y antiquísimo canto de los *romances* con que se acompañan divididos en dos coros, los que toman parte en la *danza prima*. Esta es un fiel traslado de la que describe Plinio, y muestra bien su orígen guerrero, pues mas que baile ó diversion parece un ejercicio para agilitar las fuerzas. A la lanza que llevaban los *asturos* han sustituido los *asturianos* un palo largo, arma temible en sus robustas manos, y para que la semejanza sea completa con la danza primitiva, suele terminarse con una refriega á veces reñida que empieza por los vitores que cada bando contendiente da á su respectivo concejo, asi se oye en medio de la pelea ¡Viva Carreño!... ¡Viva Gonon!... etc.

Las mugeres danzan separadas de los hombres, y si alguno de estos quiere introducirse en su círculo, suele el cura de la parroquia prohibírselo, y es obedecido siempre. Entre la música de los *romances*, que es muy sencilla y monótona, aunque no carece de armonía, y muy semejante al canto llano, se escucha con frecuencia el *ixuxu*, (2) antiguo grito de guerra de los *asturos*, y que sus hijos han convertido en esclamacion de alegría y de contento. Hé aqui algunas estrofas de los romances mas usados en las aldeas:

Un amor que yo llamaba
El se fuera y no tornaba,
Un amor que yo queria
El se fuera y no venia.
. . . .
Alegres cartas me enviaba,
Muy tiernas cartas me envia.
¡No os caseis! la muy amada,
¡No os caseis! me decia.
. . . .
¡Ah! Antonio se llamaba,
¡Ah! Antonio se decia
Aquel que me dió la saya,
Aquel que me dió la cinta,
Aquel que andaba en la guerra,
Aquel que andaba en la armada,
Con espada y con rodela,
Con rodela y con espada.
Quier que le sirva á la mesa;
Quier que le sirva en la sala
. . . .
Yo busco á la blanca niña;
Yo busco á la niña blanca
La que el cabello tegia,
La que el cabello trenzaba,
Un niño en brazos traia,
Un niño en brazos llevaba,
Ramo de flores traia,
Ramo de flores llevaba,
De las que el rosal tenia,
De las que el rosal llevaba,
Que en el mi jardin habia,
Que en el mi jardin estaba.
. . . .

(1) Bebida hecha del zumo de la manzana, y que suple á la falta de vino.
(2) La x asturiana se pronuncia como la j francesa.

En tanto la bulliciosa y alegre muchedumbre canta, danza y se agita al rededor de la grande hoguera, varios devotos oran con fervor ante la imágen del santo adornada con multitud de flores, y otros dan una ó mas vueltas en torno del santuario ya de rodillas, ya descalzos, etc., etc., no de otro modo que los fieles muslimes en el gran templo de la Meca. El dia que sucede á la bulliciosa noche de la *hoguera* crece aun la concurrencia, y el cuadro aumenta por lo mismo en animacion y variedad. La procesion va precedida de coheteros y tiradores, que con sus escopetas hacen contínuos disparos, de la gaita y de uno ó mas *ramos*, voz que necesita esplicacion especial. El ramo es una pirámide hueca formada por palos y afianzada á unas andas ó angarillas. Las jóvenes mas ricas y elegantes de la aldea costean el adorno del *ramo*, que consiste en multitud de panes, gallinas, tortas, jamones y otras ofrendas, que van sujetas á la pirámide con vistosas cintas de varios colores, de las que cuelgan joyas, medallas, collares, plumas, flores, etc., etc. De las muchachas que costean el *ramo* se escogen las cuatro de mejor presencia para que lo lleven en hombros durante la procesion, y acabada ésta, lo depositan á la puerta de la iglesia. Entonces un clérigo en alta voz saca á pública subasta el *ramo* ó *ramos*, y lo adjudica al mejor postor. El importe lo reparten los capellanes que asisten á la funcion, y va á aumentar la *pitanza* de aquel dia. La fiesta se prolonga hasta la noche, y en tanto los concurrentes se entretienen no solo en las danzas, sino en el juego de bolos, á que hay en Asturias decidida aficion, ó en la lucha y la carrera. Tambien están muy en uso las cucañas. Las riñas de gallos se van estendiendo en algunas comarcas, y en los puertos de mar las corridas de patos. Esta diversion consiste en colgar á uno de estos animales de una cuerda, cuyos estremos están afianzados á los mástiles de dos lanchas suficientemente apartadas una de otra. Otras lanchas ó botes pequeños, tripuladas por hombres medio desnudos, corren velozmente á fuerza de remos por entre las dos primeras, con objeto de coger el pato; pero como no cesan de correr los botes, los hombres que le conducen caen al agua, aunque logren coger el pato, con gran risa de los circunstantes. Los *saleos* son otra diversion muy usada en los puertos de mar, en especial las noches de San Juan y San Pedro. No son otra cosa que un paseo por mar en lanchas, en las que resuenan músicas y alegres cantos. En estos dias de fiesta no solo el altar y la efigie del santo se cubren de flores, sino tambien (en algunos concejos), todas las puertas y ventanas de las casas de la aldea. En el dia de San Juan los jóvenes plantan á la puerta de sus amadas un alto árbol del que penden ramilletes, vistosas cintas y alguna vez billetes de amor. Las romerías mas nombradas en Asturias son la de Nuestra Señora de Covadonga, el Cristo de Candas, el Jesus de Tañes en Caso, la Vírgen de la Cueva en el Infiesto, Nuestra Señora de Llugas cerca de Villaviciosa, la Vírgen de Begoña en Gijon, etc., etc.

Una de las mas antiguas y poéticas tradiciones que se conservan en Asturias es la de las *xanas*. Son estas unas mugercitas de un codo de alto y muy bellas, que habitan en palacios de cristal, debajo de las fuentes solitarias, y por cuyo caño se deslizan, pasadas las doce de la noche con objeto de lavar sus ropas, que son como ellas de estremada blancura. Estas pequeñas brujas ó encantadoras no son malignas, y regalan á sus favoritos con madejas de hilo que deben devanarse siempre hácia la derecha, con lo que no se acaba nunca el misterioso hilo. Si al contrario si se devana hácia la izquierda, se acaba en el instante. La xana elije para habitar la fuente que está en situacion mas risueña, en medio de los prados, protegida por árboles y lejos de las poblaciones. Tambien se dice guardan en sus escondidas moradas ricos tesoros de oro y joyas. Una tradicion, muy semejante á esta, nos refiere Sir Walter Scott en algunas de sus novelas que existe en las montañas de Escocia. Alli llaman á las *xanas*, *lavanderas de noche*. Otra tradicion de las mas arraigadas es la de la *hueste*, que consiste en una gran procesion de fantasmas blancas, que llevando

LA CAZA DEL OSO.

en la mano una tea encendida, van á las altas horas de la noche, precediendo á un ataud, en derredor de las iglesias ó cementerios. Estas apariciones dicen se dejan ver poco antes ó despues de la muerte de alguna persona notable. Cuando esta es una señorita soltera y jóven, suele verse en la hueste su misma efigie vestida con un ropage blanco y coronada de flores lo mismo que sus compañeras, que entonan cantos patéticos. Es tambien una creencia que no deja de alarmar á las sencillas aldeanas, la del *mal de ojo*. Supónese que hay personas dotadas de la maligna cualidad de fascinar con su mirada y causar la muerte á los niños y á los animales domésticos. Para evitarla es costumbre poner á los primeros en la época de lactancia, relicarios ó amuletos colgados al cuello. Cuando un niño ó un buey, caballo, etc., se vé acometido de alguna dolencia desconocida, se atribuye al *mal de ojo*, y entonces se le hace beber al paciente agua de la que tuvo en infusion un fragmento de asta de ciervo, con lo que creen recobra la salud.

Una costumbre casi especial en Asturias es la de las monterías, que se hacen frecuentemente contra los osos, jabalíes, lobos y otros animales dañinos de que están poblados sus montes. En cada concejo se nombra al mismo tiempo que los individuos de ayuntamiento, un funcionario que se llama *montero mayor*, el cual es el que dispone las batidas, á las que tiene obligacion de concurrir un individuo de cada casa, competentemente armado. El montero mayor lleva como insignia de su empleo un vigaro ó corneta que le sirve tambien para hacer las señales. La primera pieza que se mata es suya esclusivamente, y tambien le corresponde una parte del valor de las pieles de todas las demas, lo que invierte en municiones para las monterías sucesivas, que se verifican generalmente en domingo para no distraer á los paisanos de sus tareas agrícolas. El montero mayor se llama en algunos concejos *celador*.

En cuanto á los casamientos, se observa en varias partes de Asturias una costumbre particular, llamada el *rebodo*, que es la siguiente: algunos dias antes de verificarse la ceremonia del desposorio, la novia, acompañada de su madrina, que lleva un gran cesto, recorre todo el pais comarcano visitando las casas y caserias (1) con una caja de plata llena de tabaco, y va ofreciedo á todos un polvo y dando parte de su casamiento. Todo aquel que acepta el polvo está obligado á contribuir con algo para el dote de la novia, y asi esta reune granos de todas especies, ropa y dinero. Tambien puede tener lugar el *rebodo* durante el primer año de matrimonio. El banquete nupcial se verifica en casa de los padres de la desposada, y terminado aquel se deposita el dote y menage de esta en un carro tirado por bueyes, encima del que figura el lecho nupcial, adornado lo mejor posible, y precedido de la gaita y tamboril, y seguido de los novios, sus parientes y amigos, se dirige el carro á la casa del desposado, en donde se celebra la *tornaboda* con baile y cena. Es una galantería casi de obligacion hacer el primer año de casados un viage al célebre santuario de Covadonga, y hacer alli alguna ofrenda á la vírgen, que las mas veces

(1) Este nombre se da en Asturias, como en las Provincias Vascongadas, á las casas de campo que tienen á su alrededor una porcion de bienes. El propietario las tiene generalmente arrendadas á un colono, llamado *casero*, que las cultiva y paga á su amo el canon correspondiente.

consiste en una medida de grano, mas ó menos grande. Esta misma peregrinacion la hacen tambien muchas jóvenes solteras, y beben con fé el agua de una fuente que brota debajo de la cueva de la vírgen, que segun la creencia del pais, tiene la virtud de dar marido en el término de un año. A esta conseja alude el canto vulgar en Asturias:

Vírgen de Covadonga,
Bien de veras te lo digo,
Que no vengo mas á veros
Hasta que me deis marido.

Las *filas* son la tertulia de la aldea. En las largas noches del invierno se reunen en una casa todas las mozas, y se ocupan en hilar, en tanto que los mozos, usando

de la frase del pais, las *galantean*, y las viejas refieren antiguas leyendas de moros encantados ó de las batallas del rey Pelayo, á quien en Asturias no se nombra nunca mas que con el dictado de *Infante*, observacion que ya hizo en el siglo XVI el cronista Morales.

Para los gastos del alumbrado de la *fila* contribuyen los concurrentes con una cortísima retribucion semanal.

Las *esfoyanas* son otras reuniones nocturnas que ofrecen gran diversion á los campesinos. Tienen por objeto arrancar las ojas inútiles á las espigas de maiz, y enlazar estas unas con otras, á lo que se llama *enristrar*, y se hace para secar al aire el grano. En tanto dura esta sencilla operacion se suceden sin intermision los cantos y los cuentos, y acabada comienzan los bailes, que alternados con los *galanteos*, los vasos de sidra, las avellanas y otras frutas, suelen prolongarse hasta el amanecer.

En los entierros precede siempre al cadáver una persona que conduce la ofrenda llamada *oblada*, y que la deposita sobre la sepultura. La clase de *oblada* varía segun los concejos; en Gonon consiste en dos libras de pan y un cuartillo de vino, á lo que otros añaden una pierna de carnero. En el concejo de Gijon en una ó mas hanegas de trigo ó maiz, pero en Piloña es mas poética la ofrenda, pues consiste en una ternera jóven, que no hubiese parido, la cual marcha conducida por un criado, delante del féretro. El dia de difuntos y el del primer aniversario se repite la ofrenda, y durante el primer año arde un cirio sobre la sepultura todos los dias, en tanto se dice la misa. En algunos concejos todos los parientes del difunto hacen cada uno su ofrenda ú oblada, ademas de la de la casa mortuoria, las cuales se depositan y permanecen en la iglesia durante la misa de requiem. A todos los concurrentes á esta se da de comer y beber magníficamente, á cada uno segun su clase, y segun las facultades de la familia del difunto. A los pobres pan, sidra, y tal vez caldo y carne, todo en abundancia, y ademas limosna ; á los *señores* una comida todo lo bien servida y suntuosa posible, y refresco. A esta mesa asisten tambien los clérigos que se hubiesen reunido para las exequias, que á veces suben á setenta ú ochenta, y despues de los postres el que hizo de preste entona un responso, al que responden todos los asistentes á este banquete fúnebre. En varias partes para esta ceremonia se cierran las ventanas, y se coloca sobre la misma mesa que sirvió de altar de la vida, un crucifijo y dos velas encendidas para rogar por el eterno descanso del muerto. Esto recuerda los banquetes fúnebres de los antiguos egipcios. Terminada la oracion, el párroco del pueblo ó el preste recorre toda la larga mesa llevando en sus manos una gran bandeja cubierta de monedas, y va entregando á cada uno de los clérigos los honorarios que les corresponden (llamados *pitanza*) , por el entierro y misas que deben decir por el difunto. Las plañideras de oficio, que seguian llorando el féretro por un salario fijo, estuvieron en uso en Asturias hasta principios del presente siglo.

Daremos fin á este cuadro de historia y costumbres asturianas con presentar algunas nociones respecto del dialecto particular del pais, conocido con el nombre de *bable*. Aunque en estos tiempos no se habla ya sino en las aldeas mas escondidas en la fragosidad de los montes del corazon del principado, se conservan muchísimos de sus términos en boca de todos los campesinos y del vulgo de las poblaciones grandes, en especial por todos aquellos que no visitaron las provincias de Castilla.

Aunque es un problema hasta el dia irresoluble determinar con fijeza las primitivas lenguas que hablaban los españoles, puesto que segun Estrabon nos dice no era una sola, está generalmente adoptado por los eruditos y filólogos que el vascuence, ó sea la lengua cántabra, fué uno de ellos, el que segun todas las probabilidades seria tambien el de los asturos, atendida su vecindad, comun orígen escítico y contínuas relaciones, tanto que muchos historiadores confunden á los asturos y cántabros de tal modo, que creen no formaban sino un solo pueblo. Desde la dominacion romana la lengua latina fué adoptada, mas ó menos tarde, por todas las provincias españolas, conservándose durante el imperio godo y por largo tiempo despues, aunque ya perdiera mucho de su antigua belleza, especialmente desde la batalla de Guadalete, en que comenzó á corromperse visiblemente, de lo que son muestras irrecusables la famosa inscripcion votiva que se lee en la ermita de Santa Cruz de Cangas, del tiempo del rey Favila, año de 739, la mas antigua que en España se conserva desde la entrada de los árabes, y las escrituras de fundacion de los monasterios de Covadonga, del reinado de Alfonso el Católico, y de Obona, del de don Silo en 780. Este latin corrompido y la multitud de palabras árabes introducidas en el lenguage de los cristianos españoles por sus contínuas relaciones con aquellos, dieron ser al castellano, que puede asegurarse no formó un idioma independiente del latin hasta principios del siglo XIII, siendo el documento mas antiguo que se conoce escrito en lengua castellana la carta puebla ó fueros de Avilés. Contrayéndonos, pues, á nuestro objeto, diremos que en Asturias, despues del idioma latino puro que introdujeron los romanos, se habló antes que en ninguna otra parte aquel mismo latin corrompido que sirvió de base al castellano actual, y que con el nombre de *bable* es aun la lengua de los aldeanos.

El señor Cabeda en su muy erudita disertacion que sirve de prefacio á su coleccion de poesías asturianas demuestra á nuestro modo de ver hasta la evidencia el primitivo castellano. El célebre Jovellanos, como tan amante de su patria, concibió el pensamiento de publicar una gramática y diccionario asturiano para conservar el recuerdo de este antiguo dialecto, que cada dia se vá haciendo mas y mas raro, y que no tardará en desaparecer enteramente; pero la muerte del ilustre patricio le impidió llevar á cabo esta idea, que ninguno ha realizado hasta ahora. Hé aqui algunas muestras de la poesia bable sacadas de la referida obra del señor Cabeda.

LOS ENAMORADOS DE LA ALDEA.

FRAGMENTOS.

Penosina de la Peña,
Rosa de la mio Quistana,
La de les rises melguéres,
La de la voz regalada,
Mas cuca que por San Xuan
La cereza colorada,
Y mas que la flor de Mayu
Coida pel' alborada:
Que non me mires por Dios
Tan gayáspera y lliviana,
Que maten les tos mirades
Como tos enoxios matan.
Desque te ví aquella noche
A la lluz de la llumbrada,

Embelesa de los mozos
Y la flor de la esfoyaza.
Co les sartes de corales,
Co la melena rizada
Y la cintura ceñida
De la cotilla floriada,
Tuviérate de la funte
Por la misteriosa *xana*
Para guardar los tesoros
D' algun moru alli encantadu
Si non supiera que fuiste
Para miós cuites criada
La moza mas desdeñosa,
Como y es la mas galana.
. . . .
¿Por quién pienses que yo pongo
La mió montera rizada,
Y medides de Candás
Cuelgo de la botonada,
Y traigo medies azules
Y la faija colorada,
Y escapularios de seda
So la camisa abrochada,
Y el ramo de siempre vives
E na montera terciada?
. . . .
Non afayo gustu en nada
Nin sé cuandu un *ixixú*
Salió de la mió garganta
Nin *el galan desta villa*
Canto ya pe la Quintana
Nin danzo nes romeries,
Nin me ven é na esfoyaza
Nin salto pe les fogueres
Nin topo en nada folgancia.
. . . .
Verná de San Xuan la noche
Templadina y estrellada,
Y el carbayu non pondré
Arrimadu á la ventana.

CAPITULO NOVENO.

DESDE OVIEDO A AVILES Y GIJON.

En el largo tiempo que empleamos en recordar las glorias, usos y costumbres asturianas, atravesamos los pueblos de Pajares, la Rumia, Puente de los Fierros y Campomanes, situado á la márgen del rio Lena. Alli está el solar de la ilustre familia de este nombre de la que dijo un antiguo nobiliario asturiano:

.....De los de Campomanes
En blanco campo teñido
Vi el escudo barnizado
Y este suelo ha ilustrado
La gente de este apellido.

Despues de Campomanes se encuentra la Vega del Ciego y luego la Pola de Lena, villa de alguna consideracion por ser cabeza del concejo y partido judicial de su nombre; por sus minas de carbon de piedra y por estar situada en una de las comarcas mas feraces y ricas del principado.

Pasando despues de la Pola por Villallana, La Frecha, Ujo y Suntullano, pueblos todos insignificantes, se encuentra la graciosa villa de Mieres, de cerca de dos mil habitantes, situada sobre el Nalon, en cuyo término hay minas de cinabrio y una escelente fundicion de hierro dirigida por ingenieros belgas. A la izquierda, siguiendo el camino de Oviedo, se ve el palacio señorial de los marqueses de Campo-Sagrado, que son los parientes mayores ó gefes de la renombrada familia de Quirós, cuya historia escribió el canónigo Tirso de Avilés en sus *Linages de Asturias*, obra hasta hoy inédita, la cual no copiamos aqui no obstante ser muy curiosa por no permitirlo los límites á que nos tenemos que reducir. Despues de dejar á Mieres, que dista tres leguas de Oviedo, aun se encuentran las feligresías de Olloniego, Manzaneda y San Esteban de las Cruces, y desde esta llegamos á dar vista á la ilustre capital de Asturias, la ciudad de los reyes y de los obispos, la córte de los belicosos sucesores del gran Pelayo. Desde luego cautivó nuestra atencion su pintoresco y grandioso aspecto, aunque desde el camino de Castilla, que era el que llevábamos, no es de donde se descubren todas las bellezas de la vieja ciudad asturiana, que recostada magestuosamente á la falda de los montes de Morcin y Naurancio, domina como reina la dilatada y amena llanura que se despliega á sus plantas, y cuya atrevida y afiligranada aguja gótica va á ocultar en el cielo la misteriosa cruz de los ángeles, blason de la ciudad y de su noble regenerador el célebre Alfonso el Casto. La sonora campana de la gran basílica del Salvador, tocaba las seis de la tarde, cuando usando de una frase militar, *echamos pie á tierra* y nos retiramos á descansar á la posada de la Montañesa, donde encontramos cuanto desea un viagero; una cómoda y aseada habitacion, regular cena, en la que el aristocrático salmon del Nalon alternaba con la sabrosa trucha y la delicada ternera del pais, acompañándola con el blanco pan de *escanda*, y mullidas camas, en las que nos arrojamos ambos compañeros ansiosos de dormir. Al otro dia de mañana, despues de saborear el chocolate con un vaso de aquella esquisita leche de vacas que solo se bebe en Asturias, celebramos un consejo mi amigo y yo, y acordamos por unanimidad no detenernos por entonces á visitar los muchos edificios y objetos notables que encierran los viejos muros de Oviedo, y sí hacerlo al regreso de las espediciones que proyectábamos á la marina y las montañas, donde pensábamos recoger abundante cosecha de recuerdos, tradiciones y leyendas. Adoptada esta resolucion nos dirigimos desde luego á Avilés, una de las principales poblaciones de Asturias, en el coche diario que sale de Oviedo, en el que recorrimos á un mediano paso, por la carretera ó camino real, últimamente construido, las cinco leguas que separan á esta ciudad de la referida villa. La Corredoria y primeros lugares que encontramos pertenecen al concejo de Oviedo, mas luego se entra en el de Llanera, cuyo terreno montuoso y regado por varios arroyos que van á tributar sus aguas al rio Nora que atraviesa el concejo, parece muy árido al dejar la bella y fértil llanura de Oviedo. Tiene Llanera once parroquias, y en las de Santa Eulalia de Ferroñes y San Miguel de Villardoveyo hay escelentes y abundantísimos criaderos ó minas de carbon de piedra beneficiados por una sociedad belga.

—¿No podrás esplicarme, me dijo Mauricio, qué objeto tienen aquellas casitas de madera alzadas en el aire sobre altos pedestales y con escalera cortada?

—Aquellos son graneros, le respondí, llamados en el pais *horreos* cuando están sostenidos por cuatro pedestales, y *paneras* cuando tienen seis ó mas. No solo se guardan en ellos los granos, sino tambien toda clase de artículos de consumo, y son de suma utilidad en el pais, pues por su construccion original levantadas del suelo á la altura de seis ó siete pies están libres de los ratones y otros enemigos domésticos.

Estos rústicos edificios muy semejantes á las cabañas suizas ó á las viviendas de los primeros habitantes de la Jamaica y Haiti, caracterizan un paisage asturiano, y puede asegurarse que no se encontrará una sola casa de aldea sin su correspondiente horreo ó panera al frente. Son todas de madera de castaño, de forma cuadrangular y cubiertas de un ancho tejado; se desarman y pueden por esta causa trasladarse con facilidad de un punto á otro.

El terreno que á la sazon atravesábamos, si bien es como toda Asturias, risueño y variado, no presenta los grandes montes que en Pajares nos habian asombrado y que debíamos volver á encontrar con frecuencia en el principado. Del concejo de Llanera se pasa al de Corvera, que contiene cinco feligresías. Al llegar á la de *Solis*, yo que soy aficionado á la *heróica ciencia* de la heráldica, mostré á Mauricio una antigua casa-palacio que tenia por blason un sol; quise esplicarle su significacion y orígen, y le repetí las palabras de un antiguo nobiliario de Asturias; hélas aqui:

«Es el linage y solar de Solís de los mas antiguos de Asturias, y se tiene por zierto se hallaron con el infante Pelaio los primeros y se llamaron este apellido, en las guerras que tuvo con los moros al prinzipio de la restaurazion porque antes no se llamaban de este nombre sino despues que venzieron una insigne batalla en el lugar que aora se llama Solís en este conzejo de Corbera la cual pasó desta manera. Que iendo el rey Pelaio en seguimiento de los moros; ziertos varones que traia consigo, les mandó adelantarse en el alcanze de ellos y les dijo: *andad que con sol is*. Como si dijera que fuesen, que aun llevaban sol y dia para venzer la dicha batalla y volviesen con victoria. Y asi fueron y lo hizieron tan esforzadamente que los venzieron en aquel lugar que llaman Solís antes que se pusiese el sol, y el rey puso nombre de Solís á aquel lugar, y á los dichos varones venzedores les dió un sol por armas en campo colorado derechos todos los raios.—Hubo deste apellido muy prinzipales hombres, espezialmente un don Pedro Solís, que fué camarero del papa Alejandro VI, arzediano de Madrid, canónigo de Toledo, dean de Oviedo, maestre escuela de Leon, abad de Arbas y de Santas Martas.»

Esta tradicion tambien está referida en los versos siguientes:

«Vi en sangre el sol dorado
Derechos todos los rayos,
A do dijo el rey loado
Un dicho pronosticado

A sus varones Pelaio
Cuando todos se partieron
Bien vengais que con sol-is,
Con sol fueron y vinieron
Y á do los moros venzieron
Puso nombre el rey Solís.»

En Solís hay un puente de cantería para cruzar el rio de su nombre, y buenas canteras de piedra muy semejante al mármol.

La capital de Corvera es Nubledo, pintoresco lugar de la feligresía de Cancienes, que dista una legua de Avilés, por el que atraviesa el camino real. A la media legua se encuentra su buen puente de sillería, en la graciosa poblacion de Villa-Alegre, que bien merece su nombre por su bonita situacion, aseadas casas y hermosas quintas de recreo que la rodean. Aqui existe tambien una hermosa fábrica (martinete), de calderas de cobre.

Llegamos por fin á Avilés á buena hora sin ningun acontecimiento digno de mencion particular. Desde luego nos gustó el agradable y aseado aspecto de la villa, y determinamos detenernos en ella todo el dia siguiente. Compónese de 900 casas, es cabeza del partido judicial y del concejo de su nombre.

Tiene tambien minas de hierro y carbon de piedra, pero las primeras no se benefician. Ademas del martinete de Villa-Alegre de que ya hemos hablado, hay otras fábricas de lona, curtidos, cristales, de tejidos finos, de lino, y finalmente, hornos de cal al estilo de Bélgica. La poblacion de Avilés asciende á 5,600 almas, y las mugeres se distinguen por su belleza, gracia en el vestir y disposicion especial para la música vocal.

Muchos escritores modernos dicen ser Avilés la antigua Argenteola de Ptolomeo, pero otros, combinando varios testos de Plinio, demuestran con mejores fundamentos que es Avilés la ciudad de los *Zoelas*. Quiérese encontrar tambien en el nombre actual de la villa la alusion del antiguo, pues derivando á *Zoela* del hebreo *Thoen*, *ganado de obejas*, y de *Zoela zoelæ*, *los obejeros*, lo convierten en su sinónimo latino *Opiliones*, y de aqui *Aviliones* y *Avilés*. Aunque esta opinion sea la verdadera, y por consiguiente tenga la villa una antigüedad tan remota, no vuelve á leerse su nombre en la historia hasta muchos siglos despues. Alfonso VI la dió fueros ó carta-puebla, que confirmaron despues Alfonso VII y sus sucesores. El rey Fernando II concedió á la catedral de Oviedo en 1188 la tercera parte de las rentas de Avilés. En el reinado de San Fernando, en el sitio de Sevilla, se distinguió un hijo de esta villa, llamado Rui Perez de Avilés, que con su navío, cuya proa iba «ferrada» rompió una gruesa cadena que los sitiados pusieron desde la torre del Oro al castillo de Triana, para impedir el paso del rio Guadalquivir. A esta hazaña alude el escudo de la villa, que consiste en un navío con sierra en la proa, rompiendo una cadena que une dos castillos sobre unas ondas, y una cruz en el palo mayor. El 9 de julio de 1373, el rey don Enrique II hizo merced á la villa para que tuviese por su alfoz agregado la tierra de Gonon, Carrendo, Corvera, Illas y Castrillon, y en 1378 se reunieron en Avilés los principales nobles de todos los concejos de Asturias para celebrar una junta con motivo de la sublevacion y desgracias sobrevenidas al pais, por la resistencia que hizo al pago de la nueva contribucion impuesta por el merino mayor de Asturias Gonzalo Suarez de Argüelles. En tiempo de la guerra de la Independencia tambien se distinguió Avilés en defensa de la causa nacional, pero no consultando sus habitantes sino su patriotismo, esperaron á los franceses sin organizacion ni armas, y sufrieron una derrota considerable.

Desde luego dimos principio á la revista del pueblo por visitar las iglesias. Hay cuatro en esta villa; la parroquia dedicada á San Nicolás de Bari, es un edificio antiguo que tiene de notable la pila del agua bendita, formada por un gran chapitel corintio ahuecado, resto de algun edificio romano; el sepulcro del nombrado Pedro Menendez de Avilés; otros que pertenecen al género gótico, de los marqueses de Campo-Sagrado; y finalmente la bella capilla de los Alas, edificada en el siglo XIII, y en la que se vé un delicadísimo y primoroso bajo relieve que representa todos los sucesos de la vida de Jesucristo. En la iglesia del estinguido convento de San Francisco hay tambien algunos sepulcros de familias nobles del pais. El convento de la Merced es un bonito edificio que ostenta una armoniosa y estensa fachada, y en él están situadas las oficinas de la administracion de rentas, una de las escuelas públicas y la fábrica de tejidos. La iglesia de este convento, aunque es la mas sólida y elegante del pueblo, está actualmente cerrada al culto. La del monasterio de San Bernardo, que está á cargo de las religiosas de esta órden llamadas Huelgas, nada ofrece de particular. Este monasterio fué trasladado á Avilés en el siglo XV, desde el lugar de Gua en el concejo de Somiedo, por la poca moralidad y disciplina que guardaban las religiosas en aquel lugar casi desierto. Hay otra parroquia titulada de Santo Tomás Cantuariense, que está en el arrabal de Sabujo. Son dignos de observarse el palacio de los marqueses de Santiago, grande y suntuoso edificio de piedra de sillería con dos pisos y adornado de columnas corintias y toscanas y de multitud de arabescos de buen gusto; tiene en el frente principal diez y ocho balcones y doce ventanas, una torre á cada lado, y en el centro un ático en el que se vé un grande y bien trabajado escudo de armas compuesto de dos cuarteles con los blasones de *Alas* y *Bernardo de Quirós*. Otra casa digna de la atencion de los arqueólogos es la que perteneció á la familia de Peon de la Vega, y hoy á doña N. Baragaña. Es de arquitectura bizantina, parece remontarse su fábrica al siglo XI, y sirvió de alojamiento al rey don Pedro el Cruel cuando pasó á Asturias á hacer la guerra á su hermano bastardo Enrique de Trastamara, que se hiciera fuerte en Gijon. La casa de ayuntamiento ó del concejo es una de las mejores de España, y la primera de la *provincia*. Su frente, que ocupa todo un lado de la plaza de la Constitucion, es de piedra de sillería con espaciosos soportales y once balcones de hierro. Por la espalda de esta casa descuella la alta torre del reloj, construida en estos últimos años. El interior de este edificio corresponde bien á su objeto pues contiene espaciosos salones, capilla y archivo. En este que es uno de los mas ricos y bien ordenados de la provincia, se custodian multitudde cartas ó privilegios reales, entre las que sobresale la notabilísima carta-puebla, ó sean fueros de Avilés, otorgada por el emperador don Alonso VII, en enero de 1155. Este documento es apreciabilísimo por su importancia para la historia de la lengua, pues es la escritura mas antigua que se conserva en castellano, si castellano puede llamarse aquel lenguaje bárbaro é informe nacido del latin corrompido y de algunas palabras árabes, que formó no mas que un siglo mas tarde, el elegante idioma en que fueron redactadas *Las Partidas*. La citada carta-puebla está escrita en una gran piel de ternera, á medio adobar, con letra muy clara é igual, y firman en ella el emperador, su esposa, sus hijos, varios condes, prelados y merinos.

Antes de despedirnos de Avilés quisimos visitar una de las abundantes minas de carbon de piedra que hay en sus inmediaciones, en lo que empleamos la mayor parte del dia siguiente, que fué para nosotros agradable desde luego; elegimos para nuestro exámen la de *Arnas*, que dista tres cuartos de legua, y cuyas galerías están en su mayor parte cavadas debajo del mar. La estraccion del mineral se hace con mucha premura y facilidad por medio de *dos ferro-carriles*, uno de entrada y otro de salida, sobre los que corre velozmente y de continuo un pequeño convoy de carros, sujetos unos á otros por medio de una cadena, é impulsados por una rueda en forma de cabrestante, y movida por bueyes. El ingeniero belga que está al frente de esta mina, nos enseñó con la mayor amabilidad los trabajos que tan acertadamente dirige. Al regresar á la villa nos apartamos un poco del camino á la izquierda, sobre la orilla del mar, con el objeto de visitar las ruinas del antiguo castillo de Raizes, célebre en las crónicas asturianas, y noble solar de la familia de *Alas*, en el que, segun las mismas, habia en otros tiempos dos altas torres, una mayor que otra. Hé aqui la leyenda que de este castillo se refiere: habiéndose apoderado los moros de la villa de Avilés, un caballero natural de la misma, llamado *Martin Pelaez*, se retiró con varios compañeros al castillo de Raizes y alli se hizo fuerte. Sitiáronle los moros y lograron hacerse dueños de la torre menor, desde la que pusieron escalas para asaltar la otra. Martin se defendia valerosamente, y aun logró cortar por su mano las cabezas de algunos moros que osaron trepar por la escala, las que cayeron desde lo alto á los pies de sus compañeros; mas sin embargo iba ya á sucumbir á la muchedumbre, cuando en las almenas de la gran torre se apareció un ángel con la espada en la mano, *el cual*, dice una crónica antigua que tenemos á la vista, *fué conocido ser asi por las grandes Alas que tenia*. Dióle el ángel al caballero una cruz y se oyó una voz del cielo que decia:

Vindica Domine
Causam tuam.

Los moros con el auxilio del cielo fueron todos muertos, é informado el rey Pelayo del prodigio, organizó por sí mismo el escudo de la familia, que desde entonces se apellidó de las *Alas*, y que consiste en campo de *gules* ó rojo, un castillo de plata compuesto de dos torres una sobre otra, entre las que hay dos escalas. A la puerta de la superior hay un guerrero con la espada en una mano y la cruz en la otra, en lo alto un ángel con grandes alas, y al pie del castillo ondas, sobre las que se ven varias cabezas de moros. El castillo de Raizes fué despues convertido en convento de mercenarios; pero arruinado tambien este, hace muchos siglos, no restan en el dia mas que algunos paredones cubiertos de musgo y yedra, y una capilla que aun está en uso, y cuyo patronato y propiedad pertenece á la familia de Alas.

Firmes en nuestro proyecto de dirigirnos á Covadonga por la marina, salimos al siguiente dia de Avilés en caballos de alquiler y emprendimos el camino, atravesando el alto puente de piedra, sobre la ria que divide al concejo de Avilés del de Gonon.

Ya habíamos andado largo rato sin hablar palabra, cuando interrumpió el silencio mi amigo, para preguntarme si conocia el pais que atravesábamos.

—Estuve aqui hace tres años, le contesté, aunque por muy breve tiempo, y recorrí una parte de él, pero no con la detencion necesaria para conocerlo bien.

—Lo siento mucho, continuó Mauricio, porque desempeñas á las mil maravillas el papel de *cicerone*, y quisiera que me instruyeras y deleitaras con tus magníficas descripciones, historias y leyendas.

—¿Te burlas quizás? le pregunté yo.

—No á fé mia, replicó con cierto aire de grave formalidad.

—Pues entonces, proseguí, no te aflijas, que ya tengo imaginado el modo de remediar este inconveniente. El camino que llevamos nos conduce por el castillo de San Juan al famoso Cabo de las Peñas, desde donde nos dirigiremos á Luanco á comer en casa de un amigo, donde, no solo hallaremos escelente hospitalidad, sino tambien un guia mejor de lo que podríamos apetecer.

—Con tal que hable el castellano, dijo Mauricio, me conformo con tu guia; pero si se esplica por el estilo de estos campesinos, para mí será del todo inútil porque no les entiendo una palabra.

—Habla bien el castellano, continué, y lo escribe mejor. El guia á quien aludo es el jóven Caunedo, que acaso habrás conocido en Madrid, ó por lo menos habrás oido alguna vez su nombre, porque ha hecho varias publicaciones. Vive ahora aqui con su padre, y yo le he escrito, porque es amigo mio hace algunos años, anunciándole nuestra venida ó invitándole á que nos acompañe en el paseo que pensamos dar por Asturias. Está conforme en ello y te aseguro que es una verdadera felicidad para nosotros, porque Caunedo, que desciende de una de las familias mas antiguas é ilustres del pais, cuya historia te referiré en su dia, es jóven de nuestra edad, circunstancia no despreciable para un compañero de viage, y ademas ha hecho un particular estudio de este principado; de modo que nos será útil bajo todos conceptos.

—Que me place tu proyecto, y ya deseo que lleguemos á Luanco, dijo Maurício; pero este diablo de jaco, pariente del famoso Rocinante de Don Quijote, no apresura el paso por mas que lo escito á ello con la vara, con los talones, y por todos los métodos conocidos.

—Es inútil que te esfuerces; á los jacos de este pais les sucede lo que á sus paisanos los aguadores de Madrid, que jamás salen de su paso.

—Pues mira, ya que eso es, por desgracia, cierto, cuéntame lo que sepas aunque sea poco, del concejo que atravesamos, á ver si asi se me hace el tiempo mas corto, porque ya me parece que ha pasado un siglo desde que salimos de Avilés, y apenas hemos andado media legua.

—Te daré gusto, porque algo puedo referirte; préstame atencion. El concejo de Gonon, que consta de catorce feligresías, fué ocupado en remotos tiempos por los *Zoelas*, que descendian de los *escitas*. El nombre actual, creo (esta opinion es esclusivamente mía) provenga de un célebre capitan de los asturos, que se distinguió por sus hazañas en la guerra contra Augusto, llamado *Gauzon*, nacido en este territorio, que desde aquellos tiempos empezó á llamarse *Tierra de Gauzon*. Nada encontramos digno de referirse, haya tenido lugar en él durante la dominacion goda. Habiéndose hecho dueños los árabes en el primer ímpetu de su conquista (715), de toda la parte de Asturías comprendida entre Galicia y Gijon, donde se situó un gobernador árabe, es probable que la tierra de Gauzon quedaria á él sujeta, hasta 722, en que el gran Pelayo la rescató. En el reinado de Ramiro I, comenzaron estas costas á ser molestadas por las correrías de los piratas normandos, venidos de Dacia y de Noruega; pero acometidos por el rey, las abandonaron precipitadamente. Su hijo, Ordoño I, hizo edificar muchas fortalezas para su guarda y defensa, de las que aun existen varias; una de estas es aquella que alli ves, denominada castillo de San Juan.

En efecto, en el momento de hablar asi, llegábamos á este pintoresco torreon feudal, que aislado como la palmera en el desierto, se alza sobre las rocas y domina la inmensa mar que desde él se descubre. Dejamos por un instante nuestros caballos, y entramos en la parduscа y abandonada atalaya, que cual vigilante guarda hace tantos siglos la boca de la ria de Avilés y la costa de Gauzon. Al cabo de mucho tiempo, vino á parar á poder de los condes de Canalejas, que sostenian á su costa un vigía en tiempo de guerra. Esta torre permaneció artillada con dos piezas de grueso calibre, y guarnecida por un corto destacamento hasta 1836, en que por órden del gobierno fueron los cañones clavados y arrojados al mar para que no pudiesen ser de utilidad á los carlistas. Volvimos á tomar nuestros bridones, y seguimos al Cabo de las Peñas, del que distábamos aun una legua larga, y en tanto continuamos con la historia del concejo que á la sazon recorriamos.

Alfonso III, apellidado con razon el Magno por sus proezas en la guerra, miro con decidida predileccion esta comarca, y edificó en 884 sobre altas peñas y á orillas del mar, el famoso castillo de *Gauzon*, que ademas de fortaleza y defensa ontra los piratas, era palacio de recreo, y sitio real en que Alfonso residia ordinariamente. Notable era este alcázar por su magnificencia, y dentro de su recinto levantó el rey una suntuosa galería dedicada al Salvador (como la catedral de Oviedo), que fué consagrada por tres obispos, *Sisenando* de *Iria-Flavia*, *Nausto* de *Coimbra*, y *Recaredo* de *Lugo*. Deseando el rey ofrecer una rica presea á la basílica Ovetense, y consagrar al mismo tiempo un recuerdo al valeroso Pelayo, hizo cubrir de oro y piedras preciosas la tosca cruz de madera de roble que servia de enseña á aquel piadoso príncipe, y que desde el reinado de Favila se custodiaba en la iglesia de Santa Cruz de Cangas. La operacion de engastar la cruz se hizo en el castillo de Gauzon, como indican las inscripciones que en ella se leen.

Desde esta época adoptó Alfonso III por divisa de guerra la figura de esta cruz llamada de la Victoria, que hoy ostenta en su escudo el principado de Asturias y este concejo de Gonon, con esta leyenda:

Gozó de un supremo don
De que siempre habrá memoria
Pues la cruz de la Victoria
Se labró dentro Gauzon.

En 905 fué donado el castillo de Gauzon con todos sus términos á la catedral de Oviedo; pero á pesar de esto continuó don Alfonso residiendo en él, y cuando se le rebelaron sus ingratos hijos García, Ordoño, Fruela, Gonzalo, y Ranimiro en el mismo año, hubo de hacer uso el rey de su victoriosa espada para castigarlos, y el infante primogénito don García, hecho prisionero en Zamora, fué encerrado en Gauzon. Prolongáronse estos sucesos durante dos años, y los rebeldes lograron apoderarse de los castillos de Alba, Luna, Gordon, Arbolio, Cultrocies, y Boides. Estos dos últimos estaban muy cerca del de Gauzon, y el de Boides creen algunos estaria situado en el lugar llamado hoy *Biado*, atendida la semejanza del nombre y á que estas variantes son muy comunes en aquella época. Encarecen algunas crónicas la belleza y suntuosidad de este palacio de Boides, y en él se hallaba Alfonso el Magno, con toda su córte en 910, cuando inesperadamente reunió á todos los próceres y obispos, y tambien á sus rebeldes hijos incluso García, que aun se hallaba preso en Gauzon, y abdicó solemnemente en él la corona de Leon; en Ordoño el condado de Galicia, y en Fruela el de Oviedo. Al castillo de Gauzon se refugió en tiempo de Alfonso VII un rico-hombre muy poderoso llamado Gonzalo Pelaez, declarándose en rebeldía contra el emperador, hasta que fué cercado y rendido por el mismo. En el reinado de don Pedro el Cruel, suena por última vez en la historia el nombre del castillo de Gauzon; pues fué donado por don Rodrigo Alvarez de Asturias, padre adoptivo de Don Enrique de Trastamara, su poseedor, al monasterio de Avilés. De este famoso castillo nada resta en el dia, y aun es dudosa su situacion precisa; pues unos quieren que haya estado situado en el Cabo de Peñas, otros cerca de Avilés. En 1133 era merino de esta comarca de Gauzon *Munio García*, que confirma las cartas y privilegios reales de aquel tiempo. En 1373 cuando la tierra de *Gauzon*, fué donada como alfoz ó agregado á la villa de Avilés, se dispuso que los moradores de Gauzon se rigiesen y juzgasen por los fueros de Avilés, y acudiesen á sus llamamientos.

Presentóse por fin á nuestra vista la inmensa mole del Cabo de Peñas, cual un corpulento gigante que avanza con osadía en el mar Océano desafiando impávido su terrible cólera. Este cabo era conocido en la antigüedad con el nombre de *Promontorio Scítico*, como nos dice Pomponio Mela, lo que tambien es un argumento para probar la antigua opinion de que este pais fué poblado en remotísimos tiempos por los escitas, como dijimos en otro lugar. Es tambien muy nombrado el cabo de que hablamos por ser el punto mas septentrional de España, y por donde se mide la longitud (desde aqui á la punta de Tarifa). Su aspecto es magnífico. A la derecha se ven en lontananza los altísimos y siempre nevados *Picos de Europa* que separan á Asturias de la Liébana. Por la izquierda se descubren las riberas de Galicia, y el cabo Ortegal, y al frente el inmenso piélago en que marchando en línea recta no se encuentra tierra hasta Inglaterra. El Cabo de Peñas que tiene á su lado el islote de la *Gabiera*, presenta al Norte un fronton de casi una milla, escarpado, blanquizco y de terreno horizontal. Su altura sobre el nivel del mar es de trescientos treinta pies. Hasta ahora con mengua de la civilizacion del siglo, este importantísimo punto de la costa cantábrica estaba de todo punto abandonado, sin un faro que sirviese de guia á los navegantes, siendo causa esta incuria de numerosos naufragios; por fin el gobierno decretó últimamente la construccion de una torre que sustente un fanal, y en el momento que trazamos estas líneas están llevándose á cabo las obras necesarias con recomendable actividad. Al volver sobre nuestros pasos, desde la punta del cabo, nos detuvimos un instante en el lugarejo del *Ferrero*, que es el primero que se encuentra (y por el que habiamos pasado ya), con objeto de visitar un arruinado palacio y una ermita cercana dedicada á la vírgen de la O. Uno y otra pertenecieron á la antigua y preclara familia de Valdés, y hoy á los condes de Marcel de Peñalva. Nada ofrecen de notable: el palacio parece por su gusto arquitectónico datar del siglo XVI, y la capilla del XVII.

Del Ferrero se baja á un bonito valle en que está situada la parroquia á que pertenece, llamada San Cristóbal de Verdicio. No lejos de esta iglesia se alzaba hace pocos años, la gigantesca y fuerte torre de Fiame, hoy convertida en una buena casa ó palacio de aldea. Perteneció esta casa en el siglo XVI á un denodado capitan de Cárlos V, llamado Juan de las *Alas* de la *Vega* y *Luera*, que fué gobernador de una plaza en Flandes, y acompañó al emperador en las guerras de Alemania, Italia, Flandes, Fuenterrabía, Perpiñan, Argel y Tunez. Despues marchó con Pizarro á la conquista del Perú, y alli fundó mayorazgo de todos sus bienes, con la cláusula de que el poseedor hubiera de ser militar, sin llevar sueldo, antes al contrario, sostener á su costa una compañía de hombres de armas, lo que observaron largo tiempo sus descendientes. La casa conserva aun la lanza, la mesa y silla del noble capitan de Cárlos V, y su grande escudo de armas, en que figura el cuartel del antiguo apellido de la *Vega*, que ostenta las letras del *Ave-Maria*. Te diré algo de este escudo que habrás visto repetido , y verás todavía muchas veces. En la famosa batalla del Salado (28 de octubre de 1340), se distinguieron particularmente García Laso de la Vega, mayordomo mayor de don Fadrique, hijo del rey, y merino mayor de Castilla, que mandaba la vanguardia , y su hermano Gonzalo Ruiz de la Vega, mayordomo mayor del infante don Fernando, hijo del rey. Ambos hermanos, descendientes de Dia Gomez, fueron los primeros que con los pendones de sus señores, seguidos solos de 800 caballeros, atravesaron el rio *Salado* y acometieron bravamente á 2,500 moros , que defendian por aquella parte la orilla opuesta , dando muerte por su mano á muchos , y decidiendo aquel memorable triunfo. El cronista de Alfonso XI que refiere este suceso, añade que los dos hermanos y sus caballos llevaban *sobrevestas* amarillas con unas letras que decian *Ave-María*, «é el rey don Pedro por galardon de tan gran fecho , hízole matar en Burgos por los ballesteros de maza». Entre los muchos hombres célebres que produjo esta nobilísima familia , ademas de los ya nombrados , distinguióse otro, Garci-Lasso de la Vega en tiempo de los Reyes Católicos, y en el sitio de Granada, venciendo al moro Tarfe.

Habiendo Hernan Perez del Pulgar, llamado el de las Hazañas, penetrado en Granada seguido de otros seis caballeros, la noche del 9 de diciembre de 1491, dejó clavado con su daga en la puerta de la gran mezquita, un pergamino que llevaba preparado en el que estaba escrita la oracion del *Ave-María*, en señal de tomar posesion de aquella mezquita y de consagrarla en iglesia dedicada á la Vírgen. Al dia siguiente de este arrojo el moro Tarfe, uno de los mas valientes y arrogantes defensores de Granada, se dejó ver delante del campamento cristiano, arrojando una manopla en señal de desafío, y llevando por escarnio atado á la cola de su caballo el pergamino de Pulgar. Garci-Lasso, page de los reyes á la sazon y que llevaba por armas como hemos visto, las letras del Ave-María. creyóse obligado por esta razon á rescatar con las armas el pergamino que el moro arrastraba. Trabóse un combate porfiado en el que el jóven Garci-Lasso dió muerte al soberbio Tarfe y le cortó la cabeza, que ató por los cabellos á la cola de su corcel, elevando en la punta de su lanza el disputado pergamino que fuera causa de aquel memorable y reñido combate. Para perpetuar su memoria se colocó la cabeza de Tarfe ejecutada en piedra como pedestal de la cruz que coronaba la portada de la iglesia de Santa Fé, que á la sazon se estaba edificando.

Aun no acabábamos de referir la historia de la familia de la Vega, cuando al bajar de una no muy alta colina descubrimos el antiguo palacio de Manzaneda, defendido por un viejísimo y robusto torreon feudal que es nombrado con frecuencia en las crónicas y nobiliarios de Asturias. Su fundacion se remonta á los primeros tiempos de la restauracion, atribuyéndolo muchos al rey Pelayo, pero es mas probable sea una de las muchas fortalezas que como dijimos edificó en este concejo

Ordoño I para resistir á las correrías de los normandos. Desde muy lejanos tiempos perteneció á la ilustre y poderosa familia de Valdés, y constituyó uno de sus solares. En tiempo de los Reyes Católicos estaba casi arruinada, y su poseedor el *noble Menendo de Valdés*, dice una crónica «la restauró por su mucho valor y hacienda»— Perteneció despues á la familia de Valdés-Coalla, y ahora á la de *Larriba Valdés-Coalla*, pues es cláusula del mayorazgo de Manzaneda conservar siempre el apellido de *Valdés-Coalla* y «firmarse de él».

Ocupados en nuestras investigaciones por un pais tan lleno de recuerdos históricos, fija la atencion en la tierra, no habiamos reparado en el cielo, que poco á poco se iba cargando de nubes, en términos que al salir de Manzaneda nos empezó á caer un fuerte aguacero y tuvimos que detenernos poco mas adelante en la aldea de San Jorge de Heres donde llegamos calados hasta los huesos. No fué esto lo peor

si no que el agua siguió cayendo con igual fuerza toda la tarde y tuvimos que renunciar á ir por aquel dia á Luanco y resignarnos á pasar la noche sentados en unos bancos al lado de una chimenea en una mala posada.

El siguiente dia amaneció claro y sereno y pudimos emprender nuestra marcha despues de visitar la pequeña iglesia de San Jorge, cuya capilla mayor es bizantina y data al menos del siglo X. A muy corta distancia hay otra parroquia que tambien conserva una capilla de la misma época y del mismo gusto, titulada de Santa Eulalia de Nembro, nombre que tiene memoria de una antiquísima ciudad asi llamada, y de la que ya solo restaban ruinas en el siglo XII.

Serian las diez de la mañana cuando llegamos á Luanco, cuya poblacion se presenta á la vista del viagero como saliendo del mar, que bate en la mayor parte sus casas, y aparenta ser mayor de lo que es en realidad, pues solo cuenta 340 vecinos. El orígen de esta villa no sube mas allá del siglo XV, en que esta costa era muy concurrida por embarcaciones *gallegas*, *vascongadas*, *francesas* é *inglesas*, que se dedicaban á la pesca de la ballena en un gran banco de arena que estaba al frente del llamado hoy puerto de Luanco. Los pescadores atraidos por la comodidad que les ofrecia la *concha* ó *bahia* cercana para el resguardo de sus naves, edificaron en la ribera algunas chozas con objeto de verificar en ellas las operaciones que su importante industria exigia. A esta pequeña aldea dieron los gallegos, sus fundadores, en su dialecto particular el nombre de *O banco*, aludiendo al de arena en que pescaban, y de aqui con muy corta adulteracion procedió *Lo-vanco*, *Loanco* y *Luanco*. Esta es la etimología vulgar; pero es mas probable provenga el actual nombre de este pueblo, del antiguo castillo de *Buango* que estaba edificado en estas inmediaciones, segun consta de varias crónicas. La villa tomó en breve el mayor incremento por la continua concurrencia de buques españoles y estrangeros, y muchos comerciantes acudieron á avecindarse en la nueva poblacion que ya encontramos muy notable en el siglo XVI, pues era el pueblo de mas tráfico que en aquella época habia en Asturias, y sus habitantes los mas intrépidos y entendidos navegantes de toda la costa. La iglesia parroquial llamada Santa María de la Pola, que es espaciosa y aseada, fué construida en los primeros años del siglo pasado. De poco tiempo despues data un fuerte artillado con cuatro piezas de grueso calibre, que defendia la boca del puerto y que hoy está abandonado. El muelle, que data de mediados del siglo XVII, es regular y en estos momentos se está reedificando por cuenta del gobierno. Inútil es decir que hallamos el buen recibimiento que nos prometiamos en casa de los amigos Caunedo, padre é hijo, y despues de descansar todo aquel dia emprendimos al siguiente nuestro viage en compañía del último, segun nos habia prometido.

El camino de Luanco á Gijon, aunque vá siempre al lado del mar y atravesando un bonito pais, está en bastante mal estado. Muy cerca aun de Luanco y á nuestra izquierda dejamos la pintoresca isleta del Cármen, en la que hay una ermita dedicada á la vírgen de este título, fundada por un hijo del pais que hubo de naufragar al volver de América. En seguida llegamos al linde que divide el concejo de Gonon del de *Carreño*, que es mas fértil y rico que el primero. Comprende doce feligresías y tiene por capital á Candás, que dista de Luanco tres cuartos de legua en el mismo camino que seguíamos. Esta villa, situada en las faldas de dos montañas contiguas cuyos estremos se esconden en el mar, tiene 191 vecinos, aduana de cuarta clase, una parroquia, tres ermitas y un buen muelle reedificado últimamente por disposicion del gobierno, capaz solo de lanchas. Es Candás, pueblo muy antiguo, pues se supone existia ya en tiempo de los romanos, y las espaciosas casas que conserva, adornadas en su mayor parte de escudos de armas de familias respetables, muestran la importancia que tuvo en otros tiempos, la que cesó cuando el tráfico que se hacia en ballena y grasa, presentando hoy el aspecto de un pueblo pobre, decaido y casi en ruinas. Los candasinos son, con esclusion de otra ocupacion cualquiera, pescadores, y poseen cuatro fábricas de salazon de sardina. La iglesia parroquial de San Félix, aunque nada ofrece de notable respecto al punto de vista artístico, es una de las mas famosas de Asturias, por hallarse en ella el santuario del Santo Cristo, imágen que está en la mayor veneracion en el pais y en cuyo honor se celebra una lucidísima romería el 14 de setiembre, que es de las mas concurridas del pais. La efigie del crucifijo es del tamaño natural, está toscamente escultada y parece ser obra del siglo XI ó XII, en que las artes habian decaido tanto; fué cogida en la red de unos pescadores que iban al besugo en el siglo XVI, por lo que se cree sea una de las muchas que los ingleses católicos arrojaron al mar en tiempo de las persecuciones de Enrique VIII, y de las que vinieron varias á parar á esta costa.

De Candás el Cristo y no mas,

dice un proverbio asturiano aludiendo á lo poco que ofrece el pueblo, de que tratamos, pero es en cierto modo injusto, pues es tambien notable por sus mugeres, que son bien parecidas y visten con gracia. Entre las elegantes de las aldeas el pañuelo atado á la candasina es de rigor.

Al cuarto de legua en direccion de Gijon se encuentra la feligresía de Perlora, en la que, en el parage llamado *Peran*, y sobre unas rocas que se avanzan en el mar, se ven las ruinas de un gran castillo ó palacio, con una capilla inmediata dedicada á San Pedro, y muchos vestigios de antiguos edificios á su alrededor. Estas ruinas son las que con muchas probabilidades se suponen ser los restos del castillo de Gauzon. Las crónicas antiguas solo dicen estaba situada esta histórica fortaleza sobre peñas, á orillas del mar y entre Oviedo y Gijon, sin determinar otra cosa, lo que ha dado orígen á multitud de conjeturas. Muchos opinan por este sitio de Peran, fundados en la situacion á la orilla del mar y sobre peñas, en estar dedicada al Salvador la inmediata parroquia de Perlora en que están enclavadas esas ruinas, como lo está la iglesia del castillo, y en pertenecer aun las tierras inmediatas á la catedral de Oviedo, á la que fué donado como hemos visto, el castillo con todos sus términos. La tradicion vulgar dice que estas ruinas de Peran fueron un soberbio castillo de moros y que tienen una larga mina ó camino subterráneo que conduce á Oviedo.

Indicónos Caunedo que estas ruinas tienen su leyenda, como casi todas las de su especie, y habiéndole rogado que nos la refiriese, lo hizo en estos términos.

I.

Era una bella noche de otoño cuando el noble don Gonzalo Pelaez, rico-hombre del emperador don Alfonso VII y señor del castillo de Gauzon, sentado en un ancho sillon gótico en cuyo respaldo se veia su antiguo escudo con la P coronada (1) daba sus últimas instrucciones á su fiel maestresala sobre un negocio de la mayor importancia que á la sazon le ocupaba... Que esté ricamente ornado el gran salon de los banquetes... que el mejor vino andalúz llene las copas... que se vistan de gala mis escuderos, pages y vasallos... que mis hombres de armas pulimenten sus lanzones y sus espadas... que vengan cuantos trovadores puedan encontrarse á entonar cantos de amor... mañana es el gran dia de Gauzon... es aquel en que debe reinar por do quiera el júbilo y el placer... En efecto, al dia siguiente el antiguo alcázar de Alfonso el Magno, parecia olvidarse de la gravedad propia de un anciano, pues se engalanaba cual una jóven coqueta. Por do quiera se vian flotar en las pardas almenas de los viejos torreones rojas banderas que ostentaban la temida insignia de los castellanos de Gauzon. Multitud de blandones de blanca cera estaban ya colocados en las ventanas bizantinas para las luminarias de aquella noche memorable; encinas enteras habíanse arrancado del centenario bosque, para formar la inmensa hoguera que lucia en el gran patio del castillo, y en torno de la que giraba la antigua y belicosa danza de los asturos. Los ecos de la bocina y de la trompa de caza entretenian á los convidados durante el festin: esta música guerrera hacia latir de gozo el corazon de aquellos bravos paladines... ¿Por qué tanto regocijo?... ¿por qué tanta alegría?... Porque aquel dia van dos amantes á enlazarse en dulce nudo para siempre. La tierna Elvira, la vírgen de la rubia cabellera, la mas bella de las hijas del pais de Pelayo, vá á llamar esposo al mas galan de los guerreros, al esforzado *Alfonso Alvarez de las Asturias*, caballero el mas cumplido que calzara espuela y enristrara lanza. ¡Cuántas veces la del moro se rompiera contra su glorioso pavés!.... ¡Cuánto temian su encuentro amigos y contrarios en los torneos y las batallas!—Aquel dia suspirado vá á coronar el amor mas puro y mas constante que ardiera jamás en dos corazones tiernos. Seis camareras jóvenes, bajo la direccion de la anciana aya de Elvira, ataviaban á esta con todo el lujo y elegancia posible; mas las rosas que entrelazaban á sus dorados cabellos, hubieran envidiado á las bellas megillas de la jóven desposada. Todo está ya pronto. Los ecos repiten las alegres canciones que llenan el aire, y los nobles de las cercanías reunidos en el gran salon feudal, felicitan al venturoso desposado; solo se aguarda á que termine el tocador de Elvira para dar principio á la augusta y ansiada ceremonia.

II.

....Moraba desde luengos años en Gauzon un monge; sus severas costumbres, su rara erudicion y su melancolía habitual, que le hacian huir del trato de los hombres, habian conquistado al *padre Mauro* la reputacion de santo. Su frente era pálida y pensativa, su cabeza estaba circundada de escasos y plateados cabellos, y su mirada

(1) Algunas familias que llevan el apellido de Pelaez usan de las armas de la P coronada, aludiendo á su orígen que hacen remontar al rey don Pelayo.

era fascinadora cual la de serpiente. Era el capellan del castillo, y á él estaban unidos de algun modo los principales recuerdos de la noble familia que le habitaba; él celebrara la misa y bendijera la espada cuando fué armado caballero el señor de Gauzon; él santificó su enlace con su amada esposa, y él la depositó un año despues en la tumba, cuando al dar la vida á Elvira perdió la suya; él derramara sobre esta el agua santa del bautismo, y él iba á consagrar su amor en el altar; él la viera crecer á la par de las pintadas flores que cultivaba en su jardin; pero Elvira era la mas bella de todas.

III.

Una pasion terrible ardia en el corazon de aquel hombre consagrado al claustro. Las vigilias empleadas en lecturas piadosas, los ayunos, todo el rigor de la mas austera penitencia, no eran bastantes á arrancar de su pecho la hechicera imágen que á pesar suyo se apoderara de su albedrío. ¿Por qué, decia el desgraciado, me ha condenado el cielo á este horrible suplicio? A otros hombres les está reservada la felicidad, pueden amar y ser amados, tienen un corazon que responde á los latidos del suyo, visten brillante armadura, calzan espuela de oro, ciñen una espada que les es dado enrojecer con la sangre de su rival; y yo, ¡miserable de mí! ¡solo en el mundo, despreciado, mirado con horror por aquella por quien diera yo mil y mil veces toda la sangre de mis venas!... ¡Oh desesperacion!... ¡Oh, rabia!... ¡Verdadero remedo del infierno!... Y el infeliz golpeaba furioso su surcada frente, sobre la fria piedra donde estaba postrado, y que ablandaba con sus lágrimas ardientes.

IV.

Se sucedieran muchos dias desde que el padre Mauro, no siéndole dable resistir el volcan que abrasaba su alma, osara confiar sus penas á Elvira, inocente causa de sus delirios, atreviéndose á pedir correspondencia de su amor sacrílego, y forjar proyectos insensatos. Sus palabras fueron escuchadas con el horror que merecian, y el desventurado amante solo pudo conseguir quedara sepultado en silencio eterno el fatal secreto de su odiosa pasion. Elvira, pura cual el rayo del sol de primavera, la habia ya olvidado; ella diera su corazon á Alfonso Alvarez de las Asturias, su próximo pariente, y el anciano señor de Gauzon habia sonreido con orgullo á la idea de unir su única heredera á tan celebrado paladin. Un año señalara de plazo al impaciente mancebo, el cual, como presente de boda ofreciera á su dama seis banderas y doscientos esclavos sarracenos, gloriosos trofeos que adquiriera para entretener su impaciencia en aquel largo espacio de tiempo, tan penoso para un amante.

V

Llegó por fin el ansiado momento; lujosos y antiquisimos tapices cubren las viejas paredes de la gótica capilla; cien cirios arden ya en el altar, su trémula llama va á reflejar en los pintados vidrios de las angostas ventanas, el pavimento se ve cubierto de odoríferas flores. El ancho recinto de la suntuosa capilla del Salvador no es bastante á contener la multitud de asistentes que deben presenciar el solemne desposorio. Alfonso y Elvira están de rodillas sobre un rico cogin de brocado: el padre Mauro revestido de los ornamentos sagrados, diera ya la bendicion nupcial á los amantes; empero faltaba aun para completar la ceremonia, la misa y la comunion que debian recibir los desposados. En este instante solemne la mano de Mauro estaba algun tanto trémula, su mirada era serena, mas la ligera sonrisa que animó por un instante su tétrico semblante tenia un no sé qué de infernal. Elvira que en aquel momento alzara á él sus bellos ojos, no pudo soportar la diabólica espresion que animaba el macilento rostro del monge, y los bajó repentinamente.

Al otro dia la gran campana del castillo convocaba con sus repetidos golpes á los vasallos de Gauzon, mas no era de fiesta su fúnebre clamoreo. La vieja capilla de Alfonso el Magno, estaba enlutada, mas las flores con que se engalanara pocas horas antes aun no estaban marchitas. Ante el altar se veian tres féretros, circundados de gruesos cirios amarillos, los ocupaban los cadáveres de Alfonso, Elvira y el padre Mauro. Este habia envenenado la hostia con que dijera misa, y las dos formas que sirvieran para la comunion de Alfonso y Elvira.

En el tiempo que empleamos en referir esta trágica historia, atravesamos casi todo el concejo de Parreño, dejando á nuestra derecha el antiguo torreon de *Coyanca*, y otro á el cercano cuyo nombre no recuerdo, y á la izquierda la ensenada de *Peran*, la punta de *Socampos*, el pequeño puerto de *Antrellusa*, donde se encuentran restos de poblacion, y de algunas obras en el puerto que sirve con frecuencia de abrigo á las lanchas pescadoras que no pueden arribar á Candás, y finalmente la punta de *Abiado* en el que hay vestigios de castillo ó atalaya. Al llegar al rio *Aboño*, que divide el concejo de Carreño del de Gijon, pasamos por el lugar de *Carrio*, donde vimos una casa de campo del conde de Peñalba, fundada sobre el antiguo solar de la familia de *Carrio*, que procede de un caballero del rey don Alonso II, el Casto, en señal de lo que conserva en sus armas la cruz llamada de los Angeles, insignia particular de aquel rey; una particularidad tiene la casa de Carrio, y es estar formado el altar de su capilla con restos de las famosas *Aras Sextinas* (*Aræ Sextiæ*) erigidas por Sexto Apuleyo, en honor de Augusto en el cabo *Torres*, que es una especie de península en frente de Gijon formada por el rio Aboño y el mar. En el citado altar hay en una de las referidas piedras, una inscripcion que no pudimos detenernos á copiar.

Pomponio Mela dice hablando de estos célebres monumentos. «En la costa de los asturos está el pueblo de Noega, y las tres Aras Sextinas, sagradas y dignas de veneracion, por el nombre de Augusto, que honran á sitios antes tan abandonados.» Ptolomeo las menciona tambien, y tuvieron por objeto perpetuar la memoria de la conquista del pais de los asturos, por la que el senado concedió á Augusto los honores del triunfo. Eran, pues, tres las Aras Sextinas, tenian forma de pirámides y una escalera interior de *caracol*, para subir á la cúspide. En el cabo Torres se ven aun sus cimientos.

El rio Aboño, que cria escelentes anguilas y truchas, y que cuando crece la marea es bastante caudaloso, se pasa en este punto por medio de una barca, y despues de subir un monte que se alza en la opuesta orilla, y cuyo estremo que se sepulta en el mar forma el *Cabo Torres*, de que hemos hablado, se presenta á la vista la hermosa villa y puerto de Gijon, circundada por una parte de una grande y amena llanura del mas agradable aspecto, y de la otra el mar. Toda la campiña de Gijon, llena de árboles y sembrados, está perfectamente cultivada y ostenta numerosas *pumaradas* ó bosques de manzanos.

CAPITULO DECIMO.

DESDE GIJON A COVADONGA.

La villa de Gijon, cuyo puerto habilitado es el mejor de la costa asturiana, por su buen fondeadero, es tambien la mas bonita, rica y aseada de toda la provincia. Se compone de mil veinte y dos casas, casi todas de bello aspecto y de buena construccion, que forman calles rectas, anchas, limpias y bien empedradas. Hace algunos años comenzaron á construirse sólidas fortificaciones que rodean la villa y la dan consideracion de plaza fuerte. Entre los edificios públicos sobresalen el Instituto asturiano, primer establecimiento de este género en España y fundacion del célebre don Gaspar Melchor de Jovellanos, que le enriqueció con una escogida y numerosa biblioteca, y en el que hay enseñanzas públicas de matemáticas, náutica, cosmografía, dibujo y lengua francesa. Tiene tambien un pequeño gabinete de máquinas. La parroquia dedicada á San Pedro, aunque es grande, nada presenta de notable mas que algunos sepulcros antiguos, y el del ilustre Jovellanos que se vé al lado del altar mayor. Hay tambien una colegiata de patronato del marqués de San Esteban del Mar, cuyo grandioso palacio en forma de castillo feudal y flanqueado por dos corpulentos torreones coronados de almenas, domina el puerto artificial formado por magníficos muelles, y en el que se ven flotar las banderas de todas las naciones comerciantes de Europa. Otro palacio, tambien en forma de castillo, llamado de *Valdés* por pertenecer á esta familia, está situado á la inmediacion de la parroquia; tiene á su frente un bonito jardin público, y hoy es posesion del citado marqués de San Esteban. Hay en la villa varias ermitas ó capillas de particulares, un convento de agustinas recoletas, un hospital, escelentes paseos, dos grandes fábricas, una de cristales, y otra de cigarros, y dos teatros, uno público muy reducido y otro particular. Al estremo de la calle principal y salida para Oviedo, se eleva el monumento mas moderno y tambien el mas suntuoso de los que en Asturias se encuentran dedicados al rey don Pelayo. Consiste en un bello arco de triunfo de arquitectura dórica y decoracion sencilla pero elegante. Es de piedra de sillería y tiene tres entradas, la del centro en forma de arco, y las colaterales cuadradas. La primera que hemos nombrado está adornada con cuatro pilastras, y sobre su cornisa se eleva un ático con las armas de la villa, que consisten en la imágen del rey Pelayo con la espada desnuda en una mano y la cruz de la Victoria en la otra. A ambos lados de este escudo está escrita en una gran lápida la siguiente inscripcion:

Infans Pelagius
E. Gothorum sanguine regum,
Hispanæ libertatis, religionis que restauratis
Senatus populus que Gigionensis.
Regali civili donnum dedere
Anno Dm. Ntri. J. C. MDCCLXXXV.

En la fachada opuesta, que es la que da frente al camino, se ven las armas de Castilla y Leon, y á los lados se lee:

Anmienti Carolo III patre patriæ
Principatus asturicensis comercio é utilitate
Incolarum consulens, viam hane
A mari obetum usque apervit.
Anno humanæ reparatæ salutis MDCCLXXXV.

La ereccion de este arco fué pensamiento de Jovellanos, cuando por mediacion suya se construyó el camino que conduce desde Gijon á Oviedo y Madrid.

A un cuarto de legua escaso de Gijon está el renombrado santuario de Nuestra Señora de *Contrueces*, edificado sobre una pequeña colina, que domina toda la hermosa campiña, que con la villa y el mar forma la mas interesante perspectiva. Este santuario y el palacio á el contiguo tienen recuerdos históricos, pues uno y otro fueron fundados por Alfonso III, el Magno, con el título de Santa María de *Cultrocies* y era como Gauzon, castillo y palacio. El mismo monarca lo donó á los obispos de Oviedo, que solian pasar en él la temporada de verano, y cuya posesion conservaron hasta 1841. Esta fortaleza fué una de las que se apoderaron los turbulentos hijos de Alfonso el Magno cuando se rebelaron contra él. La iglesia, que aun permanece abierta al culto, consta de una sola nave y dos capillas á los lados, y forma un agradable aspecto de buena arquitectura. Sin duda para conservar el recuerdo de su antiguo orígen de castillo, está el pintoresco santuario rodeado de una muralla almenada que le embellece y reviste de un carácter muy romántico. El camino de Contrueces á Gijon, cubierto de árboles por ambos lados, es uno de los paseos mas concurridos.

El orígen de la villa de que hablamos se pierde en la oscuridad de los tiempos, puesto que con el nombre de *Gijia* hemos visto la nombran los antiguos geógrafos é historiadores entre las veinte y dos antiguas ciudades de los asturos. Tambien es de presumir conservara importancia esta poblacion durante el dominio romano, pues como ya dijimos, la península que está á su frente y muy próxima, fué el punto elegido por Lucio Sexto Apuleyo para erigir las famosas Aras que llevaron su nombre. En 715 fué conquistada por los sarracenos, que pusieron en ella por gobernador á uno de los capitanes que mas se distinguieran en la conquista, llamado por los cristianos *Munuza*, y por los árabes Osman-Abu-Nesa, aquel en cuya boca pone Quintana en su hermosa tragedia del Pelayo aquellos robustos versos:

....«¡Aun soy Munuza!!
Pendiente de mis hombros todavía
El formidable alfange centellea
Que huérfanas dejó tantas familias.
Tiemblan de mí velando, aun se estremecen
Si su atemorizada fantasía
Mi aterradora faz les pinta en sueños.

Sabido es lo que se refiere de los amores de Munuza y Hormesinda hermana de Pelayo, y de su casamiento; del resentimiento y huida del ofendido príncipe, etc., etc. Mas estos hechos, aunque adornados y descritos por la elegantísima pluma de Quintana, no están suficientemente revestidos de verdad histórica: lo que si consta por los cronistas contemporáneos, es que Munuza, aborrecido por los gijoneses y noticioso del gran triunfo alcanzado por Pelayo en Covadonga, huyó con los suyos de Gijon, pero alcanzado por los cristianos en una aldea cercana llamada Olali, fué muerto con todos los que le seguian. Gijon fué, pues, rescatada en 722 por el mismo Pelayo. Los piratas normandos quisieron acometer esta villa en 842, mas desistieron de su pensamiento al reparar en las formidables fortalezas que la circuian. En 1112 la reina doña Urraca donó la villa de Gijon á la catedral de Oviedo. En el reinado de Alfonso XI era conde de Gijon, Noreña y Trastamara, don Rodrigo Alvarez de las Asturias, el que habiendo adoptado por hijo á don Enrique, (que era el primogénito de los bastardos del rey, y que despues reinó), le dejó á su muerte estos estados, lo que fué ocasion de que éste se hiciera fuerte en Gijon en 1352, declarándose rebelde de su hermano don Pedro el Cruel. El mismo don Enrique cuando ya reinaba y era el segundo de su nombre, dejó el condado de Gijon á su hijo bastardo don Alfonso Enriquez, habido en doña Elvira Iñiguez de la Vega. Suponiendo á este don Alfonso, de acuerdo con el rey de Portugal, dispuso Juan el I, en 1382, que fuesen sus estados confiscados y derruidos los muros de Gijon, lo que por entonces no se verificó, pues vemos que don Alonso Enriquez se rebeló en 1394 contra don Enrique III, y se abrigó en los fuertes muros de Gijon. El rey intentó recobrar la villa, pero la condesa de Gijon, esposa de don Alonso, la defendió con el mayor valor por largo tiempo, hasta que hubo de ceder á numerosas fuerzas y huir á Portugal con sus partidarios. Entonces fué, y no antes, cuando se arrasaron los muros y fortalezas de Gijon. En 1446, el conde de Valencia, don Juan de Acuña, intentó apoderarse de esta villa, aunque no pudo conseguirlo. En 1797 fué desterrado á Gijon su ilustre natural, Jovellanos, y finalmente, en 1808 los gijoneses apedrearon la casa del cónsul francés, lo que fué el principio del pronunciamiento contra aquellos invasores.

Dos dias nos detuvimos en Gijon, y continuamos nuestra ruta á Villaviciosa, que dista cuatro leguas. Siguiendo el camino de la marina, encontramos á la media legua la bonita aldea de *Somió*, cubierta de casas de campo de los particulares gijoneses. Nada tuvimos que observar hasta el alto monte que domina al valle de Villaviciosa. Nada es comparable á la bellísima campiña, que desde la cima se descubre, por sus frondosas arboledas, sus variadísimos prados y terrenos de labor de mil verdes distintos, salpicados de multitud de aldeas y caseríos, por entre las que serpentean como una cinta de plata el rio Amandi, el Linares y la ria de Villaviciosa, que separaba el territorio de los asturos de la célebre Cantabria, y que desprendiéndose del ancho Océano viene á morir muy cerca de la villa.

Este territorio fué en los tiempos antiguos conocido con el nombre de *Malayo* ó *Malcayo*, y parece que la fundacion de la villa no data sino del reinado de Alfonso el Sábio, que reunió en ella la poblacion dispersa en casas de campo y aldeas, y la dió fueros ó carta-puebla. De la misma época son los muros que la circuyen aun por algunas partes.

Hay en Villaviciosa una parroquia, cuyo edificio es de arquitectura bizantina, dos conventos, uno de monjas y otro que fué de franciscanos, y un hospital. Ostenta Villaviciosa, muchas casas de buena apariencia y comodidad, pertenecientes á hacendados comerciantes, y es pueblo civilizado y de fino trato. Desde luego visitamos la casa llamada de *Vaqueros*, en que se alojó Cárlos I el 19 de setiembre de 1517, cuando por primera vez aportó á España desde Alemania. Refiérese que apenas tocó con el pié la ribera se arrodilló y besó esta tierra clásica de honor y caballería, de valentía y nobleza, á la que habia debido el ser (1); los navíos de la armada que escoltaban el en que venia el rey, eran ochenta, en su mayor parte españoles, y enviados al efecto por el cardenal Jimenez de Cisneros, á la sazon regente del reino. Acompañaban á Cárlos, su hermana la infanta doña Leonor, Xesbrés, primer ministro y otros muchos cortesanos. Se habia la armada hecho á la vela en Middelburgo, y la navegacion no fué muy feliz, pues hubo en el tiempo que duró varias tormentas, y uno de los navíos, que se incendió casualmente, hizo perecer entre las llamas á todos los pasageros que conducia. La nave en que venia el rey, y otras doce, obligadas por los vientos, arribaron á Jazones, puerto cercado de peñascos á una legua de distancia de Villaviciosa á donde se trasladó don Cárlos con su córte; y desde aqui se dirigió á Tordesillas donde residia su madre. La referida casa de Vaqueros es de dos pisos, y se asemejaba bastante á una torre, como eran las mas que en aquella época habi–

(1) Sabido es que Cárlos V nació en Gante, pero sus padres, Felipe el Hermoso y Juana la Loca, acababan de llegar de España.

taban los nobles en Asturias. Despues se le han agregado habitaciones por ambos lados y han hecho variar su primitivo aspecto, conservando sin embargo, varias ventanas góticas. Las habitaciones que sirvieron de alojamiento al rey, están en el segundo piso, y entre ellas subsiste el cuarto ó alcoba en que durmió, que es bastante reducido y cuyo techo es un artesonado de madera. Aqui permanecia hasta hace pocos años la misma cama en que reposara, que hoy ya no existe; pero en un corredor inmediato á la alcoba se conserva la mesa en que se sirvió la cena, que está formada por un gran tablon de nogal muy tosco, de seis varas de largo, quince pulgadas de ancho y sobre cuatro de grueso, sostenido por pies tambien muy groseros. Dícese que uno de los platos que sirvieron al rey fué de sardinas fritas, pescado que nunca habia probado, y que le agradó mucho; mas que enterado del poco precio en que se vendia, prohibió que en lo sucesivo se le presentase. Conservaba tambien la casa de Vaqueros tres arcabuces de aquel tiempo, que en el dia han desaparecido. Despues de hablar de la visita de Cárlos I, que es el gran recuerdo histórico de Villaviciosa, hablaremos del orígen del dicho vulgar en Asturias de llamar á sus moradores *los hijos de Alfonso el Cristiano ó de la Espinera*, segun nos le refirió uno de los alquiladores de nuestros caballos.—Dice, pues, la tradicion, que allá en tiempo de entonces, hubo en esta villa un guerrero muy valiente y feroz llamado Alfonso; el cual menos que por la defensa de la religion de Cristo, combatia con los moros por satisfacer sus crueles instintos de matar á los hombres, robar las doncellas, etc. etc. Su santo titular quiso á toda costa salvar aquella alma que caminaba á largos pasos á su perdicion eterna, y un dia revestido de sus ricos ornamentos episcopales y rodeado de una aureola de gloria, se le apareció en lo alto de un espino reprendiéndole su mala vida y ordenándole fuese en penitencia á peregrinar á Covadonga, Roma, y Jerusalen. Prometióle el glorioso San Ildefonso á su protegido, que cuando Dios le hubiese perdonado sus enormes pecados, veria en sí mismo una señal evidente. Alfonso, ya convertido desde aquel momento, arrojó la espada y la lanza, y empuñando el bordon de los romeros, dió sus bienes á los pobres y marchó á obedecer el precepto divino. De regreso á su patria, entraba todos los dias en la iglesia al toque del alba, y no salia sino cuando el sacristan lo echaba fuera para cerrar las puertas. Ayunaba de contínuo, maceraba sus carnes pecadoras, y dormia siempre bajo el espino donde habia visto al santo arzobispo cuyo nombre manchara hasta el dia de su conversion. Por fin, Dios conmovido de tan severa penitencia le perdonó, y la señal que San Ildefouso pronosticara, apareció por fin. Consistia esta en verse siempre el tal Alfonso en una atmósfera contraria á todos los demas hombres. Asi es, que cuando todos buscaban en diciembre el fuego para libertarse del frio que helaba sus miembros, Alfonso el Cristiano sudaba copiosamente; y viceversa, en las calurosas tardes de la canícula, pedia de limosna algunas ramas de árboles para formar una hoguera en la que se calentaba. Finalmente, Alfonso el Cristiano llegó á muy avanzada edad, murió en opinion de santo, y fué sepultado al pié del Espino milagroso.

Al dia siguiente de nuestra llegada continuamos nuestra peregrinacion, dejando ya la marina, é internándonos en las montañas. La salida de Villaviciosa por la carretera de Oviedo, que corre paralela al rio Amandi, es uno de los mas bellos y agradables paseos que pueden verse. Al cuarto de legua escaso, está la lindísima aldea de San Juan de Amandi, en la que no llevará á mal el lector nos detengamos un instante. Prescindiendo de su risueña é incomparable situacion, por ser esta circunstancia tan comun en Asturias, donde la mano de Dios acumuló con profusion tantas bellezas naturales, llama desde luego la atencion la magnífica iglesia bizantina que sirve de parroquia, y que corona la cresta de una colina. Es tal vez de los edificios consagrados al culto el mas antiguo que se conserva en España, pues se remonta su fundacion al reinado de Sisenando y á los años 634, segun espresa una inscripcion que se ve entallada en la parte esterior del edificio. Llamábase esta iglesia en lo antiguo San Juan de Malayo, y cuando la irrupcion agarena se acogieron á ella dos obispos de las ciudades del interior de España, los que murieron en esta parroquia, y cuyos sepulcros permanecen aun. Posteriormente, cuando la persecucion que sufrieron los mozárabes de Córdoba, en el reinado de Abderramen II y su hijo Mohamad, vinieron muchos monges á buscar un refugio en el hospitalario pais de Asturias, y algunos de ellos de la órden de San Benito, llegaron á San Juan de Malayo y fundaron un monasterio que duró largos siglos. Aunque estos recuerdos de la antigüedad bastarian para hacer respetable la iglesia de Amandi, sobresale entre todas las de la provincia por su mérito artístico, en especial la capilla mayor, que ostenta á la par que solidez, elegancia, proporcion y acertada distribucion de su bellísimo ornato, siendo de admirar llegase á tanto el primor y la perfeccion en la época en que se construyó. Toda la capilla está ornada de columnas no muy altas, puestas unas sobre otras, y cuyos chapiteles están formados por multitud de figuras perfectamente acabadas, que representan en su mayor parte hombres y mugeres, tocando instrumentos músicos de varias formas. Cada columna, cada chapitel, cada adorno, en fin, de la iglesia de Amandi, necesitaria un largo artículo para su descripcion, de la que se han ocupado ya varios eruditos escritores, como el padre Carballo, Jovellanos, Caveda, etc. etc. El año de 1780 amenazaba ruina el templo que nos ocupa, y habria tal vez desaparecido este bellísimo tipo de arquitectura bizantina, si el arcipreste que á la sazon tenia á su cargo á San Juan de Amandi, don José Antonio Caunedo y Cuevillas, hombre benéfico, ilustrado y de especiales conocimientos en la arqueología, no le hubiera restaurado á su costa, teniendo la acertada precaucion de numerar los sillares para volverlos á colocar en igual órden y alineacion, con lo que el templo quedó en su mismo estado y forma primitiva. El citado arcipreste no exigió otra recompensa por el interesantísimo y costoso servicio que prestó á las artes conservando esta bellísima é histórica iglesia, mas que el que se escribiese su nombre en uno de los sillares de la referida capilla mayor, con la fecha de la restauracion, como se verificó, y nosotros nos complacemos, á fuer de amantes de las antigüedades, en consagrarle aqui un agradecido recuerdo. Inmediato á la iglesia está el cementerio, muy capaz, ventilado y de aspecto risueño, pues todo él forma un gran jardin cubierto de flores.

Desde la parroquia de Amandi se empiezan á subir los altos montes que conducen al concejo de Cabranes, pero antes de salir del de Villaviciosa y á media legua de esta poblacion, se ve á la izquierda, en un prado que corona una alegre colina, y está circundado de espesos bosques, el pintoresco santuario de Nuestra Señora de Lugás, uno de los que en estos últimos años han adquirido mas celebridad en Asturias, pues asisten á su suntuosa fiesta ó romería puede decirse que todos los habitantes del pais á diez leguas en contorno. Tiene lugar esta festividad el 8 de setiembre, en que tambien se celebra la famosa romería de Covadonga, por lo que desde el primer dia del espresado mes se ven los caminos que conducen á uno y otro santuario, cubiertos de peregrinos que se cruzan, pues los unos van á asistir el dia 7 á la *foguera* á Covadonga, de donde salen muy de madrugada el 8 para llegar á Lugás, y otros al contrario pasan la *foguera* en Lugás y asisten á la funcion de Covadonga. La de Lugás se verifica con el mayor lujo, pues se hacen venir una ó mas músicas de la capital: una bien dispuesta iluminacion de vasos de colores luce en la torre, y pórtico de la iglesia, hay globos aereostáticos, fuegos artificiales muy notables, grande hoguera y solemne procesion escoltada por tropa. Cuanto mas nos alejábamos de la ribera del mar, el terreno que pisábamos era mas y mas montuoso, y muy pronto entramos en el concejo de Cabranes, que es muy fértil y frondoso, pero de poca estension, pues no contiene mas que seis parroquias. Su capital es Santa Eulalia de Cabranes, que consta de trescientas casas, y en la que está la iglesia parroquial de su nombre y cuatro ermitas. Nada ofrece de notable esta poblacion, que está situada á la derecha del rio *Salas*, que atraviesa todo el concejo. El camino que seguiamos era á la orilla de este rio y en direccion de su orígen, y nos condujo luego á subir el gran monte en cuya cima se sienta la parroquia y aldea de Torazo, dos leguas distante de Villaviciosa, y una bastante larga del Infiesto. La senda es penosa, pero sin embargo practicable para carros. Allá va un hecho que se nos refirió en Torazo como sucedido de muy poco tiempo á esta parte en un pueblo inmediato, y que llenó de terror á este país donde reinan costumbres tan inocentes y patriarcales.

Un jóven labrador recien casado, se dirigió con otros varios compañeros y vecinos suyos á Castilla, con objeto de tomar parte en las faenas de la siega; y terminadas estas marchó con dos de sus amigos á Sevilla y otras ciudades de Andalucía. Dos años largos tardó en volver á su casa, sin avisar de su vuelta á su esposa, tal vez por sospechas que ya abrigaría de su infidelidad. Arrojóse ella á los pies de su marido, y anegada en lágrimas le confesó habia olvidado todos sus deberes; que recibiera muchas veces durante su ausencia á un primer amante con quien sus padres no le permitieran casar por que era *vaquero* (1), y que hacia siete meses llevaba en

(1) Hay la creencia en Asturias de que los vaqueros ó habitantes de las ***brañas***, son descendientes de aquellos malos españoles que rehusaron seguir á Pelayo en su patriótica empresa de reconquis-

su seno la prenda de un amor culpable. El ofendido esposo lejos de reprender á su compañera, la perdonó, la estrechó en sus brazos, le manifestó mas cariño que nunca, y se confesó culpado de iguales faltas cometidas contra la fé conyugal, en Madrid, Sevilla y Cádiz. Celebróse la vuelta del viagero con una espléndida cena á la que asistieron algunos vecinos, y acabada se retiraron ambos esposos á una *panera* donde solian dormir. Al otro dia al amanecer los labradores que iban alegremente al campo guiando sus bueyes retrocedieron llenos de espanto al pasar delante de la panera. La esposa infiel estaba desnuda y ahorcada de un clavo de la puerta, colgado al cuello el feto mal formado aun, y á pocos pasos el perro del ganado devorando el corazon que su marido le arrancara. El parricida habia desaparecido.

Al bajar de Torazo se entra muy en breve en el concejo de *Piloña*, dicho asi del histórico y caudaloso rio *Pionia*, que le atraviesa en su mayor parte. Este territorio es notable por su feracidad y rica vegetacion, pues todos los montes que lo componen, están cubiertos de robles, hayas, castaños y otros árboles. Hay tambien muchos criaderos de carbon de piedra, escelentes pastos y plantas medicinales. A la izquierda del camino se deja la poética torre de *Lodeña*, viejo solar de la familia de este apellido, y morada de los señores feudales del antiguo *Coto* ó señorío de *Lodeña*, que perteneció á la familia de *Rivero y Posada* y hoy es propiedad del marqués del Real transporte.

Desde Santa María de Lodeña se entra pronto en un buen paseo denominado *El Calzado* á orillas del *Pionia*, hoy *Piloña*, que conduce inmediatamente á la villa del *Infiesto*, capital del concejo y un partido judicial, que comprende treinta y dos parroquias, repartidas en los concejos de Cabranes, Nava, Piloña y Sariego. Da entrada á la villa un magnífico puente de piedra de tres arcos, edificado en 1719. Ocupa el Infiesto casi el centro de la provincia y está situado en un estrecho valle circundado de altísimos montes. La poblacion no consta sino de sesenta casas que forman una gran plaza, en la que se celebra todos los lunes un concurridísimo mercado, y algunas calles; hay una pequeña iglesia con título de colegiata, fábrica del siglo pasado, y dos ermitas, una dedicada á Santa Teresa en la plaza, y otra en las afueras de la villa en pintoresca posicion, llamada de San Cipriano. Esta es de bastante capacidad, en forma de cruz latina y de arquitectura dórica; parece ser fábrica de los últimos años del siglo XVI.

Una de las rarezas naturales que adornan los risueños paisages que rodean al Infiesto es el agreste santuario de la *Vírgen de la Cueva*, situado á un octavo de legua de la poblacion, y enclavado en la parroquia de Santa Eulalia de Gues. Nada hay que presente una belleza mas salvage que este lugar, que mas bien que realidad parece la fantasía de un pintor. Despues de atravesar el rio de la *Cueva* (que á po-

tar la patria, por lo que se miran en el pais con el mayor desprecio, y ningun aldeano por pobre que sea, consentiria la afrenta de que una hija ó hermana se casase con un *vaquero*, que es la palabra mas infamante con que puede llamarse á cualquiera en Asturias.

cos pasos se reune al Piloña) por medio de un puente rústico de madera, se entra en una frondosa alameda de árboles frutales, que conduce al santuario. Está situado en la concavidad de un enorme peñasco cuya bóveda natural sostiene á mas de cien pies de altura, amenas praderas salpicadas de corpulentos árboles, donde retozan los ganados, formando el todo de este sitio el mas caprichoso y sorprendente cuadro. La gran cueva, que tiene ciento seis pasos de largo, treinta y dos de ancho, y sobre ochenta pies de altura, (en su mayor distancia) contiene dentro de su recinto tres ermitas ó capillas bastante capaces y dos casas. La ermita mas antigua, que es tambien la mas reducida, está dedicada á Nuestra Señora de la Cueva, pequeña imágen de talla, que se dice aparecida en época remota en el mismo lugar, donde se halla á unos pastores. Fué erijida por el señor de la Torre de Lodeña, á quien pertenecia aquel territorio. A la capilla de la vírgen sigue la de San José, mas moderna, y construida con mas suntuosidad que la anterior, y que no data mas allá de principios del siglo XVIII. Al frente de esta se ve la otra capilla dedicada á la vírgen del Cármen; que fué fundada en 1706, por don Diego Alonso de Rivero y Posada, señor de la Torre de Lodeña. Contigua á esta capilla del Carmen, están las casas del capellan y del ermitaño, que vienen á parar al frente de la primera capilla que hemos nombrado, y que con una larga fila de confesonarios fijos en la peña, y una baranda de piedra que cierra el lado opuesto, dejan libre una espaciosa plazuela en forma de rectángulo, dentro del que crecen varios árboles, todo cubierto por el peñasco que en forma de una gran concha, protege y oculta todas estas originales construcciones. En los frontales de los altares se ven pintadas las armas de los fundadores. El 8 de setiembre tiene lugar en el inmediato bosque que ocupa la orilla opuesta del rio de la Cueva, la gran romería que en honor de la vírgen se celebra, la que es muy concurrida, y que solo rinde parias en Asturias, á la de Cangas, Lugás y Covadonga.

A la salida del Infiesto para Cangas de Onis, en el sitio llamado la *Corredoria*, permanece una memoria notable del rey Pelayo. Dícese, pues, que al dirigirse el valiente caudillo de Gijon á Covadonga, seguido de un solo guerrero, y acosado por gran número de soldados moros, que iban en su seguimiento, se arrojó con su caballo al rio que llevaba un gran caudal de agua. Encontró felizmente vado en aquel sitio y para animar á su compañero que titubeaba imitar su ejemplo, le gritó Pelayo desde el rio ¡*Pie alla*! aludiendo á su caballo. Ambos paladines llegaron salvos á la opuesta orilla y los moros no se atrevieron á esponer su vida por seguirlos. Para perpetuar el recuerdo de este suceso, se dió el nombre de *Pie alla* al vado y á las tierras inmediatas que aun lo conservan, y en la casa de escuelas, que está á pocos pasos, se colocó el escudo de armas del concejo de Piloña, que consiste en dos caballeros completamente armados que sobre sus caballos atraviesan unas ondas. De la boca del primero sale una leyenda que dice *Pie alla*; y en la *cabeza* del escudo se ve la cruz de la Victoria.

El camino del Infiesto á Covadonga (que dista 6 leguas) es de los mas vistosos y variados que puede haber, y á cada paso se tropieza con un recuerdo histórico ó alguna belleza artística. Largo tiempo se marcha á orillas del Piloña, y cerca de un cuarto de legua del vado de *Pie alla* se encuentra una colina denominada *Peleon*, que, segun las tradiciones del pais, sirvió de teatro á un reñido combate entre los moros, y los primeros caballeros y peones que seguian á Pelayo antes de la batalla de Covadonga. No ha pasado aun mucho tiempo desde que un labrador desenterró en aquel sitio con la punta de su arado, una hacha de dos cortes semejante á aquellas que usaban los guerreros francos y que de su nombre se decian *franciscas*. A la legua del Infiesto está la graciosa aldea de *Villa mayor*, que posee una iglesia bizantina muy parecida, aunque no tan bella, á la de San Juan de Amandi, y que perteneció en otros tiempos á un monasterio de benedictinas, y hoy desplomada su techumbre sirve de cementerio público.

Dejando el concejo de Piloña se entra en el de *Parres*, muy montuoso y no tan fértil ni poblado de árboles como aquel en donde se hallan los solares de las dos antiguas familias de *Nevares* y *Corderas* que se precian de descender de los paladines de Pelayo: pasamos por el lugar de *Llames de Parres* ó *Collado del Otero*, situado en la parroquia de *Biabaño*, no lejos del Piloña, y por otros varios, y á las 3 leguas y media del Infiesto, avistamos á la izquierda del camino por donde marchábamos, y á las riberas del rio Sella, el histórico monasterio de *San Pedro de Villanueva*, que se alza al pie del elevadísimo monte llamado en viejas crónicas *Olicio*, y hoy *Osuna*, antiguo edificio, siendo un monumento erigido para recordar un hecho notable de nuestra historia, y era en sus principios un palacio ó casa de campo de los duques de Cantabria, á cuya provincia pertenecia, como ya hemos dicho en otro lugar, este territorio y el en que moraba el duque Alfonso, desposado con Hormesinda, hija de Pelayo. Pasaron dos años desde la muerte de este gran príncipe, y corria el de 739, cuando su hijo y sucesor Favila, mancebo robusto y belicoso, se arrancó una tarde de los brazos de su jóven esposa la bella *Froilima*, para entregarse á la diversion de la caza. Alejado de sus monteros, se empeñó en seguimiento de un corpulento oso, con el que penetró en la cueva que le servia de vivienda, y en la que se travó un combate terrible, que dió por resultado la muerte del rey y de la fiera. El valiente Alfonso, duque de Cantabria, fué elegido unánimemente por sucesor de Favila, y uno de los primeros actos de su reinado fué, accediendo á los deseos de su esposa, convertir su palacio, que estaba muy cercano al lugar de la catástrofe, en una iglesia con la advocacion de Santa María, que fué despues monasterio de monges benedictinos con la de San Pedro de Villanueva que hoy conserva. A la puerta del templo se colocaron los muy renombrados bajo relieves que representaban la muerte de Favila, y la salida de su palacio para la cacería en que perdió la vida que tan prolijamente describió en el siglo XVI el cronista obispo Sandoval; hoy no existen estos, pero sí la portada bizantina, en cuyos chapiteles y en figuras delicadamente escultadas, se ve en uno á Favila montado á caballo con un halcon en la mano, y á Froilima á la puerta de su palacio; en otro chapitel está el rey en trage de guerrero, combatiendo con el oso que está en pié, y tiene la espada de aquel casi del todo introducida en su pecho; finalmente, en el tercero se ve á Favila entre las fauces de una espantosa fiera, con multitud de gentes que parece intentan aunque inútilmente evitar la desgracia.

La capilla mayor, que tambien es del tiempo de Alfonso el Católico, está adornada de bellas columnas bizantinas en cuyos chapiteles se vé repetida la trágica cacería de Favila, y aunque de mucho mérito, no iguala á la primorosa de San Juan de Amandi de que hemos hablado. El monasterio de San Pedro de Villanueva fué renovado en su totalidad en 1687, y asi solo ofrece de notable los fragmentos que restan del primitivo, que son ademas de la portada y capilla mayor ya indicada, las columnas y arcos que adornan el ingreso de la escalera principal, varias tumbas ó sepulcros ornados profusamente de ricas labores, y una bellísima pila bautismal que data del siglo XII. En el monte cercano se ve una cueva que es en la que, segun los naturales, ocurrió la lucha con el oso, y la muerte de Favila. En los siglos XVI y XVII, refieren Morales y Carballo, que existia en este sitio una cruz para conservar la memoria del suceso, pero hoy ya no se ve.

En Villanueva empieza la risueña vega de Cangas, que es, segun muchos y graves autores, la misma que los romanos llamaron *Concana*, y en la que se elevaba la antigua ciudad cántabra de este mismo nombre, de que nos hace repetida mencion el famoso poeta *Horacio*. No es menos célebre este territorio en la gloriosa época de la restauracion española: entonces, como nos muestran los cronicones antiguos, se llamaba *Canicas*. Aqui fué donde Pelayo llegó cuando huyó de Gijon y atravesó el Pionia, y se puso al frente de un puñado de valientes, que segun las tradiciones de Asturias, solo llegaban á quinientos diez y nueve nobles los que juraron obedecer á Pelayo, intitulándole señor, *Dominus*, orígen del Don de nuestros dias (1). Por eso al considerar tan escaso número, esclama Alfonso el Sábio en la crónica general de España:

«*Don Pelayo era solo, é non habia quien le ayudar sino Dios del cielo.*» Aqui en esta vega fué donde alcanzó en 718 su primero y memorable triunfo que sirvió de glorioso cimiento á la monarquía española. En Canicas fué donde fijaron su córte aquel soldado rey, y sus sucesores hasta don Silo, que la trasladó á Pravia. En Canicas aconteció la muerte de Vimarano, perpetrada por su hermano el rey don Fruela, y la de este, ocasionada por su primo Aurelio y varios conjurados en 767, y alli nacieron los seis hijos de Favila ó Fafila, y tambien los de Alfonso el Católico, que eran Fruela, Vimarano, Adosinda y Mauregato, que todos ciñeron sucesivamente la corona real de Asturias escepto el segundo. No olvidó Cangas en los tiempos modernos sus antiguos timbres, pues en la guerra de la independencia formó con los jóvenes de su concejo un regimiento que denominó de *Covadonga*, el que en el

(1) «Fué Pelayo el primero que usó el *Don* por antenombre impuesto por sus vasallos para mas honralle, hasta entonces solo permitido á los santos, y es palabra interpretada de *Dominus*, señor en castellano.» (Mendez Silva, poblacion de España.)

campo de batalla hizo ver á los franceses no llevaba en vano aquel glorioso renombre. Tenia esta villa voto entero en la junta general, ó sean córtes provinciales, cuya última reunion se verificó en 1832, y finalmente, es hoy capital del concejo de su nombre, y de un partido judicial.

Cangas está situada en la confluencia de los dos rios *Sella* y *Gueña*, y es una bonita aunque pequeña poblacion, pues no pasa de 700 habitantes. Da entrada á la villa un antiquísimo y magnífico puente de tres arcos de piedra de sillería sobre el Sella, notable por su elevacion sorprendente, pues tiene cerca de setenta pies desde el nivel del agua á la clave del arco principal, y setenta y cuatro de largo.

La iglesia parroquial está dedicada á Nuestra Señora de la Asuncion, y es un edificio bastante capaz, construido en el siglo pasado, á escepcion de la capilla mayor que permanece aun la antigua. Del palacio que ocuparon los reyes de Asturias, no quedan rastros ni vestigios en Cangas, pero se ve prolijamente representado en un chapitel de la portada de San Pedro de Villanueva, fundacion, como ya dijimos, del reinado de Alfonso el Católico. Contigua á Cangas, y muy cerca del lugar de la reunion de los dos rios, se ve la famosa ermita de Santa Cruz. El sitio en que está edificada se llama hoy *Vega de Santa Cruz*, y por algunos historiadores, *Campo de Contraquil*, que fué donde se reunieron los primeros guerreros de Pelayo.

En el mismo campo se terminó tambien pocos dias despues de la espresada reunion, la gran batalla comenzada en Covadonga, y aqui fué donde, segun el arzobispo don Rodrigo y las leyendas populares, perpetuadas hasta hoy, apareció como en otro tiempo á Constantino, una cruz roja en el cielo en señal de victoria, y á semejanza de la que hizo Pelayo construir una cruz de roble que le servia de bandera ó enseña.

En el centro de este campo tan lleno de nobles recuerdos, edificó Fafila en 739, con objeto de celebrar el gran triunfo de su esclarecido padre, una iglesia de sillería «de maravillosa hechura» segun el cronicon de Alfonso el Magno, en la que depositó la referida cruz de roble de su padre, y le dió la advocacion de Santa Cruz que conserva. La iglesia era muy pequeña, pues no tenia mas que 8 pies de cada lado; pero habia otra igual subterránea segun el estilo de aquel tiempo. Muerto Fafila, en el mismo año de la dedicacion de este templo, fué sepultado en una cueva que estaba á él muy cercana, y de la que en el siglo XVII sacaban los naturales tierra, atribuyéndole virtud para curar enfermedades como sepultura de un santo. Su esposa la reina *Froilima* fué sepultada á su lado; pero hoy no se ven ni uno ni otro sepulcro, y en cuanto á Fafila, segun nos instruye Mariana, fué trasladado á la iglesia de San Miguel de la villa de Yangüas. La actual iglesia de Santa Cruz es una renovacion de la antigua, hecha en 1637 por Fernando de Estrada y su muger doña Marquesa Valdés, cuyos retratos y escudos de armas se ven en el altar; pero está de tal modo abandonada desde la guerra de la independencia por su patrono y poseedor el conde de la Vega de Sella, que, vergüenza da repetirlo, está convertida en establo. Aun conserva, sin embargo, la famosa inscripcion votiva que en su puerta colocó Fafila, que es tan renombrada por ser la escritura mas antigua que en

España existe desde la entrada de los moros, redactada en aquel bárbaro y corrompido latin, que formaba el lenguage español del siglo VIII. La lápida que contiene esta célebre inscripcion, está empotrada en la pared; pero embadurnada y deteriorada de tal modo que solo con trabajo puede leerse.

Tambien subsiste, aunque cegada con escombros, la iglesia subterránea, que visitaron Morales y Carballo, y, es dicho vulgar, hay una mina larga que atraviesa el rio. El erudito anticuario y escritor don Antonio Cortés hizo con objeto de reconocer aquella una escavacion en la sacristía, por donde es tradicion se bajaba; pero tropezó con los cimientos de la capilla que son muy raros, pues consisten en maderos redondos colocados á lo largo y al través de la pared, y empotrados en argamasa. En los alrededores de esta ermita se encontraron varios sepulcros. Estuvo abierta al culto hasta 1808.

De Cangas de Onis hay dos leguas cortas á Covadonga, y el camino real abierto por el gran Cárlos III es en estremo agradable, pues va siempre á las orillas del *Gueña*, que son muy amenas. A la media legua de la referida villa se reune este rio al *Deva* ó *Diva*, tan nombrado en nuestras historias, y cuya ribera no se abandona hasta llegar al célebre santuario objeto de nuestro viage. Habríamos ya recorrido la mitad de la distancia entre Cangas y Covadonga, ó sea una legua, cuando encontramos el pequeño lugar de *Soto* que nada ofrece de particular mas que un antiguo palacio que pertenece á la familia del mismo nombre, que ostenta un robusto torreon en el cual, segun las tradiciones, posó repetidas veces el rey Pelayo durante sus espediciones guerreras. A muy pocos pasos está el *Campo de la Jura*, lugar donde algunos dias despues de la batalla, se reunieron los nuevos vasallos del nuevo rey para pronunciar el solemne juramento de fidelidad y pleito homenage, y Pelayo prometió guardar las sábias leyes godas del *Fuero-juzgo*, y hacer continua guerra á los enemigos de la patria. Para perpetuar la memoria de este hecho los jueces del concejo de Cangas de Onis tenian costumbre, hasta hace poco, de ir á tomar posesion de la vara de justicia al *Campo de la Jura*. Despues de Soto se encuentra *la Riera* en donde está la casa ó palacio en que suele habitar el abad de Covadonga, y á muy pocos pasos, unas grandes rocas de granito que aseguran los aldeanos se pegaron al suelo porque los moros las querian arrojar contra los cristianos; pero es mas probable fuesen lanzadas por estos contra aquellos desde la cima del monte. Tambien muestran los cangueses unas rayas ó surcos profundos en un peñasco que aseguran ser el resbalon del caballo de Pelayo, á quien nunca llaman *rey* sino *infante*, particularidad que ya notó el cronista Ambrosio Morales cuando de órden de Felipe II visitó á Covadonga. El valle por donde corren el Deva y el camino real, se va estrechando mas y mas á la salida de la Riera y muy cerca de Covadonga, está un pequeño campo llamado de *Repelayo*, en el que los asturianos le detuvieron un momento en medio del combate en que ya eran vencedores, para *alzar sobre el pavés*, segun la usanza goda, y proclamar rey, al que hasta entonces no fuera sino caudillo.

CAPITULO ONCE.

COVADONGA.

A pesar de lo familiarizada que teniamos ya la vista con los magníficos cuadros de la naturaleza, mi amigo Mauricio y yo quedamos sorprendidos al descubrir á Covadonga. Caunedo lo conoció, y una sonrisa de satisfaccion que asomó á su rostro daba bien á entender que se gozaba en nuestra sorpresa con todo el entusiasmo de un verdadero asturiano. Diré dos palabras de este sitio inolvidable.

Tres elevadísimos montes se ofrecen á la vista, que comprenden entre sí una estrecha vega. El mas alto de estos y que está situado entre los otros dos, es tambien el mas célebre en los fastos de España y le daban el nombre de monte *Ausela*, pero hoy se llama montaña de la Vírgen. Se calcula en 4,000 pies su elevacion, y le sirve de cimiento un enorme peñasco de 180 de altura, roto por el rio Deva (1),

que al caer impetuosamente forma una magestuosa cascada. En el centro de esta gigantesca roca, se ve la celebrada cueva que sirvió de refugio á Pelayo y sus

(1) Este rio que nuestros cronistas dicen que «creció y se hizo grande» con la sangre de los árabes nace en las elevadisimas peñas llamadas *picos* de Europa, atraviesa algunas praderías y en la de *Orandi* se sumerge en una cueva, va oculto por la montaña de la Vírgen, y sale al campo de *Peinano* por debajo de la célebre cueva.

bravos compañeros, y que era á la sazon conocida con el nombre de *Covafonga*, y *Cueva de Santa María*, como la llama la crónica de Alfonso el Magno. Su estension es próximamente de 30 pies de fondo y 40 de ancho por la boca. Otro tanto hay de altura desde el techo hasta el suelo, pero esta distancia va disminuyendo por la inclinacion de la bóveda natural, hasta quedar reducida á 10 pies. El pavimento está formado en parte por el mismo peñasco, y parte por tablones, enclavados en vigas, que solo por un estremo encajan en aquel, y por el otro sustentan un gran balcon de madera, que corre por todo el frente de la cueva. A una punta de este balcon ó corredor se alza la ermita de Covadonga, que es muy pequeña, pues solo llega su estension á 3 varas cuadradas, y otro tanto de elevacion, y que fué construida en 1820. En su único altar se ve la imágen de la vírgen, bárbaramente escultada, pero de gran devocion en el pais. En una de las paredes de esta ermita, está empotrado el sepulcro del célebre Alfonso I, el Católico. El revoque que lo envuelve solo deja libre el testero en que se ve una lápida con esta inscripcion que data del siglo XVI.

Aqui yace el católico y santo rey don Alonso I, y su muger doña Ermenesenda, hermana de don Favila, á quien sucedió. Ganó este rey muchas victorias á los moros. Falleció en Cangas, año de 757.

Al frente de la ermita y en una gruta que tendrá de largo como 12 pies y 4 de alto, se ve el tosco túmulo que encierra los restos del heróico don Pelayo, y que consiste en una gran tumba compuesta solamente de dos piedras el arca y la cubierta. Es mas angosta de los pies que de la cabeza, y no tiene adorno ni inscripcion alguna. La rusticidad y pobreza de este sepulcro demuestra su veneranda antigüedad y robustece la vieja tradicion que atribuye su fábrica al rey Alfonso el Católico, que en memoria de la célebre batalla erigió el monasterio de Santa María de Covadonga, y trasladó á la Santa Cueva el cadáver de su suegro don Pelayo, que yacía en Santa Eulalia de Belamio. La entrada de la covacha de que vamos hablando, está señalada con una ojiva que desde algunos años á esta parte, se ve tabicada y resguardada con una reja de hierro, pudiendo no obstante, descubrirse el memorable lucillo, por una pequeña tronera que el tabique deja en claro. Sobre la referida ojiva se puso en el siglo XVI una pequeña lápida de mármol en la que se lee esta humilde inscripcion:

Aqui yace el señor rey don Pelayo, ellecto el año de 716, que en esta milagrosa cueva dió principio á la restauracion de España, venzidos los moros. Falleció, año de 737, y le acompañan su muger y hermana.

Asi permanece este sagrado monumento, inmortal padron de nuestras glorias. Un farol luce de continuo, al lado de la gruta sepulcral de Pelayo, y muestra á los peregrinos que arriban á Covadonga durante la noche, el término de su devoto viage. La histórica cueva de la Vírgen aumentada con un edificio de madera suspendido en el aire á la altura de 90 pies, y sostenido solamente por vigas como el corredor de que hicimos mencion, sirvió de templo de la colegiata hasta el 18 de octubre de 1777, que incendiados por un rayo los jarales y maleza que lo tapizaban, quedó tambien convertida en cenizas la osada y piadosa construccion de Alfonso el Católico, que llevaba el nombre de *Milagro de Covadonga*. Desde aquel deplorable acontecimiento se trasladó la iglesia de la colegiata á la capilla de San Fernando del contiguo edificio que fué un dia el monasterio de Santa María. En sus principios estaba habitado por monges de San Benito, como asegura la escritura de fundacion, y despues por canónigos regulares de San Agustin. El rey don Felipe IV edificó las actuales casas de los canónigos y aumentó la escasa dotacion que disfrutaban, renunciando en su beneficio un canonicato que en la colegiata de Covadonga poseian los reyes de España. El abad, que tiene asignacion y categoría de mitrado, es tambien dignidad de la catedral de Oviedo. El edificio que hoy existe, renovado varias veces desde su fundacion, es humilde, pero conserva aun restos de su primera arquitectura magestuosa y severa. Hasta el deplorable incendio de la antigua iglesia de la cueva, estaban suspendidos cerca del sepulcro de Pelayo su espada y estoque. Aquella fué trasladada á Madrid por el abad de Covadonga cuando corrió á dar cuenta á Cárlos III del inesperado desastre, y hoy, con el respeto que merece tan insigne trofeo, se conserva en la Armería real. El estoque de Pelayo permanece aun en la sacristía de la colegiata y su forma es muy estraña. Es de hierro, tiene cuatro filos y su longitud llegará á una tercia; cuatro gavilanes rodean el puño y suben hasta tocar el pomo en figura de lira, dando á esta arma alguna semejanza á las antiguas espadas escocesas. Al pie del monte de la Vírgen hay una reducida planicie desde la que segun la tradicion, hablaba el traidor obispo Opas á los cristianos que ocupaban la cueva, en la que y en el campo contiguo denominado de *Reynazo*, dió principio la sangrienta batalla que acabó en la vega de Santa Cruz de Cangas. Cerca de la referida planicie se vé la magnífica alcantarilla de piedra de silleria de 15 pies de alto y 8 de ancho, edificada por don Ventura Rodriguez, primer arquitecto de Cárlos III, que de órden de este monarca, pasó á Covadonga despues del incendio para construir un nuevo templo digno del sitio y de sus recuerdos. La espresada alcantarilla tiene por objeto encerrar y cubrir el rio Deva que sale por debajo de la cueva de la Vírgen, y servir de base al templo que debia edificarse. Ademas de la célebre cueva y colegiata, hay en Covadonga 12 casas con huertas para los canónigos y dependientes de la colegiata, y un cómodo meson para los viageros. En la sala capitular, que tambien sirve de biblioteca, hay un bonito album para firmar los viageros, el cual contiene ya algunas composiciones de mérito. La gran festividad de Covadonga es el 8 de setiembre y la misa y sermon se celebra bajo unos árboles, pues solo en el campo pueden acomodarse la multitud de concurrentes que aun van á pagar este tributo á las grandezas pasadas de nuestra patria. En cuanto al suceso histórico está aun grabado en el corazon de aquellos bizarros montañeses, que lo refieren á los viageros del mismo modo que nuestros cronistas y solo añaden estas poéticas tradiciones. Estaba la cueva dedicada á la Vírgen desde los primeros tiempos del cristianismo, y la primitiva imágen fué alli colocada por el apóstol San Pablo. Cuando la invasion agarena, estaba la cueva habitada por un anciano y santo ermitaño, y pocos dias antes de la célebre batalla llegó alli Pelayo persiguiendo á un bandido que fué á refugiarse al altar de la Vírgen. El piadoso guerrero por respeto á la santidad del sitio le perdonó la vida, y el ermitaño profetizó entonces á Pelayo, que aquella santa cueva le acogeria tambien á él y á los suyos, y que en ella alcanzaria un memorable triunfo. Dióle por prenda de la victoria la tosca cruz de madera que adornaba el altar, y le despidió con su bendicion. Esta tradicion la menciona Carballo en sus antigüedades de Asturias. Dícese tambien en Covadonga, y lo apoyan algunas de nuestras historias, que las flechas de los moros de Alkhamak al tocar con sus puntas el gran peñasco, se volvian contra sus dueños y les daban la muerte; que don Opas fué mandado precipitar por don Pelayo desde unas altas peñas, y que en el momento fué arrebatado su cuerpo por los diablos, y finalmente que todos los moros perecieron, y que el nombre de la *Gusana* que lleva un arroyo que del campo de *Reynazo* baja á unirse al *Deva* proviene de los muchísimos gusanos producidos en él por los cuerpos muertos.

Retrocedimos sobre nuestros pasos abandonando con pesar aquel romántico sitio cubierto con las huellas de mil héroes, donde cada tronco de árbol, cada peñasco, cada trozo de terreno, es un monumento histórico y el recuerdo de una hazaña, y volvimos á pasar por el campo de Repelayo y la Riera para dirigirnos á la iglesia de Abamia que dista una legua de Covadonga; pero queriendo acortar el camino, trepamos por un empinado monte que se alza sobre la Riera. Alli perdimos la estrecha senda que recorríamos, y caminando largo tiempo á la ventura, nos encontramos en un espeso bosque formado de corpulentos y centenarios árboles. Aun dudábamos sobre la direccion que deberíamos elegir, cuando vimos de lejos un robusto jóven que conducia sobre sus espaldas un abultado saco lleno al parecer de grano, el cual apenas nos divisó lo arrojó al suelo, y corrió hácia nosotros para enseñarnos el camino; servicio tanto mas digno de nuestro agradecimiento, cuando no lo habíamos aun solicitado. Hermoso y ágil era nuestro guia, estatura aventajada, robustas formas, musculatura hercúlea, color blanco y cabellos rubios; el tipo, en fin, del antiguo cántabro, aunque revestido del aspecto de los hombres civilizados.

—Gracias, amable jóven, dijo Caunedo, ¿Viene vd. á enseñarnos el camino?

—No hay de que darlas: es un deber guiar á los viageros estraviados. ¿Vds. van á visitar nuestra antigua iglesia de Santa Eulalia, donde estuvo enterrado el infante Pelayo y su muger doña Gaudiosa?...

—Efectivamente, prosiguió Caunedo; pero ha olvidado vd. su saco; póngalo vd. sobre uno de nuestros caballos...

—No señor, está seguro y nadie lo tocará, aunque lo dejara alli tres dias. En este pais no se conocen ladrones.

—Pero vuélvase vd. ya, buen amigo; desde aqui podremos seguir bien; no queremos distraer á vd. de sus quehaceres.

—No señor, he de acompañar á vds. hasta la parroquia.

Inútiles fueron todas nuestras instancias; tres cuartos de legua largos por un penoso terreno vino á nuestro lado aquel buen jóven que cogia de la brida á nuestros caballos á la orilla de los precipicios; que rompia con sus fuertes manos los jarales y matas que nos impedian el paso; que nos indicaba los sitios difíciles para que echásemos pie á tierra, y que nos entretenia en fin, refiriéndonos la historia de Pelayo, la de don Opas, la de Favila y las rarezas arqueológicas que se conservan en aquel concejo tan lleno de memorias históricas. Esta especie de erudicion es general entre los montañeses de Cangas, pues las gloriosas tradiciones de la época célebre de la restauracion están aun verdes, por decirlo asi, y cada uno de ellos es un cronista. A nuestro paso encontramos las caserías enteramente abiertas y desiertas pues sus dueños estaban en el campo, á donde llevan tambien hasta los niños de pecho. Esta rara prueba de confianza en las costumbres patriarcales que dichosamente reinan aun en algunos paises, no nos sorprendió en las montañas de Abamia, pues que la habíamos observado ya Mauricio y yo en las provincias vascongadas y desde que pusimos el pié en Asturias; pero causó en nosotros tristes reflexiones. ¿Por qué en el momento que un pueblo adquiere la civilizacion, pierde en cambio la buena fe, la moralidad y la inocencia?..

En medio de dilatadas praderías, sobre la cúspide de una colina y en el mas risueño y poético paisage, se ofreció por fin á nuestra vista la vieja iglesia de Santa Eulalia de Abamia. Nuestras primeras crónicas la denominan de Belapnio, y segun algunas debe su fundacion al rey Pelayo, aunque puede demostrarse que este heróico príncipe solo la restauró y aumentó. Sus anchos sillares, pintados de color pardo por la mano del tiempo, y el severo gusto bizantino, que á despecho de los siglos ostenta este histórico edificio, le dan el mas venerable aspecto. Una rara cornisa formada por cabezas de hombres, de dragones ó de tarascas, circuye toda la parte superior y varios estribos «altos y fuertes» lejos de afearle le prestan fortaleza y magestad. La portada antigua es tambien notabilísima y está ornada con un tosquísimo bajo relieve en forma semicircular, que representa, á nuestro modo de ver, el infierno, pues se ven en él varios diablos; uno de ellos sostiene una caldera, dentro de la que se ve la cabeza de un hombre, y por bajo de la que hay una hoguera; otro diablo arrastra á otro condenado por los cabellos para precipitarlo en los abismos eternos, etc. etc. La tradicion del pais refiere que este bajo relieve fué mandado ejecutar por don Pelayo, en memoria de la muerte del traidor Opas; á quien, como ya hemos dicho, suponen arrebatado por los demonios en el momento de empezar la batalla de Covadonga. El interior de esta iglesia ofrece poco de particular, pues está renovada y blanqueada hace poco tiempo: solo merecen atencion, un gran bajo relieve moderno situado en lo alto del retablo mayor y que representa la batalla de Covadonga, y los sepulcros vacíos de Pelayo y Gaudiosa. Son estos enteramente iguales, el primero al lado del Evangelio y el segundo al de la Epístola.

En los primeros tiempos estaban uno y otro lucillo fuera de la iglesia, segun costumbre antigua; pero en el siglo XVII el de Pelayo estaba ya dentro por haber alargado el templo, y quedar contenido entre su recinto. Llamábase entonces este sepulcro *Cuerpo-Santo*, aunque ya estaba vacío. El lucillo de la reina permanecia en aquella época en las afueras, «vacío y sin cubierta» como dice Carballo. A pocos pasos de la iglesia de Santa Eulalia y en un sitio llamado *el Cueto*, habia una modesta casa de campo, solar y pertenencia de la familia del mismo nombre, de la que se descubren aun los cimientos y escombros en un pequeño campo rodeado de árboles. En ella solia residir don Pelayo, y alli le sorprendió la última enfermedad en 737, siendo sepultado en la inmediata iglesia de Santa Eulalia, como nos refieren todas nuestras historias antiguas y modernas. Antes que Pelayo, habia sido sepultada en la misma, su esposa doña Gaudiosa. De esta reina ignorariamos el nombre y la existencia, á no revelarnos uno y otro el cronicon de Alfonso el Magno. Su nombre lo interpretan algunos por *Agradable á Dios*.

La iglesia de Abamia sirvió de refugio á varios monges de San Benito que á ella se acogieron en la época de la irupcion agarena, y que fundaron alli un monasterio en 737. En 802 se lee de nuevo el nombre del monasterio de *Abelaniæ* en la crónica de Albelda, pues en él fué encerrado por algunos meses el rey don Alfonso el Casto, cuando en el año onceno de su reinado se vió despojado de la corona por los magnates de Asturias, rebelados contra él por sus alianzas y tratados con Carlo-Magno.

Desde Abamia bajamos á hacer noche á *Corao*, bonito lugar que dista un octavo de legua. Se compone de veinte y seis casas y dos ermitas, y está atravesado por el camino real que conduce desde Oviedo á Santander. La situacion de esta aldea es muy amena, pues cruzan su término los rios *Gueña* y *Chico*, cuyas orillas están cubiertas de castaños, abedules y álamos. Hay dos ferias muy concurridas en los meses de mayo y setiembre, bastante comercio en ganados, paños y utensilios de labranza, y 130 habitantes. Lo que nos llamó especialmente la atencion, fueron varias lápidas con inscripciones sepulcrales esparcidas por la poblacion, conocidamente romanas, las que segun creencia del pais tuvieron por objeto perpetuar la memoria de los guerreros célebres, muertos en una reñida batalla que en tiempo de la guerra de Augusto se dió en este territorio. Desde Corao quisimos hacer una escursion á los famosos *picos de Europa* (1), que dividen á Asturias de la provincia de Santander, y gozar alli de las grandiosas vistas que se alcanzan desde sus elevadísimas y siempre nevadas cimas, mas desistimos de este propósito, en vista de las dificultades del camino que no puede recorrerse sino á pie, con un palo en la mano para apoyarse, calzado de abarcas para resguardarse de las nieves perpé-

(1) Llámanse vulgarmente los picos de Cornio, y forman una elevadísima cordillera en el partido judicial de Potes, que atraviesa los valles de Cillorigo y Valdevaro. Se toma el camino desde Corao á Onis, etc.

tuas, y un fusil y municiones á la espalda para defenderse de los osos y lobos que suelen salir al encuentro de los curiosos. Determinamos, pues, restituirnos al dia siguiente al Infiesto, de donde distábamos cinco leguas, para desde alli continuar nuestras escursiones por esta romancesca provincia.

CAPITULO DOCE.

LA CASTELLANA DE CAZO.

Al regresar desde Covadonga á Infiesto, dejamos á nuestra izquierda las nevadas cumbres del concejo de Ponga, que se presentan á la vista del viagero como inmensas pirámides de alabastro ocultando en las nubes su cúspide. No siéndonos posible visitar este concejo porque ni entraba en nuestro cálculo, ni teníamos tiempo para recorrer el principado en todas direcciones, Caunedo quiso indemnizarnos refiriéndonos algunas de sus particularidades durante el camino, y sobre todo la leyenda del castillo ó torre de Cazo que es como sigue:

—Habeis de saber, amigos mios, dijo, por la mayor ventura del mundo que...

—Eso huele á cuento que trasciende, interrumpió Mauricio.

—¿Y qué son las leyendas mas que cuentos inventados sobre un hecho ó un edificio cualquiera? replicó Caunedo.

—Ciertamente, prosiguió Mauricio, pero lo de la mayor ventura del mundo, me recuerda á mi nodriza cuando me referia los cuentos de princesas encantadas.

—Bueno, variaré el principio, dijo con mucha calma el narrador.

—No le haga vd. caso, Caunedo, añadí yo, que este tiene por costumbre interrumpir eternamente.

—Y tú regañar por todo. Ya callo y escucho.

—Decia, continuó Caunedo tomando el hilo de su historia, que la tal torre ó castillo, que yo he visitado hace muy pocos meses, es tan sólida como antigua y debió ser una fortaleza inespugnable allá en antiguos tiempos. En ella habitaba el señor de Goto de Cazo que murió en una batalla contra los moros, dejando por única heredera de su nombre y fortuna á una hija bellísima llamada doña Munia. Mil caballeros de nombradía acudieron solícitos á rendirle amoroso homenage, pero la castellana de Cazo, fuese por orgullo, ó por cualquiera otra causa ignorada, á todos los dejaba suspirar á sus pies sin concederles una mirada de compasion. Un dia que doña Munia se hallaba recostada en un sitial, y entregada al parecer á profundas meditaciones, fué á interrumpirlas un page anunciándola que á las puertas del castillo se hallaba un caballero peligrosamente herido en reciente combate, y que el escudero, que trabajosamente lo habia arrastrado hasta allí, demandaba hospitalidad para su moribundo amo. Doña Munia era caritativa, como todas las castellanas de aquellos tiempos heróicos, y mandó al punto que el caballero fuese recibido y cuidado con todo el esmero posible. Las leyes de la hospitalidad, entonces tan respetadas imponian á la castellana el deber de visitar á su huésped al siguiente dia de su llegada, y asi lo hizo en efecto, sin sospechar que el amor le hubiese tendido un lazo para prender su corazon altivo. En una palabra, doña Munia se prendó del guerrero; pero no asi como quiera, sino con una pasion furiosa y que por desgracia no podia ser correspondida. El caballero, que se llamaba Lotario y era de nacion francés, volvia de la Tierra Santa, donde habia ido en cumplimiento de un voto, y antes de retirarse á su patria, deseando adquirir algunos trofeos en la guerra contra los enemigos de Cristo, vino á ofrecer su espada á Alfonso III, que ocupaba á la sazon el trono de Asturias, y en un combate singular que trabó con uno de los magnates del pais, muy cerca del castillo de Cazo, habia recibido las heridas de que, gracias al cuidado de doña Munia, se hallaba ya muy aliviado. Toda esta relacion que hizo á la castellana el escudero de Lotario, la interesó vivamente; pero cuando preguntó con el mayor anhelo si su señor tenia amores en el pais natal, cayó en la mas terrible desesperacion, al saber que iba á casarse apenas regresara, con una dama de alta alcurnia y estraordinaria belleza, de quien estaba perdidamente enamorado. No se desanimó por esto doña Munia; al contrario, avivada su pasion con la misma contrariedad, puso en juego cuantos medios pueden sugerir á una muger orgullosa los celos y el amor combatido, para retener en Cazo á su ingrato huésped; pero todo en vano; restablecido Lotario de sus heridas se mostró muy agradecido á la castellana por los favores que le habia dispensado, y le pidió permiso una noche para marchar al siguiente dia á reunirse con el rey Alfonso. Desesperada Munia al ver la inutilidad de sus esfuerzos, y no hallando remedio ya en lo humano, llamó al diablo en su socorro, que acudió al punto; pues como vds. saben, en aquellos tiempos el diablo tenia sin duda menos que hacer que ahora, y servia á las mil maravillas á cualquiera que lo invocaba. Doña Munia le pidió al espíritu infernal el amor de Lotario, ofreciéndole en cambio su alma, y el diablo accedió despues de regatear un poco, porque el francés parece que tenia un talisman que hacia muy difícil su conquista. Se firmó el convenio con sangre de las venas de la desdichada dama en un negro pergamino que el espíritu maligno llevaba á prevencion, y éste desapareció al punto. Largo tiempo siguió Munia á Lotario tomando distintas formas para hacerlo caer á sus pies, siempre auxiliada por Satanás; pero nada pudo conseguir, porque el paladin llevaba sobre sí un fragmento de la vera cruz que traia de Jerusalen el cual lo libraba siempre de las asechanzas y tentaciones de su enamorada que jamás pudo llegar á tocarle con la mano, porque una fuerza irresistible se lo impedia. Desesperada de tanto padecer é impulsada por su protector, que ya deseaba llevarla al infierno, decidió arrojarse de lo alto de un precipicio para acabar con su vida; pero Lotario, que á la sazon estaba á su lado, compadecido de verla sufrir, é impulsado sin duda por una inspiracion divina, le puso al cuello su relicario, con cuyo contacto, no solo ahuyentó al espíritu maligno que la atormentaba, sino que la curó de su insensata pasion convirtiéndola á Dios. A los pocos dias tomó doña Munia el velo en un monasterio cercano, donde edificó con sus penitencias; y Lotario partió á su tierra donde es de suponer que se casaria con la dama de sus pensamientos: aqui concluye mi historia... En las largas noches de invierno, el viento al soplar por entre las desmoronadas almenas y ladroneras del castillo de Cazo, forma gemidos lastimeros que las viejas caseras del contorno dicen son producidos por el alma de doña Munia que anda vagando en demanda de oraciones.

Mientras el relato de Caunedo, habíamos salido del concejo de Cangas de Onis por el mismo camino que llevamos á Covadonga, y entrado en el de Parres. En una aldea, que creo ha de llamarse Villar de Huergo, pues me olvidé apuntar su nombre, nos paramos á almorzar y al efecto nos dirigimos á la primera casa que se nos ocurrió, donde fuimos perfectamente servidos por una muger y tres muchachas, hijas suyas, guapas y robustas como verdaderas asturianas. Es preciso que diga algo de

este almuerzo, que fué notable por los manjares, pues se compuso de un faisan que habíamos comprado en el camino, salmon y truchas acabadas de pescar, leche y rica manteca que nada tenia que envidiar á la de Flandes, y esquisito vino de Toro, todo sazonado con un apetito de viageros que habian andado ya tres leguas y media á caballo y en ayunas.

—¡Magnífico espectáculo! gritó Mauricio al ver sobre una mala mesa de tablas de castaño colocados los platos que íbamos á devorar... Qué agenos estarán nuestros amigos de Madrid de que aqui en este rincon de la península nos estamos regalando... es decir, nos vamos á regalar con los mas aristocráticos manjares que se conocen en el mundo civilizado!.. Salmon!.. Faisan!.. Truchas!.. Manteca de Flandes... ó de Asturias que es lo mismo, y aun mejor porque al cabo es española!..

—Mira, siéntate y come, le interrumpí yo, que para hablar es necesario alimentarse, y se está enfriando el almuerzo.

Mauricio obedeció sin replicar, y por largo tiempo no se oyó mas ruido que el de nuestras mandíbulas. Caunedo hizo una pausa para decirnos que el salmon, tan apreciado hoy, hace poco tiempo se miraba en Asturias como un alimento grosero destinado solo para los jornaleros y sirvientes.

—A fines del siglo último, añadió, aun era costumbre cuando un criado entraba á servir á un *señor*, ajustar con él que no se le diera salmon mas que tres veces por semana, y cuanto mas rica era una casa, menos se prodigaba este escelente pescado, considerado entonces como despreciable y ordinario. ¡Tal es el imperio de la moda que estiende su dominio hasta el paladar!

La conversacion rodó naturalmente sobre la abundancia de frutos con que Dios ha favorecido nuestra patria y el poco partido que sacamos de los dones que nos prodiga la naturaleza, atribuyendo cada cual á diferentes causas el lamentable estado de atraso en que, en esta parte, nos hallamos respecto á otros paises.

—Yo creo, señores, dijo Caunedo, que la causa del mal es que hasta ahora y con rarísimas escepciones, no hemos tenido en España gobierno.

—Ni lo tendremos nunca, gritó Mauricio á quien el añejo de Toro habia calentado un tanto la cabeza.

—¡Cómo nunca, esclamé yo...

—Lo dicho, nunca; pues qué ¿no saben vds. que á tal pena estamos condenados los descendientes de Pelayo por un descuido del bendito apóstol Santiago?

—En mi vida habia oido semejante especie, dijo Caunedo.

—Cuéntanos ese suceso, proseguí yo, que no vendrá mal mientras fumamos estos ricos de la Habana.

—Y mientras consumimos otra botella de Toro, añadió Mauricio.

—Sea como tú lo dices, y empieza que ya te escuchamos.

—Ante todo advertiré que lo que voy á referir no es nada dé mi invencion; lo he leido no sé donde, porque yo nunca me cuido de retener en la memoria los títulos de los libros.

—Es igual para el caso leido ó inventado; tambien ha dicho no sé quien que en el mundo no hay nada nuevo.

—La salvedad era precisa sin embargo , prosiguió mi amigo , para que no me acusen vds. de plagiario...

—¿Quieres empezar con mil santos y dejarte de rodeos?

—No te impacientes, que ya comienzo.—Cansado Dios de las súplicas importunas de todas las naciones de la tierra que de continuo le pedian dones, y que con sus repetidos clamores le ocupaban el tiempo que debia emplear en gobernar el universo, dispuso que cada pais nombrase un representante provisto de competentes poderes, que llevase á los pies de su escelso trono las súplicas y deseos de sus representados para examinarlas y concederlas ó no, segun mejor conviniese. Los franceses con la viveza propia de su carácter, fueron los primeros que obedeciendo el mandato divino, se congregaron bulliciosamente, y aclamaron por unanimidad su diputado al buen rey San Luis. Presentóse éste ante el trono del Altísimo con el airoso trage de caballero cruzado, con la roja cruz en el pecho bordada en su sobrevesta azul *sembrada* de lises de oro, y llevando en sus manos la corona de espinas de J. C. que trajo de la Tierra Santa. Dios recibió con la mayor bondad á su esforzado campeon, y le preguntó cuál era su peticion.—Señor, dijo San Luis, los franceses, mis hijos, ya sabeis tuvieron siempre aficion á las armas, y les agrada la guerra; solicitan de vos les concedais tener siempre un ejército que sea modelo de todos los demas.—Concedido, dijo Dios, y despues de prosternarse respetuosamente se marchó San Luis. Aun no traspusiera los últimos departamentos de la mansion divina, cuando entró San Jorge, diputado por Inglaterra, amostazado y de mal humor por ver que se le habia adelantado su rival el de Francia. Iba en su trage de soldado romano; pero en vez de la espada con que dió muerte al fiero dragon que siempre se ve á los pies de su caballo, llevaba una palma símbolo del martirio que habia sufrido, no por vanidad, sino para recordárselo á Dios y predisponerlo en favor de sus comitentes. Pidió, pues, y obtuvo sin dificultad, que la marina inglesa llevase la supremacia á la de todas las naciones. Despues de San Jorge, llegó el buen obispo de Nápoles San Genaro, representante de toda la península italiana, vestido de *pontifical*, y con una redoma llena de la sangre que derramó por la ley de Jesucristo. Este, como digno eclesiástico y *hombre de paz*, no pidió dotes guerreros para los italianos sino el que fuesen los mas eminentes artistas del mundo, lo que desde luego le fué concedido. Entraron despues de San Genaro, los representantes de otras muchas naciones; pero el de España, que era el apóstol Santiago, no parecia y Dios empezaba á inquietarse, cuando se dejó ver vestido de peregrino con el bordon en la mano y su esclavina cubierta de conchas ó veneras.—¿Cómo tan tarde, mi buen Jacobo, le dijo Dios.—Señor, perdonadme: como el clima de Compostela, donde habito el mas del tiempo, es tan lluvioso y predispone tanto al sueño, me quedé un poco dormido.—Y bien, ¿qué es lo que piden tus protegidos los españoles?—Señor, varias cosas; en primer lugar, que sus mugeres sean las mas amables y graciosas del mundo.—Concedido.—El pais el mas fértil y hermoso.—Concedido. —Las mas delicadas frutas y esquisitos vinos.—Concedido.—El mejor gobierno del orbe.—Eso no.—¡Cómo, Señor! ¿me negareis esta gracia á mí que tuve el honor de ser uno de vuestros mas queridos apóstoles!—En consideracion á esa circunstancia te he concedido tres dones, cuando á los demás solo les acordé uno. Anda, y dí á los españoles que aprendan á elegir diputados que no se duerman.—Retiróse el apóstol algun tanto mohino, y fué á continuar su interrumpida siesta á Compostela. No se ha podido saber aun á qué nacion concedió Dios el don de buen gobierno; pero atendidos los sucesos, es de suponer que lo distribuyó entre todas, y no fué á España á la que tocó la mejor parte.

Apurados los cigarros y la botella, emprendimos de nuevo el camino pasando otra vez por el concejo de Piloña; descansamos dos dias en Infiesto, donde como en todos los pueblos de Asturias en que nos detuvimos, nos obsequiaron estraordinariamente, y salimos á recorrer el concejo de Caso. Este concejo formaba en la edad media un condado ó gobierno, y se halla situado al estremo mas meridional de la provincia á la falda de los altos montes que dividen el territorio de Asturias del de Leon. El terreno es áspero y desigual, y abunda mucho en lobos y osos, al estremo que apenas se habla con un casino á quien no haya ocurrido alguna aventura con dichos animales. Nuestra direccion desde la Marea era al lugar de Tanes, con objeto de ver el santuario del Jesus, de mucha devocion en el pais. El camino es escabrosísimo como todos los de Caso, y en muchos parages nos veiamos obligados á apearnos por no esponernos á rodar por el terrible precipicio, pero lo peor que encontramos fué *las vueltas de Pandemío*, que es una cuesta muy dilatada, que en forma de *zic-zac* nos condujo á la cumbre de la montaña, y á la que deseábamos llegar con ánsia; pero una vez en ella, la niebla que hacia nos impidió gozar de las magníficas vistas que nos prometíamos en recompensa de nuestro trabajo. Un vaquero que sintió nuestros pasos, pues íbamos á pié, y nos creyó peregrinos ó romeros del Jesus de Tanes, y que se ocupaba en aquel instante en hacer manteca, nos gritó desde lo interior de *su braña*, si queríamos leche, añadiendo que no lo rehusáramos por falta de dinero, puesto que él la ofrecia gratis á los pasageros. Aceptamos su invitacion, y entramos á ver la braña. Sin sorprenderse por encontrar unos huéspedes que no esperaba, nos recibió con el mayor agasajo, nos presentó unos toscos taburetes de castaño, hechos por él mismo, puso á nuestros pies una hermosa piel de oso, y nos dió escelente leche de vaca y de cabra recien ordeñada, en unas limpias astas de buey, que con un tapon de corcho, servian de vasijas como en los sencillos tiempos de los patriarcas. Mauricio dió al vaquero una moneda de plata, pero él la rehusó de una manera tan decidida, que no hubo medio de hacérsela tomar. Nos pidió mil y mil perdones por no podernos obsequiar mejor, invitándonos á que fuésemos á parar á su casa de Tanes, donde tenia su familia, y finalmente, se ofreció cortesmente á servirnos de guia. Nosotros, fiados en la esperiencia de Caunedo no aceptamos este último ofrecimiento del honrado casino, y bien pronto hubimos de arrepentirnos, pues la niebla era tan espesa, que nuestro amigo tuvo que confesar que ignoraba donde estábamos, y que no podia atinar, porque habia perdido el camino. Quisimos volver á buscar la braña de donde habíamos salido, pero solo conseguimos estraviarnos mas y mas. Fatigados ya nos sentamos; Caunedo que creyó reconocer aquel parage, contra nuestra voluntad, se separó de nosotros para ver si encontraba la vereda, y con inesplicable sentimiento vimos al cabo de un rato que no volvia. Dimos descompasadas voces y solo nos contestaba el eco; llegamos á temer con tan inesperado incidente, que nuestro buen amigo habria caido en el precipicio ó en las garras de un oso. Atamos nuestros caballos unos á otros formando una reata, y cogiéndonos nosotros de las manos, empezamos á andar á la ventura. La niebla en lugar de disiparse, se condensaba mas y mas cada momento; Mauricio, el criado que nos acompañaba y yo, estábamos sinceramente afligidos, y ya íbamos perdiendo toda esperanza de salvacion, cuando de pronto descubrimos un jóven que hacia leña de un robusto árbol, y que tenia á su lado una carabina para defenderse de las fieras; nuestra alegría fué tan grande, como la pena que hasta allí sentíamos. Antes que nosotros le habláramos, conoció que éramos viageros perdidos; abandonó su trabajo, puso al hombro su carabina y echó á andar precedido de un gran mastin para enseñarnos el camino. Habíamos andado cerca de dos leguas y en direccion contraria de Tanes, á donde pensábamos ir. Por fin llegamos allí, y nuestro atento guia no quiso de ningun modo recibir dinero por el servicio importante que acababa de hacernos, solo aceptó un vaso de vino de Castilla, y se volvió alegremente á su árbol á continuar su penosa tarea. Nos dirigimos desde luego á casa del cura, y quedamos agradablemente sorprendidos al ver en ella á nuestro amigo Caunedo, quien nos dijo que habia perdido enteramente el tino despues de separarse de nosotros, y que habiendo sido inútiles las diligencias que hizo para hallarnos, tuvo la fortuna de encontrar un vaquero que le sirvió de guia hasta el pueblo, de donde iban á salir hombres en nuestra busca.

CAPITULO TRECE.

LEYENDA DEL P. ADULFO.

Nuestra fatiga exigia un dia de descanso que pasamos agradablemente en leer, pasear, y coger truchas en el Nalon, que corre al lado de la iglesia y casa rectoral, donde nos hospedamos. Al siguiente emprendimos el camino por la orilla del rio, con objeto de reconocer algunas poblaciones del concejo, que todas son poco notables, y llegamos hasta Tarna, aldea situada á la derecha del Nalon en la falda del puerto de su nombre, y último pueblo de Asturias por esta parte. Al entrar presenciamos un espectáculo poco agradable; un carro conducia cuatro cadáveres hallados en la montaña, y muertos al parecer la noche antes en alguno de los ventisqueros de nieve. Semejante acontecimiento nos retrajo de subir al puerto y retrocedimos otra vez hácia Piloña. Caunedo para distraernos del encuentro de los cadáveres que nos habia puesto tristes, nos refirió la siguiente leyenda que se oye siempre con respetuoso temor en los *filorios* y *efollazas* de Caso, cuando alguna casera lo refiere.

Allá en tiempo de entonces, vivia en lo mas fragoso y escondido de los montes de este concejo, un ermitaño jóven que tenia por única morada el tronco de un viejísimo castaño, y que por sus continuas austeridades y vida egemplar, adquirió en el pais gran renombre de santidad. De todas partes recurrian á él, ya en busca de remedios para las enfermedades del cuerpo, ó de consejos para las del alma, y todos volvian consolados. En otro árbol vecino á aquel en que moraba el santo ermitaño, habia éste dispuesto una especie de capillita donde se veia un altar con una tosca imágen de la Vírgen, y un asiento rústico de corcho que servia de tribunal de la penitencia para los muchos pecadores que alli acudian á llorar sus culpas á los pies del padre Adulfo. Una noche que volvia éste de alimentar la lámpara que ardia ante la estátua de la Vírgen, vió á la puerta de la capilla á un gallardo mancebo ricamente vestido, que daba el brazo á una bellísima jóven. Saludóles cortesmente Adulfo, y el jóven presentándole la doncella le dijo:—Padre mio, vos que sois el consuelo de los desvalidos y el amparo de los huérfanos, sacareis á esta hermosa vírgen, hermana mia, del infeliz estado en que se halla. Nuestros padres fueron cautivados por los infieles, y encerrados en una oscura mazmorra donde á los cuatro meses nació esta jóven; alli permanecieron muchos años, hasta que un dia, efecto de un temblor de tierra, se desplomó sobre sus cabezas la torre en que estaba su prision, y quedaron sepultados entre las ruinas. Mi hermana se salvó como por milagro, tal vez porque no estaba bautizada, y despues de inauditos trabajos logró reunirse conmigo, que estaba en la guerra, y vengo á entregárosla para que la instruyais en nuestra religion y la suministreis el bautismo, preservándola de los peligros del mundo ya que yo no puedo cuidar de ella.

Sin dar tiempo á que Adulfo contestase, el jóven montó en un brioso corcel negro que á su lado estaba, y en el que no habia reparado el ermitaño, y desapareció con increible celeridad, salvando los espantosos precipicios, los torrentes y los peñascos. El tal jóven, era no menos que Satanás, y su fingida hermana un diablo hembra que dejaba al lado del P. Adulfo para combatir su virtud. Dios habia en sus altos juicios permitido esta tentacion en castigo de la vanidad que se habia apoderado del ermitaño que se imaginaba ser el mayor de los santos, y el mas fuerte contra las asechanzas del infierno, merced á los continuos elogios que oia de los sencillos aldeanos que lo visitaban. El P. Adulfo no tardó en olvidar sus primeros sentimientos virtuosos, y muy pronto abandonó la ermita, y el tosco sayal para irse con su manceba, la diablesa, á un soberbio castillo feudal en donde vivia encenagado en el vicio, la crápula y la disipacion. Fruto de estos infernales amores, fué un diablo *incubo* que llegó á ser el mas valiente y esforzado guerrero de su tiempo, aunque como es de suponer jamás combatió por el triunfo de la cruz. Sus ordinarias ocupaciones eran robar las doncellas, dar muerte á cuantos hombres podia haber á las manos, é incendiar las castillos y los templos. Una noche que Adulfo tenia en su palacio un gran banquete, su hijo que estaba completamente privado del vino, vió hablando con su padre á un señor de las cercanías, á quien tenia ojeriza, no se sabe por qué causa. Inmediatamente se levantó de su asiento y corrió hácia él con la espada desnuda; quiso interponerse el desdichado Adulfo, y cayó traspasado por el acero de su hijo. Un rayo hirió en aquel instante las negras almenas de aquel ominoso alcázar, y este se desplomó sobre todos los circunstantes que fueron á parar derechitos al infierno, inclusos la diablesa, su infeliz amante el ex-ermitaño, y el maldecido diablo *incubo*.

Recorrimos el concejo de Sobresubio muy semejante en todo al de Caso, y abandonando, en fin, por última vez el de Piloña, entramos en el de la Nava, menos fértil y bello ya que los anteriores, pero que tiene en el lugar de Buyeres un magnífico establecimiento de baños llamado de la *Fuen-Santa*. En su orígen fué un manantial escaso de aguas tibias muy saludables para ciertas dolencias; hace pocos años que las autoridades de la provincia construyeron una escelente hospedería, y la concurrencia ha sido por algun tiempo numerosa; pero adulterado el manantial primitivo por haber querido aumentar las aguas, han perdido estas sus virtudes, y hoy apenas se usan, de modo que no tardará mucho en verse abandonado este establecimiento, uno de los mejores de su clase en la Península.

Desde los baños fuimos á San Bartolomé, capital del concejo, que solo tiene notable su iglesia bizantina de fábrica tal vez del siglo IX, donde hay algunos sepulcros, y tomando luego el camino real de Oviedo, pasamos por el santuario del Remedio, y entramos en el concejo de Siero, uno de los mas famosos de Asturias, y sin duda ninguna el mas fértil de todos ellos, donde radian los solares de las familias de Argüelles, Vigil, Hevia y otras muchas. Es verdad que estos se encuentran en todo el principado, pues siendo la cuna de la nobleza española puede aplicársele con toda exactitud lo que dijo Victor Hugo: «La historia de los grandes hechos de los héroes de la edad media, está escrita en los escudos de armas.»

Llegamos cerca de anochecer á Pola de Siero, capital del concejo, y al siguiente dia fuimos á Noreña, poblacion muy antigua que solo conserva las ruinas de un castillo feudal y una de las dos únicas de Asturias (1) que sufrieron el azote del cólera morbo en 1833.

En tanto que se disponia nuestra comida en la posada, la dueña de la casa nos refirió, á instancias de Mauricio, la siguiente historia acontecida hace pocos años en aquella villa.

Uno de los vecinos de Noreña, de oficio zapatero, tenia una hija llamada Rosa, bonita, inocente y candorosa como una heroina de novela, y á la cual galanteaba un jóven señorito hijo primogénito de un mayorazgo de una aldea cercana, aturdido y libertino estudiante de Oviedo. Las músicas bajo las ventanas de Rosa por las noches, los sonetos, los ramilletes, entre los que figuraba en primer término una rosa

(1) La otra fué Oviedo.

aludiendo á aquella á quien se dedicaban, se repetian sin cesar, y la pobre niña no pudiendo revestir su tierno corazon de una ferrea coraza, cual convenia, se enamoró perdidamente del escolar. El zapatero comenzó á guardar cuidadosamente á su hija, temeroso de una desgracia y aun se avistó con el jóven amenazándole dar cuenta á su padre, honrado caballero, si continuaba en sus visitas y obsequios á Rosa, con la que no podia intentar otra cosa sino seducirla; puesto que por la enorme desigualdad de condiciones «no podia ser para él.» El escolar interrumpió aqui al menestral arrojándose á sus pies y pidiéndole la mano de su hija, sin la que no podia ser feliz, y asegurándole con mil juramentos que jamás habia intentado otra cosa que poseer á Rosa por los medios legítimos y santos del matrimonio; pero que no pudiendo éste verificarse públicamente hasta la muerte de su padre, solicitaba su autorizacion para verificarlo por entonces clandestinamente. Resistióse al pronto el zapatero; pero seducido por la vanidad de ver á su Rosa esposa de un mayorazgo, consintió por fin. El estudiante le aseguró que tenia íntimas relaciones con el obispo, y que él sacaria dispensa de proclamas, licencia para efectuar el matrimonio, etc etc. En efecto, de alli á pocos dias apareció al anochecer en casa de su amada acompañado de un jóven eclesiástico y su criado de confianza que debia servir de testigo. Desde luego presentó el novio á su futuro suegro, que no sabia leer, todos los documentos y licencias prometidas, y en seguida á puerta cerrada se verificó la ceremonia segun el ritual romano. Terminada esta, desaparecieron el clérigo y el testigo. Vivieron algun tiempo ambos esposos en la mejor armonía, viéndose algunas veces, aunque con precaucion, para que no se trasluciese su enlace, y á poco se sintió Rosa en cinta. Su esposo, resfriado de su primera pasion, empezó á escasear sus visitas y ausentarse del pais por largas temporadas, y en la época en que dió á luz un hermoso niño, estaba ya convencida de que su marido no solo no la amaba sino que la despreciaba. Un dia que en el humilde taller de su padre lloraba con tardias lágrimas su imprudente casamiento, recibió una carta del que hasta entonces habia llamado su marido, concebida en estos términos:

«Querida Rosita: me creo en el deber de anunciarte un hecho del que sinceramente me arrepiento; pero que ya no está en mi mano remediar. Tú y yo no estamos casados como has creido hasta ahora: aquella ceremonia fué no mas que una broma para engañar á tu padre; el cura era uno de mis camaradas disfrazado de tal, y el testigo mi criado de confianza. Mi padre está decidido á casarme con la señorita de N. á quien conoces y yo lo estoy á complacerle, pues no puedo desechar las inmensas ventajas que me ofrece este enlace. Dentro de pocos dias marcho á Lóndres y París, donde como en todas partes conservará de tí un agradable recuerdo tu afectísimo—N.—P. D. El dador te entregará con esta la escritura de donacion de una casería con sus bienes adyacentes, para que puedas con ella atender á tu subsistencia.»

Pocos dias despues de haber recibido Rosa esta terrible carta que hubo de hacerla perder el juicio, invadió el cólera la poblacion; en el número de sus primeras víctimas se contaron ella y su padre. El hijo de Rosa fué conducido al hospicio de Oviedo, y el jóven que tan infamemente la habia engañado, murió en Lóndres en un desafío.

No quisimos dejar el concejo de Siero, sin visitar el de *Langreo*, muy notable por muchos títulos; y al efecto, nos dirigimos al dia siguiente de la viajata de Noreña á *Sama*, capital de él, por la hermosa carretera construida estos últimos años desde las minas de carbon cercanas á la referida villa hasta Gijon con el objeto de conducir aquel combustible. Langreo, llamado antes el valle de Lagueyo y *Laguleyo*, es nombrado en las crónicas españolas por haberse sepultado en su territorio y en la iglesia de San Martin obispo, en 774, *don Aurelio*, quinto rey de Asturias y asesino de su primo-hermano el rey don Fruela. Aun una feligresía que hasta hace poco pertenecia á este concejo lleva el nombre de *San Martin del rey Aurelio.* Sus restos fueron trasladados despues á la iglesia de San Miguel de la villa de Yangüas, y allí permanecian en un sótano titulado de San Andrés en tiempo de Mariana.

En Sama, visitamos las minas de carbon que son abundantísimas y están beneficiadas por ingenieros belgas; pertenecian antes al marqués de las Marismas, don Alejandro Aguado, y hoy al señor duque de Riánzares. Desde estas minas á Gijon, se está construyendo un camino de hierro, que va ya muy adelantado, cuyos trabajos y el de las minas dan estraordinaria animacion á este pais.

Vueltos á la Pola de Siero pasamos allí la noche y emprendimos al siguiente dia el viage para Somierro, que todos nos aconsejaron que visitásemos por su belleza salvage. Dejando á un lado el camino de Oviedo, llegamos á la parroquia de San Felix de Lugones, cuyo solar, y el de una feligresía inmediata llamada Santa María de Lugo, estuvo ocupado en los antiguos tiempos por una selva ó bosque sagrado que los romanos llamaban *Lucus Asturum*, donde en la época de los patriarcas se reunian los asturos en ciertos dias señalados para celebrar los ritos de su religion, como Abraham con su familia en el bosque Bersabé, plantado por él mismo. Los vecinos de Lugones, y mas aun, los de Santa María de Lugo, encuentran con frecuencia en las escavaciones que hacen en las llanuras cercanas, muchos cimientos, columnas de mármol, chapiteles, piedras labradas, acueductos de ladrillo, monedas de cobre y de plata, útiles del culto y otras mil reliquias de la antigua ciudad de los asturos. Siguiendo el camino real de Avilés, entramos en la feligresía de Ables, y de esta pasamos á las de Rondiella, Ferroñés y Villar Doveyo, donde tambien hay minas de carbon esplotadas por ingenieros belgas. Recorrimos, sin detenernos apenas, el concejo de Candamo y fuimos al de Pravia, cuya capital es célebre por haber sido córte de los reyes de Asturias desde don Silo hasta que Alfonso el Casto la trasladó á Oviedo. Esta poblacion está situada en una colina circundada de praderas y bosquecillos del mas risueño aspecto. Sin descansar un momento nos dirigimos apenas llegamos á Pravia á visitar la histórica iglesia de San Juan Evangelista llamada hoy *Santiyanes*, que está muy cerca, pero debo confesar que nos llevamos un solemne chasco; pues en vez de una iglesia bizantina de aquel color de *hoja seca* que imprime el tiempo á las piedras *y que hace*, como dice Victor Hugo, *de la vejez de los edificios la edad de su hermosura*, nos encontramos con una iglesia de líneas bizantinas si, pero blanca cual una paloma, y ornada con retablos churriguerescos. ¿En dónde está el sepulcro del rey Silo?.. ¿En dónde el de Mauregato?..¿En dónde aquella estrañísima inscripcion tan nombrada en nuestras historias, compuesta de 285 letras distribuidas en quince líneas, que puede leerse de mas de trescientos modos diversos, recorriendo todos sus rumbos y recodos, pero que solo espresa *Silo princeps fecit*?.. ¿En dónde el monasterio en que tomó el velo la reina Adosinda, y en que resonaron tantas veces las aclamaciones de los próceres de Asturias y los anatemas de los obispos contra las heregías de sus compañeros Felix y Elipando?.. Todo ha desaparecido. La famosa inscripcion fué borrada por la bárbara mano de un cura de montera, que quiso embadurnar de cal su histórica iglesia, creyendo que asi estaria *mas bonita*. Sin embargo, un sucesor suyo, mas racional sin duda, para que no se perdiese del todo el recuerdo de esta nombrada antigualla, copió de una crónica la inscripcion y la grabó sobre una tabla que se conserva en la sacristía. He aqui este peregrino y rarísimo juego de escritura:

INSCRIPCION DEL REY DON SILO EN SANTIYANES DE PRAVIA.

T I C E F S P E C N C E P S F E C I T
I C E F S P E C N I N C E P S F E C I
C E F S P E C N I R I N C E P S F E C
E F S P E C N I R P R I N C E P S F E
F S P E C N I R P O P R I N C E P S F
S P E C N I R P O L O P R I N C E P S
P E C N I R P O L I L O P R I N C E P
E C N I R P O L I S I L O P R I N C E
P E C N I R P O L I L O P R I N C E P
S P E C N I R P O L O P R I N C E P S
F S P E C N I R P O P R I N C E P S F
E F S P E C N I R P R I N C E P S F E
C E F S P E C N I R I N C E P S F E C
I C E F S P E C N I N C E P S F E C I
T I C E F S P E C N C E P S F E C I T

En cuanto á los cadáveres de los reyes, segun las tradiciones y crónicas asturianas (1), parece que los de Silo y Adosinda, fueron trasladados hace muchos siglos al monasterio de San Pelayo de Oviedo; pero ¿y Mauregato?.. Mauregato, el aborrecido usurpador, el menguado tributario de los moros, el infame bastardo, llevó aun

(1) Véase Carballo, antigüedades de Asturias.

mas allá de la muerte el baldon que pesa sobre su nombre, pues su sepulcro fué profanado, y sus restos arrojados, sin duda, á algun lugar inmundo, pues se ignora de todo punto su paradero. Hay en Santiyanes todavía una antigua tumba de piedra que se dice fué la suya, pero está comprada hace pocos años por un particular que la posee aun para sepultar á los muertos de su familia.

De Pravia seguimos nuestro viage á la villa de Salas, capital del concejo de su nombre, y pasamos el rio Narcea, el mas caudaloso de Asturias despues del Nalon, por el gran puente de Cornellana, reedificado hace pocos años, y que fué teatro de una pequeña accion entre el carlista Gomez, y Espartero que de cerca le seguia. A muy pocos pasos se ve el antiguo monasterio de benedictinos fundado el año de 1024 por la infanta doña Cristina, hija de Vesundo II y muger de don Ordoño el Ciego. Siguiendo la piadosa costumbre de la época entre las mugeres de alta nobleza, doña Cristina apenas enviudó, tomó el velo en este monasterio, que á la sazon era de religiosas, y en él murió y fué sepultada. Aunque pintoresco el concejo de Salas, no puede compararse en amenidad y belleza con el de Pravia que acabábamos de dejar, y en especial desde Cornellana arriba se hace mas y mas montuoso, y los caminos, por lo mismo, mas difíciles y descuidados.

En Salas nos detuvimos á ver una antigua torre que pertenece á los condes de Miranda, hoy del Montijo, y la colegiata dedicada á San Martin, donde hay un enterramiento magnífico del fundador, el célebre prelado don Fernando Valdés Llano, natural de dicha villa, y seguimos nuestro viage al concejo de Miranda, nombre muy antiguo é histórico, pues ya en 992 la reina doña Elvira, segunda muger de Bermudo el Gotoso, hizo donacion del castillo de Miranda con todos sus términos, á la catedral de Oviedo. Tenemos á la vista un manuscrito del siglo XVI, redactado por un respetable canónigo, en el que se dice que el motivo de llevar los del apellido Miranda en su escudo cinco doncellas pintadas hasta debajo de los pechos, con cinco veneras, es porque uno de sus progenitores llamado Alvarez Fernandez de Miranda, libertó á cinco jóvenes que llevaban los moros en pago del feudo establecido por Mauregato, y que de este hecho tuvo orígen la batalla de Clavijo, ganada por don Ramiro, de cuyas resultas quedó redimido el feudo. Desde Miranda fuimos á Belmonte, que dista tres leguas largas, donde nada particular hay que ver mas que el monasterio de San Bernardo, que ocupa una bellísima situacion, rodeado de árboles, y á la márgen del Pigueña; en la iglesia, que es grande y suntuosa, nos llamaron la atencion varios sepulcros ó lucillos antiguos de esforzados paladines, y sobre los que se ven esculpidos escudos de armas. Nuestra marcha al salir de Belmonte, fué siguiendo el camino de herradura, que paralelo por un gran trecho al rio, conduce á la provincia de Leon por el puerto de Somiedo ó sea de Caunedo, como tambien se le llama. A una legua de distancia encontramos en la pequeña aldea de Aguerina un palacio de la familia de Cienfuegos, y media legua mas adelante está la parroquia de San Andrés de Aguera, reedificada en gran parte por el célebre cardenal Cienfuegos, que colocó en ella y en una capilla lateral el cuerpo del mártir

San Frutos que trajo de Roma. El santo está lujosamente vestido de soldado romano, y en actitud elegante en una urna de cristales, en la que se ve tambien una pequeña redoma con su sangre; poco mas adelante de San Andrés, pasamos por el lugar de Almurfe y entramos en el concejo de Somiedo, término de nuestro viage por esta parte.

Despues de vistos los montes de Pajares, los de Covadonga y los de Caso, creíamos que nada nos restaba que ver mejor, pero salimos de nuestro error al pisar la antigua comarca *Soñato*, hoy Somiedo. Es en efecto el paisage mas sorprendente y magnífico, de una belleza salvage, que puede pisar el viagero. Montes elevadísimos cubiertos de robustos árboles; torrentes impetuosos que se desgajan con estrépito de entre los peñascos, y corren despues apacibles por las praderas del valle; precipicios terribles, pero admirables y bellos, y por todas partes una vegetacion gigantesca, cual la de un suelo vírgen y muy semejante á aquella que sin duda cubria la tierra antes del diluvio, tal es el cuadro que presenta este pais, tal vez único en Europa.

Contemplando estas perspectivas, llegamos á la feligresía de San Pedro de la Pola, capital del concejo, situada en un bonito valle que fertilizan los rios Coto y Caunedo. No lejos de la Pola, á la derecha del camino, y sobre una escarpada roca, se alza el castillo de Alba, que como es de suponer, fuimos á visitar. Siguiendo la marcha hallamos media legua mas adelante la feligresía de Gua, donde se conservan vestigios del antiguo monasterio de monjas bernardas, llamado las Huelgas, que fué trasladado á la villa de Avilés en el siglo XV, segun la tradicion vulgar, á causa de la conducta liviana que observaban las monjas. Cerca de Gua está San Cipriano de Caunedo, donde empieza la subida del puerto de Somiedo, inaccesible por las nieves la mayor parte del año. Aqui hicimos alto, y fuimos á ver y descansar en el antiquísimo castillo de la familia de nuestro amigo Caunedo, en cuya casa nos tenian preparado un recibimiento digno de príncipes.

El solar de Caunedo está situado del modo mas pintoresco á la orilla del riachuelo del mismo nombre, y cercado de fresnos y espadañas. Hoy dia no es mas que un torreon casi derruido que se alza sobre multitud de escombros, pero aquel se conservó casi entero hasta 1815 ó 16, que algunos vecinos lo desmoronaron para utilizar los sillares. El sitio que ocupa se llama la *Veiga del Palacion*, y su fundacion se remonta á la época de la batalla de Covadonga; pues era uno de los castillos edificados por mandato de Pelayo para defender las fronteras de su pequeño reino. Este concejo, entonces muy despoblado, fué donado en patrimonio al progenitor de la familia de Caunedo, que era *Conde*, ó como se dijo posteriormente, *Adelantado* de esta frontera contra los moros que ocupaban la otra parte del puerto. En derredor del castillo feudal, fuéronse edificando algunas casas de *vasallos*, de lo que resultó el pueblo de Caunedo algun tanto considerable en otros tiempos. En cuanto al orígen del nombre del castillo, pueblo y familia, los etimologistas lo descomponen en dos, *Ca* y *Unedo*, que interpretan *Cerca del Madroño*, por estar aquel fabricado cerca de un bosque de madroños. A muy pocos pasos del histórico torreon está la actual casa solar ó palacio de los Caunedos con *su torre fuerte*, como dice una crónica que tenemos á la vista. Al entrar en ella creimos ver el castillo de un *laird* escocés, segun la descripcion que de ellos nos hace sir Walter Scot en sus novelas, pues en el gran patio señorial vimos una jauria y porcion de trofeos de caza, como cabezas de lobos y jabalíes y pieles de oso clavadas; pero «aun espantables y fieras.»

De un antiguo nobiliario titulado: *Lucero de la Nobleza, por el rey de armas Gerónimo de Villa*, copiamos las siguientes líneas sobre la historia de la antigua familia cuya casa solar habitábamos momentáneamente: esperamos que nuestro amigo nos perdonará la libertad que nos tomamos sin su permiso, y que las aceptará como una prueba de gratitud por los servicios y obsequios que le debimos.

«Los de este linage y apellido de *Caunedo* tienen su casa y solar muy antigua de hijos-dalgo en este concejo de Somiedo, sita en el lugar de Caunedo, que tomó el nombre de este linage como de sus principales y mas antiguos pobladores; es casa solariega y de armería de las conocidas y nobles que hay en el dicho concejo de Somiedo, en donde hay de este linage de los Caunedos muy buenos hidalgos, y en otras partes del principado de Asturias. Antiguamente, en tiempos del rey don Pelayo, estuvo fundada esta casa en un sitio que está mas arriba del dicho lugar de Caunedo junto á un arroyo que decian la *Lera* y hoy se llama el rio de Caunedo, y era una de las fortalezas que defendian la frontera de Leon encargada por esta parte á los Caunedos que eran señores de este concejo (1). Despoblóse por guerras civiles que los de esta casa tuvieron con los de la casa de Flores, en que hubo muchas muertes y en estas disensiones mataron á siete hermanos de esta casa de Caunedo. Despues poblaron en el dicho lugar de Caunedo, donde edificaron una casa con su torre fuerte, que posee el señor de ella, y emparentaron por casamientos con los del linage de Flores. De esta casa de Caunedo han salido muy buenos hidalgos á diversas partes y lugares de España, donde han hecho su asiento y morada, de los cuales ha habido hombres de grande esfuerzo que han servido muy bien á sus reyes en ocasiones de guerra, en la conquista del Andalucía, en honoríficos oficios, haciendo grandes hechos en armas contra los moros, dando muestras de su valor, y algunos de ellos se hallaron en servicio del rey don Alfonso de Castilla, octavo de este nombre agnominado el Noble, y de otra manera el Bueno; en la gran batalla de Bueda que se dió en las Navas de Tolosa á Aben-Jacob, miramamolin de Africa, lunes á diez y seis de julio, año del nacimiento del Señor, de mil y doscientos y doce años, que fué una de las mayores batallas que se han dado en España, y en memoria de la cruz milagrosa que en el cielo se vió el dia de ella, de la hechura, color y forma de la cruz de Calatrava, añadieron los de este linage de Caunedo en sus armas cinco cruces coloradas en significacion de la sangre que derramaron de los moros en esta batalla, mostrándose como buenos y valientes caballeros en servicio de Dios y de su

(1) Los Caunedos poseyeron la mayor parte del concejo de Somiedo hasta el reinado de los reyes Católicos en que dividieron sus considerables dominios en tres hermanos, fundando mayorazgo para cada uno en los lugares de *Caunedo*, *Villauz* y *Villamor*, todos tres en Somiedo y que aun subsisten hoy.

rey. Traen por armas los de esta familia de Caunedo, un escudo partido *en pal* que es de alto abajo, en la mitad de la derecha un leon de oro en campo *sinople*, que es verde, y en esta mitad, media orla de plata y en ella cinco cruces de *gules*, que son coloradas, de la hechura y forma de la cruz de Calatrava: y en la otra mitad en campo colorado una torre de plata, con puertas y ventanas azules, y dos fresnos verdes salpicados de oro, y los troncos del mismo metal, uno á cada lado de la torre, sobre un rio de aguas ondeadas de azul y plata, y en la ribera del rio espadañas verdes, y en esta mitad media orla de oro con ocho manojos de espadañas verdes atados con una cinta colorada.»

De las muchas poesías dedicadas á las antiguas glorias de esta familia citaremos las dos siguientes:

Caballeros renombrados
Estos de Caunedo son
Con sus cruces coloradas
En las Navas bien ganadas.
En frontera de Leon
Fabricaron su castillo
Aunque el tiempo non lo acuerde
Pues que tan antiguo es;
E pintáronlo en su arnés
Entre dos fresnos de verde.

——

En Asturias se ve alzado
El solar de los Caunedos
Con su escudo bien orlado
Una torre entre dos fresnos.
Y aquel dorado leon
Que allí vemos bien armado
Forman su antiguo blason
Y en el campo plateado
Cinco cruces florlisadas,
Que ganaron por accion.

Entre los personages que han salido de la familia de Caunedo deberemos citar á Alfonso de Caunedo, valiente guerrero de la batalla de las Navas; Lope de Caunedo caballero de nombradía en tiempo de Felipe II, y don Felipe Pelaez de Caunedo, obispo y señor de Lugo desde 1787 á 1798, que nació en la misma casa donde nos hallábamos.

Al dia siguiente tornamos á la Pola de Somiedo con objeto de seguir nuestras espediciones y el viage á Oviedo, con cuya descripcion terminaremos nuestra peregrinacion por esta provincia.

CAPITULO CATORCE.

OVIEDO.

Sin detenernos mas que el tiempo indispensable para el descanso de nuestros cuerpos, recorrimos los concejos de Cangas de Tineo, Teverga, Proaza y Grado, desde donde nos encaminamos á Oviedo, con intencion de visitar á nuestro gusto la fábrica de Trubia, como en efecto, lo hicimos con sumo placer, pues es tal vez el mejor establecimiento de su género. En ella se construyen bayonetas, cañones de fusil y aun de artillería, balas y toda clase de utensilios de hierro colado ó á martillo. Esta fábrica estuvo siempre al cuidado del cuerpo de artíllería, y hoy la dirige el coronel de la misma arma señor Elorza, á cuyo celo se debe la mayor parte de las mejoras que se han realizado en estos últimos años. Despues de recorrer todas sus dependencias y examinarla minuciosamente, salimos ya tarde para la capital del principado, donde llegamos muy entrada la noche y fuimos á hospedarnos á la ya conocida posada de *la Montañesa*. Al siguiente dia recorrimos la ciudad, y he aqui el resultado de nuestras observaciones.

La ciudad de Oviedo, que algunos quieren sea la antigua *Lancia*, ciudad de los asturos, y la cual debe reducirse á *Mansilla*, fué edificada en el reinado de Fruela I, el año de Cristo de 762, con esta ocasion: dos varones religiosísimos *Fromestano*, abad, y su sobrino *Máximo*, presbítero, pidieron al rey licencia para edificar una basílica al *levita* y mártir de Cristo San Vicente. Fruela se la concedió por un *privilegio* por el cual les autoriza para poder *allanar*, *desmontar* y *poblar* el lugar que llaman *Oveto*. Era este un cerro cubierto de maleza cerca del lugar donde se ejecutaba á los malhechores, como á dos leguas de la selva sagrada que los romanos llamaron *Lucus Asturum*, y en él se construyó desde luego la basílica á la que se agregó un monasterio de monges benedictinos. Muchos cristianos se reunieron y desmontaron el cerro en que estaba la nueva iglesia, y fueron construyendo casas alrededor, atraidos no solo por la devocion, sino por la feraz y rica campiña inmediata. El rey Fruela al volver de una espedicion contra los gallegos, que se habian rebelado, pasó casualmente por la nueva poblacion, y prendado de la belleza del sitio, dispuso se edificase en ella otra iglesia dedicada *al Salvador*. Este es el verdadero principio de la ciudad de Oviedo, cuyo nombre se cree derivarse de su situacion central entre los dos rios *Ove* hoy *Eo*, y *Deva* (el de Covadonga) que servian de límites á Asturias por Occidente y Oriente. De aqui pudo decirse *Ovedevum* y luego por contraccion *Ovetum*. Otros creen que la verdadera etimología del nombre de Oviedo es *Jovetanum*, con que los romanos llamaban á este término por una ara que en él habia consagrada á Júpiter. En 802 Alfonso el Casto fijó en Oviedo la córte de Asturias que hasta entonces estuviera en Pravia, y la ennobleció con silla episcopal, nombrando por su primer obispo á un sacerdote llamado *Adulfo*, de familia goda. Al mismo tiempo habiendo hecho el piadoso rey derribar la iglesia del Salvador que su padre hiciera edificar, por no parecerle bastante magnífica, se dió principio á la suntuosa catedral, de la que aun subsisten vestigios. El altar mayor fué dedicado al Salvador, y otros doce á los doce apóstoles. Al lado de la catedral fundó el rey otra iglesia pequeña dedicada á San Miguel, que hoy subsiste, y la cual se cree era su capilla particular, pues estaba en el recinto de palacio. Al otro lado de la iglesia del Salvador, erigió don Alfonso otra, dedicada á la vírgen de las Batallas, imágen que llevaba á la guerra. Esta fué destinada para panteon real. Tambien fundó el rey Casto en Oviedo las iglesias de San Tirso y la de San Julian á doscientos pasos de su palacio, estas son parroquias en el dia; el monasterio de San Juan de las Dueñas, hoy San Pelayo á donde se trasladó desde San Juan de Pravia la reina monja doña Adosinda, tia del rey, un palacio real, un acueducto, hospital, baños públicos, y finalmente las murallas y fortificaciones de la ciudad. Hizo Alfonso grandes donaciones á la nueva catedral, entre otras la famosa *cruz de los Angeles* de oro y piedras preciosas, despojos del botin ganados á los moros en varias batallas y de la que hablaremos despues. En 812 concedió Alfonso el Casto á la ciudad de Oviedo la jurisdiccion de ella misma *con su plaza junto á la catedral* (son palabras del privilegio) y los caños de agua que habia traido hasta alli. El mismo año de la conclusion de la catedral, que se retrasó nada menos que treinta, se verificó en Oviedo un concilio de obispos para consagrarla. En el citado año de 812 los moros hicieron una correria hasta Oviedo y maltrataron la catedral y otros edificios, valiéndose de la ausencia del rey que se hallaba en Galicia y que voló en socorro de su ciudad, en la que restauró los daños causados. En 843 falleció en Oviedo el buen rey Alfonso el Casto y le sucedió el conde Nepociano, usurpando el trono á don Ramiro. Este edificó á media legua de Oviedo en el monte Nauranio dos célebres iglesias que aun permanecen, y se llaman Santa María de Naranco y San Miguel de Lino. Don Ramiro murió en Oviedo en 850 lo mismo que su sucesor don Ordoño en 866. El 6 de mayo de este año, fué proclamado rey en Oviedo con la mayor solemnidad su hijo Alfonso III, llamado el Magno. Despues cayó Oviedo en poder del conde de Galicia don Fruela, que se hizo llamar rey, y se alojó en el alcázar real, mas á poco fué en él asesinado por los ciudadanos de Oviedo. En 867 fué conducido á esta ciudad y encerrado en un calabozo Eilon, conde ó señor de Alava, y luego sufrieron la misma suerte los cuatro hermanos del rey que se le habian rebelado, á quienes se mandó sacar los ojos. Alfonso el Magno miró tambien con decidida predileccion á Oviedo, pues edificó la fortaleza ó castillo, y nuevos muros de la ciudad y catedral en 901. En 875 habia el mismo rey reunido un concilio, en el que se declaró la iglesia de Oviedo por metropolitana, se nombró por arzobispo á Hermenegildo y se decidió que los obispos que tuviesen sus diócesis ocupadas por los moros, sirviesen al de Oviedo de vicarios, señalándoles parroquias para su sustento, por lo que se llamó á Oviedo *ciudad de obispos*. El mismo Alfonso III reunió córtes en Oviedo en los años de 877 y 901. En 909 habiendo abdicado este gran rey en sus rebeldes hijos, dió el señorío de Oviedo á *Fruela*, que era el tercero. En tiempo de Ordoño II, hijo tambien de Alfonso el Magno, se trasladó la córte de Oviedo á Leon, con lo que la primera de estas ciudades fué perdiendo cada dia de su importancia, aunque siempre notable y mirada con aprecio por los monarcas. Don Bermudo el Gotoso, hizo trasladar á Oviedo en 984, las reliquias de los santos y los cuerpos de los reyes que yacian en Leon, para librarlos de las profanaciones de los moros que sitiaban dicha ciudad. En 1003 y 1020, reunió córtes en Oviedo el rey don Alfonso V, en las que se reformaron las leyes de los godos. Tambien fué visitada esta ciudad por los reyes Alfonso VI, que hizo donaciones á la catedral, y mandó abrir el arca santa de las reliquias; doña Urraca, Alfonso VII, Alfonso XI, don Pedro el Cruel, don Enriqne el Bastardo y otros varios. Larga é impropia de este lugar seria una detenida historia de todos los sucesos notables que en Oviedo ocurrieron, pero deberemos mencionar una de sus mas grandes y modernas glorias, que es el haber sido la primera ciudad en alzar el grito contra los invasores franceses en el siempre memorable año de 1808. Constituyó su junta provincial, que se convocaba de tres en tres años, en gobierno supremo el 24 de mayo, y declaró solemnemente la guerra á Napoleon, levantando al mismo tiempo un ejército de 18,000 hombres, quese organizó rápidamente, y que dió á la patria repetidos triunfos.

Muchos son los hombres célebres que han nacido en Oviedo, y no siendo del caso mencionarlos todos, solo lo haremos de Alfonso el Casto, Ordoño I, Alfonso el Magno, el infante don Gonzalo, arcediano de esta iglesia, don Pelayo, su obispo, conocido historiador, Andrés Llanes Estrada, arcediano de la misma, poeta é historiador en tiempo de Felipe IV, Luis Fernandez de Oviedo, célebre médico, Gonzalo de Cañas, hermano del duque del Parque, matemático y astrónomo, y don Miguel Jacinto Menendez, y su hermano don Francisco Pintores. Como capital de Asturias y córte un tiempo de sus belicosos reyes, Oviedo es el asiento de la nobleza del principado; pero las familias que tienen su solar dentro de la misma ciudad, son las de *Oviedo*, *Portal*, *la Plaza*, *Rua*, *Perera*, *Villamar*, y *Rivera*. Tambien hay varias leyendas que referir de Oviedo: la que figura en primer término, es la de la *Cruz de los Angeles*, blason de Alfonso el Casto, de la ciudad y catedral de Oviedo, y mencionada en todas nuestras crónicas nacionales desde el Monge de Silos, escritor del siglo X. El cronista asturiano Tirso de Avilés refiere asi el suceso:

La antigua Oviedo, morada
De los mas reyes cristianos
Pinta la cruz tan preciada
Que en ella fué fabricada

Por las angélicas manos
La cruz por armas tomó
Por el milagro acaecido
La cual continuo llevó
Por bandera y apellido
En las guerras que venció.

...«En los diez y seis años del reinado del rey don Alonso el Casto, tenia este rey muchas piedras preziosas, é mientras que él fazia la iglesia de San Salvador, asignó de fazer una ✝ de oro, é engastonarlas en ella; é viniendo un dia de oir misa, yéndose para sus palacios falláronse con él dos ángeles que venian en figura de peregrinos, é les preguntó que homes eran, é ellos le dijeron que eran *Oreses*, é al rey le plugo mucho é dióles el oro que les bastaria, é muchas daquellas piedras, é casa apartada en que labrasen, é díjoles que fiziesen una ✝ muy fermosa, é los ángeles tomaron el oro é las piedras, é el rey se fué á yantar, é estando en la mesa embió sus mandaderos unos en pos de otros que supiesen que era, é que fazian, é los mandaderos fueron. Quando entraron en la casa a donde habian de estar los oreses, fallaron la ✝ fecha é acabada de muy maravillosa obra, mas non fallaron los oreses, é tan grande era la claridad que salia, que los mandaderos del rey non la pudieron ver ni acatar, é fueron al rey é dijéronle; é el rey luego que lo supo, levantóse de la mesa é fuese para ella, é cuando vido la ✝ fecha en aquella claridad tan grande é no vió que los oreses estaban, oró mucho á Nuestro Señor. Entendio que áquella obra non era sinon de Dios, entonzes fizo llamar al obispo é la clerezia, é todo el pueblo de la ciudad é llevaron aquella ✝ é tornáronla con loores é con ayunos muy onradamente al altar de San Salvador, el rey púsola en somo del altar con su mano misma » Lo que puede asegurarse es que Alfonso el Casto usó como divisa guerrera la figura de esta cruz, pues en sellos suyos se lee:

Angelica Laetum
Cruce sublimatur ovetum
Regis habendo Tronum
Casti Regnun et Patronum.

Otra leyenda de Oviedo se refiere en el reinado de Ordoño I, bastante estraña, y que encontramos relatada como un hecho cierto por gravísimos historiadores. Cuatro esclavos de la catedral de Santiago acusaron ante el rey á su obispo, llamado *Ataulfo* conocido por la santidad de sus costumbres, de haber cometido el enormísimo pecado de sodomía. Indignado el rey don Ordoño, mandó compareciese á su presencia el prelado, el cual acudió á Oviedo inmediatamente, y antes de entrar en el alcázar real celebró misa. Con el trage de pontifical se presentó á don Ordoño, y este sin escuchar sus disculpas, mandó soltar contra el obispo un bravísimo toro azorado con perros y garrochas. Ataulfo entonces hizo la señal de la cruz, y se llegó al toro que bajó humildemente su gallarda cabeza, y le presentó sus agudas astas que el obispo le quitó fácilmente, y presentó á los espectadores. Eran estos el rey y los grandes, los que asombrados con tan gran prodigio reconocieron la inocencia de Ataulfo, y se arrojaron á sus pies en demanda de perdon por haber dado crédito á la calumnia. Los esclavos fueron condenados á la hoguera, y los cuernos del toro colgados de las bóvedas de la catedral de Oviedo en memoria de tan señalado suceso. Ataulfo no quiso volver á su silla y renunciando su alta dignidad, se retiró á un lugar cerca de Grado, donde vivió y murió santísimamente. De su nombre se dijo aquella aldea Santo Dolfo, y su cuerpo se conserva en su iglesia con la reverencia y culto que se da á los santos.

Habiendo hecho ya una ligera reseña de la historia de la noble ciudad de Oviedo, hablaremos ahora de su estado actual.

Oviedo como capital del principado de Asturias, hoy provincia de su nombre, es cabeza de 72 concejos, (antes se componia el principado de una ciudad, 81 cotos, 61 concejos, 7 jurisdicciones, un condado y 6 lugares) que comprenden la citada ciudad, 56 villas y 3,665 lugares: es cabeza de un partido judicial *de término*, que comprende 115 parroquias. Hay real audiencia establecida por el rey don Felipe V en 30 de julio de 1717, cuyos oidores eran antes los únicos jueces letrados que habia en todo el principado. Hoy se compone de un regente, siete ministros y un fiscal.

Hay intendencia, comandancia general dependiente de la capitanía general de Valladolid, gefatura política, diputacion y consejo provincial (1), contaduría, administracion y tesorería de rentas, contaduría de amortizacion y comisionado de bienes nacionales, administracion general de correos, silla episcopal exenta (es decir, que no reconoce otro metropolitano que el papa), que comprende 1,071 pilas bautismales, tribunal eclesiástico ordinario, cabildo compuesto de un obispo, 14 dignidades y 33 canónigos; universidad literaria, fundada por don Fernando de Valdés, arzobispo de Sevilla en 1580, con una escogida biblioteca de 12,000 volúmenes, 400 ó 500 manuscritos, y un bonito gabinete de historia natural; dos seminarios de estudios para escolares pobres, tres cátedras de latinidad, escuela normal, seminario de maestros, cuatro escuelas de primeras letras gratuitas, sociedad económica, y bajo su direccion las cátedras de química y geometría aplicada á las artes, de economía política y escuela de dibujo; tres parroquias, Santa María de la Córte, San Isidoro, y San Tirso, y un anejo; tres conventos de frailes, el real de San Vicente, San Francisco y Santo Domingo; tres de monjas, el real de San Pelayo, la Vega y Santa Clara; cinco hospitales, contando con uno de mulatos; un grande y magnífico hospicio sostenido por una contribucion especial que paga la provincia; teatro reedificado últimamente y adornado con bellísimas decoraciones pintadas por Abrial; dos ga-

(1) Uno de los privilegios que conservaba Asturias como recuerdo de sus grandezas, era tener siempre una *diputacion* ó *junta general* del principado, que eran una especie de córtes provinciales que se reunian cada tres años. La última vez fué en 1833.

binetes de lectura, sostenidos por sócios, en los que se permite la entrada á todo forastero presentado por uno de aquellos; cárcel para hombres y galera para mugeres; once fuentes públicas que reciben en su mayor parte las aguas de un acueducto; tres cafés con billar, varias posadas y mesones, etc., etc.

La situacion de Oviedo es como ya hemos dicho, bellísima y de las mas vistosas y fértiles del antiguo principado de Asturias (1) del cual ocupa casi el centro. Los rios Nora y Nalon corren muy cerca de la ciudad, y se reunen como á media legua de distancia. La parte antigua, *la Cité*, conserva aun en muy buen estado los muros de que la rodeó Alfonso el Magno en 901, y el castillo edificado al mismo tiempo, lleva hoy el antiguo nombre de *Fortaleza*, y está destinado á cárcel pública. En uno de sus ángulos subsiste bien conservada una lápida del tiempo de la fundacion, en la que se ve esculpida la cruz de la Victoria, entre el *alpha* y *omega*, insignia de Alfonso el Magno, y armas actuales de Asturias, y una inscripcion latina que dice asi en castellano.

Pon, Señor, en estas casas el signo de la salud, y no permitas entre en ellas el ángel prevaricador.

Las calles son regulares y vienen, en su mayor parte, á terminar á la plaza de la Constitucion; uno de los frentes de esta lo ocupan enteramente las casas consistoriales, que son grandiosas, y otro el suntuoso templo de San Isidoro, que perteneció á los jesuitas (2). Las calles son bastante limpias y bien empedradas, y las casas particulares, aunque antiguas en su mayor parte, espaciosas, cómodas, de buena construccion y de aspecto señorial. Entre estas, son magníficas y merecen el nombre de palacios, las del marqués de Campo Sagrado, las del conde de Nava, la de Heredia, la del duque del Parque, en que está situada la fábrica de armas, etc. etc. El trato social en Oviedo es muy fino y en nada desmerece al de la alta sociedad de Madrid, y los jóvenes de ambos sexos visten con elegancia y lujo: tiene la ciudad escelentes paseos; el principal el de *Chamberi*, con plazuelas y cómodos asientos de piedra, frondosos árboles y bellas vistas, el de la *Tenderia* y el del *Campo de los Reyes*, por donde pasa el camino real que vá á Gijon. Al terminar este hay un sencillo, pero elegante monumento de mármol, dedicado á la memoria del ilustre Jovellanos, y en el que se ve su escudo de armas, el de Asturias y el de España. El acueducto de que hicimos mencion es de piedra de sillería, tiene cuarenta y un arcos sobre ele-

(1) Arrojado de Asturias el infante don Alfonso, conde de Gijon, y confiscados todos sus estados en 1383, se segregó de ellos el condado de Noreña, que fué dado al obispo don Gutierre, y habiendo hecho testamento el rey don Juan I, en 1835, dispuso en él que los estados de Asturias quedasen perpétuamente unidos á la corona, y que su primogénito don Enrique nunca pudiese enagenarlos. En 1388, con motivo de las bodas de don Enrique con doña Catalina de Alencastre, dispuso el rey don Juan I, que los novios se llamasen *principes de Asturias*, asi como todos los que en adelante fuesen herederos de la corona de Castilla.

(2) Fué construida en su mayor parte por Manuel Reguera Gonzalez, natural de Candás, en el siglo XVII.

gantes pilares y conduce el agua desde el manantial de *Gitoria* en la falda del monte Naranco. Fué construido por el arquitecto Juan de Cerecedo y reedificado por el asturiano Gonzalo de la Bárcena que le dió mas elevacion. Se acabó esta fábrica en 1549 y costó 17,600 ducados. Cerca del acueducto está el hospicio, grande y magnífico edificio, uno de los primeros de su género en España, fué trazado y dirigido por don Pedro Menendez en 1766, y la capilla y su elegante cúpula, construidas por los planos que al efecto remitió don Ventura Rodriguez en 1768. La cúpula tiene cincuenta pies de diámetro y ciento de altura, y la capilla que muestra por el esterior la figura de un octógono, y en el interior la de un círculo, está decorada segun el órden dórico. Del mismo arquitecto Menendez son la torre y pórtico de Santo Domingo, con columnas, arcos é impostas, de los órdenes dórico y jónico. Hizo el mismo artista varias obras en la universidad para la biblioteca, y en el hospicio para aumentar las fábricas de hilaza de lino.

El edificio rey de esta ciudad de palacios y monumentos, es la catedral, que merece un lugar distinguido entre las mejores de España. Tiene la forma de una cruz latina, y consta de tres naves y de una porcion de capillas laterales. Pertenece al género gótico-germano, y está enriquecida profusamente con multitud de ornatos delicadísimos, en especial la torre, que parece de encage, que es la mas bella del reino, pues aventaja en altura y delicadeza de sus cresterias y trepados á los famosos chapiteles de Burgos. Para su fábrica concedió el rey don Juan I, el privilegio de escepcion de tributos para *10 canteros* de los que se ocupasen en la obra. Antes de comenzar la torre, y á mediados del siglo XIV, se trabajaba ya en el lindísimo claustro, obra maestra del género gótico, y para lo que habia donado Alfonso XI la suma de 24,000 maravedís en una peregrinacion que hizo á Oviedo. Al actual templo se dió principio en tiempo del rey don Juan I, siendo obispo de Oviedo don Gutierre de Toledo. Este prelado obtuvo del mismo monarca en las córtes de Segovia de 1383, la merced del condado de Noreña, para sí y sucesores en la sede ovetense, la cual conservan hoy. La catedral de que hablamos ocupa el mismo sitio que la primitiva, fundada por Alfonso el Casto, y construida por su arquitecto *Thioda.* De esta no se conserva mas que el campanario y la *Cámara santa* que son de arquitectura bizantina. La capilla mayor se terminó en 1412, y la torre en 1556; pero derribada por un rayo en 1576, fué reparada inmediatamente. Ostenta en su cúspide la cruz de los Angeles, blason como ya dijimos de la catedral y de la ciudad. La antigua basílica de Santa María está hoy unida á la catedral, y forma una de sus capillas. Al presente es conocida con el nombre de Nuestra Señora de *Recasto* aludiendo á su fundador Alfonso el Casto. Segun nuestros cronistas antiguos, tenia esta iglesia cien pies de longitud, estaba dividida en tres naves con seis arcos cada una, tenia tres altares, bóvedas lisas y adornos de mármol traido de las ruinas de Lugo de los Asturos. Reedificada esta célebre iglesia en 1712, en tiempo de Felipe V, por cuenta y direccion del obispo de Oviedo, Fr. Tomás Reluz, se presenta hoy, si bien espaciosa y de altas bóvedas, recargada de adornos churriguerescos de muy mal gusto. Tiene, como la antigua, tres altares, y en el mayor está la imágen de Nuestra Señora de las Batallas ó del rey Casto, que éste llevaba consigo en sus espediciones guerreras. Cerca de la puerta se ve el panteon real, reconstruido en la misma época, y con el citado gusto churrigueresco. Ocupa el mismo lugar que el primitivo; pero este estaba fuera de la iglesia, segun el uso de la época, hoy quedó en el recinto interior por haberse aquella aumentado. Su planta es un rectángulo, y su decoracion consiste en varias pilastras, cuyos chapiteles, que imitan al órden

corintio, sostienen una cornisa que rodea toda la pieza, y una bóveda cruzada de cintas ó fajas al estilo gótico. Entre las pilastras se ven seis nichos formados por pilares que sostienen arcos elípticos y de los que cada uno contiene una urna sepulcral donde están encerrados los restos de cada rey y de su respectiva esposa. En el suelo se vé una gran tumba formada de dos piedras toscas, y que tiene de altura como dos pies. Este es, segun se dice, el sepulcro de Alfonso el Casto, el cual tal vez por justa veneracion no fué renovado ni movido como los demas. A este panteon le da entrada una berja de hierro, y hay ademas otra puerta tapiada, por la que venian en otro tiempo las comunidades de los cercanos monasterios de San Vicente y San Pelayo, todos los dias á orar sobre el sepulcro del rey Casto, considerado en Asturias como santo. Sobre dicha puerta se vé el largo epitafio siguiente:

En este real panteon yacen los cuerpos de los señores reyes y reinas siguientes: El señor rey don Fruela I de este nombre, hijo del señor rey don Alonso el Católico I de este nombre, quien pobló á esta ciudad, y trasladó esta santa iglesia al sitio que hoy tiene. El señor rey don Bermudo, llamado el Diácono, sobrino del señor rey don Fruela. El señor rey don Alfonso el Casto, hijo de dicho señor rey don Fruela, quien fundó esta real capilla para su real sepulcro y de sus progenitores. El señor rey don Ramiro I de este nombre, hijo del señor rey don Bermudo. El señor rey don Ordoño I de este nombre, hijo de dicho señor rey don Ramiro. El señor rey don Alfonso el Magno III de este nombre, hijo del dicho señor rey don Ordoño. El señor rey don Garcia I, hijo del señor rey don Alfonso el Magno. La señora reina doña Geloira, muger del señor rey don Bermudo. La señora reina doña Urraca, muger del señor rey don Ramiro I, y otros muchos cuerpos de señores príncipes é infantas. Reedificóse el año de 1712. Reinando la magestad católica el señor rey don Phelipe V de este nombre.

Del mismo gusto churrigueresco que la capilla del rey Casto es la de Santa Eulalia de Mérida, patrona de Asturias, cuyas cenizas traidas de aquella ciudad por el rey don Silo, están guardadas en un elegante altar, que en forma de sepulcro ocupa el centro de la capilla. La antigua iglesia de San Miguel, hoy tambien unida á la catedral, es una de sus preciosidades. Consta de dos pisos: el inferior está cubierto de una fortísima bóveda, y se sube al superior llamado la *Cámara santa*, por una ancha escalera que arranca desde el crucero de la catedral. La Cámara santa es una bellísima iglesita bizantina (que se cree era la capilla real) de veinte y cinco pies de largo y diez y seis de ancho, y cuya bóveda con varias y delicadas labores, está apoyada en los muros, pero finge sostenerse por seis columnas de diversos mármoles, en las que están entalladas doce figuras, dos en cada una, que representan los doce apóstoles. El pavimento es muy estraño, y consiste en una especie de mosaico de distintas piedras embutidas en argamasa durísima. La capillita que está á la cabecera, tiene el mismo ancho con diez y ocho pies de fondo, pero es mas baja, como en todas las iglesia del siglo IX, y que se conservan en Asturias y Galicia. Esta iglesia ó capilla es bastante oscura, pues no recibe mas luz que por una estrecha ventana qne hay al testero. En el centro de la pieza está colocada y sirve de altar, la famosa arca de madera incorruptible, traida de Jerusalen á Cartagena y Toledo, y de aqui á Asturias, por el metropolitano Urbano, cuando la irrupcion agarena. Permaneció enterrada en una cueva del Monte Sacro, cerca de Oviedo, hasta la fundacion de la catedral; y en el reinado de Alfonso VI, fué abierta con toda solemnidad, y sacadas de ella parte de las muchas reliquias que contenia, y que hoy se ven en la Cámara santa. El arca está cubierta de planchas de plata que tienen esculpidas multitud de figuras, y una inscripcion votiva. Muchísimas son las reliquias que se conservan en esta capilla, entre otras debemos recordar una sandalia de San Pedro, un trozo de la vara de Moisés, un pedazo del Santo Sudario, una de las ánforas de las bodas de Caná, los cuerpos de los mártires Eulogio y Leocricia traidos de Córdoba por Alfonso el Magno, etc. etc. Pero lo que mas nos llamó la atencion fueron las dos famosas cruces *de la Victoria y de los Angeles* que se custodian alli. La primera, que como ya dijimos, es de madera de roble, sirvió de enseña á don Pelayo; fué depositada en la ermita de Santa Cruz de Cangas, revestida de oro y piedras preciosas, en el castillo de Gauzon por Alfonso el Magno, y donada por este á la catedral; es magnífica y sirve de guion al cabildo en las grandes solemnidades. La de los Angeles es mas bella aun; sus labores son delicadísimas, y tambien está cubierta de piedras preciosas. El gusto de sus adornos parece arábigo, y es muy posible que los dos ángeles peregrinos de que las crónicas hablan, fuesen dos diestros plateros moros de Córdoba. Ademas de lo referido, se ven en la Cámara santa los retratos de don Pelayo, Fruela, Alfonso el Casto y Alfonso el VI. Todos los dias por mañana y tarde, suben dos canónigos á abrir esta devota capilla y mostrar las reliquias que contiene á los muchos peregrinos que acuden á visitarlas (1). El monasterio de San Pelayo, está contiguo á la catedral: se llamó en otro tiempo San Juan de las Dueñas, y cambió de advocacion cuando la reina doña Teresa, muger de don Sancho I, *el Gordo*, condujo á este monasterio, desde Leon, el cuerpo del niño mártir San Pelayo, que se venera en el altar mayor. La misma doña Teresa fué elegida abadesa de este monasterio en 997 y en él murió y fué sepultada. Tambien fué prelada en San Pelayo de Oviedo, la infanta doña Teresa, hija de Bermudo II el Gotoso, y hermana de Alfonso V, que estuvo para casarse con el rey moro de Toledo, y murió en este monasterio, y finalmente, la reina doña Adosinda que segun Carballo, trasladó desde Pravia el cadáver de su esposo don Silo, y lo depositó detrás del altar mayor. En San Pelayo no tomaban la cogulla, sino señoras de la primera nobleza. El monasterio es suntuoso y estenso, pero reedificado totalmente de poco acá. La fachada de la vicaría está ejecutada por el arquitecto fray Pedro Martinez, lego de la órden de San Benito. El monasterio de San Vicente, que está vecino á San Pelayo, y la catedral, es tambien un grande y magestuoso edificio ocupado hoy por las oficinas de hacienda, amortizacion, gobierno político, comandancia general, y diputacion provincial. En este monasterio, se conserva la celda en que vivió, escribió, y murió el célebre crítico padre Feyjoo. La iglesia, que es hermosa, está abierta al culto y trasladada á ella la parroquia de Santa *Maria de la Córte*. La iglesia de Santo Domingo es gótica y fué construida en 1553 por Juan de Cerecedo, maestro mayor de la catedral. Es de una sola

(1) Una de las riquezas inapreciables de esta célebre catedral, son la numerosa coleccion de códices antiguos, libros, privilegios de reyes y de particulares y otros documentos del mayor interés para la historia. No podemos dispensarnos de mencionar el famoso *Libro gótico*, grueso volúmen en que están reunidos muchos privilegios y donaciones recargadas de bellísimas miniaturas. Esta coleccion la formó don Pelayo, obispo de Oviedo, en el siglo XII, y la enriqueció con notas históricas escritas por su puño al márgen, y los libros de la *Regla colorada* y la *Regla blanca*, que contienen las antiguas constituciones de esta iglesia, y que son por todos conceptos importantísimos.

nave pero ancha y espaciosa. El convento está ocupado por el hospital militar. La iglesia de San Francisco, es gótica tambien, su capilla mayor es el panteon de la noble familia de Quirós, y el convento está convertido en hospital civil. En el monasterio de benedictinas *de la Vega*, que está extra-muros, se ven dos sepulcros bizantinos. El uno de ellos pertenece á *doña Gontroda*, su fundadora, la cual fué querida del emperador don Alonso VII, que tuvo en ella una hija llamada *doña Urraca la asturiana*, que casó con el rey de Navarra García VI, y á quien despues de viuda dió el emperador su padre el gobierno de Asturias con título de reina. Entre otros documentos, se acredita este hecho por la escritura de fundacion de este monasterio de la Vega, que data del año de 1153 en la que se espresa, gobernaba á Asturias la reina doña Urraca, hija del emperador y de doña Gontroda. El sepulcro de esta, tiene epitafio latino que traduce asi el padre Florez.

Oh muerte igual, que á ninguno perdonas,
Con menos igualdad, mas justa parecieras:
A Gontroda mides por méritos de otros,
Dañas por menos justa: cortas lo que no debes.
Mas no muere. Por tí, oh Dios, revive
El espejo de mugeres mas nobles,
No cae Gontroda: se oculta solamente,
Fué en merecer mas que hombre: dejó el mundo,
Para este murió; la muerte la dió vida.
Seis veces cuatro duplicando el ciento
Con mil encima te darán la era. (1124) Año 1186.

Terminaremos esta ligera reseña de la noble capital de Asturias, diciendo que el sitio que ocupa, no solo es de los mas vistosos de España, sino tambien de los mas saludables; que produce su término mucho trigo, escanda, maiz, legumbres de todas clases, castañas, sidras, lino, etc.; que tiene bastante comercio y fábricas de armas, curtidos, sombreros, lienzos, peines, metales, tegidos de lana, etc.; que celebra dos mercados semanales, y dos ferias al año, y que cuenta con diez mil quinientos sesenta habitantes.

Antes de despedirnos de la patria de Alfonso el Casto, quisimos recorrer sus bellísimos alrededores, que no son menos dignos que aquella de la observacion del viagero.

El monte *Naurancio* hoy Naranco, que se levanta inmediato, ostenta orgulloso sus dos bellas iglesias tan renombradas por nuestros historiadores, denominadas Santa María de Naranco y San Miguel de Lino. Fueron edificadas ambas por el rey Ramiro I, en accion de gracias al cielo por las victorias alcanzadas contra los moros, y con los despojos de estos, en este lugar ocupado antes por un palacio y jardines que para recreo tenian los reyes de Oviedo. Se cree que una y otra fueron obra de *Thioda* el primer arquitecto de la catedral. La de Santa María es doble, segun el estilo del tiempo, pues tiene otra subterránea, toda lisa, sin mas adornos que algunas figuras entalladas que representan mugeres cautivas y guerreros armados de lanzas y escudos que ostentan leones. Lo que sorprende sin duda en ambos edificios, es el perfecto estado de conservacion en que permanecen despues de mil años de existencia.

Muy cerca de Oviedo están los famosos baños termales de las Caldas, estremadamente concurridos, y en donde se reune una escogida y aristocrática sociedad. Tienen hermosos edificios trazados por don Ventura Rodriguez, y ejecutados por don Pedro Menendez con todas las comodidades necesarias para los enfermos.

Vueltos á Luanco á casa del padre de Caunedo, descansamos en ella dos dias, que los empleamos en ordenar los apuntes que habíamos recogido, de los que apenas hemos podido usar una pequeña parte por falta de espacio, y abandonamos definitivamente á Asturias, ese bellísimo pais que abastece á la córte de lacayos y aguadores y que tan mal conocido y peor juzgado es por los cortesanos.

FIN DE LA SEGUNDA PARTE.

INDICE

DE LAS MATERIAS CONTENIDAS EN ESTE TOMO.

PRIMERA PARTE.

SEGUNDA PARTE.

PLANTILLA

PARA LA COLOCACION DE LAS LAMINAS.

PRIMERA PARTE

SEGUNDA PARTE

FIN DEL TOMO PRIMERO

Se terminó de imprimir esta obra "Recuerdos
de un viage por España, de Francisco de
Paula Mellado", facsímil de la edición
de Madrid, 1849, en los Talleres
de Imprenta Fareso el día
diez de noviembre de
mil novecientos
ochenta y cinco